石峁遗址研究资料汇编

（1977～2023）

（第4册）

陕西省考古研究院
神木市石峁遗址管理处 编

科学出版社
北京

内 容 简 介

本书为石峁遗址研究资料汇编，收录调查简报和发掘简报 22 篇，追忆与访谈和纪要与纪事 15 篇，考古学文化研究相关论文 11 篇，聚落与社会研究相关论文 19 篇，族属与体质人类学研究相关论文 18 篇，文化交流研究相关论文 8 篇，环境与生业研究相关论文 12 篇，建筑研究相关论文 13 篇，玉石器研究相关论文 38 篇，石雕研究相关论文 6 篇，音乐文物研究论文 7 篇，科技考古研究论文 11 篇以及争鸣与讨论相关论文 6 篇，共 186 篇。

本书可供考古学、文物学等相关专业的科研院所研究人员及高校院校的师生参考、阅读。

图书在版编目（CIP）数据

石峁遗址研究资料汇编：1977～2023：全 4 册 / 陕西省考古研究院，神木市石峁遗址管理处编. -- 北京：科学出版社，2024. 9. -- ISBN 978-7-03-079556-4

I. K871.13

中国国家版本馆 CIP 数据核字第 20247AX278 号

责任编辑：孙　莉　王　蕾 / 责任校对：邹慧卿
责任印制：赵　博 / 封面设计：张　放

科 学 出 版 社 出版
北京东黄城根北街 16 号
邮政编码：100717
http://www.sciencep.com
北京中科印刷有限公司印刷
科学出版社发行　各地新华书店经销
*
2024 年 9 月第 一 版　开本：889×1194　1/16
2024 年 9 月第一次印刷　印张：118 3/4
字数：3 300 000
定价：980.00 元（全四册）
（如有印装质量问题，我社负责调换）

目　录

六、争鸣与讨论

三、石雕研究

石峁遗址出土石雕人面像解读

谢伟峰

一、石峁遗址相关概述

石峁遗址位于陕西省榆林市神木县高家堡镇洞川沟附近的山梁上，地处陕西、山西和内蒙古三省区交界地带。2012 年发掘以来，因其超过 400 万平方米的城址、功能完备的城墙、精美的玉器，立即引起学术界和社会各界的高度关注。2015 年，石峁遗址最引人注目的莫过于菱形眼纹和石雕人面像的发现[1]。在石雕人面像正式发掘出土之前，罗宏才先生通过对石峁遗址进行调查，公布了 17 余件石雕人面像[2]。关于石峁遗址出土的石雕人面像的文化内涵现在学术界还没有一个共识，有学者认为是祖先崇拜物[3]，也有学者认为是与鬼方文化有一定渊源的一组重要文化遗物，与巫觋活动有关[4]。

二、石雕人面像为蚩尤考

石峁遗址出土如此多的人面像，其文化内涵值得探究。要说明这个问题首先要从石峁遗址的族属谈起。2012 年，石峁遗址发掘的消息甫一发布，沈长云先生就在《光明日报》撰文[5]，认为石峁遗址是黄帝的都邑，尽管有不同的意见，但是根据《史记》《水经注》等文献的记载，以及其他考古资料来看，这一观点是成立的。既然石峁遗址为黄帝都邑，那么对于石雕人面像的解读就得从黄帝说起。

黄帝时期曾发生的一件大事就是与蚩尤之间的战争。关于这场战争先秦古书多有记载，如《逸周书·尝麦解》曰："昔天之初，诞作二后，乃设建典。命赤帝分正二卿，命蚩尤于宇少昊，以临四方，司□□上天未成之庆。蚩尤乃逐帝，争于涿鹿之阿，九隅无遗。赤帝大慑，乃说于黄帝，执蚩尤，杀之于中冀。以甲兵释怒，用大正顺天思序。"《山海经》云："黄帝令应龙攻蚩尤。蚩尤请风伯、雨师以从，大风雨。黄帝乃下天女曰'魃'，以止雨。雨止，遂杀蚩尤。"司马迁在《史记·五帝本纪》亦有记载："轩辕之时，神农氏世衰……蚩尤作乱，不用帝命。于是黄帝乃征师诸侯，与蚩尤战于涿鹿之野，遂禽杀蚩尤。而诸侯咸尊轩辕为天子，代神农氏，是为黄帝。"三种史书虽然在记载黄帝与蚩尤之间的战争过程上有详略之分，但是战争的结果都是黄帝战胜了蚩尤，并杀掉了蚩尤。

尤其可注意的是，《史记·五帝本纪正义》引《龙鱼河图》的一段文字也记载了黄帝与蚩尤之间的战争，战争的结果与上引史料记载不同，但是对于人们理解石雕人面像却非常关键，文曰："黄帝摄政，有蚩尤兄弟八十一人，并兽身人语，铜头铁额，食沙石子，造立兵仗刀戟大弩，威振天下，诛杀无道，不慈仁。万民欲令黄帝行天子事，黄帝以仁义不能禁止蚩尤，乃仰天而叹。天遣玄女下授黄帝兵信神符，制伏蚩尤，帝因使之主兵，以制八方。蚩尤没后，天下复扰乱，黄帝遂画蚩尤形像以威天下，天下咸谓蚩尤不死，八方万邦皆为弭服。"这段文字在叙述黄帝与蚩尤之间的战争时充满了神秘色彩，当然不足为信，但是关于战争结局的记载则与《逸周书》《山海经》和《史记》所记不同。《龙鱼河图》所记则是黄帝制服了蚩尤，并让蚩尤主兵，用来制服八方部族。等蚩尤死后，天下又发生叛乱，"黄帝遂画蚩尤形像以威天下，天下咸谓蚩尤不死，八方万邦皆为弭服。"通过黄帝画蚩尤形象再一次使八方万邦臣服。

关于蚩尤不死，在先秦古籍中也有记载。如《管子》中记载："昔者黄帝得蚩尤而明于天道……蚩尤明于天道，故使为当时。"《韩非子·十过》曰："昔者黄帝合鬼神与西泰山之上，驾象车而六蛟龙，毕方并辖。蚩尤居前……"可见，蚩尤被黄帝战败而不死并为黄帝所用，并不是孤证。

在这里要强调指出的是"黄帝遂画蚩尤形像以威天下"。画之繁体为畫，《说文》曰："界也。象田四界。聿，所以畫之。凡畫之属皆从畫。劃亦古文畫。"可见，劃为畫的古文。对劃的解释，《广韵·麦韵》："劃，锥刀刻。"在古代，用笔画为画，用锥刀刻也是画，并且劃是畫的古文，因此，上古时期所谓的画就是用锥刀雕刻。故"黄帝遂画蚩尤形像以威天下"应该解释为：黄帝用锥刀在石块上雕刻蚩尤的形象，以此来达到威慑天下的目的。根据上述解释，石峁遗址出土的石雕人面像就是黄帝用锥刀雕刻的蚩尤的形象。

三、石雕人面像的作用

石雕人面像可以分为两类，一类是单独的石雕像，另一类是组合的石雕像。单独的石雕像目前所见较多，多数是通过调查征集而来的。在2010年，罗宏才先生就对石峁遗址展开考察，并公布了一批特征明显、造型独特的石雕或石刻人像，数量达17余件，均为砂岩质地，大部分是人面像，也有半身或全身的石像，传说出土于皇城台一带[6]。只有一件石雕像是考古工作者在石峁遗址发掘所得，2015年7月，考古工作者在外城东门南侧五号和六号马面之间的表层坍塌乱石中，发现了一件保存完好的石雕人面。据报道，"石料大致呈长方体，后部有残损，长24厘米、宽13厘米、高20厘米，周身打琢痕迹明显。人面位于石料一面上，轮廓为竖向椭圆形，长径13厘米、短径9厘米，浅浮雕，剪地边缘，凸出于中央，内刻眼、鼻、嘴，特别是对于鼻子的雕刻尤为精细，将鼻翼两侧斜向下剪以凸出鼻梁"[8]。考古工作者推测原应嵌于外城东门南侧一处马面墙体表面。

组合的石雕人面像是在墙体上镶嵌菱形的眼纹，一双眼纹构成一个人面像。这种眼纹是在皇城台北侧墙体表面上被发现的，共两组三只。"三只眼纹嵌入石墙，与石墙表面平齐，都是制作规整的横放菱形砂岩石块，剪地中央，眼眶凸出。第一组较大，东西两只，西只因所在石墙塌陷，位置稍下偏，原应与东只处在同一水平对称分布，两眼大小相当，宽约30厘米、高约18厘米，东西间距 28 厘米。第二组较小，仅存一只，位于第一组东眼斜上方约 60 厘米处，眼纹石块宽约 33 厘米、高约 15 厘米，该眼东部墙体保存完好，未见其他菱形石块，而西部与第一组眼纹交界处的墙体塌毁严重，推测此处应还有一菱形石块与第二组对称分布共同构成一双石眼。"

通过对墙体上人面像所处的位置可以发现，石雕像的面部朝外，外城东门南侧一处马面墙体表面的人头像对外来进犯者起到震慑的作用，皇城台墙体的人面像则可以震慑部落的背叛者，而那些没有镶嵌在墙体的人面像，则是外出征伐时候所携带的，以威慑敌对势力。

综上所述，石峁遗址出土的石雕人面像是黄帝用锥刀所雕刻的蚩尤形象，并以此来达到威慑天下的目的，考古所揭示的石雕像所处的位置也可以进一步证明这一点。

注　释

［1］ 孙周勇：《石峁遗址：2015 年考古纪事》，《中国文物报》2015 年 10 月 9 日第 5 版。

［2］ 罗宏才：《陕西神木石峁遗址石雕像群组的调查与研究》，《从中亚到长安》，上海大学出版社，2001 年。

［3］ 高功：《石峁玉石雕人头像》，《收藏界》2013 年第 8 期，第 24-26 页。

［4］ 罗宏才：《陕西神木石峁遗址石雕像群组的调查与研究》，《从中亚到长安》，上海大学出版社，2001 年。

［5］ 沈长云：《石峁古城是黄帝部族居邑》，《光明日报》2013 年 3 月 25 日第 15 版。

［6］ 罗宏才：《陕西神木石峁遗址石雕像群组的调查与研究》，《从中亚到长安》，上海大学出版社，2001 年。

［7］ 孙周勇：《石峁遗址：2015 年考古纪事》，《中国文物报》2015 年 10 月 9 日第 5 版。

［8］ 孙周勇：《石峁遗址：2015 年考古纪事》，《中国文物报》2015 年 10 月 9 日第 5 版。

（原载于《文化学刊》2017 年第 7 期）

石峁石雕：艺术传统与历史因缘

王仁湘

我们一次又一次盼望重要考古发现的面世，每一次新发现，不是验证便是颠覆已有的认识。陕西神木石峁古城址新出土的石雕[1]，就属于又一项颠覆性的重要发现（图一—图三）。这一次发现甚至会引发重构区域考古学文化体系，重新书写补写历史迷失的一些片断。基于发掘者已经披露新材料的初步思考，我得到一些新认识，对于石雕的特点、性质与文化归属，拟在此提出一些初步判断。

图一　石峁皇城台发掘　　　　　图二　石峁神面石雕　　　　　图三　石峁神面石雕细部

石峁石雕的艺术传统，虽然在史前末期前所未见，但在夏商铜器和玉器纹饰中都能看到它的影子，都属于同一体系。究竟是中原夏商文化继承了石峁石雕艺术传统，抑或是它本来就是生长在中原而影响到石峁的艺术传统，这背后的历史因缘也许是更值得关注的问题。

一、废弃雕件，均非原生遗迹

对于石峁来说，前后发掘经历了多年，突然发现一大批前所未见的石雕，就像从天而降，学者们此前并没有迎接它们到来的准备。石峁这次的发现非常重要，提出了许多新问题，不过由庞大的石构遗迹观察，可以直接判断它们并非是最初的原生堆积。虽然石料大都整治规整，墙体垒砌得也比较整齐，但带有雕刻画面的石块，它们并没有按应当有的规律出现在墙面上，若干件石雕的排列具有很大的随意性，没有秩序，没有主次，甚至还有画面倒置现象。尤其是还看到威严的神面雕像也被倒置，也都并不是垒砌在视线可能的优选位置（图四、图五）。

石雕的垒砌完全没有规律，对于这些非常规非常理的建筑现象，有理由做出一个初步判断，石雕并非为它所在墙体特置的构件，应是由它处废弃的建筑拆解搬运而来，发掘呈现出来的并不是原生位置状态。由于石雕多表现的是神灵雕像，是应当慎重处置的艺术品，可是却并没有受到敬重，反被随意处置，这在主观和客观上都是一种亵渎，这说明它们也许是前代的神灵，与考古揭露的现存石峁主体建筑遗存无干。如此将石雕神面杂置甚至倒置，似乎还表达出一种仇视心态。

图四　石雕垒砌在建筑底层位置

图五　神人面正倒无序垒砌

如此看来，在建筑中发现的石雕构件，并非是与现在主体建筑属同一的时间段，两者之间应当有一个时间差距，其中包含的意义是需要考察的。石雕所见神面像应当是先前居民所制作所崇拜的偶像，是早期文化遗存，显然与现在所见的"宫城"没有直接的关联。

据发掘者的分析，石峁城址应当包含有三个不同时期的遗址，城址有由小到大的扩张过程[2]。许宏先生也从学术史的角度，对于学界认识石峁城址的深化过程有过最新的系统梳理，其中就提到早年的考古材料说"石片堆砌的城墙……覆压在一些龙山遗迹之上""石峁南村段……墙下叠压有龙山文化的白灰面"，这样的层位关系是判定城址年代极为重要的线索。许宏先生还写下了下面这些话：

关于石峁遗存的年代和文化属性问题，一直异见纷呈：这些遗存究竟同属于一种考古学文化还是"存在着两种不同时期的文化类型"？其下限是限于龙山时代的范畴还是要更晚？更晚的话，晚到何时？

石峁文化具体的绝对年代数据，发掘者认为可分为两大阶段：早期遗存在公元前2300年至前2100年之间，晚期遗存在公元前2100年至前1800年之间，属"龙山时期至二里头早期阶段"。

无论如何，如果石雕所代表的"神庙"遗存属于石峁文化的主体，那么皇城台等石峁遗址石构建筑就应该是"非石峁"的。也即，目前所知的石峁遗存，至少是两个不同的人类群团的遗存。它们在时间上有先后，而文化性质相异。但既有的以陶器为中心的考古学文化研究表明，"石峁遗址的早、晚段不存在文化性质的差异，即使个别器物略有早晚之分，也属于同一文化内部不同发展阶段的区别，属于同一个人类共同体产生的物质遗存，具备了一定的质的稳定性"。另有学者认为，"这个城址目前看来龙山和夏时期是延续的，但是这两个文化还不能肯定是同一谱系文化的两个发展阶段，很有可能是不同谱系的文化。两者之间是否有承继关系，将来还要进一步探索"[3]。

发掘者对石峁石雕与现存主体石构建筑之间关系的判断，也有比较清晰的讨论，他们也认定石雕制作在先，皇城台修筑在后，石雕垒入墙体是旧物利用。时间跨度长达5000年上下，在石峁发生过怎样的变故确实值得探讨，古城经历了建立而破坏，再重建至最终毁弃的过程，由出土石雕的现状分析这样的过程是存在过的，石雕所代表的早期神庙建筑应当属于石峁先期居住的族群，他们与后期居住族群的关系还需要研究，有可能并不属于前后相继的同一文化传统的族群。

另外，石雕垒砌未必没有反置将画面向内放置的现象，只是不易发现罢了。以后应当选择方便位置作重点抽查，也许会有更多的新发现。

下面先由石雕内容做一些具体分析，借以了解其特征、内涵和文化归属。

二、龙虎之辨，还龙形为虎形

神面与对兽图像，是石峁石雕上的主要内容，这也是我近年较为关注的考古图像目标，因此这次的发现让我觉得意外，感受到很大的震动。

石雕上的对兽构图，非常值得关注。石峁稍早出土的一方石雕上见到明确的对虎图形，两只虎形侧面相对而立，中间有神人面（图六）。后来新发现的一块石雕图像比较复杂，中间是一个正视神面像，两端是 2 个侧视神面像，在神面之间是两只俯视的虎形（图七）。此外还发现一方石雕的图像也有双虎，双虎相向而立，中间是牛首，却不是神人面像（图八）。

图六　双虎与神面石雕

图七　神面与双虎石雕

图八　虎拥牛石雕

另外在单块石面上，还见到两尾反向的一对大头长条形动物图像，初看容易让人想到这是双大耳双大眼但没有角的神物，由于带着一条长蛇状身躯，会让人联想到会不会是龙形（图九）。我觉得这应是虎的俯视之形，与二里头遗址发现的绿松石虎构形相同，大方头，长身条，两处的发现虽材质不同，但表现的属同类神物无疑。那件绿松石制品自发现以后一直被认作是龙形，我在《二里头绿松石龙虎之辨》一文中，已作过探讨，已还原为虎形（图一○）。

图九　双虎石雕

图一○　二里头绿松石虎

将二里头绿松石龙改认作虎，依然体现有一种王者之气，但又有了新的疑问。以下就是当时提到的疑问：

> 它是属夏王抑或是属商王的呢？如果说这龙就是传说中的大禹的象征，商与周都大张旗鼓将禹形标示在铜玉之器上，所为者何？另一个问题是，同一的艺术表现风格，是单纯的形式模仿，还是夏商两代有了信仰认同？铜器与玉器包括绿松石作为不同的载体，却表现了同样的题材，会不会还有另外的载体？一定会有，木雕石雕就有可能。如果三代都有相似的艺术表现方式，更早时代的类似艺术传统也许已经建立，这是需要探索的问题。
>
> 这里还有一个推想，也是关于艺术形式的问题。我们在铜器和玉器上常见纹饰对称布局，龙虎鸟之类图形的出现会呈现对称构图，由此我们想到二里头绿松石虎应当不只制作了一件，或者当初就制成一龙一虎。若是如此，那一条龙何在，就算是一个考古学猜想，我们等待着发现它的那一天[4]。

由于这条绿松石虎形艺术造型非常接近或者说就是商代风格，它虽然是属于二里头文化二期，这就提供了一个重新审视二里头文化属性的新切入点。觉得研究夏商考古的学者中也许有人会有这样的推想：三代之礼，前后相因，有所损益，在这龙虎艺术上损益会有的，相因也是可以有的，这条虎属于夏的可能性也还存在。夏与商在艺术大传统上，真可能找不出太明显的分别来。

石峁所见虎图有俯视也有侧视，有的比较具象也有的比较抽象，对我们理解三代铜玉陶器上的龙虎图形，有重要的参照意义，也算找到了三代龙虎艺术一个更接近的来源。

先前的一些推想，似乎在石峁找到了部分答案。艺术传统不仅夏商相继，更早的石峁也是一脉相通。

三、人虎关联，双虎对拥神面

石峁先后发现的两例人虎共构石雕，两虎之间出现一个人头像，虎大张着嘴，大瞪着眼。这让人很自然地想起商代铜器上的几例人与虎主题图像，它们之间会不会有什么联系？

关于商代青铜器人与虎图像的解释，很多研究者为着说明饕餮食人，惯常列举的最有力的证据，就是铜器上这类被称为"虎食人"造型的尊和卣，一般是半蹲的虎张着大嘴，虎口下立一人形，这被解释为虎食人且是"食人未咽"之意。可是我们看到穿着齐整作双手抱虎亲近之状，虎与人如此和谐，真不能相信这是食人的情景。

还有一些铜器上也见到类似人虎共存图形，如三星堆铜尊腹纹和殷墟司母戊大鼎之耳饰，有双身虎，也有双形虎，虎头下有人首或人形（图一一、图一二）。安徽阜南出土龙虎尊上，饰有一单首双身虎口衔一蹲踞人形的画面（图一三）；日本住友氏泉屋博物馆藏有类似的所谓虎食人卣。过去对这样的图形一般也是定义为"虎食人"，认为这个主题符合传说中饕餮吃人的定性。

张光直先生认为虎卣大张的虎嘴并没有咀嚼吞食的举动，他不赞成虎食人意义的判断。我曾认为这也有可能表现的是驯虎或戏虎的情景，或者是表现的人假虎威的意境，或即《尚书·舜典》中所说的"击石拊石，百兽率舞"的一个缩影[5]。

石峁还有一件石雕采用浮雕半立体雕出牛虎共在的主题，中间是牛首，两边相向站立着两虎形。商周铜器上的牛纹图并不稀见，无论是牛居中心还是虎居中心的构图均有发现（图一四）。

图一一　三星堆铜尊腹的虎与人形纹

图一二　司母戊耳部双虎人面纹

图一三　安徽阜南出土商代龙虎尊局部图像

图一四　菱形目石雕

石峁几例表现人虎和牛虎主题的图像，应当与食人食牛都没有关系，它只是假借虎威的一种艺术表现构图，而且对称的图形体现出一种沉稳之感，这样的构图为商代艺术所继承。

古代艺术以动物为永恒的题材，我有一文作过讨论，我以为艺术越是古老，它便越亲近动物题材。以地域为区分的人群，都会用神化了的动物认同信仰，统一意志[6]。彩陶、玉器、青铜器，艺术的目标无不是如此。细想起来，差不多所有的神话都与动物世界有关，神化了的动物们，给早期文明时代的人类带来了许多精神慰藉，也促使人们创造出了许多不朽的艺术品，青铜艺术便是最好的见证，石峁的石雕艺术也是见证。

在不同的文化中，几乎都有器物装饰传统。用特别选定的纹样装饰器物，不仅仅是为着美化的目的，也是为着赋予器物灵魂，实际上是人类将自己的灵魂附着在了器物上。将动物图像几何化之后，在史前时代装饰陶器而成就彩陶，在文明时代初期装饰玉器和铜器而成就礼器，而选定的动物形象是社会认同的，一般是一个时代一定地域人们崇拜的对象，这也就使得器物的装饰题材与风格高度一致。

石峁石雕艺术风格与题材同夏商时代非常接近，它们可能属于同一个艺术传统体系，这让我们复原它们背后的历史场景又有了一个非常重要的参照系。

四、神面神冠，三维共见一石

石峁发现的石雕中有两块保存完整的长条石边侧面上，绘有三个戴神冠的神面，三神同现，让人觉得既新奇又意外，是三世之神还是一神三面，引发许多思考（图一五、图一六）。

细审两块石雕画面，中间神面为端正的正视之形，双耳双目对称刻画。它的两侧，是一左一右两个侧视神面，它们的构图相同，只是有左右侧的区别。这其实可能是一种三维表现方式，同一主题由左中右三个视角表现。

以往在商周铜器上见到的双身龙虎构图，其实就是这三维表现方式的延续，中间是正视的龙虎首面，两边连着的身尾是它们左右的侧面（图一七）。常常有人将这样的构图解释为双身神兽，与神话中的类似神兽相提并论，其实未必如是。

图一五　三维神面石雕

图一六　石雕三维神面

图一七　陕西长安井叔墓牺尊虎纹

我们再向前追溯，可以发现这种多维艺术的发端，是扎根于彩陶艺术的。在属于半坡文化的一件陶瓶上，绘有一个带獠牙的大头神面，它的左右和上方都绘有尖状的尾巴，那其实是同一个尾巴，它是从三个维度表现的。加上正视的神面，这就是一个四维构图了（图一八）。

在平面上表现出不同的维度，古代艺术家创造了艺术表现形式，不清楚这艺术形式的来历，对于那些多变的艺术题材我们常常会如坠雾中，难得其解。

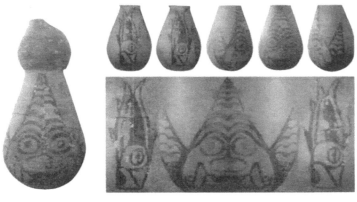

图一八　半坡文化神面纹彩陶壶（陕西临潼马陵遗址）

五、阔嘴人神，不见獠牙之形

石峁的发掘出土一些人面石雕，过去见得较多的都是单体石雕（图一九、图二〇）。这次发现的石条侧面上的几例神人面像，整体风格有很大不同。如果说那些单体人面偏于写实，新发现的神面则更偏于图案化。

新见神面的艺术风格大不同于以往，这样的构图一时找不出资料来对比，以至让人会想起玛雅的雕塑，目前资料并不系统，还不便进一步讨论。不过构图的特征还是非常鲜明的，特别是这些神面都戴着华冠，这倒与过去见到的玉雕神面有近似之处（图二一——图二三）。

图一九　单体人面石雕　　　　图二〇　单体人面石雕　　　　图二一　神面石雕

图二二　石雕戴冠神面侧画　　　　　　图二三　神面石雕

此外，神面以阔嘴形多见，有的见到明确的牙齿刻画，但却都没见到獠牙，神格有待探讨。现在还不能确定是否一例獠牙图像也不存在，也许将来会有发现的，目前所见资料毕竟有限。

在讨论为造神而兴起的史前艺术时，我们特别注意到动物獠牙之形在史前造神艺术中的运用。在史前艺术中，有一些半人半兽的艺术形象，不论是绘在彩陶上的或是刻画在器物上的，这样的形象都被我们认作是神面，是神灵人格化的偶像。这样的神面，表现有特别的恐怖感，你觉得它像人，但并非是人。神面的狰狞模样，在史前艺术的表现上大约是一个通例。圆瞪的大眼，龇出的獠牙，恐怖之态令人惶惑。这样的神面，是史前人制作的神灵的简化图形，它并不只是表示一个头面，而是以头以面代表神灵的本体，头面是神灵完形的一个象征，是一个简约的造型。

史前中国制作有獠牙神面艺术品，在接近 8000 年前的南北方都有发现，在南方高庙文化的白陶和北方兴隆洼文化的石刻，都见到有獠牙神面。

高庙陶器上刻画的神面，构图已是非常完整，也已经是很固定的形态，也都显露着龇出的獠牙，以表现獠牙为主。神面大都已经相当简化，只留下一张龇着上下两对獠牙的嘴，獠牙既尖且很长，狰狞之态跃然眼前（图二四）。兴隆洼文化的神面石刻，除了带獠牙的嘴，还刻画有双眼（图二五）。

图二四　高庙文化陶器刻画神面纹（高庙遗址）

图二五　兴隆洼文化（辽宁阜新他尺遗址）

仰韶文化彩陶上和骨雕上也见有獠牙神面，獠牙与眼鼻毕现，是很生动的人面神形象（图二六）。

良渚文化玉器上微刻的神面普遍都有獠牙，也是上下各一对，只是獠牙一般比较平齐，一般没有牙尖。这些神面一般被认作是兽面形，属于何种动物并没有公允的结论（图二七）。而石家河文化玉神面是以长长尖利的獠牙为特征，獠牙上下各有一对，神面几乎都是人面形（图二八、图二九）。

白陶的压刻，玉石的雕琢，彩陶的描绘，这三次艺术浪潮掀起的造神运动，留下了类同的神

图二六　庙底沟文化喜怒哀乐人面骨雕（陕西西乡何家湾）

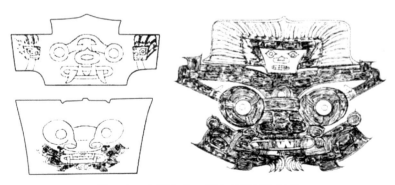

图二七　良渚文化玉器上的神面与神像

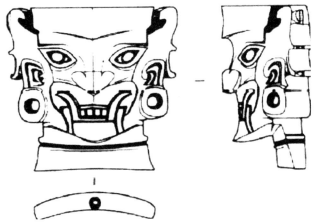

图二八　石家河文化玉神面，湖北天门石家河　　　　图二九　石家河文化玉神面，湖南澧县孙家岗

形，按照相同的密码造势。这已经不只是艺术层面上传统的延续，而且是信仰体系层面上的认同，这两方面都值得进一步研究。

　　我们注意到三代人面形獠牙神消失不见，也罕见兽面类的正视獠牙神。三代青铜与玉器之正视神兽面，没有史前那样的獠牙。多数是双身合体构图，见有双下颌，上下獠牙都呈横向态势，这与史前明显不同。

　　对史前中国艺术创意中的獠牙神面梳理研究，大体可以得出这样几点印象：流行年代在距今8000—4000年前，在南北地区大范围流行；獠牙构图基本类似，上下各一对，上牙居内下牙居外，风格一脉相承。这样看来，獠牙神在史前有大范围长时段认同，这可以确定是崇拜与信仰的认同。

　　如何解读獠牙这个不同地区不同时段众神共享的密码？众神共享的密码又为何是獠牙？这样一种史前认同的信仰与崇拜的内涵又是什么？

　　将动植物人格化，这是史前人造神的固定方式。一种动物图像，在给它安上一个人面之后，它便有了神格，半人半兽，也就成了神形的固定格式。史前的獠牙神面像，正是在人面上加饰了动物獠牙创作而成的。猛兽的威风，都表现在头面上，觉得有三要素最是唬人，角、眼和牙。猛兽拥有神格，往往也是以这三要素为资格，并非缺一不可，可三可二，至少得有一个要素。

　　神面上的獠牙可能选自某种确定的动物，觉得取自野猪或家猪的可能性较大。由考古发现看，史前人的艺术品常有取材于猪的，有野猪，也有家猪。野猪和家猪常见，造神时借野猪的牙齿一用，也很自然。

　　红山文化中发现有带獠牙的玉猪龙（图三〇），红山文化之前的赵宝沟文化中已经隐约见到了这样的猪龙，只不过它是刻画在陶器上，带长长獠牙的猪与鹿和鸟在一起，我们不怀疑当时的先民已经将神性赋予给了它们。

图三〇　红山文化玉龙，辽宁建平采集，辽宁省博物馆藏

　　引人关注的安徽省含山县的凌家滩遗址一座墓葬中出土了一件大型玉猪，玉猪虽然随玉石之形只是雕琢出大致轮廓，但它嘴边的獠牙却有明确表现

（图三一）。史前带獠牙的猪形艺术品，又有江苏常州新岗崧泽文化遗址出土的一件陶猪，猪体不仅刻画有花带状纹饰，嘴边的獠牙也有明确刻画（图三二）。

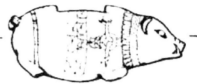

图三一　安徽凌家滩遗址玉石猪　　　　　　　　图三二　崧泽文化陶猪（常州新岗）

獠牙是一些哺乳动物上颌骨或下颌骨上长出来的发育非常强壮的不断生长的牙齿，獠牙会远远伸出动物的颌部。雌雄獠牙长短不同，一般雄性獠牙长出体外。

家猪的獠牙很短，而且生出来时是要剪掉的，不然仔猪吃奶时会咬伤母猪乳头。野猪原本没剪过牙，雄性野猪有两对不断生长的出露嘴外的獠牙，用作武器或掘食工具，雌性野猪的獠牙较短，一般不露出嘴外。野猪獠牙比起虎牙更加张扬，显得更加恐怖（图三三）。为着造神，借着猪的模样，取猪的獠牙，将神威武装到牙齿。

我们由史前神面观察，上獠牙靠外侧，下獠牙居内侧，南北早晚风格一致，这样的特点也恰与野猪吻合，所以可以初步判断神面之牙，应当就是野猪獠牙的象征。

带野猪獠牙的神面，作为一种艺术创意，它也应当与流行的野猪崇拜有关。由凶猛野猪而产生的这种崇拜，在上古世界各地曾广泛流行，远古中国自然也不例外。关于中国远古的野猪崇拜，有许多学者进行过探讨，有学者明确指出高庙文化的獠牙是野猪獠牙，殷末

图三三　野猪獠牙

时期獠牙的意义已经逐渐消失，因为狩猎文化有野猪的崇拜，狩猎文化消失，野猪崇拜也就被忘记了，野猪獠牙也就不再与神面产生直接联系了[7]。这个判断大体符合实际，獠牙意义的消失应当是在三代之初，或者更明确地说是在相当于石峁文化的时代。

史前中国在距今8000—4000年之间盛行獠牙神崇拜，南北大范围认同的艺术神面在这之后不再风行，暗示发生过一次非常深刻的宗教变革，这也许就是文献上记述的黄帝之后颛顼时代"绝地天通"事件折射的影像。

六、神目几式，方菱长环加旋

石峁石雕上的神像见到几式不同的眼目，有环目和长目，也见到旋目。长目指带尖眼角的眼形，或称梭形眼。环目是指圆圈式眼形，以阳刻的重环目最是引人注目。方菱目和旋目见到不多，还有类似的臣字形目（包括侧视虎形的眼形），都很重要（图三四—图三七）。

不同的眼形一定具有不同的意义，长目表现的应属人祖人神，环目则更倾向于动物属性的神灵。这也并不能一概而论，如虎形也刻画出长目或臣字形目，与人神眼式相去不远。

图三四　臣字形目神面石雕

图三五　石雕神面重环目（左为原图，右为镜像）

图三六　石雕旋目神面

图三七　梭形目神面石雕

当然最值得关注的是旋目，在一具神面上见到双眼外有对称的凸起的旋线，旋线环绕着眼瞳，线头线尾没有封闭。

旋目在彩陶、玉器和铜器上都有发现，我曾认为它表现的是太阳崇拜意识，旋目神最有可能就是太阳神，仰韶和大汶口文化彩陶上出现的旋目神面（图三八），良渚玉器上见到较多旋目神面（图三九），玛雅人的太阳神雕刻都是用旋目表示眼睛，表示运行中的天眼（图四○）。

图三八　史前彩陶上的旋目神面（左仰韶文化；右大汶口文化）

图三九　良渚旋目神玉饰（瑶山 M10：20）

图四○　玛雅太阳神面

在近些年来逐渐深化的研究中，我明确提出史前中国造神运动中曾出现三次艺术浪潮，三次艺术浪潮是大范围信仰认同的结果。在研究了庙底沟文化的彩陶以后，提出六千年前彩陶掀起史前中国的一次艺术浪潮，带来黄河流域及邻近区域大范围信仰认同，东方文化重要基因开始组成。彩陶中见到的双旋纹，可能表现的是神面的旋目，这样的旋目崇拜随着彩陶的传播扩散而传播得非常广远。

继彩陶之后的琢玉是史前中国出现的又一次艺术浪潮，波及从北到南四大河流域，玉礼器成为文化高度认同的象征，东方文明序幕由此开启。对于这两次艺术浪潮的联系，特别强调了这样的认识："彩陶与琢玉具有一脉相承的艺术传统，使用同一的旋式元素掀起造神运动，形成以阴阳观为主导的宇宙观，奠定了一统华夏的文化基础。"[8] 良渚文化玉雕神面上经常出现旋目神面，让我们有事由认定它是良渚人的主神，就是有些学者所称的太阳神。

在接着的研究中我多次将彩陶与玉器艺术主题合并探讨，在彩陶中因为地纹彩陶的确认，读解出主体纹饰旋纹之后，接着又循着这样的思路，在良渚文化玉器中解读了大量存在的旋纹，提出了彩陶与玉器之间艺术传统存在内在联系。特别在认识这种旋纹构图的同时，明晰良渚玉器雕琢中精密的"阴夹阳"工艺，而这种工艺不仅影响了龙山和石家河文化，也影响到三代时期的琢玉纹饰表达体系。

良渚玉器旋目神面之意义，可与大量见到的旋纹合并考察，旋纹与旋眼，一定具有关联性。确认良渚文化的旋目神，反过来又可对庙底沟文化、大河村文化和大汶口文化彩陶上的旋眼与旋纹，还有红山文化被称作勾云佩的旋目神面玉饰，作一番综合考察，忽然间会觉得如此大范围流行的旋目神崇拜，一定是非同寻常的事件。

对于旋目神的神格属性，还需要深入探讨。在石峁发现了旋目神面，让我们联想到彩陶与玉器上见到的旋目神面，也看到前后传承的文化脉络。对于这样大范围长时段高度的信仰认同过程，还需要进行深入探讨。

彩陶上的地纹、玉器上的阳刻和石峁的阳雕，在艺术表现方法上也有一脉相承的传统。

七、南来风尚，谁佩耳环逞风流

石峁石雕中见到一个非常特别的画面，一个人面左右伸出弯肘的双手，似撑在膝上，手的近旁似有一个带尾的心形图案（图四一）。熟识巴蜀艺术的研究者不必思索，就会想起那些铜器上出现的大量手心纹。看到这个画面激动了好几天，不明白怎么会有这样的发现。

直到本文最后接近定稿，又细审画面，发现起先理解有误，支撑的双手没有问题，但那看作是心形图案的部分其实是刻画的耳朵，而且耳下还坠有耳环。这是一尊佩有耳环的神像，也是明确见到耳环的神像。在另外的神面上似乎也有耳环，可见耳环神面应当不会是孤例。这类带耳环神像在南方石家河和后石家河文化中有较多发现，两者之间的联系有待进一步探讨（图四二）。

此外这尊神像的姿态，接近于良渚文化的玉雕神像（图四三），也与玛雅文化太阳神造型相似（图四四），应当是当时一个非常重要的崇拜对象。

图四一　石雕 6 号

图四二　石家河文化玉神面（湖北天门石家河）

图四三　玉琮王神人像（反山 M12：98）

图四四　玛雅文化太阳神雕塑

八、良渚流绪，远来文脉再现

　　石峁及邻近其他遗址如芦山峁发现过良渚风格的玉琮等玉器，在石峁人虎图石雕画面上，中间神面的额头出现了一个半圆饰，它的形状是底边平齐上边圆弧（图四五），与良渚发现的半圆形玉饰形状相同。良渚文化的玉半圆形饰也是冠面或发带上的附加装饰，据此观察这件石雕体现了明显的良渚文化风格（图四六）。

图四五　石雕神面的额上的半圆形装饰

图四六　良渚王发箍复原

　　石峁和良渚玉石神像人像额首冠面上出现的装饰，都属于头徽一类的装饰。一系列的发现表明，头徽在距今四五千年的史前末期，不仅已经出现，而且成为了流行风，它的存在具有非同寻常的意义。头徽的流行，可能是在良渚时期形成的趋势，石峁石雕是应当是受到了良渚影响的结果。

　　史前头徽的出现，看似小事一件，却又是一个非同小可的事件。头徽既是不同文化不同部族的象征符号，互相区别，一方面突显的是政体区别，又或者是军武的区别，这在另一方面体现的是对立与对抗。这样的时代，可能离文明出现的时代已经不远了。

石峁雕像上的头徽只是良渚文化影响的余绪，还是两地远程直接交往的遗存？交流是一定存在的，但这是什么性质的交流，还需要深入研究。因为这样的石雕不会是自遥远的东南方运来，应当是本地工匠所雕刻，那这个意义就非同一般了。

九、两面神柱，信仰承前启后

媒体新近披露了石峁发现的神面石柱，学界内外都感到非常意外。现在所知类似石柱已经发现2件，均为圆形，有半人高大小。石柱是在正反各采用浮雕技法雕刻一个神面，正反神面在眼形、嘴形和齿形上都有区别，不过都没有发现明确的獠牙出现。这无疑是双神石柱，属于双神崇拜的另一种艺术造型，它以大体量的造型带来视觉与心灵冲击（图四七）。

石峁的发现非常重要，双面石柱承袭了早先的两面神崇拜传统，也向后来的三代传递了这个传统。当然在石峁的双神柱上的神面已经看不到獠牙，双面神崇拜及艺术创意也隐约发生了一些改变。

图四七　陕西神木石峁出土双面神石柱

根据已有的考古发现梳理，两面神崇拜的形成应当早于石家河文化阶段，在年代相当的龙山文化中也能发现一些线索。如山东日照两城镇出土的一件玉圭，正背都刻画着神面，神面眼形与嘴形互有区别，这就是一件两面神玉圭。更早的证据还可以前溯至长江中游地区的大溪文化，重庆巫山大溪遗址出土过一件大溪文化两面神石雕像，是在一片长圆形石片的正背面雕刻出相似的神面，正反两个神面并没有明显的不同。

史前中国两面神信仰与崇拜的形成，应当不会晚于距今6000年前。分析推断古代传说中的伏羲与女娲、西王母与东王公这样的对偶神崇拜，当与更早的两面神崇拜存在关联，这种关联的意义还有待进一步研究。

过去我们只关注神像的一面，现在我们看到了神的背面，发现神还拥有另一副面孔。有可能是石家河人创造了最精致两面神像，或者说他们流行两面神崇拜。当然这崇拜的出现年代其实还要早得多，它传承的年代也十分久远。

这两面神像意义何在，它又给石家河和石峁人带去了怎样的精神慰藉呢？我想到古罗马时代神话中的两面神，可以给我们一个提示，两面神象征前与后，善与恶，吉与凶，是与非，成与败，弃与取，阴与阳，天与地，在神示神断中生活的人们，不论距离多么遥远，都会产生相似的思维。古罗马钱币上铸有两面神，古波斯帝国金酒杯上也有两面神，东西方都有两面神崇拜。

石家河新出土的那件双头人面玉饰，与罗马人的两面神像意境相似。石峁双神石柱，与波斯两面神酒杯的意境也没有什么不同。两面神崇拜的起因、起源及传承，中西两面神崇拜是否存在关联，两面神信仰在探索古代宇宙观认知体系完善过程所具有的重要意义，都是值得进一步研究的课题。

十、阳刻浮雕，混技熟练运用

石峁石雕的雕刻技法，非常值得研究。有圆雕、浮雕，有阴刻，也有阳刻，石雕技法非常成熟。在一件石雕上，还表现多种手法合并使用，最能体现工匠水平的，就是那件三维神像石雕。

石峁的石雕，还可以结合玉雕工艺进行比较研究，虽然是粗糙和细腻的有差别的对比，但在艺术表现手法上应当是可以找出一些联系的。

石峁的雕刻工具也值得研究，当时应当还没有制造出坚硬的金属工具，选取更坚硬的石头也是可以成事的。他山之石，可以攻玉，也可以攻石。

十一、南北西东，多文化复合体

石峁石雕从表现出的多重属性，可看出这是一个多文化的复合体，南北西东风格兼收并蓄，它所包含的意义非常深远。

当然文化的复合现象，并不能确定存在复合政体，但至少证明不同文化的交融共生。

而且，还有一层意义也非常重要，这个存在过的高度发达的文化复合体，呈现出被彻底摧毁的状态。也即是说，它与石峁主体遗存之间，可能存在一段时间差，它的相对年代应当要稍早一些。而在这个时间差里，一定隐含着一段重要的史实，它体现了异文化的对抗。

从艺术和信仰的角度，我们可以判断这批石雕展示出的文明高度，相信曾经有一座大型石构神庙屹立在石峁。分析相应年代古史上的重大事件，石峁是一个重要的切入点，是什么人建立了神庙，又是什么人摧毁了它，这样的答案一定会找到。

任何一种艺术，有它的来由，也有它的去路。艺术的发展，材料与技术是前提，艺术原理与思维法则是决定因素。石峁成熟的石雕艺术，是年代很早的艺术形式，可能借鉴了同期的琢玉艺术，也影响了后来铸铜艺术，是北方继彩陶之后拓展的又一种重要的艺术形式。在商周时代的艺术中，我们可以发现石峁艺术的影子。

这些石雕才刚刚被发现，对于它的研究一定会大大开拓我们对古代艺术的认知，扩展我们的视野。

更重要的是，这些石雕所表现的内容，揭示了当时的信仰与崇拜体系，也同时揭示了古代文化远程传播与交融的事实，对于探讨中华文明的形成又提供了新的重要资料。

石峁石雕的艺术传统，虽然在夏商铜器和玉器纹饰中都能看到它的影子，都属于同一体系，其实它已经具有了现代艺术的特质，或者说它已经发展到了一个相当成熟的高度。究竟是中原夏商文化继承了石峁石雕艺术传统，抑或是它本来就是生长在中原而影响到石峁的艺术传统，这也许是更值得关注的问题。中原未来的发现值得期待，不要以为我们已经竭尽所能了，就像石峁的发现我们也不曾想到过一样，中原一定还埋藏着许多未知的宝藏，我们还要耐心等待一些年代，到那时再来论证石峁石雕艺术的归属，结论一定会可靠得多。

注　释

［1］　孙周勇、邵晶等：《石峁遗址：2018 年考古纪事》，《中国文物报》2019 年 8 月 23 日。

［2］　邵晶：《试论石峁城址的年代及修建过程》，《考古与文物》2016 年第 4 期，第 102—108 页。

［3］　许宏：《关于石峁遗存年代等问题的学术史观察》，《中原文物》2019 年第 1 期，第 19—25 页。

［4］　3N3N：《二里头｜绿松石龙虎之辨》，公众号"器晤"2018 年 11 月 20 日。

［5］　3N3N：《另眼观"饕餮"——中国青铜器主体纹样解析》，《大众考古》2014 年第 11 期。

［6］　王仁湘：《"饕餮"的文化内涵——关于中国青铜器纹饰的解构》，《光明日报》2014 年 9 月 2 日。

［7］　郭静云：《天神与天地之道——巫觋信仰与传统思想渊源》，上海古籍出版社，2016 年。

［8］　3N3N：《史前造神运动中的三次艺术浪潮》，公众号"器晤"2018 年 10 月 20 日。

（原载于《中华文化论坛》2019 年第 6 期）

石峁遗址皇城台大台基出土石雕研究

孙周勇　邵　晶

石峁城址面积逾 400 万平方米，以"皇城台"为中心，内、外城以石砌城垣为周界向内拱卫，巍峨壮观，气势恢宏，是距今 4000 年前后东亚地区规模最大的城址。近年来，石峁遗址考古工作的重点集中在皇城台地点。

皇城台为一处四围包砌石砌护墙的高阜台地，顶小底大，台体四围以堑山砌筑的护坡石墙包裹，多达十余阶，层层退台，坚固雄厚。皇城台北临深达 80 米的沟壑（洞川沟），两面临崖，仅东北方向有一条大道与内城相接，是石峁城址内城和外城重重拱卫的核心区域。2016—2018 年，石峁考古队先后发掘了皇城台门址（地牢壕地点）及东护墙（獾子畔地点）北段上部[1]，为了解皇城台的结构布局和年代框架奠定了基础。2018—2019 年发现并部分发掘了台顶的大型夯土高台建筑基址——大台基，台基形制规整，体量庞大，暗示着作为核心区域的皇城台当已具备了早期"宫城"性质，或可称为"王的居所"[2]。

引人注目的是，本次发掘在大台基南护墙上发现了仍然镶砌于石墙上的大量精美石雕，引起了学界高度重视[3]。本文拟从出土背景及年代、分类、使用功能与性质、传统渊源及影响等几个方面出发，对皇城台大台基出土的石雕进行初步研究。不妥之处，敬请方家指正。

一、石雕的出土背景及年代

皇城台大台基为一处夯筑而成的大型高台建筑基址，平面略呈圆角方形，夯土筑芯，周边以石墙包砌。据残存高度估算，原夯土台体高度当不低于 5 米，其上分布着房址、石砌院墙、"池苑"等重要遗迹。

发掘工作集中在大台基南侧，自东向西共揭露南护墙约 120 米，再向西约 10 米为大台基西南拐角，因有现代坟地暂未发掘，南护墙总长约 130 米。东、北、西三面护墙暂未发掘。根据调查和局部解剖情况来看，大台基其他三面亦有石砌护墙，西护墙基本垂直于南护墙，长度大致与南护墙相当，北护墙及东护墙目前地表仅暴露 30 余米。根据地表石块分布及石墙走向推测，大台基四边长度相当，总面积 16000 平方米左右。

从平面暴露的砌石与夯土来看，南护墙内包砌的夯土形制不甚规整，南护墙厚度在 2—8 米之间。南护墙外（南）侧有一道与之基本平行的石墙（夹墙），二者间距约 8.5—9 米，与大台基之间形成了狭长的封闭空间，我们称之为"夹道"。大台基南护墙目前出土 70 件石雕，其中，21 件石雕仍然嵌筑于南护墙墙面之上，1 件矗立在台体南侧夹道的地面之上，其余石雕出土于南护墙与夹墙之间的倒塌堆积之内。这些石雕大多保存较好，图像清晰，少量残碎不全或画面风化难辨。

根据大台基南侧层位关系及出土遗物判断，其修建和使用年代当不晚于"石峁文化"中、晚期[4]。需要说明的是，石雕作为一种建筑装饰，其年代的敏感性要远远弱于普通陶器，存在着后期不断修葺及重复利用等多种可能，故年代跨度当比一般陶器类遗物要宽泛得多。所以，在讨论大台基石雕的年代时，首先要判断大台基本体的修建或最后阶段修葺的年代。这一年代范围大致可以代表石雕使用年代的下限，但并不一定代表石雕本身的制作年代。

叠压大台基南护墙的夹道④层和东护墙的巷道④层是目前发掘区域最靠近皇城台原始生活地面的堆积，可视为大台基废弃之前的最晚一期人类生活遗存，是判断大台基及石雕使用年代的重要证据。夹道④层为黄色细沙土，厚0—0.2米，其内出土了较多陶片。巷道④层夹杂大量草木灰，厚约1米，出土陶器组合以鬲、斝、盉、甗、折肩瓶、三足瓮、大口尊、豆等器形为主，其中双鋬鬲为中领尖角裆状，未出现明显实足跟；单把鬲为表饰小方格纹的薄体型；折肩瓶为大喇叭口，不见束腰；三足瓮下腹凸鼓、体量不大；大口尊颈部折棱较浅；豆柄中粗，常见圆形小镂孔。上述陶器组合及器形特征与石峁呼家洼地点2012F3[5]、山西碧村H12[6]、H24[7]出土陶器的特征基本一致，年代的石峁文化中期。南护墙夹道④层出土陶器组合与东护墙巷道④层出土遗物特征基本一致，但鬲的形态发生了显著变化，鬲足已出现高实足，豆柄加粗呈圈足状，花边口沿器物较为常见。这些变化体现了典型的石峁文化晚期特征。上述地层关系及出土遗物的比较表明，巷道④层应早于夹道④层，说明在夹道地面使用的最后阶段，巷道已被填埋弃用。综上所述，皇城台大台基的最后废弃年代不晚于石峁文化中期，极可能在石峁文化的最晚阶段被完全废弃。

大台基附近出土遗物的 ^{14}C 测年数据也支持上述判断。北京大学吴小红团队对皇城台东护墙纴木、白灰面、植物遗存等进行了系统测年，纴木的数据集中于公元前2200—前1900年；美国加州大学尔湾分校（UCIAMS）对大台基顶部一座年代属于石峁文化晚期的夯土墙房址（F2）进行测年，其内朽木的测年数据为公元前1900—1800年（实验室编号：210990，年代区间：1948—1777BC）；牛津大学实验室对东护墙四段④c层中出土的羊骨进行了测年，测年数据为2135—1941BC（实验室编号：SHM_KC002）。结合地层关系、出土遗物及系列测年数据综合考量，我们认为皇城台大台基及其石雕的使用年代不晚于龙山时代晚期，绝对年代约在公元前2000年前后，沿用至公元前1800年后废弃。

最新考古工作揭示，石峁文化之后，石砌墙体大范围倒塌（或被人为毁坏），大台基已经丧失了"宫室"建筑的功能，顶上西南部出现了下挖修建的下沉式石砌院落，以居于院落东部的3座联间房址为主体建筑，房址灶面上出土1件完整的蛇纹鬲。这类蛇纹鬲遗存，不仅数量较少、分布范围有限，而且其居址的布局也呈现出不同于石峁文化的典型特征，可视为石峁文化结束即石峁城址废弃之后"后来者"的物质孑遗，其绝对年代下限测定在公元前1700—前1600年。石峁遗址内发现的蛇纹鬲类遗存为探讨石峁城址废弃后的社会图景提供了重要材料。

皇城台上大型宫室建筑遗迹，以及出土的陶瓦、陶鹰、玉器、口簧等不具备普遍价值却能体现威望和特殊使用背景的器物，特别是数量庞大、图案精美的石雕，不断刷新着学界对4000年前中国早期文明高度的已有认知。皇城台大台基是石峁城址高等级的建筑基址，象征着公元前第三千纪晚期中国北方地区区域政体的"权力中心"，从某种意义上来说，更是一个维系周边层级化中小聚落的宗教礼仪中心。

二、石雕分类与图像解读

关于大台基石雕的分类，我们做了多种尝试。依据不同标准，可有多种分类结果。以形制区分，主要有长方体、圆柱体和人（头）形等；从雕刻技法入手，可分为浮雕、阴刻、圆雕等；以构图方式可分为单体、对称、连续、组合等不同类型；就图案内容而言，可区分为动物、神兽、人头、符号等多种；从图案的表现视角来看，可分为正视、侧视和俯视；从图像所在基体面来看，可分为平面和立体。

从技术层面来讲，上述不同的划分标准均可作为大台基石雕的分类标准，但在实际操作中往往出现两个甚至多个分类标准存于同一石雕的现象。有鉴于此，我们以大台基石雕的出土背景为前提和基础，从图像所在的石雕基体着眼，参考上述的分类标准综合考量后，将其区分为平面型、塑像型及立柱型三大类（图一）。

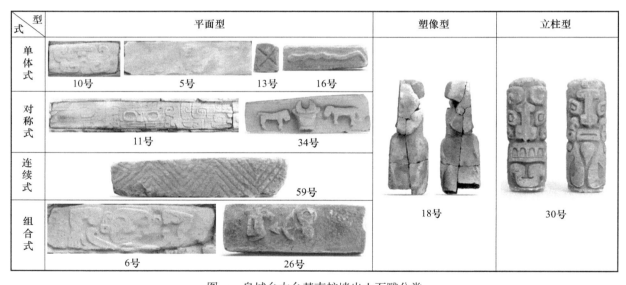

图一　皇城台大台基南护墙出土石雕分类

平面型　共64件。是大台基石雕的主要类型，多为长条形，基体石块除背部（与图像相对一面）仅稍经琢剥而不规整外，其余各面均经敲琢修整，平整方正。图像绝大多数雕刻于石块平整面，雕刻技法以减地浮雕为主，另有少量阴刻。图案内容包含动物、神兽、人头、符号等，表现视角有正视和侧视。根据构图方式，平面型石雕又可进一步划分为单体、对称、连续、组合四式，其中以单体式最为常见。单体式是指图像为一单独完整图案的石雕型式，如5、10、13、14、15、16、28、37号等石雕。对称式是指图像由两个或两个以上的单体图案构成的石雕型式，以居中的主体图案为中心，一般为左右对称结构，如1、8、11、24、34、41号等。这类石雕一般形制较大、体量厚重。连续式指图像由多个或多组连续刻划的几何形图案构成的石雕型式，如59号等。这类石雕常见阴刻技法，可能多被用作装饰图案。组合式指由两个（或两个以上）不同题材的单体图案组合构成的石雕型式，如6、26号等。此式石雕当具有一定的表意功能，或可解读为叙事图像。

塑像型　共4件。以圆雕技法雕出轮廓，再以阴刻或浮雕刻画细部，如18号等。该型石雕主要为人、人头或动物形象。

立柱型　共2件。以加工规整的柱形石块为基体，在柱体两面上直接雕刻人头部形象，包括30号和47号。这类石雕除底部外，顶部和柱身两面均有图案，两面图案对称雕出。

平面型石雕的单体图案有动物、神兽、人头、符号以及装饰性纹样等多种（图二）。其中以动物形图案发现最多，包括蛇、牛、虎、蟾蜍、羊、马等，刻划细致，形态逼真。这些动物形象显然来自于石峁先民的社会生活；神兽多为不见于现实中的兽形形象，以现实生活中常见的某类动物形象为原型，通过臆造、夸张或多种动物特征集合的方式形成写意动物形态，有扁头曲身有鳞者，也有长嘴有鬣者，因难予定名，故暂以神兽称之；人头形图案发现较多，人物冠饰、头部、嘴部、耳部、脸颊及表情等细节各不相同；符号类图案常见"X""O"或眼形，一般单独出现；装饰性图案多为几何形，连续组成繁复图像或配置于其他主题图案之内作为画幅间隔使用。

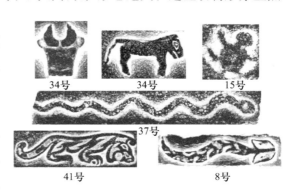

34号　34号　15号

37号

41号　8号

图二　石雕上的动物、神兽图案

平面型石雕中的动物形象种类丰富，栩栩如生。如蛇可分为三角头和椭圆头两种，且细小的眼、嘴都有表现；牛角外表的细横槽以及马的鬃、蹄均表现得淋漓尽致，个别动物（牛、虎）眼内还以红色和黑色涂抹。甚至还出现了不见于现实生活中的神兽。

"万物有灵"是古代人类社会最为普遍的精神信仰和宗教观念，将以动物或神兽为主体图像的石雕砌筑于大台基护墙墙面上，彰显着建造者和使用者将"有灵之物"的信仰观念与大台基有机结合的精神追求和现实意图。张光直在谈到商周时期动物纹样青铜礼器时指出，"如果说商周艺术中的动物是巫觋交通天地的重要媒介，那么拥有一件动物纹样礼器就意味着拥有了交通天地的手段"[8]。对于皇城台大台基的建造者和使用者而言，动物和神兽图案具有交通天地的媒介作用，雕刻动物和神兽图案的石雕是交通天地的重要载体。另外，林巳奈夫还指出，面目狰狞、表情恐怖的兽面纹样还可起到驱邪、守护、聚气、保佑的作用[9]。大台基石雕的动物和神兽图案也承载了石峁先民的这种现实诉求和期望。

图三　大台基南护墙11号石雕

以人头像为主体图案的石雕是平面型石雕中最具特色、数量丰富的，共发现24件，占这类石雕总数的37.5%，多数体量较大，构图方式也最为复杂。如11号石雕，基体厚重，加工规整，图像雕刻细致，为左右对称结构，中间为一正视人头像，左右两侧由内而外对称雕刻"L"形装饰纹样和侧视人头像。长267、高43厘米（图三）。

这件石雕的同一平面上同时刻画了正视与侧

视两个不同视角的人头像，人头顶部正上方均有一道雕刻空白区域将头像分隔为上、下两部分。头顶正上方为一小冠，造型别致，自上而下由三部分组成，上为6个直立的"F"形羽状冠饰，3个为一组，相向排列，中为绞索状冠檐，下为紧贴人面鼻根的倒三角形冠舌，整个小冠将人面前额完全遮盖。根据冠顶装饰，似可称为"羽冠"。下方为人脸，横"臣"字形大眼圆睁，外有圆形凸棱眼眶，鼻部棱角分明，阔嘴呲牙，牙齿雕刻细密，两颊钝方，两颊外雕出对称双耳，下坠圆形耳珰。自双眼外向上雕出外翻垂发，呈"几"字形，下垂部分向内卷出上大下小的对称内钩，双耳位于垂弧正下方。

从11号石雕的解读出发，以发、冠的有无作为区分标准，大台基石雕中人头像可区分为无发无冠、有发无冠、有发有冠三类（图四），尤以有发有冠的人像头脸部细节丰富，表情夸张，最具"脸谱化"或"神格化"。其中，无发无冠者多见于体量较小的单体式石雕，如5号石雕，另外，组合石雕，其中的人头像亦无发无冠如6号石雕；有发无冠者在单体式和对称式石雕中都可见到，如41号（对称式），10号及28号（单体式）。顺便一提的是，28号侧视人头像的发现，对1976年征集的玉雕人头像（SSY122）[10]具有重要的实证价值和指证意义；有发有冠者均见于大型对称式石雕中，如11号和24号，还可注意到，此两件石雕人头头顶的小冠也有不同形式，除"羽冠"外，另有其他样式。

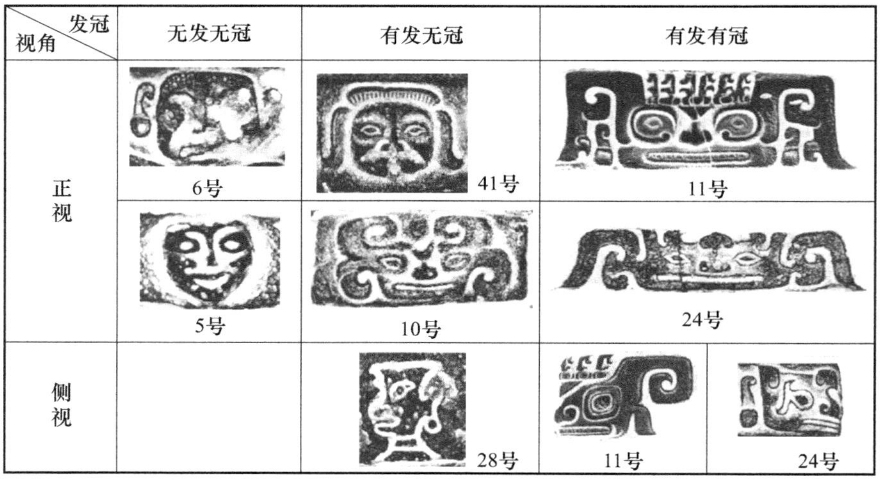

视角\发冠	无发无冠	有发无冠	有发有冠
正视	6号	41号	11号
	5号	10号	24号
侧视		28号	11号 · 24号

图四 大台基石雕人头图案分类

繁简不一、装饰不同当是不同人物形象等级地位的重要表现形式。无发无冠者地位最低，等级一般；有发无冠者中特别是发型华丽者地位较高，或为巫觋或贵族阶层；而有发有冠者等级和地位最高，或为英雄、祖先、王者甚至神祇的代表形象，故此，两侧常见侧视人头或动物配伍。人头形象同样具有"万物有灵、交通天地、驱邪守护"等精神内涵，但更为重要的是，将人头形象以对称式、组合式的方式来表达，显示其可能还具备了记述王贤形象、颂扬英伟事迹的特殊用意。

至于符号和装饰性纹样，其结构特征决定其辅助使用的基本功能。有些符号可能还具备了一定的"代表"或"象形"性质，象征了某种动物甚至人。

综上所述，大台基发现的平面型石雕应与石峁遗址中已经发现的"藏玉于墙"和"人头奠基"

现象具有大致相同的精神内涵，体现了石峁先民对皇城台大台基的精神寄托。

塑像型石雕或为偶像崇拜的物化载体，目前可见人和动物造型，刻画细致、造型生动，或可理解为被崇拜的王者和动物的写实形象。

立柱型石雕上均雕出华丽的人头形象，或与平面型石雕中的人头图案内涵相通，只是换了一种表达形式和使用方式，就其出土位置及形状而言，当系立于关键设施的重要位置，起到膜拜、崇尚的功能，大致与后世的图腾柱性质相类，其上的人物为祖先或神祇。

三、石雕的功能与性质

物体的结构和形态是其功能的载体，结构与功能相适应是生物学的基本观点之一。就探讨石雕的功能而言，探究其在使用环境中的原始位置是需要首先考虑的问题。从本质上来说，石雕的画面特征及构图方式只是为了更好地服务于其使用环境，是传递石峁先民意识形态的载体。

皇城台大台基附近发现的平面型、塑像型、立柱型等不同形态的石雕，暗示着不同的使用方式或位置。平面型石雕数量最多，个体差异较大，其基体一般被加工成条形石块，背面稍经平剥，正面修治规整。这种形状及加工方法，使得石雕既便于砌筑，又利于在正面雕刻图像。平面型石雕多出土于大台基南护墙的倒塌堆积之中，其倒塌状态和墙体上的塌毁印痕表明，这些石雕原本是被砌筑于墙体表面的。还有一部分石雕，发现时依然砌筑在大台基南护墙墙面上。截至目前，南护墙墙面上发现原位保存的石雕共计21件，均为平面型。从出土情况及保存状态来看，平面型石雕一般将带有图像一面朝外砌筑于石墙墙面上。一些大型平面型石雕上还往往发现规整的卯槽、榫凸或折棱，暗示着其与其他石雕或石块连缀组合的砌筑方式，一方面起到稳固墙面的"榫卯"作用，另一方面或可形成"连环画式"的大幅图像。综上所述，平面型石雕在大台基护墙墙体上起装饰作用，不仅承担了大台基护墙"建筑材料"的功能，更为重要的是石峁人希望通过这些石雕图案来表达他们的精神信仰，这些石雕成为营造石峁王国聚落秩序及原始道德的重要载体，绝非一般性质的石块建材。另外，将王者或神祇形象嵌筑于护墙，还可传递纪念和传扬祖先的"丰功伟绩"，彰显了大台基的"纪念碑"性质。

塑像型石雕数量较少，均发现于夹道内的倒塌堆积中，出土时多为碎块，不见能完整拼合者，大小差异较大。上述情况暗示着这些石雕在南护墙外侧墙体倒塌下来之前或已被毁坏。这类石雕的形制显然不适于砌筑在石墙墙面上，而更适于放置在大台基之上的宫室之内或"宗庙"类建筑之中。简而言之，塑像型石雕当系"庙堂之物"，并不具有装饰功能，也许是石峁城址中的"王""英雄"或被崇拜的动物。

立柱型石雕仅见2件，均为椭圆柱体，形制规整，大小有别。大者为47号，高约1米，柱径49—53厘米；小者为30号，个体较小，高62、柱径19—22厘米。这类石雕的顶部及柱身均雕有图案，底部留白，其结构便于矗立着使用。47号石雕出土状态极好地说明了其使用方式和位置。这件石雕位于大台基南护墙中部偏西的夹道地面上，高出地面1米，被放置于3块条弧状石块合围形成的石圈之内，石圈与石雕底部套口，起到稳固作用。值得一提的是，除柱身两面雕出人面像外，47号石雕柱顶平整，亦雕有图案，中央为一圜底小圆窝，圆窝周缘对称雕出4个呈十字分布的"Y"形纹样将柱顶四等分，"Y"形纹样之间均雕出同心圆。图案整体似可解读为以"Y"形纹样为鼻、同心圆为双眼、中央小圆窝为嘴的4幅面部形象，4面共用一嘴，连续的两面共用一眼。这类布局结构的图案，或被称为"共用形"图案[11]。立柱型石雕的功能和用法类似于图腾柱，或与石峁巫觋阶层求神、占卜、驱疠等行为有关。

显然，三种不同类型的石雕其使用环境决定了其承担的功能不同，或作为墙体装饰，或为"庙堂之物"，或作为"图腾柱"。鉴于一些特殊情况，还需对平面型石雕使用背景再做些补充说明。平面型石雕在大台基附近发现的数量最多，使用背景也最为清晰，同时带来的问题也最多。比如，从仍然嵌砌于大台基南护墙墙面上及部分虽已塌落于夹道内但仍可清楚判断其在护墙上原始位置的石雕来看，这类嵌砌在墙面上的石雕，整体来看并无显著的分布规律，既没有在同一个高度布置，亦没有构成纵向或横向的连续体，个别石雕甚至被"倒置"后嵌入墙体（图五）。就石雕的保存状况而言，有些石雕的局部残损严重，其风化剥蚀的程度明显比周边的砌墙石块还严重。

图五　"倒装"石雕

毋庸置疑，这些现象背后一定存在复杂的原因。笔者认为，上述现象或可理解为：大台基使用期间，南护墙局部墙体的意外塌毁时有发生，为了保持墙体坚固完整石峁先民不断地"回砌"或"二次整修"，逐渐形成了石雕"杂乱无章"的布局效果。如果这一解释趋近事实，我们也就不难理解为何嵌筑在墙体上部的石雕体量较小，而位于墙基位置的石雕往往体量巨大的原因了。大型石雕的基体长度一般超过2米，重数百公斤，绝大多数位于南护墙靠近夹道地面的墙基部位，少有扰动甚或没有被搬动过（如11号石雕，长近2.7米，估重约1.5吨）。由此来看，平面型石雕至少在大台基使用晚期，极可能是被作为护墙上的特殊装饰建材使用的，尽管它还承载了更多的表意功能和石峁先民的精神诉求。

需要说明的是，大台基南护墙墙面上石雕的原始位置，依然存在较大的讨论空间。我们尚不能完全排除这些石雕本是皇城台大台基之上高等级建筑或宗庙的物件，在建筑本体遭到毁弃之后，被重新砌筑于大台基石砌护墙墙面上的可能。因此，石雕本初就是砌筑于大台基护墙墙面上作为特殊建材使用的看法还可探讨。我们相信，对大台基台顶建筑的全面揭露必将会为这一问题的解决提供重要信息。

四、早期石雕传统形成及影响

在石峁文化核心分布区域，石雕并非普遍的文化因素。石雕大量出现于石峁遗址的皇城台、外城、东门址等高等级建筑设施中，应与其是区域政体中心有关。要探讨大台基石雕的产生和来源问题，则需要将视域扩大到石峁文化邻近区域。若将视角扩展到石峁遗址所在的中国北方地区，可以发现东北地区存在着脉络清晰的石雕传统。

考古资料显示，公元前 6000—前 3000 年的时间范围内，在东北地区兴隆洼文化、赵宝沟文化及红山文化都发现了大型石雕，以人像最为常见，还有一些动物类形象。如兴隆洼文化时期在白音长汗[12]、林西西门外[13]，赵宝沟文化时期在滦平后台子[14]，红山文化时期在朝阳半拉山[15]、敖汉草帽山[16]等遗址都有发现（图六）。

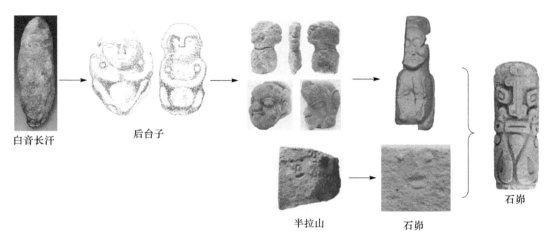

白音长汗　　　　后台子　　　　　　　　　　　　　　　　　　　石峁

半拉山　　　石峁

图六　中国北方地区史前石雕系络图

上述石雕中有的具有明确出土背景。白音长汗 AF19 ② : 4，通高 36.6 厘米，头部及躯干轮廓清楚，雕出眼、鼻、嘴、胸、臂等，底部钝尖。出土时仍栽立于室内灶坑后侧正中。半拉山石雕的出土背景除墓葬（M41 : 1）外，还有 1 件（T0407 ② B : 3）发现于具有祭祀性质的木构建筑址的活动面上，残高 45.7 厘米，与其共出的还有 1 件陶塑人像头部及数件玉器。另外在半拉山祭坛西墙发现雕刻人面像（T0306 ② B : 1）和符号（T0405 ② B : 6）的"墙石"，值得注意的是，均为平面型石雕。鉴于上述石雕具有特殊的出土位置，我们认为，这些石雕使用期间在精神信仰层面的功能是非常突出的。

从石雕形态和图案内容来看，东北地区的石雕传统对石峁皇城台大台基石雕的影响是不容忽视的。同时，我们还注意到东北地区大型石雕以立柱型或塑像型为主要型式，只是在红山文化时期出现了少量平面型石雕，这一现象与大台基石雕以平面型为主体的特征形成了鲜明差异。如前所述，平面型石雕是皇城台大台基石砌护墙的重要组成部分，不作独立使用，是在适应皇城台石墙建筑的背景下产生的。所以，为适应自身需求，将立体塑像"平面化"是大台基石雕对中国早期雕刻艺术的重大贡献。另外，大台基立柱型石雕除继承东北地区石雕传统外，更多地体现着平面型石雕的雕刻技法和图像构成要素，设计者将平面型石雕的制作因素与塑像型石雕相结合的做法，是大台基立柱型石雕"独具一格"的主要原因。

需要指出的是，石峁遗址除皇城台以外，还在内城、外城区域内发现或出土了一些石雕，这些石雕的精细程度远不能与大台基石雕相比，应该是由其自身所在建筑规模、等级和性质决定的。

长江中游地区的"后石家河文化"[17]，年代为公元前 4200—前 3900 年，与石峁文化年代大体重合（图七）。后石家河文化以各类小型玉雕为突出的文化特征，自 1955—1956 年发掘以来[18]，这些精美的玉雕备受学界关注[19]。近年来在石家河大遗址考古工作过程中出土了一批重要的小型

遗址＼形象	"平顶"人头	神人头	双人头	全虎
石峁	41号	11号	1号	24号
后石家河	谭家岭东W9：6	谭家岭东W9：7	谭家岭东W9：2	谭家岭东W9：60

图七　石峁石雕与后石家河玉器文化因素比较图

玉雕。2015年在石家河遗址谭家岭城址东部高地发掘后石家河文化时期瓮棺6座，有5座墓葬共计出土小型玉器240件，其中W8出土45件、W9出土63件[20]，这批玉雕中头顶束发、两侧垂发、戴冠配珰等人头像或神人头像的造型风格以及双向侧视人头的艺术构思在大台基石雕中均可找到与之相似者。另外，谭家岭W9：60虎形饰的俯视形象与大台基24号石雕全虎造型也较相似。

石峁文化与后石家河文化的双向影响不仅体现在石雕和玉器上，石峁征集玉器（20世纪70年代）中的鹰笄和虎头，后石家河文化腹地发现的黑色牙璋[21]也是在两支考古学文化双向互动的背景下出现于对方所在区域中的。这种远距离文化因素交流和影响现象，在中国史前时期并非孤例[22]。

大台基石雕中的神兽形象（8号）与二里头文化绿松石龙有较大相似外[23]，二里头遗址发现的绿松石牌饰[24]和陶片刻划中的虎形与大台基石雕中的虎形图案也有可比之处，特别是虎头部分（图八）。石峁与二里头文化中牙璋等高级礼玉的存在，不得不让人将二者关联起来。

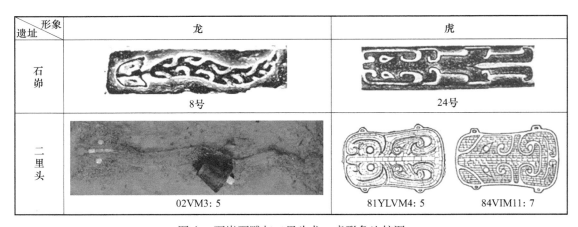

遗址＼形象	龙	虎
石峁	8号	24号
二里头	02VM3：5	81YLVM4：5　　84VIM11：7

图八　石峁石雕与二里头龙、虎形象比较图

近来，有学者将石峁石雕及相关遗存放眼于欧亚大陆，讨论其与欧亚草原早期文明的关系。如，郭物认为石峁遗址中发现的石雕人像与南西伯利亚奥库涅夫文化及新疆的切木尔切克文化的石雕人像存在相似之处，陕北地区石人的出现可能受到了西北方向文化的影响[25]。李旻认为石峁发现的人头石雕、坐像、岩画、货贝、绿松石珠、鸵鸟蛋壳、铜齿环以及大量散布的打制石器揭示了高地社会与北亚、中亚互动网络之间的联系[26]。诚然，石峁遗址所处的地理区位决定其便于和欧亚草原早期文明产生交流互动。但这一关联还有待更多的考古发现支撑和证明，而不容忽视的是，中国东北石雕传统向西扩展是石峁石雕特别是塑像型石雕的重要源头。

作为目前石峁皇城台考古最为引人注目的遗物，大台基石雕的发现远远超出以往学界对4000年前中国早期文明高度的判断。大台基石雕与后石家河玉雕、二里头龙虎形象具有相同的精神内涵，是石峁文化高等级文化因素的物质载体。我们认为，皇城台大台基石雕与中国东北地区的石雕传统密切相关，可能影响了后石家河文化玉器、二里头文化绿松石龙、虎形象，甚至商周青铜礼器的艺术构思和纹饰风格。另外，平面型组合式石雕所体现的叙事和表意功能，特别是其中的具体形象，若与甲骨文中"射""马"[27]的文字形象和书写方式相比，不能说两者完全没有关系，或许，此类石雕还可为探讨汉字起源打开了一扇新的窗户。

附记：本文为国家社会科学基金重大项目"石峁考古发现与研究"（批准号：17ZDA217）、国家文物局"考古中国——河套地区聚落与社会研究"项目资助成果。

注　释

［1］ a. 孙周勇、邵晶、邸楠等：《石峁遗址2018年考古纪事》，《中国文物报》2019年8月23日；b. 孙周勇、邵晶、邸楠等：《陕西神木石峁遗址皇城台发掘取得重要收获》，《中国文物报》2020年1月8日；c. 陕西省考古研究院、榆林市文物考古勘探工作队、神木市石峁遗址管理处：《神木石峁遗址2016—2019年考古新发现》，《考古与文物》2020年第4期。

［2］ 孙周勇、邵晶、邸楠：《石峁皇城台呈现宫城性质》，《中国社会科学报》2018年9月28日。

［3］ 陕西省考古研究院、榆林市文物考古勘探工作队、神木市石峁遗址管理处：《陕西神木市石峁遗址皇城台地点大台基遗迹》，《考古》2020年第7期，第34—45页。

［4］ 孙周勇、邵晶：《石峁文化：年代、范围及命名》，《考古》2020年第8期，第102—110页。

［5］ 陕西省考古研究院、榆林市文物考古勘探工作队、神木县文体局：《陕西神木县石峁遗址后阳湾、呼家洼地点试掘简报》，《考古》2015年第5期，第60—71页。

［6］ 山西省考古研究所、兴县文物旅游局：《2015年山西兴县碧村遗址发掘简报》，《考古与文物》2016年第4期，第25—33、87页。

［7］ 山西省考古研究所、山西大学历史文化学院考古系、兴县文物旅游局：《2016年山西兴县碧村遗址发掘简报》，《中原文物》2017年第6期，第4—17页。

［8］ 张光直著，刘静、乌鲁木加甫译：《艺术、神话与祭祀》，北京出版社，2017年，第81页。

［9］ 林巳奈夫著，常耀华、王平、刘晓燕、李环译：《神与兽的纹样学——中国古代诸神》，生活·读书·新知三联书店，2009年，第3—51页。

［10］ a. 戴应新：《陕西神木县石峁龙山文化遗址调查》，《考古》1977年第3期，第154—157、172页；b. 戴应新：《神木石峁龙山文化玉器》，《考古与文物》1988年第5、6期，第239—250页；c. 戴应新：《神木石峁龙山文化玉器探索：完结篇》，《故宫文物月刊》1994年第130期，第68—79页。

［11］ 张智艳、吴卫：《创意图形之共用形》，《郑州轻工业学院学报（社会科学版）》2007年第6期，第45—48页。

［12］ 内蒙古自治区文物考古研究所：《白音长汗——新石器时代遗址发掘报告》，科学出版社，2004年，第129—134页。

［13］ a. 王刚：《兴隆洼文化石雕人体像》，《中国文物报》1993年12月5日；b. 中国社会科学院考古研究所、香港中文大学中国考古艺术研究中心：《玉器起源探索——兴隆洼文化玉器研究及图录》，香港中文大学，2007

年，第 165 页；c. 吕遵谔：《内蒙古林西考古调查》，《考古学报》1960 年第 1 期，第 9—23 页。

［14］ 承德地区文物保管所、滦平县博物馆：《河北滦平县后台子遗址发掘简报》，《文物》1994 年第 3 期，第 53—71 页。

［15］ a. 辽宁省文物考古研究所、朝阳市龙城区博物馆：《辽宁朝阳市半拉山红山文化墓地的发掘》，《考古》2017 年第 2 期，第 3—30 页；b. 辽宁省文物考古研究所、朝阳市龙城区博物馆：《辽宁朝阳市半拉山红山文化墓地》，《考古》2017 年第 7 期，第 18—30 页。

［16］ 刘国祥：《红山文化研究》，科学出版社，2016 年，第 676、677 页。

［17］ a. 王劲：《后石家河文化定名的思考》，《江汉考古》2007 年第 1 期，第 60—72 页；b. 何弩：《试论肖家屋脊文化及其相关问题》，《三代考古（二）》，科学出版社，2006 年，第 98—145 页；c. 孟华平：《长江中游史前文化结构》，长江文艺出版社，1997 年，第 134 页；d. 钟雪：《"后石家河文化"研究综述》，《文博学刊》2019 年第 4 期，第 24—33 页。

［18］ 湖北省文物考古研究所、中国社会科学院考古研究所：《湖北石家河罗家柏岭新石器时代遗址》，《考古学报》1994 年第 2 期，第 191—229 页。

［19］ 荆州博物馆：《石家河文化玉器》，文物出版社，2008 年。

［20］ a. 湖北省文物考古研究所、北京大学考古文博学院、天门市博物馆：《湖北天门市石家河遗址 2014—2016 年的勘探与发掘》，《考古》2017 年第 7 期，第 31—45 页；b. 湖北省文物考古研究所，北京大学考古文博学院、天门市博物馆：《石家河遗珍——谭家岭出土玉器精粹》，科学出版社，2019 年。

［21］ 荆州博物馆：《湖北荆州观音垱汪家屋场遗址的调查》，《文物》1999 年第 1 期，第 17—20、55 页。

［22］ 李新伟：《中国史前社会上层远距离交流网的形成》，《文物》2015 年第 4 期，第 51—58 页。

［23］ a. 许宏、李志鹏等：《河南偃师二里头遗址发现大型绿松石龙形器》，《中国文物报》2005 年 1 月 21 日；b. 中国社会科学院考古研究所二里头工作队：《河南偃师市二里头遗址中心区的考古新发现》，《考古》2005 年第 7 期，第 15—20 页；c. 中国社会科学院考古研究所：《二里头（1999—2006）》，文物出版社，2014 年，第 1005 页。

［24］ a. 中国社会科学院考古研究所二里头工作队：《1981 年河南偃师二里头墓葬发掘简报》，《考古》1984 年第 1 期，第 37—40 页；b. 中国社会科学院考古研究所二里头工作队：《1984 年秋河南偃师二里头遗址发现的几座墓葬》，《考古》1986 年第 4 期，第 318—323 页；c. 中国社会科学院考古研究所二里头工作队：《1987 年河南偃师二里头遗址墓葬发掘简报》，《考古》1992 年第 4 期，第 294—303 页。

［25］ 郭物：《从石峁遗址的石人看龙山时代中国北方同欧亚草原的交流》，《中国文物报》2013 年 8 月 2 日。

［26］ 李旻：《重返夏墟：社会记忆与经典的发生》，《考古学报》2017 年第 3 期，第 287—316 页。

［27］ 刘钊、洪飏、张新俊：《新甲骨文编》，福建人民出版社，2009 年，第 323、324、539、540 页。

（原载于《考古与文物》2020 年第 4 期）

石峁的人是谁？中国古代对变形能力的信仰

Elizabeth Childs-Johnson 著

宗天宇 译

石峁遗址位于中国陕西省神木市，是一座新石器时代晚期的遗址。图一显示的石雕是石峁遗址建筑中出土的众多砂岩石雕之一，图案为一副巨大的人类形象，人面的左右位置显示出伸展的手臂，身体短小。该遗址可以追溯到公元前 2200—前 1800 年，即龙山文化（也称为龙山传统或龙山时代，公元前 3000—前 1900 年）末期和夏代（公元前 2070—前 1600 年）初期。这些令人兴奋的发现证实了早期对变形意象的信仰并不局限于包括青铜器、漆器、陶瓷、象牙或玉器等仪式器物在内的艺术规模，而是在大规模装饰墙体结构上被发现。比如，

图一　雕刻有人形神像的石块
中国，陕西省神木县石峁遗址，皇城台大台基南护墙
龙山文化（公元前 3000—前 1900 年），龙山时代晚期
（公元前 3000—前 1900 年）—夏代早期（公元前
2070—前 1600 年），公元前 2200—前 1800 年
砂岩，尺寸不详
（图片由陕西省考古研究院孙周勇提供）

在这种情况下是位于东亚中心地带（或者说，是在历史时期成为"中国"之前的"中国"；Mair，2006）西北部偏远地区的一座宫殿式山顶堡垒。石峁遗址位于鄂尔多斯沙漠边缘的黄土高原北部。虽然地理位置上远离河南黄河流域北部二里头文化（公元前 1900—前 1500 年）和商代（公元前 1600—前 1046 年）的"首都"中心，但在新石器时代晚期的龙山时期，文化接触已经像野火一样蔓延，渗透到东亚腹地，远远超出了今天传统政治地图的范围，也远远超出了西北边境。一些学者研究了龙山文化不同器物的传播，包括陶制酒器（爵）和象征性的玉质刃形器（璋）（一种以农用铲形工具"铲"为基础的象征性刃形器，有时被误认为是权杖；Childs-Johnson，1995，第 66 页，图 2；Tang，2017；邓聪等人，2014）。后者目前在陕西省石峁、芦山峁和其相关遗址内发现最多（戴应新，1993；王炜林和孙周勇，2011）。南至越南和中国四川省，北至中国内蒙古自治区和辽宁省也都发现了璋（Tang and Wang，2020；Childs-Johnson，2020）。璋及其同类器物的广泛分布突出表明了公元前三千年晚期"文明"在整个东亚中心地带的迅速发展，也说明了当时的贸易往来和文化交流十分频繁且广泛。

在整个东亚中心地带的龙山时代及其后的历史时代，同样的形象无处不在，但主要是小规模的出现（Childs-Johnson 和 Major，即将出版），这也证实了石峁所保存的半人或人形图案"核心象征"的功能。在龙山和二里头文化时期发现的典型玉器上的图案似乎并非像一些人所推测的那样源自石峁，（Li et al.，2018；李旻，2017；Rawson，2017），而是一种普遍存在于龙山和二里头文化时代的"宗教"图像。

除了宫殿建筑群和夯土地基之外，石峁遗址还出土了一些罕见且不寻常的发现，包括多色彩绘壁画残片以及在石筑防御工事的地基中插入玉器。这种奇特的行为可能是辟邪习俗的证据（见陕西省考古研究所，2016，第 109 页，彩图；第 192 页，图 12；第 269 页，图 14 和彩图）。

陶器类型似乎在包括其他西北文化在内的区域内共享，例如附近鄂尔多斯高原（内蒙古）的朱开沟遗址；附近的防御型遗址，如山西省的碧村遗址，陕西省的芦山峁遗址、石摞摞山遗址和新华遗址，以及更南边的山西陶寺遗址（Li et al.，2018）。

在石峁遗址主要台基（大台基）南护墙的倒塌堆积内出土了三十多件石雕，其中有部分石雕仍镶嵌在原墙体中。大部分石雕都是单面浮雕，其中一件长近 3 米。石雕图案类型大部分都集中在神化人的正面像（神面）上，这些石雕似乎是在新的建筑中所使用的以往旧文物。发掘者认为，这些石雕是在修缮护墙时插入墙体的，是从城址早期阶段的建筑中保存下来的遗物，与墙体石块下方嵌入的玉器具有相同的功能——这种功能赋予了建筑以精神寄托和保护（孙周勇，2019；另见 Sun et al.，2018，第 31 页，图 9；陕西省考古研究所，2016 年，第 90、91 和 130 页，彩图）。

正如发掘者指出的，石雕加工在北方是普遍存在的行为，例如辽宁和内蒙古地区较早的新石器时代兴隆洼文化（公元前 6200—前 5400 年）和玉器加工的红山文化（公元前 4700—前 2920 年）（Sun et al.，2018）。然而，石峁的图像与早期红山文化或兴隆洼文化的图像都不一致，而是与龙山文化传统的中部、东北部和南部的图像一致，下文将对此进行分析（新石器时代晚期约公元前 3500—前 2000 年期间的文化清单，Liu and Chen，2012，第 216 页，表 7.1）。

在新石器时代晚期的龙山文化阶段，"文明"正在形成，并创造了长期的根基——这种根基将在历史时期早期的二里头和商代继续发展。从石峁现存和已发表的图案来看，它们与玉器时代（公元前 3200—前 2000 年）和青铜时代（公元前 2100—前 5 世纪）的许多图像类型是可比较的。

迄今为止，在已公布的发现中（孙周勇，2019），在石峁城址发现的图案是浮雕在长方形砂岩块上的，有些石块比其他石块更宽更长（见图一和图八；图二—图五）。石雕所用石块的材质与同一护墙中的非石雕石块是相同的。虽然在遗址内其他区域的部分建筑墙壁上发现被涂上了红色或其他颜色的行为，但并没有直接的证据表明护墙上也存在有涂漆或着色的现象（孙等人，2018 年，第 29 页）。砖块状的长条形石块被精心水平地嵌入墙体，以适配曾经环绕着整个石峁台基的护墙。这些石块用草拌泥砌筑在一起（同上，第 28—30 页）。这种将石块围成条状的形式可以与墨西哥中部玛雅和阿兹特克城堡宫殿墙壁上的浮雕石刻进行比较（参见，例如，Michael D. Coe，《古代玛雅的皇家城市》，伦敦和纽约，2012 年），甚至可以与古代美索不达米亚的亚述宫殿浮雕进行比较（参见 R. D. Barnett，《亚述宫殿浮雕》，伦敦，1970 年）。虽然石峁石雕的石块长短、大小均不一，有一块长达近 3 米，但它们都是水平设计的，是在防御工事中连续使用的珍贵符号。

在迄今为止保存下来的作品中，既有半人半神的形象，也有神话传说中的形象。已公布的六种形制可大致归为两类：半人形象，这是迄今为止的主要类型，以及神话中"龙"的形象。最令人惊讶的是一件巨大的人面（酷似奥尔梅克表情风格），两侧是伸展的手臂，末端为五个手指，还有一对可能是简化和抽象处理的下肢，形状像一个细长的逗号（见图一和图八）。由于风化，眼睛难以辨认，但隆起的眉毛、球根状的鼻子和皱眉的嘴都很清晰。耳朵很大，佩戴有方形的耳珰。这件石雕因其巨大的尺寸而引人注目——根据人眼的测量，其尺寸至少是上下两排不带图案石块的五倍。

护墙上的第二、三、四件石雕同样是在长条砂岩块上以浅浮雕的方式雕刻而成（见图二—图四）。与图一类似，这些图像描绘了面部，由于圆形眼睛和椭圆形或杏仁形眼睛之间的差异，被标记为半人类或类人类。鼻子是典型的球根状，嘴巴伸展成一个狭长的椭圆形。

图二显示的是半人脸的简化版，从正面看两侧是龙形。面部特征包括椭圆形的眼睛、球根状的鼻子、拉长的嘴唇，以及可能是一对耳朵的下半部分和头饰的延伸部分。额头上有一个三角形状的徽章，向上卷起的短发可能是头饰的一部分。龙形可能代表着变形的头部的形状，长长的身体是一对卷发，伸到人形的左右两侧。

图二 a 　两侧雕有"龙"的人面神像石块
中国，陕西省神木县石峁遗址，皇城台大台基南护墙
龙山文化（公元前 3000—前 1900 年），龙山时代晚期
（公元前 3000—前 1900 年）—夏代早期（公元前 2070—
前 1600 年），公元前 2300—前 1800 年
砂岩，尺寸不详
（图片由陕西省考古研究院孙周勇提供）

图二 b 　图二 a 中石块上的雕刻
（绘图：玛格丽特–帕诺蒂（Margaret Panoti）））

图三所示的面部没有耳朵，而是在头侧有宽阔的向内卷发，这表明头饰很宽大。头饰的其他特征还包括从头顶上方的三角形徽章上延伸出类似羽毛的突起，可能代表鼻梁。这里的人面两侧是中国传说中熟悉的卷云纹饰。重复的三幅图像在细节上的一个不同点是眼睛：外侧两张脸的眼睛是三层环绕，而中间一张脸的眼睛则是凸起的、线性的、不完整的圆圈，环绕着一个小规模的虹膜形状。

图三 　重复雕刻羽饰人面神像的石块
中国，陕西省神木县石峁遗址，皇城台大台基南护墙
龙山文化（公元前 3000—前 1900 年），龙山时代晚期（公元前 3000—前 1900 年）—
夏朝早期（公元前 2070—前 1600 年），公元前 2300—前 1800 年
砂岩，尺寸不详
［绘图：玛格丽特–帕诺蒂（Margaret Panoti）］

图四与图二和图三中的图样相辅相成。两副正面的半人脸被一条代表四个对称卷轴的通道隔开。这两张脸比例均衡，同样有球根状的鼻子、舒展的嘴唇和大而卷曲的耳朵。两侧向上卷曲的羽毛状延伸部分构成了一个头饰。与上述石雕一样，正面与四卷图案交替出现，如果保存得更长，很可能会继续环绕墙壁。

对汉学家来说，第五个图像实例并不令人惊讶（见图五）。夹在墙壁未装饰部分之间的一块长条形的砂岩上排列着两条龙，甚至可能还有更多的龙。这些龙形雕刻着蛇一样扭曲的身体和一个梯

图四 a　刻有人面云纹的石块

中国，陕西省神木县石峁遗址，皇城台大台基南护墙

龙山文化（公元前 3000—前 1900 年），龙山时代晚期

（公元前 3000—前 1900 年）—夏朝早期（公元前 2070—

前 1600 年），公元前 2300—前 1800 年

砂岩，尺寸不详

（图片由陕西省考古研究院孙周勇提供）

图四 b　图四 a 中石块上的雕刻

［绘图：玛格丽特－帕诺蒂（Margaret Panoti）］

图五 a　雕刻有重复龙形图案的石块

中国，陕西省神木县石峁遗址，皇城台大台基南护墙

龙山文化（公元前 3000—前 1900 年），龙山时代晚期

（公元前 3000—前 1900 年）—夏朝早期（公元前 2070—

前 1600 年），公元前 2300—前 1800 年

砂岩，尺寸不详

（图片由陕西省考古研究院孙周勇提供）

图五 b　图五 a 中石块上的雕刻

［绘图：玛格丽特 - 帕诺蒂（Margaret · Panoti）］

图六　带刻划龙头细节的陶器
碎片

中国，河南省新密市新砦遗址

新砦文化（公元前 1850—前 1750

年），夏代（公元前 2070—

前 1600 年）

黏土，尺寸不详

（冯时，2007，第 151 页，图 1.1）

形的头部。虽然我们还不了解这些图像的组织或完整构成，也不知道它们是如何融合在一起的，但这显然是我们熟悉的汉学表现手法。例如，这种龙的形态与我们从河南新砦遗址（图六；Xu，forthcoming，2020）、山西陶寺龙山遗址（He，2013）和几乎同时代的二里头遗址（图七 a、七 b）中了解到的龙的形态非常接近。

相比之下，出现在石峁的另一种龙形，与正面的半人型头部相衬托，并交替出现。其身体形状与众不同，呈双重分叉状，两端卷曲延伸（见图二）。这种"龙"在龙山时期的其他遗存中尚未见到，可能是石峁人对于当地动物的一种变形。

与龙一样，雕刻有各种属性的正面人面像也是中国文化分布区域的一个关键性的、神话的"核心象征"。正如上文所指出的，它是东亚中心地带早期信仰的核心（Childs-Johnson，2016）。石峁出土的人面像在大小和属性上有所不同，但从类型上看，它们与山东龙山文化和湖北石家河文化（公元前 2600—前 2000 年）以及其他地区出土的龙山时期人面像相似。石峁出土的大型皱眉带卷耳环人面像（图八；另见图一）的构图设计与河南郑州出土的商代早期（公元前 1600—前 1400 年）陶片上的人面像相同（图九）：都是正面人面，有耳朵和凸起的四肢，头部左右两侧为侧面浮雕。石峁石雕头像下巴两侧的管状延伸部分很可能是抽象的腿部，而在郑州出土的陶片上，这一点表现得

图七 a　镶嵌有龙形的墓葬覆盖物
中国，河南省偃师市二里头遗址，3 号基址，南院 3 号墓葬
二里头文化（公元前 1900—前 1500 年），第二期，夏代（公元前 2070—前 1600 年）。
软玉和绿松石，长 70.2 厘米
河南省偃师市二里头遗址博物馆
（图片由中国社会科学院许宏提供）

图七 b　图七 a 中覆盖物中的龙首
（图片由中国社会科学院许宏提供）

更加写实。郑州出土的陶片和石峁浮雕上所描绘的形象——正面的人脸，高举的手臂和双手——这种构图是后来所有历史上青铜时代艺术中人们所熟悉的蹲姿所参考的（Childs-Johnson，2002）。

如前文所述，类似的人面和佩戴耳珰的人或类似人的面部特征，在石峁以外也很常见，但规模要小得多。小规模龙

图八　图一中石块上的雕刻
［绘图：玛格丽特－帕诺蒂（Margaret Panoti）］

山时期的图像以玉制的人头像或者雕刻在玉器上图案的形式出现，例如在山东日照的西城镇遗址发现的带有标记的扁斧型刃（正式称为圭）（见图一〇），以及湖北天门石家河遗址中的小型玉人头像（见图一一和图一二）。与其他龙山时代的图像一样，人脸部的属性存在简化（图一三）、抽象化或完全抽象化之分：眼睛可能是杏仁形或圆形的；鼻子通常是宽而鼓的；C 形的大耳朵可能带或不带耳环；嘴巴通常是长椭圆形的，皱着眉头或略带狰狞，头饰可能长出羽毛或复杂的卷曲延伸，人脸两侧可能有也可能没有形状各异的卷轴，人形两侧可能有其他标志性造型。虽然在其他龙山时期的图像中经常出现猛禽和 / 或神话中的凤鸟，但在石峁的图像中尚未发现这两种鸟的形象，尽管有龙的存在。

图九 a　刻有人形神像部位的碎片
中国，河南省郑州二里冈遗址，C8F15
二里冈文化（公元前 1510—前 1460 年），
商代早期（公元前 1600—前 1400 年）
黏土，尺寸不详
（见河南省文物考古研究所，2001，第 2 期，
第 755 页，图 511：6）

图九 b　图九 a 中碎片上的雕刻和左半边图像的重建
［绘图：玛格丽特－帕诺蒂（Margaret Panoti）］

图一〇　带有标记的扁斧型刃（圭）
下部相对两侧的人面神像图
中国，山东省日照市两城镇遗址
龙山文化（公元前 3000—前 1900 年）
玉器，刃：4.9 厘米 ×17.8 厘米
山东省济南市，山东省博物馆
（参考吕常凌编著：《山东文物萃编》，
1996，第 8 页，图 4）

图一一　人头像
中国，湖北省天门市
石家河文化（公元前 2600—前 2000 年），
龙山时代（公元前 3000—前 1900 年）
玉器，3.7 厘米 ×3.6 厘米 ×1.4 厘米
湖北省荆州市，荆州博物馆
（见古方：《中国出土玉器全集》，2005，
第 10 卷，图 2）

图一二　人形神像头像
中国，湖北省天门市，瓮棺葬，谭家岭 W9：7，
石家河文化（公元前 2600—前 2000 年），龙山时代
（公元前 3000—前 1900 年），公元前 2200—前 2000 年
玉器，高 2—3 厘米（约）
湖北省博物馆［根据英文节选自《考古，2017.7》，湖
北省文物考古研究所、北京大学考古文博学院、天门
市博物馆：《2014—2016 年湖北天门市石家河遗址调查
与发掘》，《中国考古》18（2018），图 15］

图一三　人形神像头像
中国
公元前 2000—前 1600 年
黄玉，4.76 厘米 ×10.32 厘米 ×0.8 厘米
西雅图艺术博物馆，尤金－富勒（Eugene
Fuller）纪念收藏（39.9）
（摄影：保罗－马卡皮亚（Paul Macapia））
（图片由西雅图艺术博物馆提供）

　　标志性的半人面像不仅在西北地区的石峁大型石雕中非常突出，而且在其他遥远的区域也有很好的表现，如两城镇（山东省文物管理处，1955；见图一〇）以及同在山东的西朱封遗址（图一四）。这些山东玉器数量众多，雕刻精美，因此不太可能是从遥远的石峁运来或仿制的。山东龙山类型的正面人头像在一系列地区遗址的玉器艺术中都有表现，包括陶寺的一件玉器（Childs-Johnson and Gu，2009，插图 47）、四川三星堆的青铜器（图一五），以及内蒙古和辽宁夏家店文化（公元前 2200—前 1500 年）彩绘陶器上绘制的图样（图一六）。相似之处包括球根状的鼻子、拉长的嘴、突出的眼睛和头饰。

　　这里重要的一点是，在龙山时期，石峁大规模出土的文物类型在其他地方也有较小规模的发现，因此将某一文化单元单独作为某件文物或图像的起源为时尚早。例如，在我称之为"玉器时代"的早期中国，玉器是一种重要的媒介，它彻底改变并催化了中国早期的文明（Childs-Johnson，

图一四　人面镂空簪
中国，山东省临朐县西朱封遗址
龙山文化（公元前3000—前1900年），龙山时代晚期
（公元前3000—前1900年），公元前2500—前2000年
玉和绿松石，4.9厘米×9厘米×0.45厘米
中国社会科学院考古研究所（见古方：《中国出土玉器
全集》，2005年，第4卷，图19）

图一五　人形面具
中国，四川省广汉市三星堆遗址，2号坑K2.3：228
夏（公元前2070—前1600年）—商（公元前1600—
前1046年）时期，公元前2000—前1500年
青铜，21.6厘米×39厘米×0.2厘米
（见四川省文史馆：《三星堆祭祀坑》，
1999年，第556页，图59）

2009）。此外，"龙"并没有在位于东南沿海长江流域的良渚文化（公元前3300—前2000年）中出现，但在更早期的内蒙古和辽宁的红山文化遗址（Childs-Johnson, forthcoming, 2020）、安徽省的凌家滩文化（公元前3750—前3000年），以及山西、湖北的陶寺、石家河遗址早期（公元前3000—前2500年）和晚期（公元前2500—前1900年）的龙山文化时期中，以各类相关形式中有所发现。与此同时，在山东龙山文化遗址中发现的头饰半人像也出现在石峁、陶寺、石家河和三星堆遗址，这表明东西方和南北方之间存在着物资的远距离交流和贸易。玉璋和其他类型的玉刀出现在整个早期中国和其他地区的地图上，但最精美、最具艺术性的玉刀源自二里头和前二里头时期遗址以及山东的龙山时期遗址（Childs-Johnson, 1995）。

　　了解任何文化的信仰体系最简单的方法之一是通过其创作的艺术作品。石峁遗址的图像与山东、湖北地区出土的龙山时期玉器以及后来的文化艺术品相比，具有一定的相似性。这种相似性反映了来自外部地区的品位和影响进入石峁地区，而不是反过来由石峁地区传播出去。龙山时期人面像的面部具有东部类型的特征，这很可能来源于山东地区的龙山文化。此外，山东龙山文化的风格还直接体现在了二里头和湖北石家河龙山文化遗址中，并且在内蒙古赤峰夏家店遗址（见图一六）和其他夏家店文化遗址出土的一些非常古怪的彩绘陶器上表现出了区域性的差异。

图一六　陶罐肩部绘制的人面神像
内蒙古，M371：10号墓葬
夏家店文化下层
（公元前2200—前1500年）
黑陶，陶器，红底白彩装饰，
30厘米×28厘米（约）
首都博物馆，北京
（见中国社会科学院考古研究所编著
《大甸子：夏家店下曾文化遗址与墓地
发掘报告》，1998年，图11：3）

　　石峁的半人像与众不同之处在于其尺寸和石雕原料——砂岩雕刻——在龙山时代的中国其他地方几乎是罕见的材质。其次，比较龙山时代半人像的目的在于表现神话中人的特例，也就是人形的精神力量。通过正面的、具有人体比例的平面人像这种手法来表现。如上文所述，人脸可能有所简略，可能会展示身体部分，也可能完整或简化部分属性。

　　很明显，我们面对的是一个具有神话色彩的人物形象——统治者、神话创始人或已故的先贤灵魂，人们通过表现其形象来崇拜和敬仰他们，这种肖像无处不在地出现在祭祀用具和宗教建筑上，无论是寺庙还是城堡的坚固城墙。事实上，这种正面的半人像不仅可以代表拟人化的神灵和某种更大神话权威的化身，还可以代表统治者的权威，融合了与超自然领域及其宇宙维度共鸣的精神力量（例如，Childs-Johnson，2019，2012）。人面形象证明了这些人群对人类形象的熟悉程度，这种表现实实在在地扎根于宗教权威、神话和基于精神的力量的传统中。

参 考 文 献

戴应新. 1993. 神木石峁龙山文化玉器，故宫文物月刊，125：44-55；126：46-61.

邓聪，栾丰实，王强. 2014. 东亚最早的牙璋：山东龙山式牙璋初论，雨润东方：51-62.

杜金鹏，许宏主编. 2005. 偃师二里头遗址研究. 科学出版社.

冯时. 2007. 二里头文化"常牺"及相关诸问题，考古学集刊，17：149-203.

河南省文物考古研究所. 2001. 郑州商城，3 vols.

李旻. 2017. 重返夏墟：社会记忆与经典的发生，考古学报，3：287-316.

陕西省考古研究所. 2016. 发现石峁古城，文物出版社，2016.

陕西省考古研究所. 2013. 陕西神木县石峁遗址，考古，7：15-24.

山东省文物管理处. 1955. 两城镇等七个遗址初步勘察，文物参考资料，11：20-41.

孙周勇. 2019. 陕西石峁遗址发现 30 余件精美石雕，中国文物报，1：4.

孙周勇，邵晶. 2017. 石峁城：秃尾河畔神秘古城汾河陶寺亦敌亦友，中国国家地理，10：142.

王炜林，孙周勇. 2011. 石峁玉器的年代及相关问题，考古与文物，4：40-49.

Childs-Johnson E. 2020. The Jade Age Revisited, in The Oxford Handbook on Early China, Oxford and New York, forthcoming.

Childs-Johnson E. 2019. The Shang State and Metamorphism: Yi 異 and the Yi 異［fang 方］鼎，in Thomas Michael and Feng Qu, eds, Explorations in the Practice and Theory of Shamanism: A Collaborative Project Between China and the West, Special Issue Religions (2018-2019).

Childs-Johnson E. 2016. Urban daemons of early Shang, Archaeological Research in Asia.

Childs-Johnson E. 2012. Postscript to "Big Ding and China Power—Shang Sifang Cosmology"，见纪念孙作云教授百年诞辰暨古代中国历史与文化国际学术讨论会文集，191-210.

Childs-Johnson E. 2009. The Art of Working Jade and the Rise of Civilization in China, in The Jade Age [&] Early Chinese Jades in American Museums. 291-393.

Childs-Johnson E. 2002. Jade as Confucian Ideal, Immortal Cloak, and Medium for the Metamorphic Fetal Pose, in Enduring Art of Jade Age China, Volume II: Chinese Jades of Late Neolithic Through Han Periods, 15-24.

Childs-Johnson E. 2001. The Jade Age of Early China: Three Significant Jade Working Cultures during the Pivotal Period 4000-2000 BCE，见海峡两岸古玉学会议论文专刊 I. 187-198.

Childs-Johnson E. 1995. Symbolic Jades of the Erlitou Period: A Xia Royal Tradition, Archives of Asian Art XLVIII: 64-90.

Childs-Johnson E, Gu F, The Jade Age and Early Chinese Jades in American Museums, Science Press, 2009.

Childs-Johnson E, Major J, Metamorphosis in Early Chinese Art and Religion, forthcoming.

He Nu. 2013. The Longshan Period Site of Taosi in Southern Shanxi Province, in Anne P. Underhill, ed., A Companion to Chinese Archaeology, Chichester.

Li M, Jaang L, Sun Z, et al. 2018. When peripheries were centres: a preliminary study of the Shimao-centred polity in the loess highland, China, Antiquity 92, no. 364: 1008-1022.

Liu L, Chen X. 2012. The Archaeology of China: From the Late Paleolithic to the Early Bronze Age, Cambridge.

Mair V. 2006. Worker from the West, Archaeology Archive, 10 July.

Rawson J. 2017. Shimao and Erlitou: new perspectives on the origins of the bronze industry in central China, Antiquity Project Gallery 91, no. 355.

Sun Z, Zhao X, Yang G, et al. (Liang Z, trans.). 2018. The Imperial City Terrace Locality of the Shimao City Site in Shenmu County, Shaanxi Province, Chinese Archaeoology, 18: 28-37. (Chinese original: Kaogu, 2017.7: 46-56).

Tang C [Deng C], 2017, Yazhang and an Incipient Stage of the Political World Order of Early China, in Xu Gu Heng Jin: 110th Anniversary of the Birth of Professor Cheng Te-k'un: 30-33.

Tang C, Wang F. 2020. The Spread of Erlitou Yazhang to South China and the Origin and Dispersal of Early Political States and Order in China, in Elizabeth Childs-Johnson, ed., The Oxford Handbook on Early China, Oxford Handbooks Online: 202-223.

Xu H, 2020. Introduction: Definitions, Themes, and Debate, in Elizabeth Childs-Johnson, ed., The Oxford Handbook on Early China, forthcoming.

（原载于 Orientations, volume51, 2020）

石峁皇城台石雕的几点认识

陈小三

位于黄土高原北缘的石峁遗址是近年来最为重要的一项考古发现，面积达 400 余万平方米的巨大石城，刷新了学界对龙山时代黄土高原文明进程的认识。石峁遗址腹心地区的皇城台遗址点揭露出带有石砌护墙的高大台基，显示该遗址点非同寻常。之后在皇城台南护墙及夹道出土了一批带有各类纹样的石雕[1]，更加凸显了该地点的特殊性。目前石峁遗址共发现石雕 64 件，其中塑像 4 件、立柱 2 件，其余均为平面石雕。占绝对数量优势的平面石雕，纹饰组合相对复杂，有单体式、对称式等。研究者已经指出，这批石雕部分纹样与江汉地区的后石家河文化中的神祖纹玉雕、二里头文化中的绿松石牌饰等纹样相似[2]。

石峁石雕中仍有不少镶嵌在皇城台南护墙上，由于彼此之间的纹样没有明显的组合关系，加之个别石雕（如 10 号）还有倒置现象，多数学者认为皇城台南护墙上的石雕既可能是局部坍塌之后重新修葺的，也不排除是在修建皇城台南护墙时从其他建筑上移置的可能。尽管目前可能已经失去了石雕的原始状态以及最初使用的相关背景信息，但这些巨大幅面的石雕，尤其是长条状的组合纹样，仍然显示出这些石雕是与曾经生活在这里的人群的精神信仰息息相关的器物。

本文利用已经刊布的资料辨析了石峁石雕上的几例虎纹；讨论了石雕上的虎食人图案及其与商周时期同类纹饰的内涵、石雕与公元前 2000 年前后诸文化中所见神面纹的区别及联系；最后讨论石雕上纹样与青铜器上所见兽面纹的关系。

一、石峁石雕的几例虎纹辨析

老虎是石峁石雕上一类重要的题材，辨明这些虎纹，对于认识这类题材的内涵和它们在石峁石雕中的独特性都有意义。

从 41 号石雕上带獠牙和斑纹的虎来看，在虎头部还表现出了小的虎耳（图一，1）。34 号石雕，原报道认为是两匹"脖颈处以细线阴刻鬃毛"的马，中间是一牛头（图一，2）；王仁湘已指出 34 号石雕两侧为虎，中央为牛[3]。34 号石雕在虎的头部也表现出了这种耳朵，与 41 号石雕虎耳相似。34 号石雕上两侧的动物造型，脖子很短、耳朵很小，与脖子细长、耳朵较长的马明显有别。从头、身的比例来看，似乎老虎的可能性更大。细审 34 号石雕，左侧的虎，背部靠上的确可见一道与身躯同向的阴线。左侧老虎的尾部，并非一气呵成，有修改的痕迹。背部偏上的这道阴线，甚至不排除是误刻的可能，未必有实际意义。

第 26 号石雕上表现的是人射箭狩猎的场景，被猎杀的动物，已经四肢弯曲倒下（图一，3）。

图一　石峁石雕的虎头与后石家河玉虎

1. 石峁 41 号石雕　2. 石峁 34 号石雕　3. 石峁 26 号石雕　4、5. 谭家岭遗址出土玉虎　6. 石峁 24 号石雕

原报道认为表现的是"人射马"的场景。实际上，在射杀的动物的头部，也有一个小的凸节，做法与上述 41、34 号石雕上的虎耳很接近。带有凸节状小耳朵的虎头，在后石家河玉器上面也很常见，肖家屋脊遗址中发现有一批玉虎头，均带有小的双耳[4]；在谭家岭不仅发现有带双耳的玉虎头，还有多件玉虎侧面的剪影玉雕，这些玉虎多呈匍匐状，部分雕出了獠牙，但无一例外，头部均有小凸节来表现虎耳[5]（图一，4、5）。

从文献记载和汉代画像石等图像资料看，射杀老虎，一直到秦汉时期仍是消除虎患的主要方式[6]。如《史记》卷一〇九《李将军列传》记载："（李）广出猎，见草中石，以为虎而射之，中石没镞，视之石也……广所居郡闻有虎，尝自射之。及居右北平射虎，虎腾伤广，广亦竟射杀之。"因此综合头部的凸节，和猛兽易伤人、不易接近、需要射杀等因素来看，26 号石雕表现的可能也是人射杀老虎的场景。如果是野马的话，采用驱逐、围猎或者设置陷阱的方式，似乎更为容易。

《研究》一文指出 24 号石雕（图一，6）中央神面两侧的图像是老虎。这是很精辟的认识。王仁湘还曾用剪纸来形象地说明神面的两侧展开的图像为老虎[7]。需要指出的是 24 号石雕上的两只老虎，头部也可见到如上述 41、34 号石雕上虎头部的凸起，表现的正是虎耳。但虎尾的表现方式特别，有两个上卷的虎尾，这种表现方式在虎食人图像中很常见，如下文涉及到的一首双身的人、一首双身的老虎等。研究者认为虎食人图像的老虎，或双身、或相对，这种处理是为了让整个纹饰布局平衡采取的艺术手法[8]。

有了对 24 号石雕上虎纹的认识，我们可以分析一下 30 号圆柱状石雕上的纹样。报道中认为该石雕一侧是带胡须的人面，另一侧是带獠牙的人面（图二，1、2）。所谓的带獠牙的人面，表现的应该也是老虎。首先是老虎头部也见一双内卷的耳朵，其次虎头下部的纹饰可以看作是老虎的上肢，而人面一侧的胡须，如果我们贴在虎头一侧纹饰的下面，表现的可能是后肢和尾巴。我们将拼贴后的图像（图二，3）与 24 号石雕上的虎纹（图二，5）比较的话，可以发现它们各个部位都可以对应上。尤其是将前肢翻转之后（图二，4），与 24 号石雕上的虎纹更加接近。相比较 30 号石雕的虎纹，缺少 24 号石雕虎纹的躯干，大约是 30 号石雕为柱状，虎头和上肢在一面，下肢和尾巴在

图二　石峁 30 号石雕纹饰（1—4）与 24 号石雕虎纹（5）的比较

另一面，圆柱无疑可以充当其躯干。为何虎头下面的前肢方向与 24 号石雕上的虎纹相反？这与圆柱石雕另一侧的人面大概有关。这件柱状石雕，表现的是虎扑向人的图像。因为另一侧是人面，老虎的前肢翻转，恰与图案主题契合。这是目前所见最早的立体的"虎噬人"图像。当然单看人面一侧的虎的下肢和尾巴，也可以理解为人面的胡须，因为在 47 号柱状石雕的兽面上，也可以看到胡须；但如果将这件圆柱石雕作为整体理解，显然是作为虎的下肢和尾巴来看更为合理。将人面下方的纹饰理解为胡须或者虎的下肢及尾巴，看起来矛盾，实际上并不冲突。一件圆柱状石雕两面纹饰，分别独立成图，整体理解又是另一个图像，更加突出了石雕的幻化特征和神秘性。

陈星灿在讨论"虎噬人"图像时，曾经列举了很多民族志中猎人穿着虎皮进行狩猎的例子。这种例子也见于传世文献中。如《左传》僖公二十八年记载，晋楚城濮之战中，晋国下军副将胥臣在与楚国联军陈、蔡两国的军队战斗时"蒙马以虎皮，先犯陈、蔡。陈、蔡奔，楚右师溃"。胥臣用虎皮蒙马，大概也是借用老虎威猛的缘故。24 号石雕与 30 号石雕上的虎纹并不是我们惯常看到的老虎形象，由于整个图样是铺开的，会不会是中央的神面或人面披着虎皮的形象？

二、"虎噬人"及"鹰攫人"图像分析

老虎是北半球地区生活的最为凶猛的肉食动物，目前所见最早的成系统的文字资料甲骨文中有很多关于擒获老虎的记录[9]。更早的图像资料中，有一类是学界习称的"虎噬人"纹，相关器物如相当于殷墟一期左右的阜南台家寺与三星堆祭祀坑分别发现的龙虎尊[10]。年代更早的图像资料，有郑州商城宫殿区发掘所获的，年代相当于二里冈下层文化时期的一片带纹饰的陶簋残片（图三，1）。在石峁皇城台发现的编号为 41 号的条形石雕，因为老虎嘴内有獠牙、身上带有条斑且尾巴上卷，两只相对的虎中央是一个人头，整幅图案表现的无疑也是通常所谓的"虎噬人"图像（图一，1）。以往这类图像多见于商代到西周早期的铜器上，皇城台石雕的发现，大大提前了这类石雕出现的时间，而且对于认识石峁遗址的其他虎纹乃至这类纹样的内涵，都有助益。

皇城台 6 号石雕，图案表现的是一个面部朝前，双臂弯曲撑地的力士形象（图三，2）。这幅石雕的人物形象，恰与郑州商城宫殿区发现的陶簋残片上"虎噬人"图案中的人物形象接近[11]（图三，1）。郑州商城"虎噬人"纹陶片，不仅表现出了人的头部、前肢，也有双腿；石峁 6 号石

图三　两种人像图案

1. 郑州商城陶簋残片　2. 石峁 6 号石雕

雕，只是表现出了人的头部和前肢，人面下的类似于心形的图案，与郑州商城"虎噬人"纹陶片的人物下肢整体形态接近，可能是上述郑州商城这类纹饰的躯干和下肢的高度省减。以往学者已经指出，"虎噬人"图像可分为仅表现人头和表现人头及躯干的两类，认为从形态学上，前者可以看作是后者的省减[12]。石峁 41 号石雕，在双虎的正中仅仅有一个人首，可能是彻底省去了人体的躯干。之前所见的"虎噬人"图像，如阜南月牙河、广汉三星堆所见的"虎噬人"尊上的虎为一首双身；从郑州商城发现的陶片来看，"虎噬人"纹中的人，也可以是一首双身的形象。

石峁所见的"虎噬人"图像，以往也见于龙山—二里头文化阶段的玉器上。现藏弗利尔美术馆的一件玉刀上有两处"虎噬人"纹[13]（图四，2）。邓淑苹还曾介绍过一件养德堂收藏的带"虎噬人"纹的玉圭，其两侧的纹饰结合起来可以看出，老虎身躯是完整的（图四，1）。她认为从玉质看，弗利尔玉刀及养德堂虎纹圭可能是秦晋地区的古物[14]。

鹰与虎是龙山文化以及后石家河文化中两种重要的动物形象。与上述"虎噬人"纹玉器主题近似的还有一类"鹰攫人"纹玉器。巫鸿最早将这类玉鹰和《左传·昭公十七年》记载的郯子追述的少皞氏以鸟为官相联系，认为这些玉雕是东方少皞族的遗物[15]。

目前所见的带有"鹰攫人首"玉器，有 2 件传世品。故宫博物院收藏的一件，鹰的羽翼下有一对相背的人首（图五，1）。上海博物馆的一件，主体是侧面的鹰，鹰爪下也有一个人首（图五，2）。从构图来看，笔者认为它们与上述"虎噬人"图案的内涵相似。只是这种鹰崇拜没有像"虎噬人"图案那样被传承下来[16]。石峁"虎噬人"石雕的人首与养德堂、弗利尔美术馆"虎噬人"图像上的人首很像，都带有低矮的冠（图六，1—3），而且与上海博物馆及故宫博物院所藏的鹰攫人图案上的人首图案极像（图六，4、5）。这说明"虎噬人"及"鹰攫人"这类图案的内涵，应该综合考察。石峁 30 号石雕，内涵为"虎噬人"，其

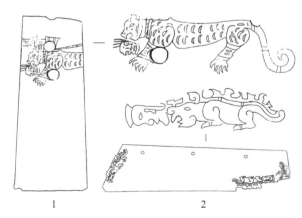

图四　传世玉器上的"虎噬人"纹

1. 养德堂藏玉圭　2. 弗利尔美术馆藏玉刀

中石雕顶部有圆形的帽子（图二，1），可能就是上述这种冠的形象。

此外，还可以见到一组龙山文化阶段的玉器，尤其是一组玉圭上，玉圭的一面是鹰，另一面是兽面或者神面。学者多指出这种图像表现的是一种图腾神向人格神的转变和过渡[17]。

关于"虎噬人"图像的内涵，或认为"虎噬人"图像中的人是巫师，老虎则是巫师沟通天地的助手[18]。或认为"虎噬人"图像上的人，从服饰来看是羌人，虎食羌人表现的是一种诅咒巫术[19]。巫鸿认为"虎噬人"及"鹰攫人"分别是用人牲给老虎或者鹰献祭[20]。

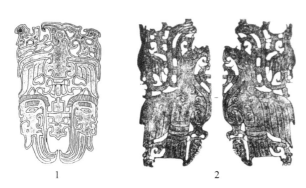

图五　传世玉器上的"鹰攫人"纹
1. 故宫博物院藏玉器　2. 上海博物馆藏玉器

图六　"虎噬人"（1—3）及"鹰攫人"（4、5）图像上的人首
1. 石峁 41 号石雕　2. 养德堂藏玉圭　3. 弗利尔美术馆藏玉刀　4. 上海博物馆藏玉器　5. 故宫博物院藏玉器

之所以给虎、鹰献祭，主要是鹰与虎是北方地区所见的天地间最为凶悍的禽兽，是勇猛有力量的象征。虎与商周时期的军队及战争有密切的联系[21]。西周时期军队称为虎臣或虎贲。春秋时期齐国铜器叔尸钟及叔尸镈铭文中有齐侯册命叔尸"政于三军"，叔尸要"小心恭齐，灵力若虎，勤劳其政事"的记述[22]。形容叔尸"灵力若虎"是因叔尸掌管军队的缘故。先秦时期男性多用虎作人名，如崇侯虎、召伯虎等。军队称为虎贲等等，大概均是取老虎威猛的缘故。尽管鹰与人首组合的纹样，没有流传下来，但是文献中，还是保留了不少用鹰来形容勇猛的例子。如《诗经·大明》形容武王克商时"维师尚父，时维鹰扬"，程俊英翻译为"三军统帅师尚父，好像雄鹰在飞扬"[23]。《左传》文公十八年、襄公二十五年，形容要迅速去除邪恶势力时，两次提到"诛之，如鹰鹯之逐鸟雀也"。晚商到西周阶段，"虎噬人"图像还见于多件钺、车軎等器物上[24]。兵器上有虎噬人图像，可能也表示的是用人献祭，希望虎神降临，带来灵力，能有力地斩杀敌人。车軎上的这类图案，可能也是希望通过献祭使虎神降临，能借助老虎的灵力使车轮如虎一般迅捷。"虎噬人"图像内涵复杂，这里仅仅指出的是与献祭有明显联系的几例。

综合石峁遗址 30、41 号等石雕上的纹饰来看，在石峁遗址最兴盛的阶段，已经出现了后世广泛流传的立体的"虎噬人"图像。见于传世玉器上的"鹰攫人首"图案，尽管目前在石峁还未见到同样的题材，但是石峁遗址中发现的体形硕大的双翼张开的陶鹰，很明显是一种特殊的礼器。这种突出鹰、虎类凶猛禽兽的现象，以及大量的图像与龙山文化和后石家河文化相似，都反映出石峁石雕的年代就在公元前 2000 年前后。

三、皇城台石雕的特殊性

石峁遗址皇城台发现的石雕图案，《研究》一文中已经指出，41、11、1 号等纹样，均可在后石家河玉器上找到接近的图案；8、24 号石雕中央神面纹两侧的纹饰分别与二里头遗址发现的镶嵌绿松石龙和绿松石牌饰上的图案相似。这些结论确然可信。杨建芳也曾指出过石峁遗址采集的玉虎头及鹰形笄，均是典型的后石家河文化风格玉器[25]。邵晶以此为线索，讨论了石峁与后石家河文化交流的路线问题[26]。可以补充的是，不少石峁神面石雕上带有圆形的耳珰（6、9、11 号石雕正面纹饰，24 号石雕侧面纹饰，28、30 号石雕带胡须的一面，47 号石雕）。这类耳珰在后石家河文化中也很常见，也是石峁石雕与石家河文化玉器的联系之一。

据研究，大约在公元前 3500 年，中原地区的诸考古学文化之间已经形成了广泛的交流网络，在相当大的范围内形成了共享的宇宙观、天文历法、高等级物品的制作等[27]。尽管已经具有了这种文化共性，但在不同地区，物质文化面貌的差别仍然十分明显。到了公元前 2000 年左右，这种大范围的相似性进一步增强，尤其是在玉器纹饰方面表现出更多的共性，以神面纹玉雕来看，在龙山文化、后石家河文化、陶寺文化、石峁遗址中均有相近或者相关的玉器或石雕发现，这种现象凸显出伴随强权政体的出现，各地区人群在构建信仰或沟通人神方面进行的尝试。

但上述这些共性中又孕育出很大的不同，简单比较来看，在龙山文化与后石家河文化中发现的玉雕，体型和纹饰图案都很小。肖家屋脊、谭家岭等地发现的后石家河文化的玉器，多数出于瓮棺葬内。瓮棺是一种私密、个人化的空间，目前学界普遍认为这些小型、具有人面特征的玉器是祖先崇拜的偶像。邓淑苹将龙山文化、后石家河文化中所见的古玉上雕刻的造型奇特、似人似兽的纹样，称为"神祖纹"，表达了古人观念中，神祇、祖先、神灵三位一体、可以互相转化的宗教信仰[28]。石峁石雕与后石家河文化玉器的最突出的差异大概还是在使用理念方面。暂且不考虑石峁遗址的这些石雕是否移动过，单从硕大的造型、精致的纹样看，这些器物应该是放置在一个公共的场合，供最上层的特权阶层乃至是普通大众瞻仰、膜拜，不然无须将纹样做得如此庞大。这是石峁石雕与个体极小，适合放在手边或者是近距离观察，而不适合向公众展示、具有私人物品特征的后石家河文化、龙山文化等带神祖纹玉器之间的显著差别。李新伟看过初稿之后，提示笔者在后石家河文化中，可以见到数量庞大的陶杯，足见江汉地区也有特殊的公共仪式传统，后石家河文化的玉器也应做如是理解。瓮棺虽是私人化的空间，但是它的葬仪却属于社会公共礼仪的一部分。石峁皇城台石雕体型庞大，而放在瓮棺内的后石家河文化玉器体型较小，它们应该代表了不同的公共仪式传统。

石峁遗址皇城台所处的位置比较特殊，如果这些石雕基本还保留在原地，石峁人站立在皇城台的入口处，眼前矗立着巍峨的石城，顺着夹道登上皇城台顶部的大平台，石雕所在的南护墙及夹道处是必经之路。巨幅石雕显然增加了这处高台的神秘性和威严性，更加凸显石峁上层集团的威权。即便这些石雕是从别的建筑拆除下来再次使用的，它的体型及纹样表现出的神秘庄严感也不言自明。或许还可以这样理解，这些石雕在一定意义上昭示了某一时段内石峁上层贵族在宗教礼仪方面所作出的尝试。

四、石峁神面石雕与青铜器兽面纹的关系

商周青铜器上最为流行的兽面纹，多数学者主张这类纹饰源自良渚文化中的兽面纹[29]；但也有学者不同意这种看法[30]。目前所见的考古资料显示，在二里冈上层文化时期，青铜器上才开始流行兽面纹，这类纹饰一直流行到了西周中期阶段，此后基本退出历史舞台。二里冈阶段的这类兽面纹，最早可以追溯到什么时候？王青在分析二里头遗址发现的兽面纹骨匕（2004VH285∶8）时指出，这件条带状的兽面纹已具备了二里冈上层时期流行的凸线状兽面纹的基本特征。二里头发现的兽面纹，就是商代青铜器上兽面纹的来源[31]。

《研究》一文在分析带人面或者神面雕像时，分为"无发无冠""有发无冠""有发有冠"三种，其中最复杂的"有发有冠"纹饰，均是来自长条状的、体型最大的11、24号石雕（图一，6）。因此可以认为这类兼具人面、兽面的"有发有冠"神面纹大约是石峁石雕上等级最高的一类纹饰。这类纹饰，应是商周青铜器上常见的条带状兽面纹的来源。

在石峁遗址发现的石雕上，还有蛇纹（16、37号）、龙纹（8号），这些纹样在二里头遗址中也比较常见。《研究》已经指出石峁遗址的8号石雕图案，与二里头遗址出土的镶嵌绿松石龙十分接近。石峁石雕上所见的神秘化的纹样，应是兽面纹的直接来源。

首先是青铜器上的兽面纹，至迟从二里冈文化时期开始出现，是一种多段、重复的图案，有很多学者认为这类纹饰没有特别的内涵，纯粹是装饰性纹样。因为青铜礼器是祭祀时重要的物品，附着在器身的兽面纹理应具备一定的功能。以往的研究中，也有学者将兽面纹的来源追溯到良渚文化的玉琮上。笔者认为两者纹样之间的差距过大，图案之间的联系太少。后来随着龙山文化和后石家河文化玉器的发现，如臣字目确实与铜器兽面纹有一定联系，但上述两支文化的玉器上的神祖纹又显得过于微小，而且也没有呈现出条带状分布的特征。反倒是在石峁皇城台石雕中，除了纹饰带有臣字目，呈现条带状分布之外，硕大的造型，表现出这类纹饰可能是在一定阶段内，石峁人接受和认可的一种神像，是具有公共性质的一类图案。

其次青铜器上的兽面纹的主体是一个带有臣字目的兽面，这些特征在石峁石雕上也是存在的。二里冈文化时期，青铜器上的兽面纹开始流行，这一时期的兽面纹一般呈条带状分布，除了主体的兽头之外，一般带有长条形的身躯。石峁遗址发现的11号石雕正面的纹饰身躯不是很明显，但侧面的两个半身兽面，则带有明显的上扬然后向下弯折的躯干。至于臣字目，石峁遗址9—11、21、24、30号等石雕上，都带有臣字目。

第三是兽面纹一般为条带状分布，两侧常见其他纹饰做补白的现象。这种纹饰的构图和分布特点，可能也是继承了石峁石雕的特征。如石峁石雕中11、24、41号石雕，均呈条带状分布，其中11、24号条带状石雕的两侧都存在利用小纹饰做补白的现象。

目前二里头文化时期的铜器上尚未见到兽面纹，但上述二里头遗址骨雕上的纹饰显示出二里头文化中也存在兽面纹。业已积累的材料和已有的研究表明，二里头文化在礼仪制度方面，广泛学习和借鉴了周邻地区的文化。如二里头文化的牙璋是借鉴和吸收周邻文化的结果；最新的研究表明，在礼器中瓿可能辗转继承了良渚文化中的漆瓿[32]。近年来，在石峁遗址曾经发现有多件齿轮形器[33]，而同

样形制的器物在陶寺遗址中也有发现[34]，在二里头文化时期晋南地区的东下冯遗址中也有一些铜器和石范存在[35]。这些线索启示我们在讨论二里头遗址铜器产生和发展的过程中，除了传统的河西走廊地区的冶金资料值得重视之外，上述的发现或许能暗示出北亚草原地区通过黄土高原北缘，顺着黄河两岸可能就传播到了中原地区。在二里头文化广泛吸收和借鉴周邻文化的背景下，将石峁遗址的这种大兽面纹传统继承下来，也是很可能的事情。

青铜器大多在祭祀、宴享等场合使用，器身附带的兽面纹也具有一定的公众性。张光直认为铜器上的纹样在祭祀过程中具有帮助巫师沟通神灵的作用[36]。其实石峁皇城台石雕可能也有相似的功能。皇城台是石峁遗址的一处圣地，石雕所在的大台基正是最高地点所在，这些石雕矗立在遗址制高点上，尤其是那些带有神面纹的石雕，沟通人神、辅助祭祀可能也是它们最重要的功能，这恰恰也是三代青铜礼器祭祀的核心。

最后需要说明的是，石峁遗址极具特殊性，要准确把握这些石雕的内涵，并不是一件容易的事情。这些考古发现一次次说明夏商周时期流行的物质文化，具有深厚的史前文化基础。相信随着对夏商周时期考古的深入解读，也会促进和更新我们今天对石峁石雕的认识。

注　释

［1］ a. 陕西省考古研究院等：《陕西神木市石峁遗址皇城台大台基遗迹》，《考古》2020 年第 7 期；b. 陕西省考古研究院等：《石峁遗址皇城台地点 2016—2019 年度考古新发现》，《考古与文物》2020 年第 4 期。

［2］ 孙周勇、邵晶：《石峁遗址皇城台大台基出土石雕研究》，《考古与文物》2020 年第 4 期。以下简称《研究》，凡出此文的观点不再另注。

［3］ 王仁湘：《石峁石雕：艺术传统与历史因缘》，《中华文化论坛》2019 年第 6 期。

［4］ 湖北省荆州博物馆等：《肖家屋脊》，文物出版社，1999 年，第 324—326 页。下文引用肖家屋脊的玉器资料，不再另注。

［5］ 湖北省文物考古研究所等：《石家河遗珍——谭家岭出土玉器精粹》，科学出版社，2019 年，第 20—43 页。下文引用谭家岭地点的玉器资料，不再另注。

［6］ 王子今：《秦汉交通考古：秦汉驿道虎灾》，中国社会科学出版社，2015 年。

［7］ 王仁湘：《虎变》，"器晤"公众号 2020 年 2 月 10 日。

［8］ 张光直：《商周青铜器上的动物纹样》，《考古与文物》1981 年第 2 期。

［9］ 姚孝遂：《殷墟甲骨刻辞类纂》，中华书局，2011 年，第 635 页。

［10］ a. 月牙河尊参见：《中国青铜器全集》编辑委员会：《中国青铜器全集 1》，文物出版社，1996 年，NO.115、116；b. 三星堆尊参见：《中国青铜器全集》编辑委员会：《中国青铜器全集 14》，文物出版社，1995 年，NO.87、88。

［11］ 河南省文物考古研究所：《郑州商城——1953—1985 年考古发掘报告》，文物出版社，2001 年，第 267—270 页，彩版六。也有学者对这一图像是否为"虎噬人"图像质疑，见汤威、张巍：《郑州商城"人兽母题"陶片图案复原及相关问题探讨》，《中国历史文物》2008 年第 1 期。但从兽首嘴中的獠牙看，应该如报告中所称表现的是虎。

［12］ 陈星灿：《"虎食人卣"及相关图像的史影蠡测》，《俞伟超先生纪念文集·学术卷》，文物出版社，2009 年。本文不再一一罗列各家对"虎食人"图像的各种看法，可参看陈文注释 4。下文引用陈文不再另注。

［13］ 江伊莉、古方：《美国博物馆藏中国早期玉器》，科学出版社，2009 年，第 184、185 页。

［14］ 邓淑苹：《雕有神组纹与相关纹饰的有刃玉器》，《刘敦愿先生纪念文集》，山东大学出版社，1998 年。

［15］ a. 巫鸿：《一组早期的玉石雕刻》，《美术研究》1979 年第 1 期；b. 李学勤：《古玉上的鹰和人首》，《李学勤

集》，黑龙江教育出版社，1989年。

［16］a. 刘敦愿：《未曾得到充分发展的鹰崇拜》，《美术考古与古代文明》，人民美术出版社，2007年；b. 王青：《象物转喻——早期中国玉礼器创作的思维模式》，《远方图物——早期中国神灵考古探索》，上海古籍出版社，2019年，第135—141页。

［17］巫鸿：《一组早期的玉石雕刻》，《美术研究》1979年第1期。

［18］张光直：《商周青铜器上的动物纹样》，《考古与文物》1981年第2期。

［19］徐良高：《商周青铜器"人兽母题"纹饰考释》，《考古》1991年第5期。

［20］巫鸿：《一组早期的玉石雕刻》，《美术研究》1979年第1期。

［21］徐良高：《商周青铜器"人兽母题"纹饰考释》，《考古》1991年第5期。

［22］中国社会科学院考古研究所：《殷周金文集成（修订增补本）》，中华书局，2007年，NO.278-10，285。

［23］程俊英：《诗经译注》，上海古籍出版社，2012年，第265页。

［24］卢昉：《中国古代青铜器整理与研究·人兽母题纹饰卷》，科学出版社，2016年。

［25］杨建芳：《"窜三苗于三危"的考古学研究》，《东南文化》1998年第2期。

［26］邵晶：《论石峁文化与后石家河文化的远程交流》，《中原文物》2021年第3期。

［27］李新伟：《中国史前社会上层远距离交流网的形成》，《文物》2015年第4期。

［28］邓淑苹：《雕有神组纹与相关纹饰的有刃玉器》，《刘敦愿先生纪念文集》，山东大学出版社，1998年。

［29］主张这种意见的学者很多，如a. 林巳奈夫著、常耀华等译：《神与兽的纹样学》，生活·读书·新知三联书店，2009年；b. 李学勤：《良渚文化玉器与饕餮纹的演变》，《走出疑古时代》，长春出版社，2007年；c. 李新伟：《良渚文化"神人兽面"图像的内涵及演变》，《文物》2021年第6期。

［30］周苏平、张懋镕：《中国古代青铜器纹饰渊源试探》，《文博》1986年第6期。

［31］王青、赵江运、赵海涛：《二里头遗址新见神灵及动物形象的复原和初步认识》，《考古》2020年第2期。

［32］严志斌：《漆觚、圆陶片与柄形器》，《中国国家博物馆馆刊》2020年第1期。

［33］神木石峁文化研究会：《石峁玉器》，文物出版社，2018年，第147—160页。

［34］高江涛、何努：《陶寺遗址出土铜器初探》，《南方文物》2014年第1期。

［35］中国社会科学院考古研究所等：《夏县东下冯》，文物出版社，1988年。

［36］张光直：《商周青铜器上的动物纹样》，《考古与文物》1981年第2期。

（原载于《考古与文物》2022年第2期）

从神人珥蛇到兽面纹

——石峁皇城台护墙新出神面纹石雕初探

张清文　　刘心怡

　　近年，在陕西榆林石峁遗址考古过程中，工作人员在核心区皇城台的"大台基"南护墙区域发现了数十件精美石雕。这些石雕摆放散乱，有可能是来源于一座神庙或其他大型建筑之中[1]。从已经公布的相关资料可知，这些石雕纹饰精细，尤其是一些神面纹与后世青铜器纹饰高度相似，值得深入思考和研究。

　　此次出土的石峁神面纹石雕主要包括两块（图一、图二）。图一所示纹饰为一神面图案，旁边有两条龙（蛇），再向外两侧各有半个神面。图二纹饰与图一相似，同样为三个神面并列，两边神面各为半个，三个神面之间各有一龙（蛇）相隔。从石雕两侧的半个神面可以看出，这应该是众多连续组合的相似石雕中的一块，可连接其他与之相似的刻石，组合成完整画面。笔者试将图2中两侧的半个神面拼合后，所得完整纹饰，如图三。

图一　石峁神面纹石雕1

图二　石峁神面纹石雕2

图三　笔者对石雕两侧神面纹完整地拼合示意图

　　图一神面两侧的动物有眼、嘴、角，王仁湘先生创新性地称其为虎的俯视图[2]。笔者据通常认识及石峁石雕本身观察，认为将其称之为虎较为牵强，视作龙（蛇）更好。石峁皇城台护墙新发现神面纹与良渚神像、三星堆面具等艺术有较高的相似性，在文化及内涵上或有互通之处，同时又有新的特点。目前学界对这些石雕纹饰罕有研究，笔者不揣冒昧，尝试分析如下。

一、石峁石雕纹饰神人珥蛇内容试析

两石雕在纹饰上虽有一定差别，但有许多共同点，如都是连续神面，中间隔以龙（蛇）纹。事实上，类似纹饰组合在青铜器、玉器、石雕、漆器等事物的纹饰上大量存在，现试举一二。

早在仰韶文化时期，河南濮阳水西坡墓地中墓主人身边两侧便有蚌做的龙（蛇）、虎等图案。甘肃马家窑文化曾出土了一件人头形器物盖，人头后面有一条蛇。另外，湖北曾侯乙墓出土漆瑟上神人头部两侧也有蛇双伴（图四）[3]。湖南宁乡出土大禾人面方鼎上的纹饰中人面两侧耳边也有双蛇（图五）[4]。类似纹饰还有南越王墓出土的人操蛇屏风铜托座（图六）[5]、河北战国中山王墓出土的银首男俑铜灯、江苏淮阴高庄战国墓铜盘、北京琉璃阁战国墓中铜壶、山东嘉祥县刘村洪福院操蛇图等。

图四　曾侯乙墓漆瑟图案

国外类似的纹饰则更多，如现藏于美国大都会艺术博物馆的著名的梅特涅石碑（图七）上的荷鲁斯神、巴拿马出土器物上的冠蛇纹饰（图八）[6]等。这些纹饰中都有神面与蛇，意即神面两侧有二龙（蛇）相伴，应该表明当时社会人们认为的神人与蛇的共生关系，而且很可能表现神人具有控蛇的能力。

图五　大禾人面纹鼎纹饰

图六　南越王墓出土的
人操蛇屏风铜托座

图七　纽约大都会博物馆所藏
梅特涅石碑（局部）

神人戴蛇或操蛇的能力在中国古代文献中也有大量记载。《山海经》中就有大量"珥蛇""践蛇""操蛇"等的记载，如《海外北经》："北方禺疆，人面鸟身，珥两青蛇，践两青蛇。"《大荒西经》："西海诸中，有神人面鸟身，珥两青蛇，践两赤蛇。名曰弇兹。"《大荒东经》："东海之渚中，有神，珥两黄蛇，践两黄蛇，名曰禺号。"《大荒南经》："南海渚中，有神，人面，珥两青蛇，践两赤蛇，曰不廷胡余。"《大荒北经》："大荒之中，有山名曰成都载天。有人珥两黄蛇，把两黄蛇，名曰夸父。……又有神衔蛇操蛇，其状虎首人身，四蹄长肘，名曰彊良。"另外《列子·汤问》载"愚公移山"寓言中也有"操蛇之神闻之，惧其不已也，告之于帝"等记载。操蛇或珥蛇的多为能通天的神灵，具有较大的权威和神力，且均为天帝等主神的从属。石峁新发现的两件带龙（蛇）神面纹石雕上的神面所反映的形象应该与《山海经》等文献中所记的珥蛇之神性质相似，即具有控蛇能力的王权守护神或从属神，或与之关系密切的其他神。

图八　巴拿马出土器物上的纹饰

二、石峁石雕神面纹与商代青铜器兽面纹的关系

图九所示的青铜器兽面纹采自郑州铭功路出土鼎[7]。通过对比可看出，商代早期青铜器兽面纹与石峁护墙石雕纹饰相似度极高。但在青铜器文物中，我们通常称这种类似的纹饰为"兽面纹"或"饕餮纹"。林巳奈夫对不同青铜器器型上的饕餮纹形态特征进行了分析，认为殷、西周前期饕餮纹是帝的图像，并认为其源于河姆渡文化的太阳神鸟[8]。无可否认，这个观点有一定合理性，但是，这个观点忽略了青铜器兽面纹与动物的组合关系。对此，石峁新出神面纹给了我们另一思路，即兽面纹和其两侧的动物之间存在一定组合关系[9]。

图九　石峁出土伴龙（蛇）神面纹与
商代早期青铜器兽面纹比较

笔者深入观察发现，许多兽面纹在兽面两侧都有龙（蛇）一类的动物对称分布。我们过去通常将这种青铜器兽面两侧的纹饰称作是躯干或"尾"（图一〇）[10]，作为兽面的组成部分之一，这应是将兽面纹视为整体研究的结果。但是经过对石峁相关纹饰观察，我们认识到青铜器兽面纹两侧的"尾"与兽面纹似非一体，而应是蛇的可能性较大。再根据我们上面的研究，准确而言，兽面事实上称之为神面更恰当一些。所以，此纹饰反映的应该是神面两侧各有一条蛇。

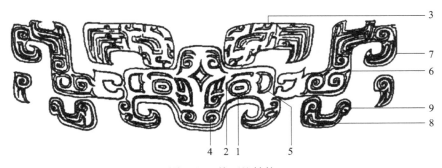

图一〇　兽面纹结构
1. 目　2. 眉　3. 角　4. 鼻　5. 耳　6. 躯干　7. 尾　8. 腿　9. 足

图一一　安阳小屯出土 M5：806 方鼎纹饰

我们将安阳小屯出土 M5：806 方鼎纹饰（图一一）[11]与石峁石雕纹饰（见图三）对比后，也能看出商代青铜器兽面纹与石峁石雕之间的联系，这同样反映的是兽面（神面）旁各有一龙（蛇）（图一二）。

从以上的分析中，我们可以看出石峁石雕神面纹与青铜器兽面纹之间的相似性，因此我们认为我们通常所称的商代青铜器兽面实际上应该是神面，反映的内容应该与神人珥蛇关系密切，这对我们正确理解青铜器兽面纹本义也有了参考价值。

图一二　图三与图一一对比

张光直认为"青铜彝器是协助巫觋沟通天地之用……其上的动物纹样也有助于这个目的"[12]。从本文对青铜器兽面（神面）纹来源新考上可以看出，张光直先生认为青铜器具有巫觋沟通天地之用，这一观点我们并无疑问，但从我们上述的研究来看兽面纹却并非动物纹样，准确而言应该叫神面纹更为合适。兽面纹所反映的本身就是珥蛇的巫觋或神人的形象。

通过研究和分析，我们基本可以认定石峁新出神面纹石雕与青铜器兽面纹有一定关系，商代青铜器兽面纹或许应该是神面纹，所反映的内容也应该与"神人（或巫觋）珥蛇"有关。

注　释

［1］　张哲浩、杨永林：《陕西石峁遗址发现 30 余件精美石雕》，《光明日报》2019 年 1 月 4 日。

［2］　王仁湘：《石峁石雕——远古神庙的踪影》，http://www.360doc.com/content/18/1230/20/12317893_805523702.shtml.

［3］　萧兵：《操蛇或饰蛇：神性与权力的象征》，《民族艺术》2002 年第 3 期。

［4］　湖南博物院官网：http://www.hnmuseum.com/zh-hans/guangcang_gauobao.

［5］　南越王博物馆官网：http://www.nywmuseum.org/tq/263.jhtml.

［6］　萧兵：《操蛇或饰蛇：神性与权力的象征》，《民族艺术》2002 年第 3 期。

［7］　朱凤瀚：《中国青铜器综论》，上海古籍出版社，2009 年，第 543 页。

［8］　〔日〕林巳奈夫：《所谓饕餮纹表现的是什么》，《东方学报》1984 年第 3 期。

［9］　朱凤瀚：《中国青铜器综论》，上海古籍出版社，2009 年，第 543 页。

［10］　朱凤瀚：《中国青铜器综论》，上海古籍出版社，2009 年，第 540 页。

［11］　朱凤瀚：《中国青铜器综论》，上海古籍出版社，2009 年，第 544 页。

［12］　张光直：《商周青铜器上的动物纹样》，《考古与文物》1981 年第 2 期。

（原载于《艺术博物馆》2023 年第 1 期）

四、音乐文物研究

陕西神木石峁遗址出土口簧研究

孙周勇

石峁城址以"皇城台"为中心，内、外城以石砌城垣为周界，依山就势，坚固巍峨，是公元前第三千纪晚期东亚地区规模最大的城址[1]。2017—2018 年，考古工作者在发掘皇城台门址及东北部护墙时，发现了一批骨质口簧及与其制作相关的遗物，考古背景清晰，共存器物丰富，是世界音乐史上的重要发现[2]。

作为常见于先秦文献的乐器，"簧"长期以来为考古学界忽视或不辨。汉唐以来，经学家及音乐史学家对"簧"的辨识及认知过程充满了歧义和曲折，将其视为笙之附件的观点占据了主流。本文在探讨石峁口簧年代、功能等问题的基础上，依据文献记载及考古发现，指出先秦文献中的"簧"多以骨、竹制成，穿绳拉振成音，重申了"簧"非"笙簧"这一重要音乐史实，并指出河套地区是世界口簧的"祖源地"，石峁口簧是近现代流行于世界各地的口弦类乐器的祖型，其传播与流布与古代族群的流动及文化交流有着密切关系。

一、何以为"簧"

"簧"传说为始祖女娲发明。然而，自汉代以来，关于簧为何物及是否为一类独立乐器一直存在争议[3]。许慎《说文解字》曰"簧，笙中簧也。从竹黄声。古者女娲作簧"[4]，将簧视为笙之簧片。此说影响深远。

《诗经》中有三首诗与簧的演奏有关[5]：

> 既见君子，并坐鼓瑟……既见君子，并坐鼓簧。（《秦风·车邻》）
> 吹笙鼓簧，承筐是将。（《小雅·鹿鸣》）
> 君子阳阳，左执簧，右招我由房，其乐只且！（《王风·君子阳阳》）

鼓瑟与鼓簧、吹笙与鼓簧的动宾结构，不仅暗示了簧是不同于瑟、笙之类的独立乐器，同时也指示了其演奏方式及使用场景（包括感情交流、宴乐享乐及歌舞伴唱等）。此外，簧还见于《礼记·月令》[6]、《楚辞·九思》[7]、《庄子·骈拇》[8]等先秦文献，其中《礼记·月令》更是将簧与笙、竽、篪等乐器并称。

然而，汉唐经学家及今人将先秦文献中的"簧"仍多释为"笙簧"。其实，关于簧与笙簧的区别早在汉代就已有学者指出。东汉刘熙《释名》曰"簧，横也，于管头横施于中也；以竹铁作，于口横鼓之，亦是也"[9]，明确指出将簧片横施管头的"笙"和横鼓的竹铁簧是两类不同的乐器。宋人陈旸在其编撰的音乐百科全书《乐书》中继承了刘熙的说法，区分出了"有笙中之簧，有非笙之簧"[10]。至此，簧作为独立乐器的看法被确认下来，然并未被经学家广泛采纳。

20世纪80年代，我国音乐史学界开始关注簧的实物辨识及民族学资料（图一）[11]。李纯一指出先秦文献中的"簧"系横放于口中用手指拨弹的乐器[12]。这一论断奠定了现代音乐史学界关于簧研究的基础，确认了"簧"为一种可独立演奏的乐器，但其关于"用手指拨弹"的演奏方式仍是值得商榷的。牛龙菲从演奏方式上区分出了"抻动簧"和"弹动簧"，指出"抻动簧"即宋陈旸《乐书》转引《唐乐图》所说"一手贯其纽，一手鼓其线，横于口中，呼吸成音"的簧，而"弹动簧"是指拨动簧舌演奏的金属簧[13]。遗憾的是，这一关于抻动簧（本文称为绳振簧）不是通过拨奏簧片发声，而是由拉振线绳带动簧片振动并在口腔配合下成音的论断并未引起足够重视。

图一　台湾高山族泰雅人绳振簧演奏

就乐理来说，簧是通过口唇虚含及口腔气流变化实现演奏的，既非弦乐亦非管乐，长期以来因误为弹弦类乐器而被习称为"口弦""口琴""响篾""口弦琴"等。为区别于笙簧，根据其演奏必借助于口腔作为共鸣腔这一特性，结合古代文献记载，笔者将这类出现于新石器时代末期，至今仍然流行于世界各地的原始乐器，称之为"口簧"。

近年来，关于口簧的研究取得了重要进展。方建军首先辨识出辽宁建平水泉遗址出土的发卡状骨器为"簧"（图二）[14]。日本学者直川礼绪对亚洲出土"口琴（口簧）"进行了详细的统计分析[15]。欧洲学者关于欧亚大陆口簧的研究也有许多综合研究成果[16]。文献资料及考古发现的双重证据促使了口簧这种被誉为"人类最初音节"的原始乐器得以实至名归。

图二　辽宁建平水泉遗址出土骨口簧
（朝阳市博物馆藏）

二、石峁口簧出土背景及年代

石峁口簧除个别发现于皇城台门址（地牢壕地点）外，绝大部分出土于皇城台东护墙北段（獋子畔地点）上部的"弃置堆积"内，与龙山时代晚期陶器、石器、骨器以及大量陶片和兽骨共存（图三、图四）。口簧体小轻薄、不易辨识，发掘时考古工作者将皇城台东护墙北段上部的弃置堆积

图三　石峁遗址皇城台远景（2018 年）

全部过网筛选后，从巨量兽骨和骨器中反复拣选，共获 19 件，其中保存完好者 2 件，多数仅存簧框。已发掘的皇城台东护墙北段上部总长度超过 120 米，发掘时由南向北以 10 米为间距划分为 12 段分别清理，其中第 4 段出土 12 件，第 3 段出土 2 件，第 1 段出土 2 件，第 2、8、10 段各出土 1 件。另外，在皇城台门址北侧还发现 2 件口簧残件，共计 21 件。

石峁口簧均为骨质，窄长方形薄片，由牛的肋骨磨制成型，由簧框、簧舌、穿孔、拉绳（不存）等组成，约长 8—9、宽 1、厚 0.1 厘米。簧舌

图四　石峁遗址皇城台东护墙北段（獾子畔地点）上部的弃置堆积

位于簧框中央，舌根与框首衔接，多数舌根与舌尖的宽度相仿或略宽。簧框长边两端多对称切割出亚腰形缺口，框首刻镂小圆孔，用于穿绳。多数簧体为素面，个别在簧框外缘有镂刻锯齿状装饰。现择有代表性的口簧介绍如下。

标本獾子畔 1 段④：1，完整。簧框中央剔刻出簧舌，簧舌弧出框外，舌根与舌尖等宽，可见纵向剔刻痕迹。簧框两端有对称亚腰形凹槽，首端钻孔。素面。长 7.9、宽 1.1、厚 0.1 厘米（图五、图六）。标本獾子畔 1 段④：2，完整。舌根窄于舌尖。框首有亚腰形凹槽，槽中偏下对钻小孔。素面。长 8.7、宽 1.2、厚 0.08 厘米（图七、图八）。标本獾子畔 1 段⑤：1，簧舌残失。簧框两端有对称亚腰形凹槽，两侧框缘微内曲，首端钻孔。素面。长 8.7、宽 1.6、厚 0.08 厘米（图九）。标本獾子畔 4 段④：1，残存簧框，簧舌无存。两侧缘有锯齿状豁口。残长 6.3、宽 1.1、厚 0.1 厘米（图一○）。标本獾子畔 4 段④：2，簧框尾端残失，框中剔刻簧舌，仅存舌根。框首两侧有对称亚

腰形凹槽，表面可见往复交错的刻划痕迹，靠近框首镂刻有圆孔，孔壁可见斜向拉痕。簧框外缘切割三角形豁口。器身整体背弧，或与拉振有关。残长5.3、宽1.1、厚0.1厘米（图一一、图一二）。标本獾子畔3段④：1，簧尾及簧舌尖残失。镞形框首，其后斜向刻出亚腰形凹槽。框首顶端钻有呈"品"字形分布的三个小孔，两凹槽延伸处钻孔，孔内可见拉振绳子形成的向外磨痕。簧框一面有阴刻的交叉三角网线纹。残长7.4、宽1.5、厚0.07厘米（图一三）。

图五　石峁遗址出土口簧（獾子畔1段④：1）

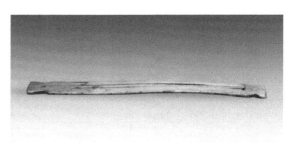

图六　石峁遗址出土口簧（獾子畔1段④：1）侧面

图七　石峁遗址出土口簧（獾子畔1段④：2）

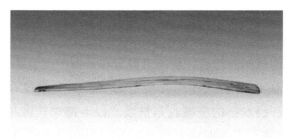

图八　石峁遗址出土口簧（獾子畔1段④：2）侧面

图九　石峁遗址出土口簧（獾子畔1段⑤：1）

图一○　石峁遗址出土口簧（獾子畔4段④：1）

图一一　石峁遗址出土口簧（獾子畔4段④：2）

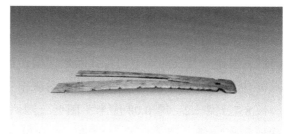

图一二　石峁遗址出土口簧（獾子畔4段④：2）侧面

石峁遗址出土的 21 件口簧，多数可能是在使用过程中由于簧舌或簧框意外受力断裂后被遗弃的残件。与口簧伴出的还有一些窄长条形并有曲弧的磨制骨片，厚度及宽度略大于成品口簧，当为口簧制作过程中的坯料，部分骨片上能观察到切割、剔刻痕迹。这一发现暗示了口簧是在皇城台生产制作的，其生产活动或许与皇城台顶可能存在的制骨作坊有关。

图一三　石峁遗址出土口簧（獾子畔 3 段④：1）

从与口簧生产相关的遗物来看，石峁口簧的制作大致经过了备料选料、切磨成型、剔刻簧舌、钻孔、细加工、穿绳测音等几个工序。制作者首先要选择黄牛肋骨或动物长骨等质密的骨料，去除油脂后切割成尺寸合适的骨片并打磨成薄片状，然后用细石刃等工具在骨片中央剔刻簧舌，使之与簧框分离，最后对口簧整体进行精细加工，包括再次打磨、框端切割亚腰形凹槽及其他装饰。个别标本上框端小孔打破刻槽的现象暗示着穿孔应在剔刻簧舌之后进行。

图一四　石峁遗址皇城台与口簧伴出的陶器

皇城台东护墙北段外侧堆积为其使用期间或废弃后形成的斜向弃置堆积，口簧主要出土于这类堆积的第 4 层，第 5 层仅见 1 件。出土口簧的第 4 层发现了数以万计的陶、骨、石、玉等各种质地的遗物[17]。其中，与口簧共存的陶器包括双鋬鬲、单把鬲、粗柄豆（盘）、斝、盉、甗、折肩罐、三足瓮等，具有典型的河套地区龙山时代晚期陶器特征（图一四）[18]。与口簧出土于同一层位的兽骨经牛津大学测年分析，年代为 2135—1941 cal BC。因此，石峁口簧的年代在公元前 2000 年前后的龙山时代晚期。

三、石峁口簧演奏方式及功能蠡测

石峁口簧为框舌一体的自体簧，框首圆孔外缘保留了绳子拉振时形成的磨痕，暗示它是通过拉振实现簧舌的振动，即所谓"绳振簧"，其演奏方法就是《诗经》等文献所谓的"鼓"。演奏者一手拇指、食指轻捏框尾，将口簧贴近唇部虚含，另一手扯动线绳以振动簧框，簧框带动簧舌在舌窗中前后振动，通过乐器与口型的紧密结合，并借助口腔共鸣与舌位的变化，发出"呷呷""嗡嗡"的音律。

在口簧演奏过程中，框首的圆孔极为重要，用于系挂绳索来拉振，是除簧舌之外的关键结构。标本獾子畔 3 段④：1 框首小孔的内深外浅、内宽外细的磨痕，说明演奏时绳子是由演奏者斜向向外抻拉的。结合圆孔痕迹及其弧曲的簧体，推测其在演奏时应是弧背朝外，促使弧面与抻拉形成反向力，加剧簧舌震动幅度，便于形成时浊时清、高低急缓的音律效果。

从先秦文献记载及民族学资料来看，口簧是兼用于宫廷和民间的乐器，承担敬祀鬼神祖先、娱宾遣兴及爱情表达等功能[19]。如《诗经·国风》中"君子阳阳，左执簧，右招我由房"，描述了

"君子"喜气洋洋、用口簧演奏"由房"曲的场景。《楚辞·忧苦》中"愿假簧以舒忧兮"的记载，也表明演奏口簧是排忧抒怀的方式。

近年来的考古发现与研究表明，皇城台为一处四围包砌石护墙的高阜台地，呈顶小底大的金字塔状，是石峁内城和外城重重拱卫之核心区域，三面临崖，易守难攻。台体以多达十余阶的堑山砌筑的护坡石墙层层包裹，坚固雄厚，气势恢宏，当已具备了早期"宫城"的性质[20]。皇城台出土的纺织物残片、数量明显超过生产生活需要的骨针和石范、铜刀等铸铜遗存，以及大量使用过的卜骨的集中出土，暗示了作为石峁核心（宫城）的皇城台，不仅生活着高等级贵族，那些掌握铸铜、制骨及纺织等核心技术的手工业者也被安置在这一区域，掌握预测吉凶祸福这一占卜权利的巫觋阶层显然也是皇城台上重要的人群构成之一。

出土于皇城台的口簧，可能被赋予了沟通人神、祭祀先祖的功能。口簧发音微弱，演奏者只有在幽静的场合才能静心取音，听者只能在咫尺之间方可闻其声调[21]。可以推想，四千年前空旷寂寥的皇城台，演奏者口含口簧，通过口腔与乐器的结合发出的"呷呷""嗡嗡"声，空灵飘逸，极易产生肃穆和庄严的氛围。这种无严格固定格式的即兴演奏，随演奏者气息、口型的变化及簧舌震动的节奏，模仿动物的音律或其他复杂奇特的具有仪式感的神秘旋律，在节奏快慢、力度强弱变化处理下产生的催化效应，成为石峁巫觋实现交于神明、祭祀祖先、驱鬼囊神的重要手段。这一点类似于鄂温克族视口簧为法器和神器，有役鬼驱神和召唤灵魂的作用[22]。而达斡尔族的口弦不仅用于爱情表达，也更多地见于祭祀活动场合，用来歌唱祖先文治武功、祝福风调雨顺、祈求保佑[23]。

皇城台出土的口簧与骨笛、骨管哨、陶球哨一起，构建了石峁宫城的音乐形态，体现了中国早期国家王权与神权的统一，渲染了石峁上层祭祀祖先、沟通人神天地的场景，也彰显了石峁城址在北方地区的核心地位。口簧乐律很可能在某种程度上成为石峁上层控制周边区域、维持社会秩序、维系区域政体稳定的重要非物质手段。

四、早期口簧的发现与传播

石峁口簧出土之前，国内发现的口簧多见于北方地区龙山晚期遗址、西周至春秋时期墓葬或居址，均为骨竹质绳振簧。遗憾的是，考古学者多将其识为"发卡""骨梭"等日用器物。

20世纪80年代，在陶寺遗址发掘的一口水井内（J401）出土了一件口簧，发掘者误名为发卡。这件口簧（J401：29），骨质。簧框两端各有一"凸"字形端头，框中剔刻出细条簧舌，舌根与框首相连，框首穿孔用以引绳。整体向内侧弯。长8.3、厚0.1厘米（图一五，1）。J401叠压于陶寺晚期灰坑H427之下，同时又打破晚期灰坑H443及H444。从地层关系来说，J401的建造及使用年代在陶寺晚期。与这件口簧共存的陶器包括高领鬲、单把鬲、折肩罐、豆等，属陶寺晚期典型遗物，其绝对年代约为公元前1900年[24]。

夏家店上层文化共出土两件骨口簧。其中一件出土于夏家店遗址M14，被定名为"骨梭"[25]。此墓为一座以石块砌筑、上覆石板的石棺墓，墓主为青年女性，仰身直肢，有木质葬具，随葬陶罐、铜刀、铜锥、铜扣、骨针、骨珠及骨口簧。这件口簧为窄条薄片状，宽首窄尾，中央剔刻簧舌，根宽尖窄，框首钻孔。舌尖顶端有一大圆孔，或与增强簧舌的发音效果有关。长9.8厘米（图一五，2）。

另一件出土于内蒙古克什克腾旗龙头山遗址。口簧宽首窄尾，舌尖残。长9厘米（图一五，3）[26]。这两件口簧年代相当于西周至春秋时期。

发掘于20世纪70年代的辽宁建平水泉遗址[27]，曾采集到多件骨质口簧，虽未见考古资料刊布，但被多位研究音乐史的学者述及。其中一件宽首窄尾，首端钻一小孔，中部剔出簧舌。长9.3厘米（见图二，上）。辽宁省文物考古研究所亦藏有该遗址出土的骨质口簧，框尾断裂，框首稍宽且钻有小孔，簧舌尖锐。长9、宽1.2、厚0.1厘米（图一五，4）。水泉口簧属于夏家店下层文化遗物，年代相当于夏商时期。

1986—1991年发掘的北京军都山玉皇庙墓地出土了4件竹质口簧[28]。发掘者将其定名为"竹蔑簧片"，这是考古学者首次将此类器物判定为乐器（或配件），但未明确指出其为"簧"。口簧呈窄条薄片状，长9—10、宽约1、厚0.05厘米（图一五，5—8）。它们分别出土于4座男性墓葬，其中三件位于墓主手部，一件发现于墓主下腰部衣摆上。玉皇庙墓地出土口簧的墓葬为春秋时期，演奏者以男性为主，反映了山戎[29]或狄人[30]的音乐形态。

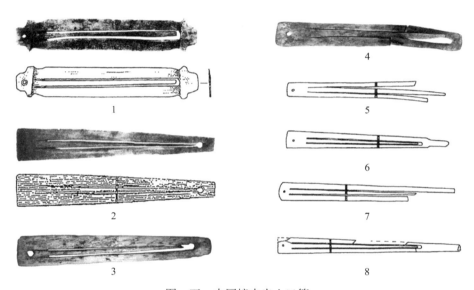

图一五　中国境内出土口簧
1. 陶寺遗址 J401 出土骨口簧　2. 夏家店遗址 M14 出土骨口簧
3. 龙头山遗址出土骨口簧　4. 水泉遗址出土骨口簧　5—8. 玉皇庙墓地出土竹口簧

20世纪80年代发掘陕西凤翔秦公一号大墓时，在大墓主椁室西侧"箱殉"殉人的头、胸之间发现一件"墨书漆筒"[31]，上有四字，王辉释为"紫之持簧"，并认为此物是笙、竽类管乐器的吹气管或底座[32]，此说显然受到"笙簧"说的影响。方建军认为这件器物并非乐器，也非笙、竽类管乐器之管或其他零部件，应为存放口簧的竹筒[33]。惜保存状况不佳，未能观察内部盛装之物，但从漆筒大小来看，当为盛装口簧的器具无疑。

除中国境内早期口簧的发现外，在欧亚草原东部蒙古高原和南西伯利亚地区也发现了一定数量的青铜时代晚期至铁器时代的骨质口簧，被视为游牧文化的重要传统乐器，承担了萨满法器及自娱自乐的功能，总数不超过10件，长度为10—12厘米[34]。蒙古国莫林陶录盖（Morin Tolgoi）匈奴墓地1号墓出土的口簧发现于墓主左腰部，簧舌由根部逐渐变细，框尾呈亚腰形，年代为公元前 3 至 1 世纪（图一六，1）。俄罗斯图瓦共和国艾米日立克（Aimyrlyg）墓地 63 号墓出土的口簧，三角形框首，锯齿状边框，长 10.3 厘米，年代为 2 世纪（图一六，4）。俄罗斯哈卡斯共和国萨合哈尔（Sakhasr）墓地出土两件口簧（图一六，2、3），比较完整的一件出土于 2011 年第 21 号墓葬中，簧体微隆，框两端均有圆孔，属于塔施提克文化，年代为公元前后。这件口簧首尾钻孔的方式，与现代竹质口簧穿孔方式相似，首孔用于穿绳拉振，尾孔便于穿绳后缠绕于手指上，帮助演奏者持握。

最新的发现位于俄罗斯阿尔泰共和国的切列姆尚卡（Cheremshanka）和查尔图科维 9 号（Chultukov Log9）两处遗址[35]。切列姆尚卡遗址出土了两件口簧，均为绳振簧。其一保存大部，仅框尾缺失，框首钻孔；另一为簧框侧缘残件（图一七，1、2）。这两件口簧为 3 世纪匈奴—萨尔马提亚文化遗物，为牛或马的肋骨制成。在查尔图科维 9 号遗址中发现三件口簧残件或骨料（图一七，3—5），年代与前者相当。

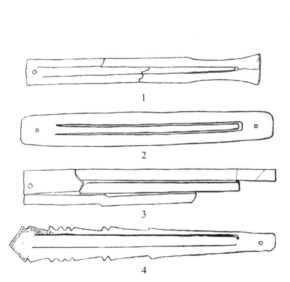

图一六　蒙古国、俄罗斯出土骨口簧
1. 蒙古国莫林陶录盖墓地 1 号墓出土　2、3. 俄罗斯哈卡斯
共和国萨合哈尔墓地出土　4. 俄罗斯图瓦共和国
艾米日立克墓地 63 号墓出土

图一七　俄罗斯阿尔泰共和国发现的骨口簧及其骨料
1、2. 切列姆尚卡遗址出土　3—5. 查尔图科维 9 号遗址出土

公元前 2000 年前后至 2、3 世纪，在长 2200 余年的历史中，包括中国北方、蒙古高原和俄罗斯南西伯利亚的欧亚大陆东部区域出土的口簧，长约 10、宽 1—2 厘米，厚度不超过 0.1 厘米。在制作材料及形制结构上具有高度一致性，均以动物肋骨或长骨为原材料制作，簧舌位于簧框中央，头端钻孔，用于系绳拉振，属于框舌一体的绳振簧。绳振簧演奏无需拨动簧舌，而依靠绳子拉抻向簧片输送振动能量并依靠口腔呼吸成音。现代绳振簧延续了骨竹口簧的基本特征，但少见以骨制作，而多为竹质，框端钻孔多为两个，前孔用于穿绳打结后拉振，后孔穿以绳索环扣，便于握持，今多见于羌族、舟曲藏族、陇东回族、高山族、阿依努族等民族。

如果将 3 世纪之前的口簧出土地点放置在地图上，一条口簧从中国北方向欧亚草原扩散传播的线路自然显现出来。早在距今约 4000 年，石峁遗址所在的中国北方河套地区制造了世界上最早的自体绳振簧，至夏商时期（不晚于约公元前 1500 年）向周边放射状传播扩散，影响至夏家店下层文化人群。在石峁口簧确认之前，因陶寺口簧长期被忽略不识，属于夏家店下层文化时期的水泉口簧一度被认为是最早的实物资料。鉴于石峁与陶寺之间的密切关系，陶寺口簧可视为石峁人群或"石峁文化"南下的孑遗。若此，石峁口簧可被确认为世界范围内最早、数量最多的一次发现。石峁遗址所在的中国北方河套地区是世界口簧的祖源地，是中国北方文化因素沿欧亚草原向西、向北产生影响与互动的重要实证之一。

春秋战国时期，口簧的使用范围继续向四围扩散。公元前后，进入匈奴文化区域，向欧亚草原东部扩散，同时向南进入中原王朝宫廷[36]。随着冶金技术的发展，汉代出现了框舌分铸的异体拨振簧，条状簧舌单独焊接在簧框上，凸出体外，演奏方式由拉振演变为容易掌握的手指弹拨，促生了口簧的快速传播与扩散。拨振簧属于拨奏体鸣乐器，多见勺形或钳状，是汉唐以后流行的主要形式，音域宽泛，口腔共鸣的效果退居其次，流行于我国蒙、满、达斡尔、鄂伦春、回、彝、赫哲等民族，是现代口簧的主要形态（图一八，1）[37]。这种简单原始乐器的大规模传播流布，极有可能与北方人群的北进及西迁的历史进程有着密切关系。唐宋以后，口簧呈爆发式传播，至迟在 13 世纪已传播到欧洲东部地区，并扩散至东南亚、大洋洲、非洲等区域，制作材料及形制趋于多样化，成为一种具有广泛民族性的世界乐器（图一八，2、3）。这种爆发式传播的原因似乎极为复杂，贸易或人口流动当是其传播的主要动因，海上丝绸之路也是其传播的重要通道[38]。

据统计，口簧在世界范围内大约有 1000 种以上的不同名称，各民族对其称呼各不相同[39]。作为一种世界性的原始胚胎型乐器，口簧至今仍然流行于世界各地，但传承问题不容乐观。现今流行于各地的口簧，在适应区域环境和审美旨趣的背景下，尽管形态异彩纷呈，但仍然保持着人类早期乐器的原始特质。

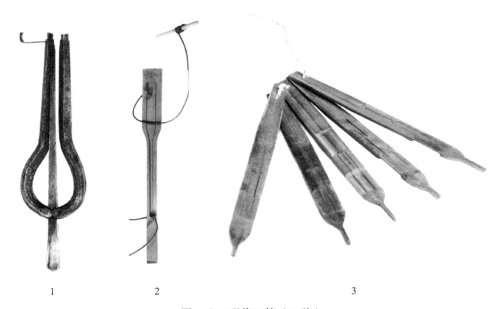

图一八　现代口簧（口弦）

1. 蒙古国金属口弦　2. 日本北海道阿依努族口弦　3. 南彝族口弦

附记：本文为国家社科基金重大项目"石峁遗址考古发掘与研究"（项目编号：17ZDA217）、国家自然科学基金面上项目"河套地区5-4 ka的气候变化与人类适应研究"（项目编号：41571190）阶段性成果之一。本文写作过程中得到邵晶、范子烨、李新全、曹建恩、孙金松、刘莉、王保平等的帮助，谨致谢忱。

注　释

［1］ 陕西省考古研究院等：《陕西神木县石峁遗址》，《考古》2013年第7期。

［2］ 邵晶等：《陕西神木石峁遗址皇城台地点发掘收获》，《2018中国重要考古发现》，文物出版社，2019年。

［3］ 范子烨：《〈诗经〉之"簧"考辨——解开〈小雅〉"巧言如簧"之谜》，《甘肃社会科学》2017年第2期。

［4］ （汉）许慎：《说文解字》，中华书局，1994年，第98页。

［5］ 程俊英译注：《诗经译注》，上海古籍出版社，1985年，第218、286、124页。

［6］ （清）阮元校勘：《十三经注疏》上册载，"仲夏之月……命乐师……调竽、笙、篪、簧"，中华书局，1980年，第1369页。

［7］ （宋）洪兴祖：《楚辞补注》载，"使素女兮鼓簧，乘戈䬃兮讴谣"，中华书局，1983年，第324页。

［8］ 陈鼓应：《庄子今注今译》载，"使天下簧鼓以奉不及之法，非乎"，中华书局，1983年，第232页。

［9］ （汉）刘熙：《释名》，《丛书集成初编》第1151册，中华书局，1985年，第107页。

［10］ （宋）陈旸：《乐书》卷一二三，《四库全书》第211册，上海古籍出版社，1987年，第530页。

［11］ 应有勤、孙克仁：《口弦的综合考察》，《中国音乐学》1988年第2期；曾遂今：《口弦"话语"》，《中国音乐》1985年第1期；曾遂今：《口弦的发音原理初探》，《乐器》1986年第4、5期；秦序：《民族乐器口弦初探》，《音乐艺术》1981年第1期；曾令士：《彝族口弦及口弦曲初探》，《音乐探索（四川音乐学院学报）》1984年第3期。

［12］ 李纯一：《说簧》，《乐器》1981年第4期。

［13］ 牛龙菲：《古乐发隐——嘉峪关魏晋墓室砖画乐器考证》，甘肃人民出版社，1985年，第296页。

［14］ 方建军：《秦墨书竹简与乐器"簧"》，《交响（西安音乐学院学报）》2008年第1期。

［15］ 〔日〕直川礼绪：《亚洲出土口琴辑录（1—3）：薄板状口琴》，《传统和创造》2016—2018年第5—7期。

［16］ Gjermund Kolltveit. Jew's Harps in European Ar-chaeology. Oxford: Archaeopress, 2006. Leonard Fox. The Jew's Harp: A Comprehensive Anthology. Associated University Presses, 1988.

［17］ 陕西省考古研究院等：《陕西神木县石峁城址皇城台地点》，《考古》2017年第7期。

［18］ 孙周勇：《公元前第三千纪北方地区社会复杂化过程考察——以榆林地区考古资料为中心》，《考古与文物》2016年第4期；邵晶：《试论石峁城址的年代及修建过程》，《考古与文物》2016年第4期。

［19］ 范子烨：《诗之声与乐之心——对〈诗经〉"鼓簧诗"的还原阐释》，《文学评论》2017年第4期。

［20］ 孙周勇等：《石峁皇城台呈现宫城形制》，《中国社会科学报》2018年9月28日。

［21］ 薛艺兵：《中国口簧的形制及其分类》，《中国音乐学》1998年第4期。

［22］ 卜基：《鄂温克族的口弦琴》，《实践（思想理论版）》2014年第12期。

［23］ 楚伦布和：《达斡尔族的民间乐器——穆库连》，《乐府新声（沈阳音乐学院学报）》2003年第1期。

［24］ 中国社会科学院考古研究所等：《襄汾陶寺——1978—1985年考古发掘报告》，文物出版社，2015年。

［25］ 中国科学院考古研究所内蒙古工作队：《赤峰药王庙夏家店遗址试掘报告》，《考古学报》1974年第1期。

［26］ 资料现藏于内蒙古文物考古研究所资料室，蒙曹建恩先生见告。该遗址的发掘资料参见内蒙古文物考古研究所等：《内蒙古克什克腾旗龙头山遗址第一、二次发掘简报》，《考古》1991年第8期。

［27］ 辽宁省博物馆等：《建平水泉遗址发掘简报》，《辽海文物学刊》1986年第2期。

［28］北京市文物研究所：《军都山墓地——玉皇庙》，文物出版社，2007 年。

［29］靳枫毅：《军都山玉皇庙墓地的特征及其族属问题》，《苏秉琦与当代中国考古学》，科学出版社，2001 年。

［30］杨建华：《再论玉皇庙文化》，《边疆考古研究（第 2 辑）》，科学出版社，2004 年。

［31］据参与发掘者王保平先生回忆。

［32］王辉：《秦文字释读订补（八篇）》，《考古与文物》1997 年第 5 期。

［33］方建军：《秦墨书竹简与乐器“簧”》，《交响（西安音乐学院学报）》2008 年第 1 期。

［34］〔蒙〕策·图尔巴特著，乌日古木勒译：《考古发现的舌头琴与欧亚大陆东部古代游牧文化》，《铜仁学院学报》2018 年第 8 期。

［35］Anna Liesowska. "Ancient Jew's Harps Found in Altai Mountains as Musical Instruments Reappear after 1700 Years". The Siberian Times, 2018-1-9.

［36］簧在汉代上层社会流行。据《三辅黄图》卷三记载，汉长安城建章宫中有鼓簧宫，并引《汉宫阙疏》云："鼓簧宫周匝一百三十步，在建章宫西北。"见何清谷：《三辅黄图校释》，中华书局，2005 年，第 180 页。

［37］图一八采自湖北省博物馆编：《心与音——文化视野下的世界民族乐器》，湖北美术出版社，2008 年。

［38］Michael Wright. "The Search for the Origins of the Jew's Harp". The Silk Road, 2004, 2 (2).

［39］罗艺峰：《口弦源流的历史语言学研究》，《中国音乐学》1997 年第 2 期。

（原载于《文物》2020 年第 1 期）

石峁骨簧的音乐历史意义

方建军

  簧是中国古代一种拨奏体鸣乐器。《世本·作篇》云："女娲作笙簧"[1]。这虽属传说，但暗示簧的产生应该较早。20 世纪 60—90 年代，在辽宁、内蒙古、山西、陕西和北京等地陆续有一些骨簧和竹簧的考古发现，但由于当时未能辨识出它们的乐器品性，故以前很少引发学界讨论。2008年，笔者在探讨陕西凤翔南指挥秦公一号大墓所出墨书竹简与簧的关系时，曾引述辽宁建平水泉遗址出土的骨簧[2]。其后，科尔特韦特（Gjermund Kolltveit）[3]、直川礼绪（Tadagawa Leo）[4]、范子烨[5]等，都曾对中国出土的先秦时期簧做过很好的分析研究。

  2016 年以来，陕西神木石峁皇城台古城遗址掘获大量精美文物，其中的 20 多件骨簧，是 21世纪音乐考古的重要发现[6]，对于丰富中国古代音乐史尤其是先秦音乐史的内容，具有重要的学术意义。主持石峁遗址发掘工作的孙周勇、邵晶等，业已发表了部分考古资料并做有深入研究[7]，今在他们成果的基础上，就石峁骨簧的音乐历史意义谈点初步看法，向大家请教。

  虽然中国古代典籍不乏关于簧的记载，但由于过去出土簧的实物较少，且未能引起音乐史学界的关注，以致迄今所见中国古代音乐史专著和教材均缺乏对簧的撰述。要想填补中国古代音乐史著作中对簧撰述的空缺，首先需要检视目前考古发现簧的年代问题，以便将簧的撰写纳入相应的音乐历史时期。

  石峁骨簧（图一）出土于皇城台东护墙北段上部第四层堆积，同出乐器有骨笛（哨）、骨管和球形陶哨，其他共存物包括陶器、骨器、石器和玉器等。发掘者认为，它们应是来自皇城台顶部的"弃置堆积"。在地层关系上，东护墙北段上部第一至三层，分别与皇城台门址第一至三层一致。据层位关系及 ¹⁴C 测年数据，皇城台门址的修建年代可能在公元前 2300 年前后，皇城台的最晚使用年代为公元前 2100 年—前 1800 年，废弃年代约在公元前 1800 年，时代跨度约 500 年[8]。出土的骨簧等"弃置堆积"来自皇城台顶部，而顶部的"台城"年代最早，内城、外城年代较晚，因而骨簧应属石峁遗址早期遗物，估计其年代应在公元前 2000 年前后，是目前所知中国乃至世界范围内年代最早的簧之一。

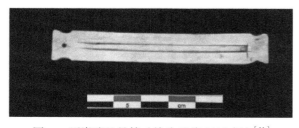

图一　石峁遗址骨簧（约公元前 2000 年）[11]

  不过，也有学者对石峁遗址的年代提出一些不同看法。杜启明从建筑学视角，指出石峁遗址一些土石建筑遗存是文化交流和影响的结果，其年代可能已进入商文化时期[9]。苏荣誉认为，石峁遗址出土的铜刀和环首刀石范，具有本土文化传统，但年代和中原地区所见商代同类器相若[10]。

许宏通过对石峁遗址出土遗物的年代学考察，认为石峁遗存的年代下限应晚至公元前 1600 年前后或更晚[12]。这些基本都是关于石峁遗址年代下限的讨论，而石峁骨簧属于该遗址早期遗物，因此目前对于骨簧年代的估计应该不会有太大问题。石峁遗址的发掘报告尚未出版，详细资料有待刊布，关于该遗址的年代学研究，还有赖于今后田野考古工作的进一步开展和推进。

1978—1985 年，山西襄汾陶寺新石器时代遗址出土陶寺文化骨簧 1 件（J401∶29，图二），出土位置是陶寺居住遗址的一处水井（J401），据该水井木炭标本 [14]C 测定，年代为公元前 2140 年—前 1946 年[13]。由此可见，陶寺骨簧与石峁骨簧的年代应该大体相当。

1977—1978 年，辽宁建平水泉出土的 2 件骨簧，1 件为成品簧（T22 二—16，见图三上），另 1 件为半成品簧（T22 二—20），均系出自夏家店下层文化探方内。此外，还有 1 件在水泉遗址采集的成品骨簧（1977 年采—108，见图三下）[14]。

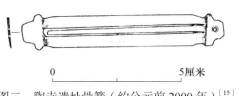

图二　陶寺遗址骨簧（约公元前 2000 年）[15]

图三　建平水泉骨簧（商代早期）

关于夏家店下层文化的年代，据已发表的 10 组 23 个 [14]C 测年数据，在公元前 2300—前 1600 年[16]，可见其年代范围与石峁遗址大体相当而下限略晚。这两种文化都始自新石器时代晚期，并进入早期青铜时代。出土骨簧的水泉遗址共有五个文化层，包含夏家店下层文化、夏家店上层文化和战国时期燕文化[17]。据水泉遗址的 [14]C 年代测定，T15 第五层的年代为距今 3780±90 年，树轮校正为距今 4130±110 年[18]，应属该遗址的最早年代。有学者将 T22 的年代断为夏家店下层文化中期晚段[19]，由此估计，T22 出土骨簧的时代约当中原地区商代早期。

1960 年，内蒙古赤峰夏家店墓葬 M14 出土 1 件骨簧（M14∶6）[20]，墓主为一青年女性，同出青铜器等遗物，时代属夏家店上层文化（图四）。1987—1991 年，内蒙古赤峰克什克腾旗龙头山遗址发现 1 件骨簧，时代属夏家店上层文化龙头山类型（图五）[21]。

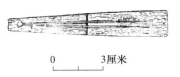

图四　赤峰夏家店骨簧（西周至春秋时期）[22]

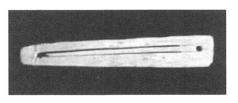

图五　赤峰龙头山骨簧（西周至春秋时期）[23]

夏家店上层文化晚于夏家店下层文化，其年代大致相当于西周至春秋时期，[14]C 测年数据显示，其年代范围在公元前 1000—前 500 年[24]。由于目前掌握的考古材料有限，夏家店 M14 出土骨簧的时代只能粗略估计为西周至春秋时期。克什克腾旗龙头山遗址的 [14]C 测年数据，树轮校正为距今

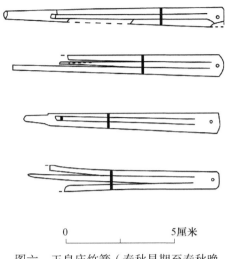

0   5厘米

图六　玉皇庙竹簧（春秋早期至春秋晚期），自上而下为 M264：22、M95：21、M102：9、M156：8

3240±150 年，相当于晚商或商周之际，应是夏家店上层文化的年代上限。因为克什克腾旗龙头山出土骨簧的详细考古资料尚未发表，所以目前只能暂且将这件簧的时代大致估计为西周至春秋时期。

1986—1991 年北京延庆军都山玉皇庙发现的 4 件竹簧，分别出自四座墓葬（M264、M95、M102、M156），时代属玉皇庙文化（图六）[25]。出土骨簧的四座墓葬分别位于不同墓区，其中 M264 位于北Ⅱ区北部，时代最早，为春秋早中期。M95 位于北Ⅱ区中部，时代在春秋中期。M102 位于北Ⅰ区南部，时代属春秋中期。M156 位于南区中部，时代为春秋晚期。可见这 4 件竹簧属于春秋早期至春秋晚期之间的制品。

由上所述，可以大致排出目前考古发现簧的时代先后（表一）。

表一

出土文物	所属时期	所属文化
石峁骨簧	约公元前 2000 年	石峁文化
陶寺骨簧	约公元前 2000 年	陶寺文化
水泉骨簧	商代早期	夏家店下层文化
夏家店骨簧	西周至春秋时期	夏家店上层文化
龙头山骨簧	西周至春秋时期	夏家店上层文化
玉皇庙竹簧	春秋早期至春秋晚期	玉皇庙文化

通过以上对出土簧的年代梳理，可知簧的发展历史至少可以上溯至新石器时代晚期，并可在夏、商、西周以至春秋晚期的音乐史事中征引簧的考古资料，再结合历史文献记载来论述簧这种乐器的发展线索，从而弥补目前先秦音乐史著述中簧的空缺。

从目前簧的考古发现情况不难看出，簧主要分布于中国北方地区，按簧的出土地点地理纬度排列，自北向南依次是（表二）：

表二

出土地点	纬度
赤峰龙头山	北纬 43.0 度[26]
赤峰夏家店	北纬 42.3 度
建平水泉	北纬 42.1 度
延庆玉皇庙	北纬 40.5 度
神木石峁	北纬 38.5 度
襄汾陶寺	北纬 35.8 度
凤翔南指挥	北纬 34.4 度[27]

十分明显，春秋时期之前的簧，主要发现于北纬 34 度线以北区域，且自西徂东，略呈带状分布。不过，由于考古发掘的不平衡性，尚不能认为先秦时期在北纬 34 度线以南地区没有簧使用。按河南安阳殷墟位于北纬 36 度线，陕西扶风周原和河南洛阳皆位于北纬 34 度线，它们分别是商周王朝的都城所在地，因此今后在这些地区发现簧的可能性还是存在的。

关于石峁遗存的考古学文化性质和族属，目前仍在探讨之中，或以为石峁遗址的最初居民应是来自北方牧区的游牧民族，其经济形态应以牧业为主[28]；或以为石峁遗址至少是两个不同人类群团的遗存[29]。

夏家店下层文化，主要分布于辽宁西部、内蒙古东南部和燕山南北一带，夏家店下层文化的经济形态以农业为主。夏家店上层文化的分布范围，较夏家店下层文化向北、西扩张，到达大兴安岭的东南麓。夏家店上层文化，是中国北方以畜牧业为主要经济形态的晚期青铜文明，可见夏家店下层文化与夏家店上层文化的分布区域处于农牧交错地带。目前不少学者认为，这两种文化与《史记》所载"东胡"或"山戎"族群的活动地域大致相当。

玉皇庙出土竹簧的四座墓，墓主人均为男性，发掘者据墓葬等级推断，簧的演奏者或拥有者应属中等阶层的男性武士[30]。同时认为，玉皇庙文化的族属可能为"山戎"部族，经济形态以畜牧和游牧为主。

值得注意的是，在蒙古国乌兰巴托西南约 120 千米的莫林托勒盖（Morin tolgoi）匈奴墓葬发现公元前 3 世纪—公元 1 世纪的骨簧，俄罗斯联邦图瓦共和国匈奴墓葬发现公元 2 世纪的骨簧[31]，二者的时代均晚于石峁遗址所出骨簧。由此容易联想到中国北方地区游牧民族的簧与欧亚大陆草原文化簧的分布和关系，进一步的探索，仍需要今后积累更多的考古资料。

由上所述，石峁文化、夏家店下层文化、夏家店上层文化和玉皇庙文化发现的簧，可能与北方地区古代游牧民族和草原文化有关。目前的先秦音乐史著述，主要集中于中原地区华夏族的音乐文化，北方地区少数民族音乐史料尤其是音乐文化物质资料较少，今有上述簧的考古发现，补充和丰富了先秦音乐史的内容。簧的考古发现情况还表明，中国古代音乐文化应是多地区多民族的共同创造，这一特点在先秦音乐史的撰述中理当有所反映。

目前发现的先秦时期簧，有竹、骨两种材质，骨簧与竹簧相比，当然更利于在墓葬环境中的保存。从理论上推测，竹簧应该较骨簧便于制造，其使用或许应早于骨簧。然而，由于人类早期生态环境和经济形态的差异，竹材对于某些人类族群可能取材并不便利，而获取骨料则可能较为容易，因此竹簧和骨簧二者孰先发明，还不能简单加以论定。在石峁遗址的"弃置堆积"内，除骨簧之外，还发现有大量的骨针、骨锥、骨镞和骨铲等，以及骨制半成品、切片骨料和砺石磨具等，因此，发掘者推断该遗址可能存在骨器作坊。有关资料的全部发表，将有助于探索石峁骨簧的制造材料和工艺。

迄今发现的先秦时期簧，其形制均为薄片框形，中间剔出一条具有弹性的簧舌，属于自体（idioglot）簧，即簧舌与簧框同质同体。这里依簧框的形制，将先秦时期的簧初步划分为两种类型。

A 型：平面呈矩形，簧框两端大体等宽，簧舌也基本等宽。陶寺骨簧和现已公布的石峁骨簧均属此型。B 型：平面略呈等腰梯形，簧框两端不等宽，即舌根端宽于舌尖端，簧舌也由舌根到舌尖逐渐收窄。水泉、夏家店、龙头山和玉皇庙所出簧均属此型。

石峁骨簧，一般长 8—9 厘米，宽逾 1 厘米，厚 0.1—0.2 厘米。

陶寺骨簧，长 8.3 厘米，厚 0.1 厘米，簧舌宽 0.2—0.3 厘米。

水泉骨簧，1 件（T22 二-16）长 8.2 厘米，两端宽度分别为 1 厘米和 0.5 厘米，舌长 6.2 厘米，厚 0.06 厘米；1 件（1977 年采-208）长 9.3 厘米，两端宽度分别为 1.6 厘米和 1 厘米，舌长 5.4 厘米，厚 0.06 厘米；1 件半成品簧（T22 二-20）尚未剔出簧舌，长 8.4 厘米，两端宽度分别为 1.3 厘米和 0.6 厘米。

夏家店骨簧，长 9.8 厘米，两端宽度分别为 1.7 厘米和 0.8 厘米。

玉皇庙所出 4 件竹簧，仅 1 件（M102：9）保存完整，长 9.1 厘米，宽 1 厘米（按：缺少簧尖端的宽度，余同），舌长 6.6 厘米。其余 3 件有不同程度残损，其中，M264：22 长 10.3 厘米，宽 1 厘米，舌长 7.2 厘米；M95：21 长 9.8 厘米，宽 1 厘米，舌长 7 厘米；M156：8 残长 8.9 厘米，宽 0.9 厘米，舌长 7.8 厘米。4 件竹簧的厚度均为 0.05 厘米。

上举出土簧的尺寸，长度基本都在 10 厘米左右，宽度在 1 厘米上下。这种长宽尺度，使得簧的基音不至于太低，同时又便于手、口之间的配合演奏。目前出土簧的厚度数据不全，仅知石峁、陶寺、水泉和玉皇庙遗址所出簧的部分数据。水泉骨簧和玉皇庙竹簧甚薄（0.05—0.06 厘米），石峁和陶寺骨簧次之（0.1—0.2 厘米）。簧的整体厚度，尤其是簧舌的厚薄，决定演奏时簧的振动发音。过厚的簧舌，当然不利于振动，簧舌太薄，则容易在演奏时断裂。看来古人可能已经从音乐实践中获得类似的认识。应该指出，我们还需要观察簧的整体厚薄变化，簧舌与簧框的厚度差异，簧舌由舌根至舌尖是否有一定的弧度，目前发表的考古资料还缺少这些方面的数据和描述。

虽然簧这种乐器在世界上分布十分广泛，但其发音原理基本是一致的。簧的音响由基音和泛音构成，泛音与基音成整数比关系。簧的发音，通过线抻或指拨的策动方式使簧舌振动，经过口腔产生共鸣从而扩大音量。演奏者通过改变不同的口型，变换并移动不同的舌位，使簧发出基音或泛音，产生不同的音高和音色。簧的音高，除由簧框和簧舌的大小厚薄所决定外，与口腔的大小和形状也有关联，口腔大则音低，口腔小则音高。实际上，口腔和咽腔已经成为簧舌发音的"可变共振器"[32]。

先秦时期簧的演奏方法，可根据簧的自身形制来加以研判。从簧的两端穿孔情况看，石峁骨簧仅在舌根端的簧框上有一个穿孔，舌尖端簧框无孔。参考当今竹制拉线簧的演奏方法，当是用左手食指和拇指持簧，将舌尖一端放在口腔前，在舌根端的簧框孔中穿入线绳，以右手抻拉线绳使簧舌振动发音。陶寺骨簧的演奏方法亦当与此相仿。

水泉、夏家店、龙头山和玉皇庙遗址出土的簧，除舌根端簧框有一个穿孔外，与舌尖相对的簧框内有一个半圆形豁口，实际功能与绳孔相同，可以穿线缠绕于手指上来固定此端。十分明显，这样的孔位设计使得簧的两端均可穿线。当今中国少数民族地区的簧仍较多应用两端穿线的演奏方法，如怒、白、彝、回、羌、藏、高山等族的竹簧即其实例[33]。由此可见，目前出土的先秦簧均属拉线振动的演奏方式，姑且简称为"拉奏"实际上，其发音机理与用手指拨动舌根端簧框促其振动发音的"拨奏"是相同的。

从出土簧的保存状况看，水泉、夏家店和玉皇庙所出簧多残损，陶寺和龙头山出土的骨簧保存较好，石峁遗址出土的骨簧不仅数量最多，而且有几件保存完好。不过，考虑到文物保护的因素，直接对出土的簧进行演奏录音并加以测音有较大风险，如果能够对目前所出骨簧和竹簧进行复制或仿制的模拟实验，则有可能通过实际演奏和测音来了解出土簧的音响性能。

总之，簧是产生于史前时期并延续至今的古老乐器，这种情况在中国音乐史上实属少见。石峁等地出土的簧，为中国古代音乐史研究提供了重要的实物资料。以音乐考古发现为据并结合文献记载来探索簧的形制演变和发展历程，将会为中国古代音乐史的书写增添崭新的一页。

附记：本文是笔者于 2019 年 9 月 21 日在陕西神木举办的"石峁皇城台考古新发现暨口簧国际学术研讨会"上所做的主旨演讲，本次发表略做修订。

注　释

［1］（东汉）应劭《风俗通义》云："谨按《世本》'女娲作簧'"，无"笙"字。《作篇》另谓"随作笙"，故此处"笙"字可能为衍文。

［2］方建军：《秦墨书竹简与乐器"簧"》，《交响》2008 年第 1 期。

［3］Gjermund Kolltveit. "Jew's Harps of Bone, Wood and Metal: How to Understand Construction, Classification and Chronology" in: Orient-Archäologie, Band 37, Studien zur Musikarchäologie X, ed. Ricardo Eichmann, Lars-Christian Koch and Fang Jianjun, Rahden. Westfalen: Verlag Marie Leidorf, 2016: 63-73.

［4］〔日〕直川礼绪：《アジアの発掘口琴チェックリスト（1）》，《薄板状の口琴（1）》，伝統と創造，2016 年第 5 期，第 57—70 页；《アジアの発掘口琴チェックリスト（2）》，《薄板状の口琴（2）》，伝統と創造，2017 年第 6 期，第 57—68 页。

［5］范子烨：《〈诗经〉之"簧"考辨——揭开〈小雅〉"巧言如簧"之谜》，《甘肃社会科学》2017 年第 2 期；《诗之声与乐之心——对〈诗经〉"鼓簧诗"的还原阐释》，《文学评论》2017 年第 4 期。

［6］孙周勇等：《石峁遗址 2018 年考古纪事》，《中国文物报》2019 年 8 月 23 日第 5 版。

［7］陕西省考古研究院、榆林市考古勘探工作队、神木县文体局：《陕西神木县石峁遗址》，《考古》2013 年第 7 期；陕西省考古研究院、榆林市文物考古勘探工作队、神木县文体广电局、神木市石峁遗址管理处：《发现石峁古城》，文物出版社，2016 年；陕西省考古研究院、榆林市考古勘探工作队、神木县石峁遗址管理处：《陕西神木县石峁城址皇城台地点》，《考古》2017 年第 7 期；邵晶：《试论石峁城址的年代及修建过程》，《考古与文物》2016 年第 4 期。

［8］吴小红于 2019 年 9 月 21 日在神木举办的"石峁皇城台考古新发现暨口簧国际学术研讨会"所做主旨演讲中发表了石峁遗址 [14]C 测年报告，年代数据与本文引述基本一致。

［9］杜启明：《建筑学语境下的石峁遗址》，《中原文物》2019 年第 1 期。

［10］苏荣誉：《关于中原早期铜器生产的几个问题：从石峁发现谈起》，《中原文物》2019 年第 1 期。

［11］遵守发掘单位规定，我们考察时拍摄的石峁骨簧照片仅供研究之用，这里选取"考古陕西"公众号于 2018 年 5 月 22 日发布的《神木石峁遗址发现 4000 年前的口弦琴》一文中的照片作为参考。

［12］许宏：《关于石峁遗存年代等问题的学术史观察》，《中原文物》2019 年第 1 期。

［13］中国社会科学院考古研究所、山西省临汾市文物局：《襄汾陶寺：1978—1985 年考古发掘报告》，文物出版社，2015 年，第 390 页。原报告称其为"发卡"，孙周勇于 2019 年 9 月 21 日在神木举办的"石峁皇城台考古新发现暨口簧国际学术研讨会"所做主旨演讲中已指出其为簧，十分正确。

［14］1987 年 4 月 17 日，笔者曾赴辽宁朝阳市博物馆考察建平水泉出土的骨簧、陶埙和石磬等乐器。2015 年春，笔者委派天津音乐学院毛悦和方雪扬同学陪同友人科尔特韦特（Gjermund Kolltveit）再次前往考察。两次考察均蒙朝阳市博物馆李国学馆长倾力相助，谨此致谢。

［15］ 采自《襄汾陶寺：1978—1985 年考古发掘报告》，第 364 页，图 3-148，1。

［16］ 有关 ^{14}C 测年数据的详情和出处，参见田广林：《关于夏家店下层文化燕北类型的年代及相关问题》，《内蒙古大学学报》2003 年第 2 期。

［17］ 辽宁省博物馆、朝阳市博物馆：《建平水泉遗址发掘简报》，《辽海文物学刊》1986 年第 2 期。

［18］ 中国社会科学院考古研究所实验室：《放射性碳素测定年代报告（八）》，《考古》1981 年第 4 期。

［19］ 汤艳杰：《辽宁建平水泉遗址夏家店下层文化陶器类型分析》，《文物春秋》2018 年第 1 期。

［20］ 中国科学院考古研究所内蒙古工作队：《赤峰药王庙、夏家店遗址试掘报告》，《考古学报》1974 年第 1 期。原报告称之为"骨梭"。

［21］ 方月、李倩：《克什克腾旗龙头山遗址》，《赤峰文化遗产》，文物出版社，2014 年，第 132—135 页。

［22］ 采自《考古学报》1974 年第 1 期，第 140 页，图三〇，8。

［23］ 采自《赤峰文化遗产》第 134 页附图。

［24］ 井中伟：《夏家店上层文化的分期与源流》，《边疆考古研究（第 12 辑）》，科学出版社，2013 年。

［25］ 北京市文物研究所：《军都山墓地——玉皇庙》，文物出版社，2007 年，第 1362、1373—1374 页。原报告将竹簧误为吹奏乐器或乐器配件。

［26］ 这里仅取小数点后一位数值。

［27］ 陕西凤翔南指挥秦公一号大墓虽然未见簧的实物出土，但出土有保存簧的竹筒，上有簧的墨书自名，因此这里也将其纳入出土簧的地理分布范围。

［28］ 参见［10］。

［29］ 参见［12］。

［30］ 参见［25］，第 1374 页。

［31］ 参见［4］。

［32］ 曾遂今：《口弦的发音原理初探》，《乐器》1986 年第 4、5 期。

［33］ 袁炳昌、毛继增主编：《中国少数民族乐器志》，新世界出版社，1986 年，第 200 页。

（原载于《音乐研究》2020 年第 1 期）

陕西石峁遗址口簧的发现与解读

孙周勇

簧是具有世界性的原始乐器。

石峁口簧的年代可确定为公元前 2000 年前后，背景清晰、共存器物丰富、特征明确，是中国乃至世界音乐史的重要发现。

在适应不同区域环境和审美旨趣的背景下，口簧尽管形态异彩纷呈，但仍保持着人类早期乐器的特质。

陕西石峁遗址的重要发现被评为 2019 年"全国十大考古新发现"。石峁遗址以皇城台为中心，内、外城以石砌城垣为周界，依山就势，坚固巍峨。考古工作者在发掘皇城台门址及东北部护墙时发现的一批骨质口簧及与其制作相关的遗物，考古背景清晰，共存器物丰富，堪称世界音乐史上的重要发现。

一、簧成为研究人类远古音乐的"活化石"

簧是具有世界性的原始乐器。如今，西伯利亚的雅库特人和阿尔泰人、爱斯基摩人、印第安人、北欧拉普人、北海道阿依努人等人群还在演奏。

《诗经》中，有"我有嘉宾，鼓瑟吹笙，吹笙鼓簧，承筐是将""巧言如簧"等语句。鼓瑟、吹笙与鼓簧的动宾结构，不仅暗示了簧是不同于瑟、笙之类的独立乐器，也显示了其演奏方式及使用场景。簧还见于《礼记·月令》《楚辞·九思》《庄子·骈拇》等先秦文献，其中《礼记·月令》更将簧与笙、竽、簴等乐器并称。

作为常见于我国先秦文献的远古乐器，"簧"究竟为何物，自汉代以来一直讨论不断。不少人将簧视为笙、竽等乐器的簧片，并引申为笙、竽的别名。20 世纪 80 年代，音乐史学界开始关注口簧，通过古代文献及民族学的实物资料，去伪存真，指出先秦文献中的"簧"是一种独立乐器，多以骨或竹制成，以口腔作为共鸣器，由簧鞘、簧舌及拉线等组成，通过拨动弹性簧舌振动发出的基频音及其谐波音来演奏曲调，是汉唐铁簧、明清口琴的前身。根据档案、绘画和乐曲等资料，早至 13 世纪末期，口簧就已传播到了欧洲东部地区。

先秦文献中提到的簧，在考古发现中多有实物资料出土，但发现于夏家店下层文化的古城遗址、军都山春秋墓地等遗址的簧均未引起足够重视。音乐史学界认为，现流行于蒙古族、羌族、回族、达斡尔族、鄂伦春族、鄂温克族、赫哲族、满族以及云南部分少数民族中的"口弦""口琴"类乐器，实际上就是我国先秦文献提到的"簧"。除中国境内早期口簧的发现外，在欧亚草原东部蒙古高原和南西伯利亚地区也发现了一定数量的青铜时代晚期至铁器时代的骨质口簧，被视为游牧文化的重要传统乐器。

二、口簧与骨笛、骨管哨、陶球哨，
共同构建了石峁遗址的音乐形态

近年来，关于口簧的研究取得了重要进展，石峁遗址的重要发现为口簧研究提供了珍贵资料。

在石峁遗址考古工作中，皇城台地点出土了20余件口簧及残次品，体小轻薄，不易辨识，发掘时将弃置堆积全部过网筛选后，从骨料中反复拣选，共获21件，保存完好者2件，多数仅存簧框。石峁口簧均为骨质，方形薄片，由牛的肋骨磨制成形，由簧框、簧舌、穿孔等组成，长8—9厘米，宽1厘米，厚0.1厘米。簧舌位于簧框中央，舌根与框首衔接，多数舌根与舌尖的宽度相仿或略宽。簧框长边两端多对称切割出亚腰形缺口，框首刻镂小圆孔，用于穿绳。

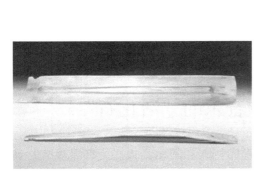

图一　口簧

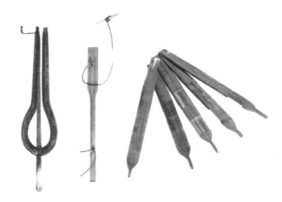

图二　现代口簧（口弦）

图三　陕西石峁遗址皇城台远景

石峁遗址出土的21件口簧，多数可能是在使用过程中由于簧舌或簧框意外受力断裂后被遗弃的残件。与口簧同时出土的，还有一些窄长条形并有曲弧的磨制骨片，厚度及宽度略大于成品口簧，应为口簧制作过程中的坯料，部分骨片上能观察到切割、剔刻痕迹。这一发现暗示了口簧是在皇城台生产制作的，其生产活动或与皇城台顶可能存在的制骨作坊有关。

从与口簧生产相关的遗物看，石峁口簧的制作大致经过了备料选料、切磨成形、剔刻簧舌、钻孔、细加工、穿绳测音等几个工序。

石峁口簧的演奏与其结构紧密相关，鞘首的圆孔需要系挂单独的绳子，作为拉振之用。演奏者一手拇指、食指轻捏鞘尾，将口簧贴近唇部，另一手扯动线绳以振动簧框，簧框带动簧舌在舌窗中前后振动而发声，口腔及舌位变化会带来音高与音色变化。这种演奏方法就是《诗经》等文献所谓的"鼓"。

出土口簧的堆积层发现了数以万计的陶、骨、石、玉等各种质地的遗物，其中，与口簧共存的陶器包括双鋬鬲、单把鬲、粗柄豆（盘）、盉、甗、折肩罐、三足瓮等，具有典型的河套地区龙山时代晚期陶器特征。经美国贝塔实验室和牛津大学测年，石峁口簧的年代可确定为公元前2000年前后，背景清晰、共存器物丰富、特征明确，是中国乃至世界音乐史的重要发现。

石峁口簧均发现于皇城台。皇城台为一处四围包砌石砌护墙的高阜台地，呈顶小底大的金字塔状，是内城和外城重重拱卫之核心区域，三面临崖，一面以皇城大道与内城相接；台体以多达十余阶的堑山砌筑的护坡石墙包裹，坚固雄厚，巍峨壮观，气势恢宏，系石峁城的核心区域，当已具备了早期"宫城"性质。这些口簧与皇城台出土的骨笛、骨管哨、陶球哨一起，构建了石峁遗址的音乐形态，彰显了皇城台作为石峁遗址宫城区的地位和性质。

三、传播广泛、形制多样，口簧在世界范围内有1000余种名称

公元前2000年前后至二三世纪，在长达2200余年的历史中，包括中国北方、蒙古高原和俄罗斯南西伯利亚的欧亚大陆东部区域出土的口簧，在制作材料及形制结构上具有高度一致性，均以动物肋骨或长骨为原材料，簧舌位于簧框中央，头端钻孔，用于系绳拉振，属于框舌一体的"绳振簧"。如果将3世纪前的口簧出土地点放置于地图上，口簧从中国北方向欧亚草原扩散传播的一条线路自然显现出来。

距今约4000年，石峁遗址所在的中国北方河套地区制造了世界上最早的自体"绳振簧"，至夏商时期（不晚于约公元前1500年）向周边放射状传播扩散，影响至夏家店下层文化人群。陶寺口簧可视为石峁人群或"石峁文化"南下的遗存。石峁口簧可被确认为目前世界范围内年代最早、数量最多的一次发现。春秋战国时期，口簧的使用范围继续向四周扩散。公元年前后，进入匈奴文化区域，向欧亚草原东部扩散，同时向南进入中原王朝宫廷。随着冶金技术的发展，汉代出现了框舌分铸的异体拨振簧，条状簧舌单独焊接在簧框上，演奏方式由拉振演变为容易掌握的手指弹拨，促成了口簧的快速传播。这种简单原始乐器的大规模扩散，可能与北方人群北进西迁的历史进程有着密切关系。唐宋后，口簧呈爆发式传播，至迟在13世纪已传播到欧洲东部地区，并扩散至东南亚、大洋洲、非洲等区域，

图四　羌族口弦传承人如妹正在讲解
羌族口弦制作

制作材料及形制趋于多样化，成为一种具有地域文化特征的世界乐器。

口簧至今仍流行于世界各地。据统计，口簧在世界范围内有 1000 余种名称。在适应不同区域环境和审美旨趣的背景下，口簧尽管形态异彩纷呈，但仍保持着人类早期乐器的特质。

（原载于《人民日报》2020 年 5 月 22 日）

石峁遗址出土口簧的年代问题

——兼谈石峁遗址的分期

田建文

2016 年，陕西省考古研究院对陕西神木石峁皇城台东护墙北段上部进行了考古发掘，其中护墙外地层堆积的第 4 层，发掘者认为"至于是使用期间还是废弃后的堆积，据本年度发掘情况初步判断，前者的可能性较大，或可称为'弃置堆积'。"[1] 该层出土的陶器有三足瓮（獾子畔2016④：1）和敛口盉（獾子畔 2016④：2），另有大量的骨器。2017—2018 年，石峁遗址皇城台门址及东北部护墙处发现了骨质口弦琴，后被称为"口簧"。孙周勇在《陕西神木石峁遗址出土口簧研究》一文（以下简称《口簧研究》）中提出，石峁遗址已发现的口簧共计 21 件，时间为"公元前 2000 年前后的龙山时代晚期"[2]。但笔者认为，石峁遗址出土口簧的实际年代应为公元前 1900年以后。

一

《口簧研究》中提到，"皇城台东护墙北段外侧堆积为其使用期间或废弃后形成的斜向弃置堆积，口簧主要出土于这类堆积的第④层，第⑤层仅见 1 件。出土口簧的第④层发现了数以万计的陶、骨、石、玉等各种质地的遗物。其中，与口簧共存的陶器包括双鋬鬲、单把鬲、粗柄豆（盘）、斝、盉、瓶、折肩罐、三足瓮等，具有典型的河套地区龙山时代晚期陶器特征。与口簧出土于同一层位的兽骨经牛津大学测年分析，年代为 2135—1941 cal BC。因此，石峁口簧的年代在公元前2000 年前后的龙山时代晚期。"[3] 因皇城台东护墙北段外侧堆积的第 4、5 层皆出土口簧，而文中未明确指出"与口簧出土于同一层位的兽骨"的层位，因此，本文以与第 4 层口簧伴出的敛口盉和三足瓮判断口簧的年代。

从出土于陕西神木石峁、新华、寨峁遗址和内蒙古伊金霍洛旗朱开沟等遗址的敛口盉来看，敛口盉从早到晚的演进轨迹为宽平裆、短流→略窄平裆、渐细变长流→窄平裆、细长流→尖角裆、细长流，可分为四式（表一）。

Ⅰ式　如新华 99F3：2[4]、寨峁 AT2011②：2[5]。短流，均饰绳纹。伴出器物有双鋬鬲或壶。

Ⅱ式　如朱开沟 M1017：2[6]。略窄平裆，流渐细变长，有绳纹，开始出现方格纹。伴出器物有单把鬲、豆、壶。

Ⅲ式　如朱开沟 M4037：1[7]。窄平裆，细长流，方格纹流行。伴出器物有双耳罐、单把鬲。

表一　敛口盉演进轨迹举例

式	盉	斝	鬲	罐	壶	瓮	豆
IV	敛口盉 朱开沟 M2026:3			筒形罐 朱开沟 M2026:1 带钮罐 朱开沟 M2026:2	壶 朱开沟 M2026:2		
III	敛口盉 朱开沟 M4037:1 敛口盉 石峁皇城 台獾子畔 2016④:2		单把鬲 朱开沟M4037:3	双耳罐 朱开沟 M4037:2		三足瓮 石峁皇城 台獾子畔 2016④:1	
II	敛口盉 朱开沟 M1017:2		单把鬲 朱开沟M1017:4		壶 朱开沟 M1017:1		豆 朱开沟 M1017:3
I	敛口盉 新华99F3:2 敛口盉 寨峁 AT2011②:2		双鋬鬲 新华99F3:1	罐 寨峁 AT2011②:6			
		敛口斝 西阳呈F1:4	双鋬鬲 西阳呈F1:1 单把鬲 西阳呈F1:3　肥足鬲 西阳呈F1:2				

Ⅳ式　如朱开沟 M2026∶3[8]。三足内聚成尖角裆，细长流，方格纹盛行。伴出器物有筒形罐、带钮罐、壶。

由此可以看出，敛口盉的演变，与陶鬲"宽弧裆→平裆→尖角裆"的演变轨迹基本一致，但此时陶鬲已经变成尖角裆了。敛口斝的制法由早到晚的变化轨迹为斜直接法→斜接法→对接法。这一变化规律同样适用于使用敛口盉的诸考古学文化。石峁遗址中与口簧伴出的敛口盉，流高耸细长，三足内聚，裆部变窄，腹部和足部饰方格纹[9]，为标准的Ⅲ式敛口盉。

二

陶寺遗址的一处水井中也曾发现口簧（J401∶29），原报告称为"骨发卡"[10]，与该口簧伴出的陶器有双鋬鬲、单把鬲、甗、敛口斝、圈足罐、小口高领罐、单耳罐、豆、浅腹盆、深腹盆等，其中单把鬲、扁壶属于陶寺晚期遗存Ⅱ段甚至更晚。《口簧研究》指出"从地层关系来说，J401 的建造及使用年代在陶寺晚期。与这件口簧共存的陶器包括高领鬲、单把鬲、折肩罐、豆等，属陶寺晚期典型遗物，其绝对年代约为公元前 1900 年。"[11] 这里对陶寺晚期年代的表述，与何驽先生对陶寺遗址的分期意见基本一致[12]。然而，公元前 1900 年应为陶寺文化遗存年代的下限，总体上"陶寺文化遗存处在公元前第三千纪下半叶，只其下限或稍延后。"[13]

陶寺遗址 1978—1985 年发掘材料中的 33 个样本曾进行过 [14]C 测年，其中所测年代明显偏离的有 9 个，包括 6 处居住址和 3 座墓葬。由于测试样品本身年龄偏老或其他原因，属于陶寺早期遗迹的样本数据已进入庙底沟二期文化早期年代范围；陶寺中期遗迹的木炭、兽骨样本的测年结果已偏晚到二里头文化时期[14]。陶寺遗址 J401 出土木炭（ZK1087）也做过测年，测得的年代为 BC2140—1946[15]，与石峁遗址层位不明的兽骨的测年数据基本一致。因此，在没有对这两个测年数据进行充分比较的情况下，认为"石峁遗址所在的中国北方河套地区是世界口簧的祖源地""陶寺口簧可视为石峁人群或'石峁文化'南下的孑遗"[16]，进而得出陶寺口簧年代要晚于石峁口簧的结论，略显草率。

三

关于石峁遗址的分期，张忠培先生在"中华玉文化中心第四届年会"闭幕式的讲话中将石峁城址区分为三个时期的三类文化堆积，"一是龙山时代杏花文化中期，即流行宽平裆鬲时期；二是龙山时代之后、二里头文化时期之前的夏时期的以肥足鬲为代表的文化遗存；三是相当于二里头文化时期的白燕四期文化的后段遗存""这里以肥足鬲为代表的文化遗存中，如陶寺所见情形一样，不见新华 99H108∶1 及 99H50∶1 和游邀 H3∶1 这样的陶鬲。可见，石峁城址存在着肥足鬲为代表的和白燕四期文化后段这样先后两个夏时期的考古学文化堆积。"[17] 而与石峁口簧共存的敛口盉、三足瓮等，就是龙山时代之后、二里头文化时期之前，以肥足鬲为代表的夏文化遗存。

石峁第一类文化堆积是"龙山时代杏花文化中期"，即流行宽平裆鬲时期的遗存。在石峁后阳湾 2012W2、2012W3 及新华 99H108 发现有双鋬鬲，这三个不同遗迹单位发现的双鋬鬲，基本上可

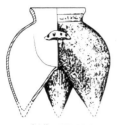

新华99H108:1

后阳湾2010W2:1

↓打破

后阳湾2010W3:1

图一　石峁2012W2、W3
与新华99H108陶鬲

以代表石峁遗址流行宽平裆鬲到流行尖角裆鬲的三段。在石峁后阳湾，2012W2打破2012W3[18]，新华99H108的时代则更晚一些（图一）。

石峁第二类文化堆积是"龙山时代之后、二里头文化时期之前的夏时期"，即以肥足鬲为代表的文化遗存。新华W2与陶寺ⅢH303的圈足罐、高领折肩罐相比，除前者略矮胖外，其他方面几乎相同，可视为同时期。新华W2打破99H108，从石峁、新华、朱开沟等遗址已经发表的材料来看，99H108的阶段已有肥足鬲，这样通过新华99H108出土的双鋬鬲，就可以把石峁一、二类文化堆积连接起来了（图二）。

石峁第三类文化堆积是相当于"二里头文化时期的白燕四期文化的后段遗存"。石峁韩家圪旦地点所出的"唇缘均匀分布压印一周斜向短绳纹装饰"的陶鬲（F10：4）、豆盘（F10：3）（原报告分别称为不见"鋬手"与"细柄"的鋬手鬲和细柄豆）[19]以及《试论石峁城址的年代及修建过程》一文中所提到的"石峁遗址C组（段）陶器"中的一件陶鬲上半部（图三）[20]，应属于第三类文化堆积。同类器物亦可见于内蒙古伊金霍洛旗朱开沟和陕西清涧李家崖等遗址[21]。

现已发表的石峁遗址自杏花文化中期（宽平裆鬲）→陶寺M3015阶段→陶寺ⅢH303、99ⅡH22、02ⅠH6为代表的遗存，应该是二里头文化之前的夏时期的分期。这个分期适用于河套地区的所有遗址。但是，这个分期并不是石峁遗址的全部，因为该遗址还有未发表的、相当于二里头文化时期的遗存。

在"中华玉文化中心第四届年会"闭幕式的讲话中，张忠培先生将陶寺遗址已发掘的遗存分为三个时期，其中第二个时期是以M3015为代表的时期。陶寺M3015出土陶器较多，有盆形斝、折腹斝、灶、单耳小罐、大口罐、鼓腹小罐、小口高领折肩罐、陶壶、鼍鼓等（图四）。张忠培先生认为陶寺M3015的年代相当于杏花文化出现宽平裆鬲的阶段，其文化面貌、特征、性质和已确认的同时期文化存在区别，暂可称之为"以陶寺M3015为代表的考古学文化"[22]。由张忠培先生《黄河流域空三足器的兴起》一文可知，陶寺与白燕遗址中出土的斝腹部形制一致是同时存在，祖型是扶风案板出土的陶斝[23]。该观点在《客省庄与三里桥文化的单把鬲及其相关问题》[24]一文中再次被强调。总之，石峁最早的一期，相当于陶寺M3015阶段。

陶寺遗址的第三个时期，是以陶寺ⅢH303、99ⅡH22、02ⅠH6为代表的时期。这类遗存的基本文化特征是由肥足鬲、方体单把鬲、敛口斝（盉）、圈足篮纹深腹罐（甗）构成的陶器组合，年代当处在龙山时代之后、夏二里头文化之前的夏时期。这类遗存除广泛分布于临汾盆地外，也见于陕西神木新华、神木石峁、内蒙古伊金霍洛旗朱开沟和山西五台县阳白等遗址[25]。山西侯马西阳呈F1也属于此类遗存[26]。

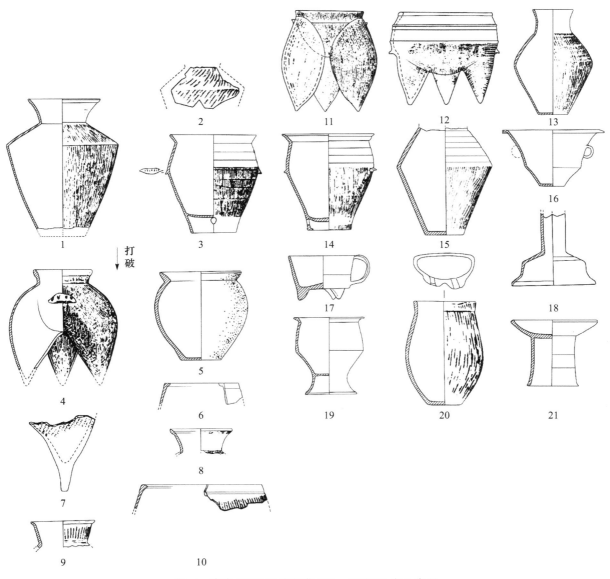

图二　陶寺Ⅲ H303 和新华 W2、99H108 出土陶器

1、8、9. 高领折肩罐（新华 99W2：2、新华 99H108：3、新华 99H108：7） 2. 折肩罐（新华 99W2：3） 3、14. 圈足罐（新华 99W2：1、陶寺ⅢH303：14） 4. 鋬手鬲（新华 99H108：1） 5. 深腹罐（新华 99H108：2） 6、10. 三足瓮（新华 99H108：5、新华 99H108：4） 7. 单把鬲（新华 99H108：1） 11. 肥足鬲（陶寺ⅢH303：12） 12. 斝（陶寺ⅢH303：13） 13、15. 小口高领罐（陶寺ⅢH303：15、陶寺ⅢH303：43） 16. 折腹盆（陶寺ⅢH303：17） 17. 三足杯（陶寺ⅢH303：20） 18. 簋（陶寺ⅢH303：18） 19. 扁壶（陶寺ⅢH303：16） 20. 器盖（陶寺ⅢH303：22） 21. 豆（陶寺ⅢH303：19）

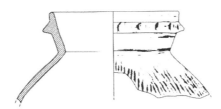

图三　石峁遗址 C 组（段）陶鬲

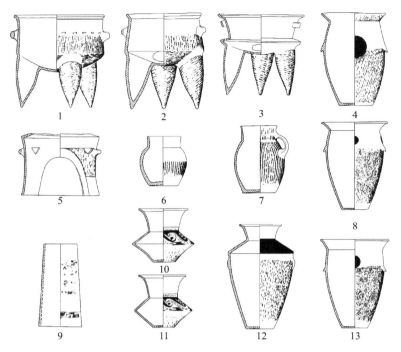

图四　陶寺 M3015 出土陶器

1、2. 盆形斝（M3015：26、M3015：30）　3. 折腹斝（M3015：36）　4、8、13. 大口罐（M3015：38、M3015：58、
M3015：59）　5. 灶（M3015：28）　6. 鼓腹小罐（M3015：31）　7. 单耳小罐（M3015：45）　9. 鼍鼓（M3015：15）
10、11. 壶（M3015：41、M3015：42）　12. 小口高领折肩罐（M3015：13）

四

　　张忠培先生曾划分出处于龙山时代之后、二里头文化之前的 12 个代表性遗存[27]，长颈鬲为典型器物。朱开沟遗址中与敛口盉共出的陶鬲与上述遗址中所见的长颈鬲形制几近相同。所以，除朱开沟 M2026 没有见到陶鬲作为参照的Ⅳ式敛口盉外，其余敛口盉同样处于龙山时代之后、二里头文化之前。

　　早在 1988 年，许伟先生就指出："高领鬲和空三足瓮应是辨识本地区夏代遗存的重要标志。"[28]因此，石峁遗址中"与口簧伴出的陶器"都应该是夏代遗存。李伯谦先生曾提出："（二里头类型）它既不是夏代晚期的文化，也不是整个夏代的文化，而很有可能是太康失国、后羿代夏以后的夏代文化。"[29]方燕明先生在综合研究偃师二里头遗址众多 [14]C 测年数据后提出，二里头类型的年代应为公元前 1860—前 1542 年[30]。综上，石峁遗址Ⅲ式敛口盉以及与其伴出的口簧的年代应该在公元前 1900 年以后，而非公元前 2000 年前后。

　　附记：在本文的写作过程中，张忠培先生的音容笑貌不时出现在眼前，重新学习先生的经典著作，再次领略先生的谱系思想，深感自己作为中国考古工作者肩上的责任。谨以此文纪念张忠培先生逝世三周年。

注　释

［1］　陕西省考古研究院等：《陕西神木县石峁城址皇城台地点》，《考古》2017 年第 7 期。

［2］　孙周勇：《陕西神木石峁遗址出土口簧研究》，《文物》2020 年第 1 期。

［3］　孙周勇：《陕西神木石峁遗址出土口簧研究》，《文物》2020 年第 1 期。

［4］　陕西省考古研究所：《神木新华》，科学出版社，2005 年，第 141 页。

［5］　陕西省考古研究所：《陕西神木县寨峁遗址发掘简报》，《考古与文物》2002 年第 3 期。

［6］　内蒙古自治区文物考古研究所等：《朱开沟——青铜时代早期遗址发掘报告》，文物出版社，2000 年，第 242 页。

［7］　内蒙古自治区文物考古研究所等：《朱开沟——青铜时代早期遗址发掘报告》，文物出版社，2000 年，第 242 页。

［8］　内蒙古自治区文物考古研究所等：《朱开沟——青铜时代早期遗址发掘报告》，文物出版社，2000 年，第 242 页。

［9］　邵晶等：《陕西神木石峁遗址皇城台地点发掘收获》，《2018 中国重要考古发现》，文物出版社，2019 年。

［10］　中国社会科学院考古研究所等：《襄汾陶寺：1978—1985 年考古发掘报告》，文物出版社，2015 年，第 363 页。

［11］　孙周勇：《陕西神木石峁遗址出土口簧研究》，《文物》2020 年第 1 期。

［12］　何驽先生认为，陶寺早期城址的年代约为公元前 2300—前 2100 年，中期城址的年代约为公元前 2100—前 2000 年，晚期城址的年代约为公元前 2000—前 1900 年。见何驽：《陶寺文化遗址——走出尧舜禹“传说时代”的探索》，《中国文化遗产》2004 年第 1 期。

［13］　中国社会科学院考古研究所等：《襄汾陶寺：1978—1985 年考古发掘报告》，文物出版社，2015 年，第 1115 页。

［14］　中国社会科学院考古研究所等：《襄汾陶寺：1978—1985 年考古发掘报告》，文物出版社，2015 年，第 389、1112 页。

［15］　中国社会科学院考古研究所等：《襄汾陶寺：1978—1985 年考古发掘报告》，文物出版社，2015 年，第 390 页。

［16］　孙周勇：《陕西神木石峁遗址出土口簧研究》，《文物》2020 年第 1 期。

［17］　张忠培：《在中华玉文化中心第四届年会闭幕式上的讲话（代序）》，《玉魂国魄——中国古代玉器与传统文化学术讨论会文集（六）》，浙江古籍出版社，2014 年，第 1—4 页。

［18］　陕西省考古研究院等：《陕西神木县石峁遗址后阳湾、呼家洼地点试掘简报》，《考古》2015 年第 5 期。

［19］　陕西省考古研究院等：《陕西神木县石峁遗址韩家圪旦地点发掘简报》，《考古与文物》2016 年第 4 期。

［20］　邵晶：《试论石峁城址的年代及修建过程》，《考古与文物》2016 年第 4 期。

［21］　内蒙古自治区文物考古研究所等：《朱开沟——青铜时代早期遗址发掘报告》，文物出版社，2000 年，第 237 页；陕西省考古研究院：《李家崖》，文物出版社，2013 年，第 115 页。

［22］　张忠培：《在中华玉文化中心第四届年会闭幕式上的讲话（代序）》，《玉魂国魄——中国古代玉器与传统文化学术讨论会文集（六）》，浙江古籍出版社，2014 年，第 1—4 页。

［23］　张忠培：《黄河流域空三足器的兴起》，《华夏考古》1997 年第 1 期。

［24］　张忠培、杨晶：《客省庄与三里桥文化的单把鬲及其相关问题》，《宿白先生八秩华诞纪念文集（上）》，文物出版社，2002 年，第 1—50 页。

［25］　张忠培：《在中华玉文化中心第四届年会闭幕式上的讲话（代序）》，《玉魂国魄——中国古代玉器与传统文化学术讨论会文集（六）》，浙江古籍出版社，2014 年，第 1—4 页。

［26］　山西省考古研究所侯马工作站：《侯马西阳呈陶寺文化遗址调查》，《文物季刊》1996 年第 2 期。

［27］　张忠培：《关于二里头文化和夏代考古学遗存的几点认识》，《中国历史文物》2009 年第 1 期。

［28］　许伟：《晋中地区西周以前古遗存的编年与谱系》，《文物》1989 年第 3 期。

［29］　李伯谦：《二里头类型的文化性质与族属问题》，《文物》1986 年第 6 期。

［30］　方燕明：《河南龙山文化和二里头文化碳十四测年的若干问题讨论》，《中原文物》2005 年第 2 期。

（原载于《文博》2020 年第 4 期）

石峁初音

——音乐学、考古学与语言学结出的奇葩（上）

罗艺峰

本文题目暗示了来自音乐学、考古学、语言学三个方向的缘聚，所论口簧、骨簧、口弦、口弦琴、舌头琴等，名称虽异，实指一物。23 年前的 1997 年，我发表了关于口簧（口弦）名称的历史语言学研究成果，认为：从历史语言学比较上说，口簧极可能产生于母系的新石器氏族社会，其发明者是生活在中国西北、操极古汉藏语系语言的人群[1]；而陕北石峁遗址考古与此有关的重大发现是 20 多片口簧，4000 年前的新石器时代晚期的中国北方，已经有了这种史前乐器，证明了我的推测，其地方在包括了陕、甘、宁、青及内蒙古南部的大黄河河套地区[2]；而 2019 年世界著名的《自然》杂志发表了中国学者金力院士团队最新的研究成果：《语言谱系证据支持汉藏语系在新石器时代晚期起源于中国北方》[3]，从语言人类学得出的这一结论，与我所考察的口簧名称其最古者，是来自汉藏语系语言最古老的安多藏语的基本拟测恰相符合，时间在汉藏语言尚未分化的时期；而汉藏先民对口簧这件乐器的称谓后来发生了种种变异，但仍然符合汉藏语言的基本规律，也符合今天汉藏语系民族，尤其是藏缅语族迁徙和分布的基本面貌。语言的历史变迁与人类的迁徙，语言的分布与口簧乐器的分布，有高度重合的历史现象，这一认识，对于我们思考石峁口簧的音乐学意义，有重要价值。

一、了解石峁及其所出口簧

被称为"石破天惊"的石峁遗址究竟有何重要性，对认识中华文明起源的价值是什么，对我们今天了解和认识中国音乐史的史前史有何意义，其艺术学、音乐学价值是什么，这些问题值得我们思考和研究。

1. 考古学发现

陕北石峁遗址是新石器时代龙山文化晚期已知中国北方最大石城，遗址面积超 400 万平方米，由外城、内城和皇城台以及周边星罗棋布的居住聚落构成，地处毛乌素沙漠南缘、黄河支流秃尾河畔的一处黄土山峁，在今天的神木市南、榆林市北，是黄河河套地区最大、最具考古学价值和文化价值的史前遗址。

按照国际学术界对"文明"（civilization）的定义，石峁是成熟的史前文明，包括了复杂的城市建筑、宫殿、房屋、道路、手工作坊、祭祀遗址、骨占、人殉、壁画，出土了玉器、陶器、石器、陶哨、陶球、骨针、鳄鱼骨板、织物遗痕、骨质口簧、石刻人像、玉雕人头像等大量文物，是中国北方早期国家的雏形，其上限在 4300 年前，存在了数百年之久。

石峁先民以农、牧业为主，有自己的物质文化和精神文化，包括了原始宗教、艺术。考古学者断定，创造石峁文化的是根植于河套地区仰韶文化晚期以来久居于此的土著人群，属于龙山文化的石峁文化可以说是大河套地区社会的政治、经济、文化及宗教中心，也是不同于仰韶时代的维护社会新秩序的礼制与宗教中心[4]，甚至有学者认为石峁古城是黄帝部族居邑或黄帝的都城昆仑城[5]，虽然有不同意见，但仍不失为一种重要观点。

2. 艺术史研究

与中国史前艺术史有关的，是对石峁壁画的初步研究和骨质口簧的发现[6]。石峁壁画的发现，证明早在龙山文化晚期的石峁，已经有了先民审美文化的产生，石峁壁画是迄今为止中国境内出土数量最多的史前壁画，为研究中国壁画发展史、早期壁画的艺术特征和制作工艺提供了极为重要的实物资料[7]。在如此发达的物质文化和精神文化的条件下，音乐能够缺席吗？考古学没有让我们失望：

石峁玉璇玑的发现，可能与原始天文学有关，或许也与上古中国乐律学有联系[8]；

石峁玉管、骨哨、陶哨的发现，证明那个时期人们的生活需要发出有意义的声音；

石峁鳄鱼骨板的发现，甚至使一向严谨的考古学家联系到代表了墓主身份的鼍鼓[9]；

石峁口簧发现于皇城台东护墙北段（獾子畔地点）上部的"弃置堆积"内，与龙山文化时代晚期的大量陶器、石器、骨器等共存。这些口簧用牛肋骨磨制成型，制作规整，呈窄条状，中间有细薄舌片，一般长约 8—9 厘米，宽逾 1 厘米，厚仅 0.1 厘米，初步统计不少于 20 件，与其共存的还有骨制管哨、陶制球哨。

石峁发现的史前乐器口簧已引起考古学界、音乐学界重视[10]，目前研究成果，一是发表于《文物》2020 年第 1 期，由石峁考古队队长、陕西省考古研究院研究员孙周勇所撰写的论文《陕西神木石峁遗址出土口簧研究》[11]，此文为考古学界第一篇公开发表的石峁口簧研究论文。二是 2020 年 1 月出版的中国音乐史家吴钊所著《中国音乐史·图典版》，书中有对石峁骨簧（口簧）的报道和初步研究，这是音乐学界第一次将石峁口簧纳入中国上古音乐史[12]。三是音乐考古学家方建军教授发表于《音乐研究》2020 年第 1 期的《石峁骨簧的音乐历史意义》的论文[13]。关于口簧，还可以参读中国社会科学院范子烨研究员的系列论文[14]。本文所论，与以上研究成果学术旨趣不同，故发表于此。

如此，我们有理由认为，考古学家认为石峁是一处"新石器晚期礼制与宗教中心"的观点，可以联系艺术史，当然也可以联系中国音乐史的史前史来思考，对于本文最重要的问题是：这些骨质口簧的主人是谁？是谁发明的？

二、口簧的分型与民族音乐

中国上古汉族文化对这种乐器固有的称谓是"簧"，按其制作材料可称"骨簧""竹簧""木簧"，因以人类口腔谐振动，所以也称"口簧"，现代乐器学和民族音乐学界习惯将这种乐器称为"口弦""口弦琴"，本文涉及的其他论著以"口弦""舌头琴"为名的，则一仍其故。

本文希望立足于历史语言学的口簧名称考察，同时联系考古学和语言人类学的研究成果，拟测石峁口簧的可能主人，也当然期待由此推导出生活在新石器时代晚期的石峁人可能是操极古汉藏语系语言的人群。正如金力院士团队发表在《自然》杂志上的文章所说：

"史前人类的知识建立在三个学科基础上：考古学、遗传学和语言学。遗传学和语言学的相似之处反映了历史人口活动的基本过程。由于语言承载着文化信息，语言的进化提供了对史前人类文化的洞察"[15]。假如我们在这个知识体系里加入音乐学学科会怎样？音乐学对研究史前人类活动有可能提供某些有价值的意见吗？

1. 口簧的分型与传播问题

口簧是一种极为古老、分布十分广泛、至今仍在广泛使用的原始乐器，一般乐器分类学上归于"体鸣乐器"（Idiophone，Hornbostel-Sachs，1914）。它是用竹、木、骨、牙、贝壳、金属等材料作为弹性物质，在上面挖出或嵌贴上可振动簧舌，用指弹或线抻方式策动使簧舌振动发声、利用口腔作共鸣器的一种乐器。石峁口簧是在骨片上刻出振动骨质簧舌发声，考古发现这些口簧有用线抻动过的拉痕，表明这些史前乐器可能是实用器。根据考古报告，石峁口簧的一般形制如图（图一、图二）[16]：

图一　雐子畔1段④：1（石峁遗址出土）　　　图二　雐子畔3段④：1（石峁遗址出土）

石峁骨质口簧极薄，厚仅1—2毫米，呈窄条状，中间有细薄发音簧舌，一般长约8—9厘米，宽逾1厘米。这在四千年前是怎么做到的？我们从石峁出土的大量骨针可知，极细极尖的骨针证明石峁人有发达的手工工艺，考古发现了手工作坊、苎麻类织物，也高度可信地告诉我们，石峁口簧完全可以通过磨制、剔刻等方法，成批被制造出来。

在我的考察中，全世界的口簧可以大略分为两大类型，即南方型和北方型，石峁口簧则处于地理上的中间地带。本文指出这一点并非偶然，因为石峁遗址正是处于汉藏语系与阿尔泰语系、农耕文明与游牧文明的交错线上，我们可不可以拟测，处在这一文明交错线上的石峁口簧，往北影响了蒙古草原上阿尔泰语系各族，进而传播到欧洲；往南影响到亚洲汉藏语系尤其是藏缅语各族，进而传播到东南亚及以远地区？随着考古学的发现和人类体质遗传学（DNA）对人类迁徙路线的研究和语言演化谱系表型的研究，这一拟测或许能够成立。

显然，骨簧、竹木簧的制作材质，比金属簧材质要容易获得，也肯定起源更早。我们不难发现，今天中国南方许多藏缅语系民族[17]的口簧，多用竹、木材质，其形制与石峁口簧的框体形制有继承性，虽然可能材质不同，形制也或有不同程度的变异，但发声原理、操作技术、乐器形态，是高度一致的。某些情况下也可能出现金属口簧，如彝族有三簧，甚至四簧、五簧金属口簧，景颇族也有金属口簧，但这已经是很晚时代才出现的情况，可能是文化交流的结果。在使用南方型口簧的民族中还包括了属于南亚语系孟高棉语族的佤族、属于汉藏语系壮侗语族的傣族、苗瑶语族的苗族，以及说汉语方言和本民族语言的回族等。值得注意的是，南方型口簧也与东南亚及东南亚以远地区的口簧关系密切，也影响到南岛语系民族，这与汉藏语系民族数千年来的南下迁徙历史有关[18]。

而中国北方各民族，主要是阿尔泰语系各族的口簧，也存在比较复杂的样态[19]。一种是与石峁口簧基本一致的形态，如蒙古国学者策·图尔巴特院士报道的草原游牧文化中出现的骨质"舌头琴"，其中一种大小、厚薄和发音原理与石峁骨质口簧完全一致[20]。他还报道了另外一种特别的现象，其一是蒙古草原上出土有竹质口簧，其二是虽然不是竹质，却也称为竹簧[21]。该文认为，骨质口簧（舌头琴）起源于亚洲，后流传于欧亚大陆，是游牧文化产物的观点却是值得注意的。该文作者指出：草原上的舌头琴最早的形态是竹子或骨头制作的单薄片乐器，现代蒙古人仍有用羊骨、驼骨制作舌头琴的传统。但这些发现都大大晚于石峁遗址出土的口簧。

图三是他的文章中的绘图，图中所绘骨质口簧，显然有比较发达的形态，比石峁骨质口簧更为进步，当然也更晚。本文特别采摘于此，以作比较：

另一种是亚欧草原上大量存在的金属材质的口簧，虽然发声原理与一般口簧无异，但声音差别较大，其形制与中国内陆南方藏缅语系各族的口簧不一样，也当然与石峁骨簧差异甚大，中国古代文献如北宋陈旸《乐书》、清代《皇朝礼器图示》等记载的"雅簧""铁簧"，也即我所谓北方型口簧[22]。同时，中国北方阿尔泰语系各族的口簧，还与欧洲出现的口簧有形制上的紧密联系，值得研究者注意，正如蒙古国学者策·图尔巴特所说，口簧（舌头琴）是中亚和中国北方游牧文化中广泛流传的乐器，也是研究亚欧大草原古代游牧民乐器的起源和发展的重要资料。中国考古学家所发现和研究的中国境内口簧[23]，其形制与策·图尔巴特所报道的情况可资比较（图四）。

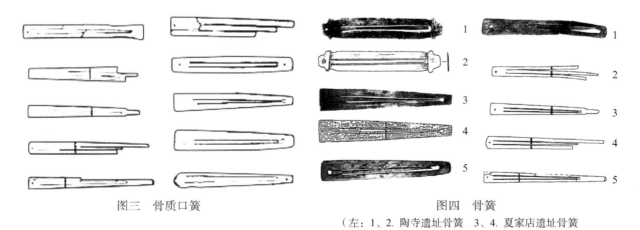

图三　骨质口簧　　　　　　　　　图四　骨簧
（左：1、2. 陶寺遗址骨簧　3、4. 夏家店遗址骨簧
5. 龙头山遗址骨簧）
（右：1. 水泉遗址骨簧　2—5. 玉皇庙墓地竹口簧）

在笔者研究中，现代各型口簧今以图示之[24]（图五、图六）：

（1）南方型：

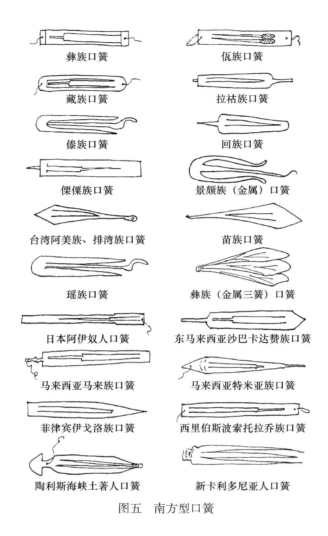

彝族口簧　　　　　　　　佤族口簧

藏族口簧　　　　　　　　拉祜族口簧

傣族口簧　　　　　　　　回族口簧

傈僳族口簧　　　　景颇族（金属）口簧

台湾阿美族、排湾族口簧　　　苗族口簧

瑶族口簧　　　　彝族（金属三簧）口簧

日本阿伊奴人口簧　　东马来西亚沙巴卡达赞族口簧

马来西亚马来族口簧　　马来西亚特米亚族口簧

菲律宾伊戈洛族口簧　　西里伯斯波索托拉乔族口簧

陶利斯海峡土著人口簧　　新卡利多尼亚人口簧

图五　南方型口簧

（2）北方型：

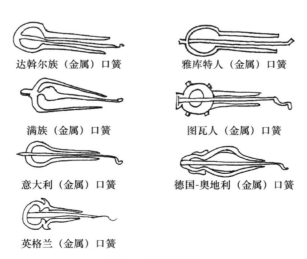

达斡尔族（金属）口簧　　雅库特人（金属）口簧

满族（金属）口簧　　　图瓦人（金属）口簧

意大利（金属）口簧　　德国-奥地利（金属）口簧

英格兰（金属）口簧

图六　北方型口簧

陕北神木石峁遗址所出口簧，是目前已知最古老口簧乐器实物，处于亚欧大草原边缘、农耕文明与游牧文明交错地带的石峁，可能是一个传播中心，考古学提供的材料也证明石峁与中国内陆和亚欧草原的联系，这是一个极为值得注意的历史现象[25]。

2. 口簧与民族传统音乐

音乐学家们注意到，口簧不仅历史悠久，十分古老，分布广泛，还与今天各民族传统音乐有密切关系。中国学者研究的结论是：

无论什么样的形制，口簧的发音原理基本上是一样的，即：策动簧舌发出一个基音，以变化口腔和喉舌改变这个人身上的"可变振动器"的体积和形状，从而分解和抽取基音的谐波序列中的某些低次谐音，进而构成旋律[26]。并且"世界各民族的单簧口弦，在相同发音原理的基础上，分解出的谐音，都包含着纯律因素"。例如中国凉山彝族的单簧口弦，多用3、4、5、6和6、8、9、10、12次谐音；中国锡伯族多用8、9、10、12次谐音；中国台湾泰雅族用9、10、12、16次谐音；日本阿伊奴人用3、4、5、6次谐音；中亚的吉尔吉斯人用8、9、10、11、12次谐音；西伯利亚叶尼塞河上游的图瓦人用6、7、8、9、10、12次谐音[27]。将基音假设为大字组C，从下面谐波序数图上可以获取各族口簧实际所用的音列（谱例1）：

谱例1　谐波音序图

我们把以上认识简化为如下谱例（谱例2）：可知日本的阿伊奴族人（Ainu）、中国台湾的傣雅族人（Ataiyal）、中国南方的彝族人（Lolo）、东马来西亚沙巴州的卡达赞/杜宋族人（Kadazan/Dusun）所用的音列。

谱例2　不同民族所用音列简化谱

从实际发音来看，也反映了口簧与各民族传统音乐的联系。如谱例3—7：

谱例3　云南楚雄彝族三片口簧音列

谱例4　云南西盟拉祜族三片口簧音列

谱例5　云南澜沧拉祜族三片口簧音列

谱例6　四川凉山彝族四片口簧音列

谱例7　云南大姚彝族五片口簧音列

根据中国学者的研究，口簧的律制（temperament）是建立在簧片的谐波与腔共振基础上的，单簧口簧（如中国凉山地方彝族）的音列，就是包含有纯律大三度（386cent）、纯律小三度（316cent），以及大全音（203cent）、小全音（182cent）的纯律（Pure Temperament）。而双簧口簧则接近五度相生律（Approximation Pythagoras Temperament），三簧口簧是五度相生律（Pythagoras Temperament）[28]。

口簧作为乐器，为什么会如此稳定的遗存到今天？其音乐为什么会影响到使用口簧的民族传统音乐？[29]一个可能的拟测是：除了制作材料容易获得、制作工艺不甚复杂、操弄使用方便等外，还有一个与音响物理学、美学有关的因素，即：口簧在最接近人类头颅的口腔边发声——腔振动，其声音振动传入大脑，音乐与人类身体发生了声音共振，声音振动流经人类身体，音乐与物理现实发生了关联，音乐不仅在身体外部，也在身体内部，进而产生印象强烈的审美愉悦并影响到人类关于音乐的认知，从而成为十分古老而牢固的民族音乐文化的人类身体内部的声音记忆。我认为，口簧作为乐器的这一特点，是其他人类创造的乐器所不能比拟的。

（待续）

附记：在本文撰写过程中，多次与对口簧深有研究、田野考察经历丰富的中国社会科学院范子烨研究员交流，对笔者多有启发，特此感谢！

注　释

［1］罗艺峰：《口弦源流的历史语言学研究》，《中国音乐学》1997 年第 2 期，第 28 页。

［2］陕西省考古研究院等单位编纂：《发现石峁古城》，文物出版社，2016 年。这些口簧经过测年分析，其年代在公元前 2000 年前后的龙山时代晚期。见孙周勇：《陕西神木石峁遗址出土口簧研究》，《文物》2020 年第 1 期。

［3］英国《自然》杂志，第 569 卷，2019 年 5 月 2 日，第 112—125 页。Phylogenetic evidence for Sino-Tibetan origin in northern China in the Late Neolithic Menghan Zhang 1, 2, 8, Shi Yan 3, 4, 8, Wuyun Pan 5, 6 & Li Jin 1, 3, 7.引用汉语文字由本文作者的研究生张悦同学翻译。

［4］均见陕西省考古研究院等编纂：《发现石峁古城》，文物出版社，2016 年。石峁居民的食物主要是谷子、糜子；织物材料主要是苎麻类植物；人牲多为年轻女性。

［5］沈长云：《石峁古城是黄帝部族居邑》，《光明日报》2013 年 3 月 25 日第 15 版；王红旗：《神木石峁古城遗址当即黄帝都城昆仑》，《百色学院学报》2014 年第 5 期。

［6］目前，涉及美术史研究的主要论文有：王秀娥：《石峁玉人头雕像的巫术意义》，《文博》1993 年玉器研究专刊；杨伯达：《"一目国"玉人面考——兼论石峁玉器与贝加尔湖周边玉资源的关系》，《考古与文物》2004 年第 2 期；叶舒宪：《从石峁建筑用玉新发现看夏代的瑶台玉门神话——大传统新知识重解小传统》，《百色学院学报》2013 年第 4 期；叶舒宪：《玉文化先统一中国说：石峁玉器新发现及其文明史意义》，《民族艺术》2013 年第 4 期；叶舒宪：《特洛伊的黄金与石峁的玉器——〈伊利亚特〉与〈穆天子传〉的历史信息》，《中国比较文学》2014 年第 3 期；高功：《石峁玉石雕人头像》，《收藏界》2013 年第 8 期；邵安定等：《陕西神木县石峁遗址出土壁画制作材料及工艺研究》，《考古》2015 年第 6 期，等等。

［7］陕西省考古研究院等编纂：《发现石峁古城》，文物出版社，2016 年，第 107—110、260—273 页。已发现壁画残块 300 多块，部分壁画还附着在墙体上，以白灰为底，有先期阴刻勾勒起稿线，以红、黄、黑、绿颜色绘出几何图案。

［8］考古学界已经开始了对石峁遗址的初步天文考古学研究，发现"石峁巫觋在营建东门之前可能已经有能力制订石峁人所需的早期历法"。见吕宇斐、孙周勇、邵晶：《石峁城址外城东门的天文考古学研究》，《考古与文物》2019 年第 1 期。关于原始天文学，可参考《中国科学技术史·天文学卷》，科学出版社，2003 年。而历史文献记载也极早，《尚书·舜典》："璇玑玉衡，以齐七政。"（唐）孔颖达疏："玑衡者，玑为转运，衡为横箫，运玑使动于下，以衡望之"。（清）王韬《变法上》："铜龙沙漏，璇玑玉衡，中国已有之于唐虞（尧舜）之世。"且在（汉）司马迁《史记·律书》之前古天文学就已与古乐律学发生了关联，音乐史家所论极多，可参丘琼荪：《历代乐志律志校释》（第一分册），中华书局，1964 年。此不繁赘。

［9］陕西省考古研究院等：《发现石峁古城》，文物出版社，2016 年，第 209 页。鳄鱼骨板发现于后阳湾 2012F2∶1，呈片状，边长约 2 厘米，是河套地区首次发现。参见陕西省考古研究院、榆林市文物考古勘探工作队、神木县文体局：《陕西神木县石峁遗址后阳湾、呼家洼地点试掘简报》，《考古》2015 年第 5 期，第 13 页。

［10］2019 年 8 月 23 日第 5 版《中国文物报》刊载了考古学家、石峁考古队队长孙周勇等文章《石峁遗址 2018 年考古纪事》，报道了石峁口簧的发现及其形态描述。2019 年 9 月 20—22 日，在神木召开了"石峁皇城台考古新发现暨口簧国际研讨会"，中国社会科学院、中国艺术研究院、西安音乐学院、天津音乐学院、浙江音乐学院、沈阳音乐学院的音乐学家以及若干中外各族民间口簧演奏家参加了会议，相关专家讨论了与石峁口簧有关的学术问题。

［11］该文为国家社科基金重大项目《石峁遗址考古发掘与研究》（17zZDA217）、国家自然科学基金面上项目《河套地区 5-4ka 的气候变化与人类适应研究》（41571190）阶段性成果之一。承孙周勇研究员美意，其论文发表前本文作者即得以读到并在本文中参阅和引用，特表达谢意。

［12］吴钊：《中国音乐史·图典版》，重庆出版集团重庆出版社，2020 年，第 36、37 页。值得注意的是，作者联系山西陶寺遗址出土口簧等音乐器物和《诗经》中的史料，认为"陕西神木石峁骨簧本身虽然无法直接反映

其使用习俗，但郊野祭台的存在，似乎说明当时应已有了与后来秦国大体相似的郊野祭祀与使用习俗"。

[13] 方建军：《石峁骨簧的音乐历史意义》，《音乐研究》2020 年第 1 期。

[14] 范子烨：《诗之声与乐之心——对〈诗经〉"鼓簧诗"的还原阐释》，《文学评论》2017 年第 4 期；《〈诗经〉之"簧"考辨——揭开〈小雅〉"巧言如簧"之谜》，《甘肃社会科学》2017 年第 2 期；《人类初音与民族风采：说口弦琴》，《中国艺术时空》2017 年第 3 期，等等。

[15] 金力等：《语言谱系证据支持汉藏语系在新石器时代晚期起源于中国北方》，《Nature》第 569 卷，2019 年 5 月 2 日，第 112—125 页。

[16] 孙周勇：《陕西神木石峁遗址出土口簧研究》，《文物》2020 年第 1 期。

[17] 中国汉藏语系藏缅语族包括了藏族、门巴族、珞巴族、羌族、彝族、白族、哈尼族、傈僳族、拉祜族、纳西族、景颇族、普米族、怒族、独龙族、土家族、基诺族、阿昌族等。汉藏语系民族中，藏缅语族使用口簧最为突出，与极古时代的北方汉藏人群，尤其是氐羌系民族关系十分密切，故不特别列出其他语族。

[18] 罗艺峰、钟瑜：《音乐人类学的大视野》，上海音乐出版社，2002 年。

[19] 中国阿尔泰语系民族有突厥语族的维吾尔族、哈萨克族、柯尔克孜族、乌孜别克族、塔塔尔族、撒拉族、裕固族；蒙古语族的蒙古族、达斡尔族、东乡族、土族、保安族；满—通古斯语族的满族、锡伯族、赫哲族、鄂温克族、鄂伦春族等。另外，东北亚的雅库特人、图瓦人也是突厥语人群。

[20] 策·图尔巴特著、乌日古木勒译、范子烨校：《考古发现的舌头琴与欧亚大陆东部的古代游牧文化》，《铜仁学院学报》2018 年第 8 期。匈奴后期的蒙古国、中国北方、图瓦、密努斯盆地、内蒙古、东北亚等地墓葬，发现了 10 个舌头琴，即骨簧，最早的是位于内蒙古东部满洲里南部的夏家店上层文化时期的，其年代大致在公元前 11 到前 7 世纪，该乐器长 9.8 厘米，宽 1.6 厘米，头部有小孔。在距离北京不远的延庆县玉皇庙遗址的竹质舌头琴，都是从男性墓中出土，时代约在公元前 7 到前 6 世纪。内蒙古克什克腾龙头山遗址发现了一个骨质舌头琴。蒙古国莫林陶录盖遗址也发现了骨质舌头琴，长 12.5 厘米，宽 1.4 厘米，头部有小孔。其他发现骨质舌头琴的还有图瓦时期的匈奴艾密日立克遗址、俄罗斯的萨合萨尔遗址、乌拉尔山脉附近卡玛河遗址等。文中所谓"舌头琴"曾被误解为"骨头工具""纺织机的梭子"，或是女性用的"发卡"。

[21] 气象学家指出仰韶文化和龙山文化时代黄河流域气候温润，至周初还有竹子生存。见竺可桢：《天道与人文》，北京出版社，2005 年。在笔者的考察中，今天在与内蒙古南缘连接的青海、甘肃、宁夏、陕西也还都有竹子生存，一些地方还流行竹质口弦。

[22] （北宋）陈旸：《乐书》，张国强点校，中州古籍出版社，2019 年，第 656 页；（清）允禄、蒋溥等奉敕初纂，福隆安、王际华等奉敕补纂：《皇朝礼器图示》，吉林出版集团，2005 年。

[23] 同注［16］。

[24] 图示由本文作者所绘，见注［18］。

[25] 与本文研究主旨有关，这里特别强调和引证由石峁南向的影响。陕西省考古研究院、榆林市文物考古勘探工作队、神木县文体局：《陕西神木县石峁遗址后阳湾、呼家洼地点试掘简报》指出，后阳湾地点发现的鳄鱼骨板与山西陶寺遗址、清凉寺遗址出土的鳄鱼骨板可以联系起来思考，鳄鱼骨板应与鼍鼓相关，一定程度上反映了石峁遗址的聚落等级，本文认为正是这一现象反映了石峁文化南向的传播，见《考古》2015 年第 5 期。这一南向传播，还反映在其他研究者的认识中，如徐峰：《石峁与陶寺考古发现的初步比较》，也认为石峁遗址与晋南陶寺遗址有较为密切的联系，见《文博》2014 年第 1 期。戴向明：《陶寺、石峁与二里头——中原及北方早期国家的形成》，认为陶寺早、中期文化面貌的巨变都应受到北方及其他外来文化的强烈影响，而石峁正是在陶寺的北方。见许宏主编：《夏商都邑与文化》（一），中国社会科学出版社，2014 年。吴钊先生所著《追寻逝去的音乐踪迹：图说中国音乐史》也指出：礼乐制度的建立应是进入文明期的标志，可以追溯到山西襄汾陶寺遗址鼓磬乐队的建立，这里的鼓，也正是鳄鱼皮的鼍鼓。陶寺龙山文化的绝对年代为公元前 2300 年至前 1900 年，而石峁遗址的绝对年代上限正是公元前 2300 年。东方出版社，1999 年。

[26] （北宋）陈旸：《乐书》引唐《乐图》："以线为首尾，直一线，一首贯其纽，一手鼓其线，横于口中，嘘吸

成音，直野人之所乐耳。"此为口弦演奏法之一种的线抻法。见张国强点校，中州古籍出版社，2019 年，第 656 页。

［27］ 曾遂今：《口弦的科学价值》，《音乐研究》1987 年第 1 期。

［28］ 曾遂今：《凉山彝族口弦的律学研究》，《中国音乐学》1986 年第 2 期。

［29］ 杜亚雄编著：《中国各少数民族民间音乐概述》，人民音乐出版社，1993 年；袁炳昌、冯光钰主编：《中国少数民族音乐史》，中央民族大学出版社，1998 年。周勤如博士最近发表在中央音乐学院学报上的关于西北民歌研究的系列论文，对于思考口弦与民族传统音乐的关系有重要参考价值。

（原载于《中国音乐》2020 年第 3 期）

石峁初音
——音乐学、考古学与语言学结出的奇葩（下）

罗艺峰

三、口簧名称的语言学问题

口簧极古，当然其名称也极为悠久。我们不知道石峁人说什么样的话，但我们知道石峁人一定有语言，为什么？因为要组织、协调众多人员来完成古城的建造，要完成大量物质生产和工艺活动，要举行大型祭祀和原始宗教仪式，要进行艺术性质的活动，没有语言是不可想象的。

口簧名称的语言学问题，只能是跨学科的研究课题。没有考古学，我们就没有石峁口簧这个研究对象；没有音乐学，我们就不能了解口簧的音乐功能与性质；没有语言学，我们就难以去思考口簧的传播及其名称的历史演化，进而拟测石峁人说什么话及其语言系属的问题。语言谱系学研究语言的演化表型现象，强调"研究语言的起源与分化对理解人类的历史和文化至关重要"[1]，而这正是本文立论的理论基础之一。

23 年前，我曾指出："乐器名称的民族语言，可能是一种极为古老而又稳定的文化要素，它的内涵，可能暗示了使用这一乐器的民族的迁移方向和路线，证明在音乐文化的层面上照见的族源关系。"[2] 比如，西伯利亚突厥人把舌头琴（口簧）称为"Komuz"或"Kumuz"，这与蒙古语的"höömii"和"hömhii"属于同一个词根的词，就是"咬下唇"的意思，是古代突厥语系的蒙古词，与"höömi"即"喉咙"这个词有关，其词根是"höm"，引申为用口弹奏、用喉咙歌唱[3]，其含义即是与口唇、下腭有关，正与乐器学上所谓"Jaws' harp"（"腭琴"或"口琴"）相类，jaw 也可译为"下腭""咽喉"或"口"，不过有人翻译为"犹太竖琴"（Jews' harp），却是错的，一个字母之误（a 误为 e），惜乎失之千里。

长期生活在中国北方亚欧大草原上的阿尔泰语系民族，其口簧名称与此多有关联。如：哈萨克族："哈木斯斯尔奈依"（Hamusisiernaiyi）；柯尔克孜族："奥孜考姆兹"（Aozikaomuzi）；维吾尔族："埃额兹考姆兹"（aiezikaomuzi）；塔塔尔族："科比斯"（Kobis）；满－通古斯语族的雅库特人："柯木斯"（Khomos）；索约特人："克木斯"（Komus）等。这里的口簧名称与古老的突厥语对口簧的称呼 Komuz 有密切关系，印欧语系伊朗语族的塔吉克族的口簧名称为"库波兹"（Kubozi），也与突厥语的 komuz 一致，反映出传播影响的情况。十分值得注意的是，雅库特人口簧名称 Khomos 存在双辅音现象，也就是说，突厥语的 ku，可能原先读 khu，存在 k、h 可以互转的情况，即蒙古语的 hö 可以读 ko 或 kö，所以，哈萨克族的 hamusisiernaiyi，其实就是突厥语的 komuz[4]。

在历史上，中国北方民族语言中往往存在双辅音，后来丢掉了其中一个，甚至受到少数民族语言影响的古汉语，也存在双辅音现象，西汉时王昭君的"浑不似"，即：hùnbs，也有译为"火不思"的，后来更讹为"浑拨四"，今天西安近郊农村还有一种农民自制的弹拨乐器叫作"琥珀"，其地方汉语音读近似 Khubo，其实是缺乏尾音的汉语双声词[5]。这些乐器名称正是北方草原上的弹拨乐器"库布兹"khùbz，"库"读音为"浑"[6]，hù 可能原先读 khù[7]。

阿尔泰语系诸民族的口簧读音，其起源极古，反映了民族迁徙和融合的现象，历史上中国北方草原上有许多民族在这里生息，不论是体质的往复血缘融合还是语言的往复融合，都非常复杂。在本文看来，因为石峁人很可能向南发展，与石峁口簧更有关系的是亚洲大陆上的汉藏语系民族；与本文相映成趣的是，考古学家孙周勇更强调石峁口簧在4000年前从中国北方向欧亚草原的北向扩散传播[8]，其实，一南一北两个方向的传播，更证明了"石峁遗址所在的中国北方河套地区是世界口簧的祖源地"的观点。本文则企图联系汉藏语系语言起源问题来讨论石峁口簧的可能创造者，从另一领域来介入石峁口簧的起源和传播问题。

（一）各民族语言口簧名称

本文拟测，最古老的口簧名称是来自汉藏语系语言，且在极古时代的中国北方形成。而其名称演化则主要是在汉藏语系藏缅语族中。其他语言口簧名称不排除受到汉藏语言影响的可能。

1. 中国汉藏语系藏缅语族：

藏　族：坚、嘉、高	Gian，Gao，Kuo	
珞巴族：贡贡	Gonggong	
	Koŋ Koŋ	
彝　族：共岗	Gonggang	
和贺	Hehe	
麻刚禾贺	Maganghehe	
纳西族：控孔	Kongkong	
可谷	Kegu	
摩梭人：古谷	Gugu	
怒　族：坎坎	KwuoKwuo	
独龙族：岗	Gang	

2. 汉藏语系汉语族

回　族：口口	KouKou
口儿	Kouer
汉　族：簧簧	Huanghuang
嚎儿嚎儿	Haorhaor

3. 南岛语系印度尼西亚语族

台湾布农族：	禾禾	Honhon
	洪贺	Honho
	洪号	Honhao
	岗岗	Ko'ŋKo'ŋ
	岗库岗库	K'oŋkuK'oŋku
台湾阿美族：	口口	Korkor
	科科	Kotkot
巴厘岛人：	根贡	Genggong
	贡贡	Gonggong[9]

4. 南亚语系马六甲语族

马来西亚土著民族：

塞芒族：	根贡	Genggong
觉何族：	根贡	Genggong
特米亚族：	根贡	Genggong

这些口簧名称，既有本语族内部的不同或相近、相同的样态，反映出可能同源的关系，也有跨语系、语族的现象，反映出影响和交流的情况。此处尝试联系"声""韵""调"的分析，结合汉藏语系语言的基本规律来拟测什么名称最古的可能答案，而不涉及其他语言。这里涉及的口簧名称是民族语言名称的拟音表型。

（二）声、韵、调的分析

1. 声

首先，汉藏语系语言里，存在声母 G-K-H 互转的突出现象，这是一条重要规律。我们不难观察到 G-K 互转的现象，藏语的口簧名称 Gian，Gao，Kuo，发生了 G 和 K 的声母互转现象；独龙族的 Gang，也可以读作 Kang 或 Koŋ 或藏语的 Kuo；珞巴族的口簧名称 Gonggong 和 KoŋKoŋ，也是 G 和 K 的互转；纳西族的 Kegu，也当然就可以读如摩梭人的读音 Gugu；怒族的 KwuoKwuo，也与 Gonggong 和 KoŋKoŋ 可通，甚或可以与说回族的 KouKou（口口）读音相通。另一个重要规律是声母 G-K 和 H 也可以互转，如彝族的 Hehe 与纳西语 Gugu、Kegu，中古或上古时期的安多藏语 gonggong 以及藏南的珞巴语 Koŋkoŋ 也是可以相通的[10]。G-H 可以互转这一现象，正如同古汉语中的"蒿"可读"高"，汉晋时代这个字读 gau1，即所谓"从草高声"（《说文》），用来表示"草之高者"（陆佃《诗疏》），到唐代却读 * hɑu，今天我们也读"蒿"（hāo）。这就反映了真实的古汉语音韵演变，有 G-H 互转的现象存在。

其次，在汉藏语系语言中，存在 k-g-h 三个声母的清浊配对现象，有发音愈靠后愈古老的规律。上文藏缅语各族口簧名称的读音，除怒族的 kwuokwuo 带有 kw 这样的复辅音声母外，其他均含有 k、g、h 这几个单辅音声母，k 是清塞音，不送气，g 是浊纯塞音（不带鼻冠音），k-g 正是清浊配对，符合藏缅语特征，且都在舌根部位发声。而 h 则是清擦音，送气，但没有浊音配对，这也符合本语族特点，发声部位在喉。k、g、h 三个声母它们的位置均靠口腔后部，而这正是安多藏语发音愈靠后部愈古老的规律。

再次，从清浊配对和转化的现象可知，藏缅语族中有许多口簧名称是同源词，使用浊声母 g 的口簧名称反映了最古老的语言规律。羌语和嘉戎语保留古藏语、羌语原始面貌最多，且都含有 k、g 两个单辅音，又可对应、互转、浊声清化，与藏语、普米语、景颇语、彝语有许多同源词，其意义是显而易见的[11]。我们可以从以下语言规律里获得对口簧名称研究有意义的认识：

清浊声母对应。如：绿春哈尼语 gu⌐，在碧约哈尼语中读 ku⌐，意思是"缝"；浊声清化。如：哈尼语 ga⌐，拉祜语读 ka，意思是"听见"；浊音对应浊音、清音对应清音。如：彝语 gu⊢，哈尼语 ry⌐，傈僳语 ku⊢，纳西语 gu⊢，藏语 dgu，羌语 xgue⊢，意思是"九"，等等。语言学家指出，这种对应决非偶然，而是历史上的 g 浊音声母词演化为 k 清音声母词的遗迹，故使用浊声母 g 为声母的口簧名称安多藏语的 Gonggong 可能更为古老[12]，这对于本文关于口簧起源的拟测有重要意义。

另外，彝语支语言和藏缅语族其他语言有共同来源，其声母清浊状况可能反映了上古语言未分化前原始母语中 k-g 可以互转的状况。（1）本语族同源词中 k-g 对应[13]。如：白语 ko，撒尼语 ga⌐，纳西语 go⌐，哈尼语 ga⌐，藏语 ka，意思是"爱"；（2）白语中的浊音清化 g-k 对应。如：大理话 ga⌐，剑川话 ka⌐，意思是"说"；（3）白语中的汉语借词 g-k 对应。如：汉语 gan，白语 ka⌐，意思是"甘"；（4）与藏语十分接近的门巴语方言中也有 k-g 对应的现象。如：文浪话 gor，麻玛话 kor，意思是"石头"；（5）基诺语中汉语借词读音 g-k 对应[14]。如：汉语 gāo，基诺语 ku⊢，意思是"高"，等等。至此，对于本语族里诸语言的口簧名称的清—浊，即 k-g 对应关系已多有举例，这一类例子还有不少，兹不再赘。不过，我们可以肯定藏缅语言中存在清—浊互转或浊音清化的事实，所以，结论必然是：

口簧名称：gonggong 可以读作 kongkong、koŋokŋ 或 kwuokwuo[15]。kegu 也可以读作 gugu。单音节的口簧名称如 gao、gang、gian，以及部分音节相同的口弦名称 zhanggong、maga、maguo、mongguo 等，就可以与 kuo（藏）、koukou（回）、kouer（回）、gai、koubagong、shih-kao（黎）相通，由此证明这些词有同源关系。

藏缅语族群语言，与古汉语关系是同源共祖的。我们以下集中讨论汉语中的情况。迄今所见到的介绍各民族口簧的文献，往往把它的读音对译成如下汉文：

honhon、hoŋho、hoŋhao、K'oŋk'oŋ（布农族）
禾 禾 洪贺 洪号 岗 岗

hehe、maganghehe（彝族）
和贺 麻岗 禾贺

kongkong、kegu、gugu、kwuokwuo（纳西族）
控 孔 可谷 古谷 坎 坎

gang（独龙族）maguo（傈僳族）
岗 马戈

gonggang（珞巴族）gonggong（藏 族）[16]
　共　岗　　　　　贡　贡

gian、gao、kuo、k'oŋK'oŋ　（藏 族）
坚　嘉　高　空　空（孔孔）

koukou、kouer　　（回族／穆斯林）
口　口　　口儿

以上汉字字音今古音韵对照如下（古音以《切韵》为准）[17]并把同组字排在一起，便于比较：

　　┌今音┐　┌汉字┐　┌————古音韵————┐
hé　　　　　禾、和：合口平声戈韵匣纽，户歌切。
hé　　　　　何：合口平声歌韵匣纽，胡歌切。[18]
hè　　　　　贺：合口去声歌韵匣纽，胡个切。[19]
huó　　　　和：合口去声过韵匣纽，胡卧切。
huáng　　黄（簧）：合口平声唐韵匣纽，胡光切。
Hóng　　　洪：合口平声东韵匣纽，户公切。
kě　　　　　可：合口上声歌韵匣纽，枯我切。
kōng　　　空：合口去声东韵匣纽，苦红切。
kǒng　　　孔：合口上声董韵匣纽，康懂切。
kòng　　　控：合口去声送韵匣纽，苦贡切。

　　┌今音┐　┌汉字┐　┌————古音韵————┐
kǒu　　　　口：合口上声厚韵溪纽，苦后切。
gē　　　　　戈：合口平声戈韵见纽，古禾切。
gǎng　　　岗：合口平声唐韵见纽，古郎切。
gòng　　　贡：合口去声送韵见纽，古送切。
gǔ　　　　　谷：合口入声屋韵见纽，古禄切。
gǔ　　　　　古：合口去声姥韵见纽，公户切。
jiān　　　　坚：合口平声先韵见纽，古贤切。
jiā　　　　　嘉：合口平声麻韵见纽，胡光切。
gāo　　　　高：合口平声豪韵见纽，胡光切。
gòng　　　共：合口去声用韵见纽，苦红切。

以上字音可依古汉语音韵指出如下特点：

这些字多在喉位发音，匣纽字在深喉，见纽字、溪纽字在浅喉，古汉语深喉字比浅喉字古老，故匣纽字"贡贡"一定比溪纽字"口口"早，其他见纽字、溪纽字同理。上古发音部位相同的塞音可以互谐，是古汉语一条规律[20]，故匣纽字可以互谐通转，因此，禾、何、和、贺、黄、簧、洪等作为乐器名称读音的记写汉字，在音、韵上是同源、同一的。同理，这些溪纽字、见纽字，在音、韵上也是同源、同一的，读音通假是为必然。

2. 韵

在藏缅语族各语言中，一个非常显著的特征就是：声多则韵少，声少则韵多[21]。

藏文单元音韵母有五个：*i、*e、*a、*u、*o。复元音韵母有三个：*iu、*eu、*au。辅音韵尾有九个：*-b、*-d、*-g、*-r、*-l、*-s、*-m、*-n、*-ŋ。由五个单元音韵母与九个辅音韵尾结合成四十五个带辅音韵尾的韵母，由五个单元音韵母与七个复辅音韵尾结合成三十五个带复辅音的韵尾。这其中，安多方言没有复元音韵母，也没有鼻元音，元音不分长短，它带辅音韵尾的韵母比其他方言稳定、并且辅音韵尾最多（即：-p、-l［～-t］、-k、-r、-m、-n、-ŋ）。安多方言另一特征是只有e、a、u、o四个元音能与辅音韵尾结合。在本章特别关注的是青海省藏区，农业地区只有 -k、-r、-ŋ 或再加一个 -n 作为辅音韵尾，有 33 个带辅音韵尾的韵母，口簧名称藏语韵母 -an、-oŋ 即在其中。而上述所有这些特征证明，安多藏语是保留古代面貌最多的藏语方言。之所以从藏语韵母开始进行探讨，是因为藏缅语系各族（包括说汉语和汉藏双语的人群——回族/穆斯林）的口簧名称韵母的变化和对应，符合古藏语（公元 9 世纪时）的韵母对应规律，从而标示出它们共同的语源。藏族口簧名称 gao、kuo 同韵，而声母 k-g 已证明可以互谐，故 gao 就是 kuo，殆无疑义。在康方言中，o 对应 oŋ 或 aŋ，所以 gao、kuo 必然可以与 Koŋkoŋ 同韵，因为在康方言和安多方言中，o-u 可以对应互谐，故可知，单音节口簧名称 gao、kuo 与双音节词 koŋkoŋ 同源。

根据藏语韵母规律，-n 和 -ŋ 为互补鼻音韵尾，并且前元音 i、e 只与 -n 结合，后元音 a、o、u 只与 -ŋ 结合，所以 -an 韵实际上是 oŋ 或 aŋ 韵，故 gian 就是 Koŋ 或 KóŋKóŋ，它的声母无须再证对应关系，而其韵尾 aŋ-oŋ 也与 a-o-u 对应，这样一来，Koŋ 也可以是 ko-go-ku-gu，对照纳西族口簧音读 kegu 和 gugu，参考安多方言马蹄寺话 u 可以是 e，则可断定，kegu 也就是 gugu，而它们也一定与 ko-go 或 koŋkoŋ 同源。彝族口弦音读 Hehe 其声母 h 上文已证明可通谐 g-k 等声母，而按藏语韵，e 对应 o-u，则 hehe 也可以是 gugu 或 kegu 了。回族之 koukou，照理也可以与 koŋkoŋ、gugu、kegu、hehe 压韵互谐、对应通转了。另外，or 韵则又可对应 o-ɛ 或 -i-u-ə，则甘肃地方称口簧为 Haorhaor，其韵尾按藏语韵可以对应 o-ɛ，故也可以通转谐韵于以上各韵了。Haorhaor（"嚎儿嚎儿"）的语源不正暗示了其与藏语的联系吗？按古汉语音韵学，koukou、hehe 与古"簧"字读音相谐，或竟可读若 gar 即中古时代"何""禾""和"。民俗学资料显示的，甘肃地方叫口簧这件乐器为"簧簧"（Haorhaor、"嚎儿嚎儿"），则 hehe 也就是"贺""何""禾""和"或"簧簧"[22]。

3. 调

藏缅语族语言中，最古老的形态是无调的语言，如藏语安多方言，音节也十分简单。普米语只有两个声调，独龙语有三个声调，而且许多语言用声调区别词义的词只占全部词汇的极小比例。本语族口簧名称音读，只有单音节词、双音节词，并且大多无声调变化，显示了它们的古老面貌[23]；可以相信，那些带声调的口簧名称，必晚于无声调者。值得注意的是，珞巴语没有声调，其口簧名称音读与安多藏语相同，按汉藏语系语言规律，Gonggong 最为古老，后来演化为 KoŋKoŋ、纳西族的 Kongkong、怒族的 KwuoKwuo、古汉语的"簧簧"（huanghuang）、今天民间汉语的"嚎儿嚎儿"（haorhaor），展现出 G-K-H 语音演化历史，毫无疑问，这些名称其间必有深远联系。

四、汉藏语言表型与口簧的起源与分布

金力院士团队关于汉藏语系语言起源和分化问题的研究报告[24]，有两个最为主要的要素：时间与空间，即：汉藏语言的起源和分化、地理分布与扩张问题，同时也讨论了分化扩张的动力。对于本文的意义在于：这两个要素正与口簧起源时间和空间分布有深刻联系；其扩张动力带来人口的流动与口簧今天可以观察到的分布有关。

汉藏语系语言起源的主要假说有两种：一是南方起源说，一是北方起源说。与本文的拟测有关，北方起源假说认为汉藏语系最初的扩张是在距今 6000—4000 年中国北方的黄河流域，这种扩张与新石器时代晚期的仰韶文化或马家窑文化的发展有关，比石峁遗址要早，但本文认为，这里显然有时间上的连续性和空间上的重合性存在。根据金力团队的报告，汉藏语系语言起源之地，正是在甘、宁、青、陕北、内蒙古南部的大河套地区，"黄河上中游地区的人说的是汉藏语系的原始语言，他们被分为两组，在距今 6000—4000 年前的时间里，有一群人向西迁移到了西藏，向南迁移到了缅甸（成为说藏缅语的现代人口的主要祖先），而另一个族群（说汉语的祖先）向东和向南迁移，最终成为汉人"。大多数历史语言学家倾向于这一假设，认为汉藏语系的发展与新石器时代的仰韶文化（距今 7000—5000 年）或马家窑文化（距今 5500—4000 年）的发展有一定的关系。该项研究对汉藏语系的 109 种语言的 949 个词根意义进行贝叶斯系统分析法测算[25]，估计汉藏语言的分化时间约为距今 7800—4200 年，平均约为距今 5900 年，这与石峁口簧的确定考古学年代——距今 4300 年，以及石峁口簧的地理分布区域的关联，可能是巧合吗？

在语言传播区域和传播动力方面，该报告认为，汉藏语的传播可能与农业的发展和人口快速增长有关。谷物农业的传播主要发生在距今 5000 年之后，从现在的中国北方（特别是黄河流域）的西南部，沿着青藏高原的边缘向南传播。一系列考古证据——如建筑形式、陶器的图案和形状——也显示出沿着藏彝民族走廊向南连续不断地扩散到川西和滇西省份，该报告所附图表清晰地表明了这一认识。这种分散在时间上可以追溯到仰韶文化、马家窑文化和齐家文化（一种新石器时代到青铜时代的文化，在大约距今 4300—3500 年的历史上继承了马家窑文化）。不难发现，这一时间要素正是在石峁口簧发生和活跃年代前后，而其分布则也正是沿着今天的纵向河谷地带，所谓藏彝民族走廊向南扩散，带来了这一广大地区的口簧及其演化形态今天的遗存。在古代，乐器和音乐的传播，完全是随人而扩散，因此该报告还涉及了体质人类学的遗传染色体（y）的研究，这与石峁考古报告所认为的，创造石峁文化的是根植于河套地区仰韶文化晚期以来久居于此的土著人群的认识，也是可以相互印证的。方言地理学的研究，同样给予了我们类似的认识，中国语言地图的形成，与人口流动有十分密切的关系[26]。金力团队报告指出，在黄河流域，考古遗址数量的迅速增加和持续的森林砍伐表明了人口增长的速度，从大约距今 6000 年开始到距今 5000—4500 年加剧，这个时间轴与他们的研究中对汉藏语和藏缅语差异的时间估计一致。

按前文关于口簧名称的历史语言学研究获得的认识，联系汉藏语系语言的一般规律，我们拟测

安多藏语－珞巴语的口簧名称"Gonggong"为最古，可能在汉藏语系语言尚未分化的时期就已形成。而其后随着人群的移动，由纵向河谷地带——藏彝民族走廊向南传播，伴随着语言的演化出现了口簧名称的同步演化和传播。根据金力团队的报告，汉藏语系之间的大量语言接触可能发生在这些语言多样化的早期阶段，并可能持续到今天，进而发生南中国广大地区各民族口簧名称的相互影响；汉藏语系各成员语言之间的关系，以及它们与阿尔泰语系、南亚语系、苗瑶语系、壮侗语系和南岛语系等邻近语系的相互作用，可能导致口簧名称在亚洲大陆各民族和南岛语系各民族间的同源和演化形态，这也可以解释为什么前文所列台湾的高山族和东南亚南岛语民族存在着与汉藏语族口簧名称相同的问题。

金力团队报告指出："研究语言的起源与分化对理解人类的历史和文化至关重要。"对于音乐史当然也是如此，中国音乐史上留下了许多古老的语言痕迹，值得我们去探讨。

就本文讨论的对象而言，语言的历史变迁与人类的迁徙，语言的分布与口簧乐器的分布，有着高度重合的历史现象，这个认识在目前的知识水平上是可以成立的。但笔者希望有新的音乐学、考古学和语言学、人类学的成果继续就此问题展开研讨，笔者并不希望自己的认识是结论性的，而是开放的，发展的。

注　释

［1］　金力等：《语言谱系证据支持汉藏语系在新石器时代晚期起源于中国北方》，《自然（Nature）》第 569 卷，2019 年 5 月 2 日，第 112—125 页。

［2］　罗艺峰：《口弦源流的历史语言学研究》，《中国音乐学》1997 年第 2 期，第 21 页。

［3］　策·图尔巴特等：《考古发现的舌头琴与欧亚大陆东部的古代游牧文化》，《铜仁学院学报》2018 年第 8 期，第 26 页。

［4］　麻赫默德·喀什噶里：《突厥语大词典》"Kobuz"（"库布兹"）条，民族出版社，2002 年。此意又得到新疆艺术研究所艾迪雅·买买提博士和内蒙古艺术学院杨玉成博士的指点，特表谢意。

［5］　冯文慈：《中外音乐交流史》，湖南教育出版社，1998 年，第 152 页。

［6］　（元）陶宗仪：《辍耕录·乐曲》："达达乐器，如筝、秦琵琶、胡琴、浑不似之类，所弹之曲，与汉人曲调不同。"（明）蒋一葵：《长安客话·浑不似》："浑不似制如琵琶，直颈无品，有小槽，圆腹如半瓶榼，以皮为面，四弦皮绷同一孤柱。相传王昭君琵琶坏，使胡人重造，造而其形小。昭君笑曰：'浑不似。'遂以名。"（清）洪昇：《长生殿·合围》："番姬弹琵琶、浑不是，众打太平鼓板。"（清）俞正燮：《癸巳存稿·火不思》："俞玉吾《席上腐谈》云：浑拨四形较琵琶小，胡人改造琵琶，昭君笑曰：'浑不似'也。"

［7］　中国艺术研究院音乐研究所编：《中国音乐词典》，人民音乐出版社，1984 年，第 207 页。柯尔克孜族的弹拨乐器"考姆兹"、哈萨克族弹拨乐器"柯布孜"均属同类情况。柯尔克孜族和哈萨克族都是阿尔泰语系民族。

［8］　孙周勇：《陕西神木石峁遗址出土口簧研究》，《文物》2020 年第 1 期，第 44 页。

［9］　至 2019 年夏季笔者考察印度尼西亚巴厘岛和爪哇岛时，这个乐器的民间名称还被称为"gonggong"即"贡贡"，保留了极古的读音，反映了口簧的传播。

［10］　藏语有三大方言语，即：卫藏方言（拉萨话）、康巴方言（德格话、昌多话）、安多方言（甘、青方言），其中安多藏语无声调，为最古藏语，有重要研究价值和文化史意义。

［11］　孙宏开：《羌语支属问题初探》，《民族语言研究文集》，青海民族出版社，1982 年。

［12］　马学良、戴庆厦：《彝族支语音比较研究》，《民族语言研究文集》，青海民族出版社，1982 年。

［13］　赵衍荪：《白语的系属问题》，《民族语言研究文集》，青海民族出版社，1982 年。

［14］ 盖兴之：《基诺语简志》，民族出版社，1986年。

［15］ 〔意〕图奇、〔西德〕海西希，耿升译：《西藏和蒙古的宗教》，天津古籍出版社，1989年，第6页。"浊塞辅音"（g、j、d、bz）处于同一个词（也就是一个音节）的开头处时，原则上应读作清辅音（k、c、t、p、ts），但其音调要低一些。如 gan，读作 kang。这也从语言学上证明，本文所论为确凿事实。"贡贡"（gonggong）可以读作"口口"（koukou）或"岗岗"（ganggang）。Tucci 和 Hessing 引用的是1966年荷兰莱顿大学《东方学丛刊》第一编，L. Petech 的原则。

［16］ 李卉：《台湾及东亚各地土著口弦之比较研究》，台湾"中央研究院"民族学研究所图书馆抽印本。引刘咸（1940年）："每天我在楼上写作时，索郎仁清的七岁幼女荣中，时常上楼，倚在扶梯脚边弹'贡贡'，洋洋的音调，有点像琵琶……'贡贡'是西戎小儿女们必有的乐器……'贡贡'是青海西戎形声的名称，实际上是一个竹制口弦。"青海西戎，就是今天称为藏族的安多藏区土著人民。

［17］ 丁树声：《今古字音对照手册》，中华书局，1981年。

［18］ 李方桂：《上古音研究》，商务印书馆，1980年。中古以后，辅音韵尾 r 失落，实际成为 ga，可参考哈尼语 maga 和其他一些带 ga 音节的口簧名称。中古以前，何、贺读音为 gar 和 garh。

［19］ 李方桂：《上古音研究》，商务印书馆，1980年。

［20］ 李方桂：《上古音研究》，商务印书馆，2015年。

［21］ 瞿霭堂：《藏语韵母研究》，青海民族出版社，1991年。

［22］ 牛龙菲：《古乐发隐》，甘肃人民出版社，1985年，第296页。"今甘肃省通渭一带地方，至今仍有鼓动之簧的遗存。通渭老乡，将这种乐器叫做'嚎儿嚎儿'（读做 haorhaor）。此，当是'簧'字的一音之转。""彝语将'簧'——口弦称做'洪洪'，也就是'簧'字的一音之转。"而洪洪、嚎儿嚎儿，正与前文所证之禾、贺、和等字谐韵对应。牛龙菲（陇菲）在本文作者发表口弦名称的历史语言学研究之前就已指出这些现象，有很高的历史语言学价值。

［23］ 王远新：《中国民族语言学史》，中央民族学院出版社，1993年，第51—54页。

［24］ 英国《自然》杂志，第569卷，2019年5月2日，第112—125页。Phylogenetic evidence for Sino-Tibetan origin in northern China in the Late Neolithic Menghan Zhang 1, 2, 8, Shi Yan 3, 4, 8, Wuyun Pan 5, 6&Li Jin 1, 3, 7。

［25］ 译者注：Bayesian analysis，属于进化生物学的贝叶斯方法是基于贝叶斯定理而发展起来用于系统地阐述和解决统计问题的方法。一个完全的贝叶斯分析包括数据分析、概率模型的构造、先验信息和效应函数的假设以及最后的决策。贝叶斯推断的基本方法是将关于未知参数的先验信息与样本信息综合，再根据贝叶斯定理，得出后验信息，然后根据后验信息去推断未知参数。这些方法允许灵活的进化模型，是推断全球语言谱系进化速度和变化模式的有力工具。

［26］ 周振鹤：《中国的方言为何如此复杂？》，《地图》2009年第5期。

（原载于《中国音乐》2020年第4期）

探索石峁之音

辛雪峰　孙周勇　邵　晶

石峁遗址的考古发现在其他学界已引起高度关注，被誉为"石破天惊"的发现，但在音乐学界还是"养在深闺人未识"。考古发现经常会验证或颠覆已有的认识，补写迷失的历史，丰富甚至改写一些艺术史的片断。近年来，石峁遗址出土了包括口簧在内的一批重要音乐文物，为研究我国早期音乐发展史提供了重要信息（图一）。

石峁遗址外城东门址鸟瞰

图一　石峁遗址外城东门址鸟瞰

一、遗址概况

石峁遗址位于陕西省榆林市神木县高家堡镇石峁村，地处黄土高原北部边缘，紧邻内蒙古高原，居两大高原接壤之处、农牧交汇地带，始建于4300年前后，沿用至距今3800年前后，城内面积逾四百万平方米，是目前中国发现最大的史前城址[1]。这个曾经矗立在黄土高原北端的神秘石城延续时间约五百年。

石峁遗址因玉闻世。从20世纪20年代开始，不断有石峁遗址的玉器为海内外众多文博机构收藏[2]，石峁玉器以其数量庞大、器类独特、玉质迥然成为了世界范围内文物收藏家和玉器研究者关注的焦点。考古学者首次关注到石峁遗址是在1958年，时年正值"大跃进"运动蓬勃开展，关于石峁遗址调查的相关信息遗失殆尽[3]，遗址保护等建议亦未引起重视。1975年冬，陕西省考古研究所戴应新在神木县高家堡镇前后四次共收到127件玉器，引起了学界的高度关注。此后，榆林市文物保护研究所、神木县文体局等多家单位先后数十次对石峁遗址进行调查。

自 2011 年起，石峁遗址的考古工作进入了一个新的阶段，在陕西省文物局的积极推动下，由陕西省考古研究院、榆林市文物勘探队、神木县文体局三家单位联合组成石峁考古队对遗址开展了区域系统考古调查和重点复查，确认了一座在黄土高原沉睡了四千年之久的王国都邑——石峁城址。石峁城址由皇城台、内城和外城三部分构成，内、外城以石砌城垣为周界，气势恢宏，构筑精良，是国内同时期遗址所罕见的石头城。城外分布着"哨所"类的防御设施。从远而望，处于遗址核心区域的皇城台外形酷似馒头状，不但顶部浑圆，而且坡度较大，加上三面悬崖，使一面峁梁连着黄土高原的石峁城址宛若一只雄鹰俯视着四周。据地形特点巧妙设计的城防设施，藏玉于石、杀戮祭祀等特殊的文化迹象，无不诉说着石峁先民的智慧及四千年前这座神秘都邑的辉煌。

石峁遗址的发现引起了学术界关于中国文明起源与形成过程多元性的再反思，对于探索中华文明起源及早期国家形成具有重要启示意义[4]。先后获得"全国十大考古新发现"和"世界考古重大田野考古发现"等称号，并于 2019 年被列入《中国世界文化遗产预备名单》。

二、石峁之音：骨笛、口簧、陶哨与陶鼓

音乐作为人类文明史的重要标志之一，它的发展体现着人类大脑进化及思维发展的历程，史前出土的乐器是体现人类音乐思维演变的重要载体。近年来，在石峁遗址的核心区域皇城台发掘过程中出土了骨笛、口簧、陶哨等重要龙山时代音乐文物，还发现了可能用于制作鼍鼓的鳄鱼骨板。皇城台为大型宫殿及高等级建筑基址的核心分布区，三面临沟，仅北侧偏东有一窄梁通往外界，顶部有成组分布的宫殿建筑基址，其北侧有池苑遗址。皇城台周边以多达九级的堑山砌筑的护坡石墙包裹，局部墙体有以巨型石雕的菱形眼纹等装饰，整体呈底大顶小呈金字塔状，错落有致，坚固雄厚、巍峨壮丽[5]。

（一）骨笛

骨笛是目前中国出土最早的乐器。石峁骨笛是骨笛研究又一次重大发现，为探索人类音乐文明的发展提供了重要的实物依据。

石峁骨笛目前出土四支，包括单孔三支和多孔一支，制作精细，显示了石峁人对音阶、音律、音域、音色等概念有着比较全面的了解和掌握。其中，多孔骨笛为竖吹演奏，双手持笛，两手的食指、中指和无名指按正面 6 个音孔，一个拇指按背面音孔，另一个拇指支撑笛身。吹奏时，气流对准 V 形缺口，气息吹入骨腔发生振响，再变换指法，奏出旋律。贾湖骨笛七声齐备的音阶结构已无疑义，石峁骨笛虽尚未测音，但从其形制的精巧程度来看，可以演奏优美的旋律。我们期待着条件成熟时，对石峁骨笛进行测音研究。

贾湖遗址的发掘者张居中先生在《舞阳贾湖骨笛的发现与研究历程回顾》中指出，经过系统测音研究，"发现距今 9000—8500 年的贾湖一期出土的六孔骨笛可以吹奏出完备的五声音阶，距今 8500—8000 年的贾湖二期出土的七孔骨笛可以吹奏出完备的六声音阶和不完备的七声音阶，距今 8000—7800 年的贾湖三期前段出土的八孔骨笛可以吹奏出完备的七声音阶"[6]。黄翔鹏先生认为贾

湖骨笛的音阶结构"至少是清商音阶六声，也有可能是七声齐备的古老的下徵调音阶"[7]。

从史前骨笛出土的数量来看，红山文化、石峁遗址发现的骨笛数量相对较少。从文化类型及出土器物来看，石峁骨笛与红山骨笛更加接近，多是利用鹰等大型鸟类动物的翅骨制成的。红山文化主要分布在内蒙古中南部至东北西部一带，是起始于五六千年前的农业文明。鹰骨笛在藏族、塔吉克族等少数民族音乐中常常见到，在这些草原民族心目中，鹰是神圣的猛禽，等自然死亡后，将翅骨阴干制成骨笛。

与贾湖文化、红山文化一样，石峁先民用鹰骨制笛，是源于对大鸟的原始崇拜。苍鸟，不仅是鹰的别称还是中国古代的祥瑞之物。部落的巫师用大鸟的骨头制作骨笛、骨哨作为沟通天地的法器，用于祭祀活动。在石峁人生活的时代，单纯作为欣赏的音乐艺术可能还不存在。音乐只是巫术、军事以及庆典活动中的一个组成部分，在满足实用功能的同时，骨笛绵长而悠远的声音还会带给人愉悦与希望。

石峁骨笛是继贾湖骨笛、兴隆洼骨笛、河姆渡骨笛等之后，骨笛家族又一重要考古发现，这说明史前北方草原有着与中原、江南同样的文明，诉说着中华文明的草原笛声与中原和江南遥相呼应，共同见证着中华文明的悠久绵长。

石峁皇城台东护墙北段的"弃置堆积"内清理出十几件陶鹰。修复后的陶鹰体格健硕，栩栩如生，充分显示了石峁先民高超的雕塑技术，陶鹰展翅伸颈，跃跃欲飞，残高50至60厘米，或与红山文化中龙的图腾一脉相承（图二）。如此大体量的新石器时代动物造型陶塑在国内非常罕见，"从造型与结构来讲，陶鹰肯定不是实用器，可能与王权或曾在皇城台进行的宗教祭祀公共活动有关"[8]。

（二）口簧

石峁遗址出土最多的要数口簧了。

2017—2018年，石峁联合考古队在发掘皇城台门址、护墙及顶部建筑基址时，在"弃置堆积"内发现了一批口簧及残次品，考古背景清晰，共存器物丰富，是世界音乐史上的重要发现（图三）。

石峁遗址口簧制作规整，呈窄条状，中间有细薄弦片，一般长8—9厘米，宽1厘米左右，厚度仅1—2毫米，数量不少于20件。测年数据显示，这些口弦琴制作于距今约4000年前[9]。

图二　石峁遗址出土陶鹰

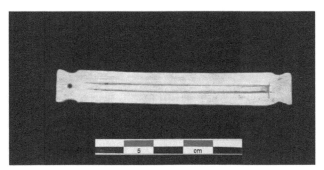

图三　石峁遗址出土骨口簧

口簧在我国先秦文献中被称作"簧"，巧舌如簧就是指的口簧，上古"女娲作簧"的传说暗示着簧是一件古老的乐器。《诗经》中的"吹笙鼓簧，承筐是将"的"簧"就是石峁所见的"口簧"。范子烨认为，簧并非我们理解的"笙中之簧"，而是一种独立乐器，无论是"'震虚之簧''竹簧'，还是'铁叶簧'皆非'竽、笙'中簧"[10]。

口簧，汉语俗称为口弦、口弦琴和响篾等，是古老的簧振体鸣乐器。"口弦更为重要的功用便是在人的听觉神经里埋下对音的美感情趣与对音与音之间的距离感，也就是为人类听觉意识中种下了音的逻辑思维种子。""口弦音列应是人类第一音列，亦可称之为自然大音列。"[11]

罗艺峰认为，口簧起源于中国西北的草原文明和农耕文明交汇的边际线上。从地域来看，石峁口簧的发明使用者可能是极古时代操原始汉藏语言的人群，主要是后世羌、藏、汉古民族。汉藏语言起源于新石器文化晚期的中国北方，6000—4000年前的黄河流域。口簧是古老而普遍的"世界性"乐器，其分布广及亚洲、非洲、欧洲各国以及太平洋各岛屿，其中，东亚大陆和东南亚广大地区保留了原始时代口簧的特征。

石峁口簧作为世界范围内发现年代最早的口簧，是近现代流行于世界各地的口弦类乐器的祖型，其传播与流布或与丝绸之路上古代族群的流动及文化交流有着密切关系，是探讨欧亚草原廊道早期人群流动及文化交流的重要线索。

（三）陶哨

与石峁口簧一起发现的还有陶制球哨。

除笛之外，陶哨（陶埙）是研究中国音乐起源无法绕开的乐器。陶哨从河姆渡算起已有七千年的历史了。陶哨和陶埙从形制和音色来看有着密切的关联。

1953年，考古学家在陕西西安发现了属于仰韶文化的半坡遗址。遗址出土两件距今6700多年的陶埙，一件无音孔；一件有一个音孔，开闭吹奏，可发小三度的两个音（图四、图五）。

图四　半坡遗址出土陶埙有孔面　　　　　　　图五　半坡遗址出土陶埙侧面

一般认为陶哨的功用介于狩猎时的诱捕工具或生活乐器之间。史前的先民用陶哨来模仿诱捕猎物的鸣叫声，或者作为暗号引导族人围猎。在不断改进发音器具的过程中，逐渐培养了人们对音高、音量和音色的鉴别能力及音响的审美意识，从而演变为专门的乐器，逐渐提高了人们制作吹管乐器的技术水平。

石峁陶哨尽管声音透亮，但还属于发声器，或者"前乐器"。方建军认为，音乐考古学研究对象中的发声器包括"前乐器"和乐器:"'前乐器'可能出现两分现象。一是继续保持它用,朝着别的用途发展;二是强化其乐用,发展为独立的乐器。如考古发现的骨哨,可以吹之发声。从民族志材料看,它能模仿鸟兽鸣叫,用作诱捕猎物的工具。同时,骨哨也有可能用来奏乐,并由此演变成为吹奏乐器。"[12]

目前出土的石峁陶哨小巧精致,有一孔哨、两孔哨、三孔哨,经吹奏,声音嘹亮而有穿透力。从形制来看,是在人工捏制的基础上烧制而成。石峁陶哨尚未试奏测音,也许其音阶还不完全,吹奏的目的不仅为了捕获更多的猎物,也证明石峁时期的先民已经具有一定音乐思维的能力(图六)。

图六　石峁遗址出土陶球哨

石峁陶哨与甘肃火烧沟陶埙大致属于同一时期,它们都是在捏制泥坯的基础上烧制而成。但与火烧沟陶埙相比,石峁陶哨似乎不是乐器,而是响器,石峁陶哨体积也小得多,烧制技术难度更高。那么,石峁人用陶哨做什么呢?从石峁遗址出土的十七只陶鹰了来推测,石峁人与鹰的关系非常密切,陶哨嘹亮的声音是否为石峁人用来呼唤猎鹰的鹰哨?其次,石峁陶哨与今天队列的哨子一样作为统一号令的工具,当遇战争或大型活动时用以调动石峁人的行动。还有可能是在大型祭祀活动中,石峁人用陶哨等响器作为沟通神人的工具。

埙出土河南、山西等地,陕西出土的史前埙集中于关中地区,如半坡陶埙、姜寨陶埙,埙出土的地域多是农耕文化区域。石峁出土大量陶哨,而不见陶埙,是因为陶哨声音单一、音频较高,适合放牧中呼唤牲畜,这从另一个侧面说明石峁先民有可能是以狩猎和游牧结合的部族。

(四)鳄鱼骨与陶鼓

石峁遗址出土有鳄鱼骨板。难道四千多年前,石峁一带适宜扬子鳄生长?专家们经过深入研究,认定扬子鳄并非当地生长,而是从南方交易而来。那么,石峁人要这些远道而来的鳄鱼干什么呢?从陕北地区发现的龙山时期亚腰形陶鼓来看,石峁人很可能采用鳄鱼的皮来蒙制陶鼓的鼓面。

陶鼓是我国新石器时代伴随着陶制缶、瓮等食器的发展而逐渐出现的一种乐器,由于陶器的敲击可以产生声音,使人们认识到鼓腔作为共鸣体发声的道理,而蒙上兽皮的缶、瓮在共鸣腔上有增加了震动膜,声音更加洪亮,使陶鼓进一步由体鸣发展到膜鸣。

陕西多处遗址出土史前陶鼓,甚至还有蒙皮的痕迹。如1992年,在陕西千阳县新石器时代仰韶文化遗存——丰头遗址,发现一件陶鼓,其口沿外侧突起14个舌耳用于固定鼓皮(图七、图八)。2009年,在陕北绥德县发现一件4000年前的新石器时期陶鼓,鼓颈上口周围有乳钉,用于蒙扎鼓皮,整个陶鼓像一条被网兜住的大鱼,造型别致。2006年,考古工作者在陕北子洲县张家沟村寨

图七　千阳丰头遗址出土的陶鼓

图八　千阳丰头遗址出土的
陶鼓的气孔

山遗址也曾发掘出一件龙山时代的陶鼓。

据上可知，4000 年前陕北地区已有陶鼓出土，只是所蒙鼓皮已经腐化，无法考证选用何种皮革。那么，古人常常使用什么动物皮作鼓面呢？

《山海经·大荒东经》记载，传说东海有兽，名夔，其状如牛，其声如雷。皇帝得之，以其皮为鼓。《诗经·大雅·灵台》有"鼍鼓逢逢。蒙瞍奏公"的记载，夔牛和鼍都是指扬子鳄，可见，古人常常用扬子鳄作鼓皮。

先秦时期，用鳄鱼皮蒙鼓成为一种重要的文化传统。如山西襄汾陶寺墓地早期甲种大型墓出土的龙山文化陶寺类型彩绘木质鼍鼓，鼓腔内即有鳄鱼鳞板遗留[13]。1985 年山西灵石旌介村商墓（MI）出土一件鳄鱼皮蒙面的鼍鼓[14]。据此推测，石峁遗址鳄鱼骨片很可能是石峁人制作陶鼓的孑遗。

史前的战鼓多由鳄鱼皮制成，古人用完整的鳄鱼皮蒙在木头、陶器或者是青铜上做鼓。鼓皮选用鳄鱼皮，不仅是取鳄鱼的凶猛习性以壮鼓声，而且鳄鱼皮鼓还经久耐用，声音浑厚有力。

汉字之"鼓"字，初见于甲文。史前的鼓功用是多样的，不像当今生活中仅以乐器的身份存在。可以推测，石峁鳄鱼皮鼓应该是以实用功能为主，石峁人将其用于军事、通讯或祭祀等活动。在这些活动中，借助鼓浑厚的声音、强大的穿透力，以及鲜明的节奏，可以激发人的精神，统一行动。

随着石峁考古的进一步深入，或许会有史前音乐遗存的更多发现，对石峁骨笛等的测音，也将吹响它们所蕴含的远古之音……

附记：本文为国家社科基金重大课题《石峁遗址考古发掘与研究》（17ZDA217）阶段性成果之一。

注　释

［1］ 孙周勇、邵晶、邸楠：《石峁皇城台呈现宫城形制》，《中国社会科学报》2018 年 9 月 28 日。

［2］ Alfred Salmony. Chinese Jade Through The Wei Dynasty（北魏以前的中国玉器）. New York: The Ronald Press Company, 1968.

［3］ 范佩玮：《高家堡史话》，陕西人民出版社、陕西新华出版传媒集团，2015 年。

［4］ 陕西省考古研究院等：《陕西神木石峁遗址》，《考古》2013 年第 7 期。

［5］ 孙周勇、邵晶等：《石峁遗址：2015 年考古纪事》，《中国文物报》2015 年 10 月 9 日第 5 版。

［6］ 张居中：《舞阳贾湖骨笛的发现与研究历程回顾》，《文物》1989 年第 1 期。

［7］ 黄翔鹏：《舞阳贾湖骨笛的测音研究》，《文物》1989 年第 1 期。

［8］ 孙周勇、邵晶等：《石峁遗址：2017 年考古纪事》，《中国文物报》2018 年 6 月 1 日第 5 版。

［9］ 孙周勇、邵晶、邸楠：《石峁皇城台呈现宫城形制》，《中国社会科学报》2018 年 9 月 28 日。

［10］ 范子烨：《〈诗经〉之"簧"考辨——揭开〈小雅〉"巧言如簧"之谜》，《甘肃社会科学》2017 年第 2 期。

［11］ 方建军：《发声器、"前乐器"与乐器》，《星海音乐学院学报》2009 年第 2 期。

［12］ 方建军：《发声器、"前乐器"与乐器》，《星海音乐学院学报》2009 年第 2 期。

［13］ 中国社会科学院考古研究所山西工作队:《1978—1980 年山西襄汾陶寺墓地发掘简报》,《考古》1983 年第 1 期。

［14］ 山西省考古研究所等:《山西灵石旌介村育基》,《文物》1986 年第 21 期。

（原载于《人民音乐》2020 年第 6 期）

对中国陕西石峁城址青铜时代早期陶器
生产和交换的初步认识

Andrew Womack 刘 莉 邸 楠 著
郭 梦 译

一、引 言

近年来，在中国陕西省北部的大型石城址——石峁（公元前2300—前1800）的发掘揭示了一个复杂的城市聚落，它远在传统上被认为是中国早期文明在中原北部的核心区域之外（陕西省考古研究院等，2016，2017；Sun，2018；孙周勇等，2020a，2020b）（图一）。一些学者认为石峁是一

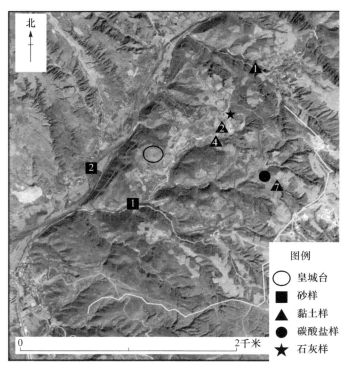

图一　石峁遗址地图（黑色椭圆形为陶片采样区域－皇城台
以及砂、黏土、碳酸盐、石灰样本 2019 年采样点。数字表示采样数量，详见表一）

系列早期"中国"中心中的最新发现，这些中心最终发展出了有历史记载的最早的王朝（Jaang et al.，2018；Li，2016；Rawson，2017；邵晶，2020）。将石峁与随后的中华文明联系起来的论点主要集中在石峁是一个具有先进技术的政治经济中心，并且石峁作为一个经济枢纽控制着周边地区，其联系向北延伸到草原，向南延伸到现在的中国中部和更远的地区。

然而，目前这一假设所依据的数据相对有限，主要包括过去十年间的遗址发掘简报，对一些特殊遗存（如骨器和石制建筑技术）的研究，以及将不同地区器物做对比的类型学研究（主要是陶器类型）。因此，目前得出的许多结论，尤其是与经济、军事和政治控制有关的结论，都是基于非常笼统的发掘结果，而不是对具体器物类别的详细分析。例如，关于石峁遗址广泛的贸易关系与经济影响的研究主要基于遗址中出现的外来物品，包括玉器和海贝。然而，发掘报告显示迄今为止贝壳仅在一座墓葬中出现（陕西省考古研究院等，2016）；而玉器虽然在遗址大量出现，但尚未明确追溯到具体来源，这可能是由于玉器产源研究的普遍困难（Wang，2011）。因此，这些玉器是从远方直接采购，还是石峁对资源地有直接掌控权，或是沿交换网络运抵，目前尚不清楚，而此时期的交换网络将玉器和贝壳带到了东亚的许多地方（Flad，2012）。此外，在管理生产和交换方面，仍不清楚是由贵族等级化控制还是由更多的其他组织形式参与其中。

Owlett 等人（2018）对动物考古遗存的广泛研究为了解石峁的动物生产和消费提供了重要依据。他们的研究结果表明，与附近规模较小的寨峁梁遗址一样，石峁遗址的大多数驯养动物（猪、羊、牛）都由家庭层面进行管理，以使用其初级产品。由此看来，即使在这一大型遗址中，食物的生产和消费也是在本地家庭层面上进行的，没有明显的证据表明这种生产受到自上而下的控制或支配。此外，也没有证据表明在遗址以外进行过动物或动物产品的交换。因此，我们需要对其他器物和有机质遗物进行详细研究，以探讨这种社会和经济组织体系是否延伸到遗址的其他行业中。

本文是对该遗址最丰富的器物类别——陶器的初步研究成果。世界各地其他遗址已经证明对陶器的研究可以让我们深入了解工艺制作技术、生产组织、人地关系、饮食、仪式、政治背景以及本地或远距离交流模式（Costin，1991；Michelaki et al.，2014；Rice，1987；Underhill，2015）。近几十年来，陶器生产研究集中在生产过程的多个方面，包括原料获取（Michelaki et al.，2014；Rye，1981）、黏土和羼和料制备（Arnold et al.，1991）、胎料配方（D'Ercole et al.，2017；Druc et al.，2018）、成型（Liu，2003；Rice，1984；Roux，2015）、烧制技术（Bernardini，2000；Gosselain，1992）以及分配和使用模式（Ownby et al.，2014；Quinn et al.，2010；Stahl et al.，2008），以便全面了解生产组织形式。在许多此类研究中，群体行为被用来建立模式之间的联系，这种联系可见于物质材料和特定的陶工群体中（Bowser and Patton，2008；Jaffe，2016；Sassaman and Rudolphi，2001；Stark，2006）。其理念是建立在对现代陶工的观察之上，即他们是如何把特定的生产技术和胎料配方在相对封闭的生产群体中传承下去。虽然器型及器表特征可以被轻易地模仿，但是生产中更隐蔽的方面，如胎料配方和成型方式，会被认为是专属于某个生产群体（Gosselain，2000）。如果胎料配方能与离散的地质特征相匹配，那么就可以推断出这些生产群体的位置，或者至少是他们采集黏土和羼和料的可能位置。

在这项初步研究中，我们从石峁遗址皇城台挑选出大量陶片，重点是明确胎体配方并与整个遗址的地质样本进行比较（图一）。本研究目的在于初步了解陶器生产使用的材料，包括确定是否有多组陶工参与生产，以及原料和（或）器物是在当地获得还是从其他地方运来。初步结果指向了本地生产或在石峁附近生产的可能性，并可能有多个生产群体，大多数陶片使用了各种不同的羼和料和黏土组合方式。此外，也有证据表明石峁存在外来羼和料或器物的情况，但并不清楚准确的来源地。

二、新石器时代晚期至早期青铜时代的鄂尔多斯陶器

与中原北部相比，被黄河北曲及内蒙古周边地区包围的鄂尔多斯地区一直未被视为中华文明发展的核心区域。因此，与中原地区相比，这一地区直到近年来才受到考古学家的关注。在发掘石峁之前，鄂尔多斯地区最著名的新石器时代至青铜时代遗址是1977年至1984年发掘的内蒙古朱开沟遗址（Neimenggu and E 'erduosi, 2000）。该遗址的年代为公元前三千年晚期至公元前二千年中期，总体上与石峁遗址同时或稍晚于石峁遗址。朱开沟遗址的最早阶段与龙山文化密切相关，包括涂有石灰的半地穴式房屋、磨光黑陶、儿童瓮棺葬以及典型的龙山陶器形式，包括鼎、双耳罐和豆。朱开沟下一阶段出现了与甘肃齐家文化陶器类型相似的陶器，尤其是平底罐，还出现了小型金属器、卜骨，以及墓葬中使用兽骨的情况（内蒙古自治区文物考古研究所 和 鄂尔多斯博物馆，2000）。龙山风格和齐家风格的陶器一直延续使用到遗址晚期，与各方族群的交流也似乎有所增加，包括中原地区和草原地区，分别体现在二里冈式青铜器和环柄青铜刀上（崔璇，1991；Linduff，1995）。对朱开沟遗址的研究确立了鄂尔多斯地区各遗址与龙山文化各遗址之间的关系，同时也暗示了鄂尔多斯地区对于促进草原与中原之间早期互动和技术交流的重要性。

在朱开沟和附近其他遗址陶器类型学分析的基础上，2010年有学者对石峁陶器首次进行了类型学分析，当时该遗址的大规模发掘刚刚开始（阎宏东，2010）。在该分析中，阎宏东根据陶器形制、出土背景以及与其他遗址陶器的关系，将石峁出土的陶器分为四个年代组。A组被认为与龙山早期（庙底沟二期）（公元前2900—前2600年）同时，该组与龙山时代客省庄陶器器型相似，被认为是从庙底沟二期陶器继承而来。B组陶器被认为与龙山时代末期（约公元前2000年）同时，主要出土于居址区；C组陶器与B组陶器同时，但似乎更多地受到齐家风格陶器的影响，而且似乎更常见于墓葬中。D组是石峁最后一个阶段的陶器，被认为与商代早期（约公元前1600年）同时（阎宏东，2010）；但是，本文撰写时石峁碳十四年代尚未可知。

对石峁及周边遗址最新发掘成果的陶器类型学研究进一步完善了我们对陶器形制外来影响和本地发展的理解。根据对石峁韩家圪旦地点以及周边地区的陶器类型学分析，石峁早期陶器似乎与陕西其他地区的龙山陶器以及内蒙古南部老虎山风格陶器相似（邵晶，2016，2019；孙周勇等，2020b）。陕西北部出土有测年的材料很少，老虎山年代在公元前2500—前2300年，可能与石峁早期阶段重叠。石峁典型陶器类型包括单把鬲、双鋬鬲、喇叭口瓶和敛口圜底瓮（图二）。这些类型对应邵晶所划分的A组陶器，指向孙周勇等人（2020b）所划分的石峁"早期"，代表了该遗址最早的居住阶段。与阎宏东的分类标准不同，邵晶只分出了三类陶器，将阎宏东的B组和C组合并为一个B组。孙周勇等人（2020b）采用了类似的方法，用早期、中期和晚期取代了A、B和C组（图二，A—C）。

B 组（中期）陶器（约公元前 2100 年）见证了圜底刻划纹瓮的逐渐消失，而其他陶器则出现了形态上的变化。大肥足单把鬲和双鋬鬲数量激增，喇叭口瓶向折肩发展，圈足盘变矮。陶器风格在 C 组（晚期）（约公元前 1800）再次发生转变，鬲足缩小，器身变高，新出现的大口尊发展成小底宽肩（邵晶，2016，2019；孙周勇等，2020b）（图二）。有趣的是，该地区其他遗址则显示出 A 组和 B 组、B 组和 C 组，以及至少一个 A 组和 C 组的陶器风格组合，或许表明石峁的陶器发展模式并不一定总是被同时期周边遗址所采用（邵晶，2016，2019）。

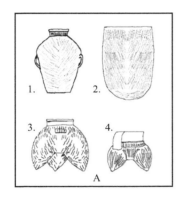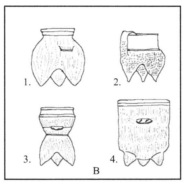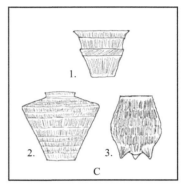

图二　部分石峁陶器器型

（A. 早期 /A 组陶器：1. 喇叭口瓶　2. 圜底瓮　3. 双鋬鬲　4. 单把鬲）

（B. 中期 /B 组陶器：1. 双鋬鬲　2. 单把鬲　3. �付　4. 三足瓮）

（C. 晚期 /C 组陶器：1. 大口尊　2. 瓶　3. 三足瓮）

（邵晶，2016，2019；孙周勇等人，2020a，2020b）

尽管学者们已经明确了石峁常见的陶器类型和器表特征（陕西省考古研究院和榆林市文物保护研究所，2005；邵晶，2019，2020；孙周勇等，2016），但是到目前为止关于陶器生产和使用的研究尚未展开。这使生产组织、原材料来源以及石峁居民与其他遗址或地区之间潜在的陶器交流存在很大空白。为研究这些问题，我们利用陶器岩相学分析了来自石峁的 75 件陶片，此分析能够获取遗址此前缺乏的数据。

三、方法、材料和数据

鉴于与陶器生产和使用有关的许多问题尚未得到解答，本研究集中选择有各种纹饰的陶片样本，以便对各种陶器类型的生产原料有基本了解。我们的目标有两个：首先，尝试在遗址中建立起普遍的陶器原料组，以了解陶器生产方式和材料。其次，我们将确定遗址中是否存在非本地原料类型，以及如果存在，这些陶器原料可能来自何处。

1. 陶器和地质样本

迄今为止已在石峁出土了数千件陶片，本研究初步选择了 75 件有各种纹饰特征的陶片样本，以了解不同类型器物的胎料配方（图三）。为此，我们选择了颜色和纹饰特征相似的，且已知器型的几组陶片，包括篮纹灰陶片（SM001-008；瓶）、橘色粗绳纹陶片（SM009-016；鬲）、浅橘色的

图三　样品上的典型纹饰

［A. 附加堆纹　B. 篮纹　C. 绳纹　D. 粗绳纹（Fiber Point Cord-marks）　E. 刻划纹　F. 素面　G. 磨光　H. 网格纹］

绳纹陶片（SM017-024；鬲）、绳纹灰陶片（SM025-032；鬲）、磨光灰陶片（SM033-037；盆）、刻划、磨光和绳纹灰陶片（SM038-049；圆口鬲）、橘黑色陶片（SM050-054；圆口鬲）、网格纹灰陶片（SM055-059；圆口鬲）、篮纹灰陶片（SM060-064；瓶），灰或灰白色附加堆纹、网格纹、刻划纹陶片（SM065-074；小型单把鬲）。对样本进行二次检查时，共同作者邸楠指出，在一些情况下（SM041、46、47、50、52 和 53），纹饰特征相似的陶片可能来自不同的器型。我们因此对数据进行了更新，并将这一因素考虑其中。鉴于样本是从几百件陶片中挑选出的，我们并不试图绝对确定一些陶片是否来自同一件器物，但是岩相学分析结果能够为这一问题提供辅证。样品及器型详细信息见表一。

表一　陶器和地质样本

样本号	出土地点和层位	出土时间	颜色	表面痕迹	部位	胎体组成	旋光性	可能器型
SM001	獾子畔第四区域第三部分 4C 层 12-9	2017.5.17	灰色	篮纹	肩部	细长石石英砂	不活跃	瓶
SM002	獾子畔第四区域第三部分 4C 层 12-9	2017.5.17	灰色	篮纹	肩部	细长石石英砂	不活跃	瓶
SM003	獾子畔第四区域第三部分 4C 层 12-9	2017.5.17	浅灰色	篮纹；印纹	肩部	细长石石英 + 碳酸盐	活跃	瓶
SM004	獾子畔第四区域第三部分 4C 层 12-9	2017.5.17	浅灰色	篮纹	肩部	细长石石英砂	不活跃	瓶
SM005	獾子畔第四区域第三部分 4C 层 12-9	2017.5.17	灰色	篮纹	肩部	粗长石石英砂	活跃	瓶
SM006	獾子畔第四区域第三部分 4C 层 12-9	2017.5.17	灰色	篮纹	肩部	细长石石英 + 碳酸盐	中度	瓶
SM007	獾子畔第四区域第三部分 4C 层 12-9	2017.5.17	灰色	篮纹	肩部	细长石石英砂	活跃	瓶
SM008	獾子畔第四区域第三部分 4C 层 12-9	2017.5.17	灰色	篮纹；雕刻	肩部	细长石石英 + 碳酸盐	不活跃	瓶
SM009	獾子畔第四区域第三部分 4C 层 12-3	2017.5.17	橙色	粗绳纹	腹部	粗长石石英砂	不活跃	三足器

续表

样本号	出土地点和层位	出土时间	颜色	表面痕迹	部位	胎体组成	旋光性	可能器型
SM010	㸚子畔第四区域第三部分 4C 层 12-3	2017.5.17	橙色	粗绳纹	腹部	变质岩	活跃	三足器
SM011	㸚子畔第四区域第三部分 4C 层 12-3	2017.5.17	橙色	粗绳纹	腹部	变质岩	中度	三足器
SM012	㸚子畔第四区域第三部分 4C 层 12-3	2017.5.17	橙色	粗绳纹	腹部	变质岩	活跃	三足器
SM013	㸚子畔第四区域第三部分 4C 层 12-3	2017.5.17	橙色	粗绳纹	腹部	变质岩	活跃	三足器
SM014	㸚子畔第四区域第三部分 4C 层 12-3	2017.5.17	橙色	粗绳纹	腹部	变质岩	活跃	三足器
SM015	㸚子畔第四区域第三部分 4C 层 12-3	2017.5.17	橙色	粗绳纹	腹部	变质岩	活跃	三足器
SM016	㸚子畔第四区域第三部分 4C 层 12-3	2017.5.17	橙色	粗绳纹	腹部	变质岩	活跃	三足器
SM017	㸚子畔第四区域第三部分 4C 层 12-3	2017.5.17	浅橙色	绳纹	腹部	变质岩	不活跃	三足器
SM018	㸚子畔第四区域第三部分 4C 层 12-3	2017.5.17	浅橙色	绳纹	腹部	变质岩	不活跃	三足器
SM019	㸚子畔第四区域第三部分 4C 层 12-3	2017.5.17	浅橙色	绳纹	腹部	变质岩	活跃	三足器
SM020	㸚子畔第四区域第三部分 4C 层 12-3	2017.5.17	浅橙色	浅绳纹	腹部	变质岩	活跃	三足器
SM021	㸚子畔第四区域第三部分 4C 层 12-3	2017.5.17	浅橙色	绳纹	腹部	碎陶片	不活跃	三足器
SM022	㸚子畔第四区域第三部分 4C 层 12-3	2017.5.17	浅橙色	绳纹	腹部	变质岩	中度	三足器
SM023	㸚子畔第四区域第三部分 4C 层 12-3	2017.5.17	浅橙色	绳纹	腹部	变质岩	多变的	三足器
SM024	㸚子畔第四区域第三部分 4C 层 12-3	2017.5.17	浅橙色	粗绳纹	腹部	粗长石石英砂	活跃	三足器
SM025	㸚子畔第四区域第三部分 4C 层 12-3	2017.5.17	灰色	绳纹	腹部	碎陶片	不活跃	三足器
SM026	㸚子畔第四区域第三部分 4C 层 12-3	2017.5.17	灰色	绳纹	腹部	粗长石石英砂	不活跃	三足器
SM027	㸚子畔第四区域第三部分 4C 层 12-3	2017.5.17	灰色	绳纹	腹部	细长石石英 + 碳酸盐	中度	三足器
SM028	㸚子畔第四区域第三部分 4C 层 12-3	2017.5.17	灰色	绳纹	腹部	变质岩	不活跃	三足器
SM029	㸚子畔第四区域第三部分 4C 层 12-3	2017.5.17	灰色	绳纹	腹部	粗长石石英砂	不活跃	三足器
SM030	㸚子畔第四区域第三部分 4C 层 12-3	2017.5.17	灰色	细绳纹	腹部	泥岩	不活跃	三足器
SM031	㸚子畔第四区域第三部分 4C 层 12-3	2017.5.17	灰色	细绳纹	腹部	粗长石石英砂	活跃	三足器

石峁遗址研究资料汇编（1977～2023）

续表

样本号	出土地点和层位	出土时间	颜色	表面痕迹	部位	胎体组成	旋光性	可能器型
SM032	雊子畔第四区域第三部分 4C 层 12-3	2017.5.17	灰色	绳纹	腹部	变质岩＋黏土颗粒	不活跃	三足器
SM033	雊子畔第四区域第三部分 4C 层 12-1	2017.5.17	灰色	磨光	口沿	细长石石英砂	中度	盆
SM034	雊子畔第四区域第三部分 4C 层 12-1	2017.5.17	灰色	磨光	口沿	粗长石石英砂	中度	盆
SM035	雊子畔第四区域第三部分 4C 层 12-1	2017.5.17	灰色	磨光	口沿	细长石石英砂	活跃	盆
SM036	雊子畔第四区域第三部分 4C 层 12-1	2017.5.17	灰色	磨光	口沿	细长石石英砂	活跃	盆
SM037	雊子畔第四区域第三部分 4C 层 12-1	2017.5.17	灰色	磨光	口沿	细长石石英砂	活跃	盆
SM038	雊子畔第四区域第三部分 4C 层 12-3	2017.5.17	灰色	线刻	腹部	粗长石石英砂	活跃	圜口三足器
SM039	雊子畔第四区域第三部分 4C 层 12-3	2017.5.17	灰色	线刻；印纹	腹部	粗长石石英砂	活跃	圜口三足器
SM040	雊子畔第四区域第三部分 4C 层 12-3	2017.5.17	灰色	线刻；雕刻	腹部	泥岩	不活跃	圜口三足器
SM041	雊子畔第四区域第三部分 4C 层 12-3	2017.5.17	灰色	磨光；线刻；绳纹	腹部	粗长石石英砂	活跃	瓶
SM042	雊子畔第四区域第三部分 4C 层 12-3	2017.5.17	灰色	磨光；附加堆纹	肩部	细长石石英砂	活跃	圜口三足器
SM043	雊子畔第四区域第三部分 4C 层 12-3	2017.5.17	灰色	磨光；线刻；绳纹	口沿	粗长石石英砂	不活跃	圜口三足器
SM044	雊子畔第四区域第三部分 4C 层 12-3	2017.5.17	灰色	磨光；线刻；绳纹	口沿	粗长石石英砂	活跃	圜口三足器
SM045	雊子畔第四区域第三部分 4C 层 12-3	2017.5.17	灰色	口沿装饰；线刻；附加堆纹	口沿	泥岩	不活跃	圜口三足器
SM046	雊子畔第四区域第三部分 4C 层 12-3	2017.5.17	灰色	口部装饰；绳纹	口沿	细长石石英＋碳酸盐	中度	圜口三足器
SM047	雊子畔第四区域第三部分 4C 层 12-3	2017.5.17	灰色	绳纹	腹部	碎陶片	不活跃	三足器
SM048	雊子畔第四区域第三部分 4C 层 12-3	2017.5.17	灰色	绳纹	腹部	碎陶片	不活跃	三足器或圜口三足器
SM049	雊子畔第四区域第三部分 4C 层 12-3	2017.5.17	灰色	线刻；绳纹	腹部	细长石石英砂	不活跃	三足器或圜口三足器
SM050	雊子畔第四区域第三部分 4C 层 12-3	2017.5.17	橙色	磨光；线刻；绳纹	口沿	粗长石石英砂	活跃	圜口三足器
SM051	雊子畔第四区域第三部分 4C 层 12-3	2017.5.17	黑色（橙色）	线刻	口沿	粗长石石英砂	活跃	圜口三足器
SM052	雊子畔第四区域第三部分 4C 层 12-3	2017.5.17	黑色（橙色）	篮纹	肩部	细长石石英砂	活跃	瓶

样本号	出土地点和层位	出土时间	颜色	表面痕迹	部位	胎体组成	旋光性	可能器型
SM053	獾子畔第四区域第三部分 4C 层 12-3	2017.5.17	橙色	素面	口沿	细长石石英砂	活跃	瓶
SM054	獾子畔第四区域第三部分 4C 层 12-3	2017.5.17	黑色（橙色）	线刻；附加堆纹	口沿	泥岩	活跃	圜口三足器
SM055	獾子畔第四区域第三部分 4C 层 12-3	2017.5.17	灰色	线刻；网格纹	把手	粗长石石英砂	活跃	圜口三足器
SM056	獾子畔第四区域第三部分 4C 层 12-3	2017.5.17	灰色	线刻；网格纹	腹部	粗长石石英砂	不活跃	圜口三足器
SM057	獾子畔第四区域第三部分 4C 层 12-3	2017.5.17	灰色	网格纹	腹部	变质岩	多变的	圜口三足器
SM058	獾子畔第四区域第三部分 4C 层 12-3	2017.5.17	橙色	网格纹	腹部	细长石石英砂	中度	圜口三足器
SM059	獾子畔第四区域第三部分 4C 层 12-3	2017.5.17	灰色	网格纹	腹部	粗长石石英砂	中度	圜口三足器
SM060	獾子畔第四区域第三部分 4C 层 12-3	2017.5.17	灰色	篮纹	腹部	细长石石英砂	不活跃	瓶
SM061	獾子畔第四区域第三部分 4C 层 12-3	2017.5.17	灰色	篮纹	腹部	细长石石英砂	中度	瓶
SM062	獾子畔第四区域第三部分 4C 层 12-3	2017.5.17	灰色	篮纹	腹部	变质岩＋黏土颗粒	中度	瓶
SM063	獾子畔第四区域第三部分 4C 层 12-3	2017.5.17	灰色	篮纹	腹部	细长石石英砂	不活跃	瓶
SM064	獾子畔第四区域第三部分 4C 层 12-3	2017.5.17	灰色	篮纹	腹部	细长石石英砂	活跃	瓶
SM065	獾子畔第四区域第三部分 4C 层 12-3	2017.5.17	灰色（白色）	线刻	口沿	粗长石石英砂	活跃	小型单把三足器
SM066	獾子畔第四区域第三部分 4C 层 12-3	2017.5.17	灰色（白色）	素面	口沿	泥岩	不活跃	小型单把三足器
SM067	獾子畔第四区域第三部分 4C 层 12-3	2017.5.17	灰色（白色）	附加堆纹	腹部	泥岩	不活跃	小型单把三足器
SM068	獾子畔第四区域第三部分 4C 层 12-3	2017.5.17	灰色（白色）	附加堆纹	口沿	泥岩	中度	小型单把三足器
SM069	獾子畔第四区域第三部分 4C 层 12-3	2017.5.17	灰色（白色）	素面	腹部	泥岩	活跃	小型单把三足器
SM070	獾子畔第四区域第三部分 4C 层 12-3	2017.5.17	灰色	线刻；磨光；网格纹	口沿	泥岩	活跃	小型单把三足器
SM071	獾子畔第四区域第三部分 4C 层 12-3	2017.5.17	灰色	网格纹	腹部	泥岩	不活跃	小型单把三足器
SM072	獾子畔第四区域第三部分 4C 层 12-3	2017.5.17	灰色	网格纹	腹部	泥岩	活跃	小型单把三足器
SM073	獾子畔第四区域第三部分 4C 层 12-3	2017.5.17	灰色	细绳纹	腹部	泥岩	不活跃	小型单把三足器
SM074	獾子畔第四区域第三部分 4C 层 12-3	2017.5.17	白色	网格纹	腹部	富含角闪石	不活跃	小型单把三足器

续表

样本号	出土地点和层位	出土时间	颜色	表面痕迹	部位	胎体组成	旋光性	可能器型
SM075	獾子畔第四区域第三部分 4C 层 12-3	2017.5.17	灰色	方格；网格纹	腹部	粗长石石英砂	活跃	小型单把三足器

样本号	地点		样品类型
SG001	白灰面 1	2019.6.26	石灰泥
SG002	方解石 1	2019.6.26	碳酸盐岩
SG003	砂粒 1	2019.6.26	砂粒
SG004	砂粒 2	2019.6.26	砂粒
SG005	黏土 1	2019.6.26	黏土
SG006	黏土 2	2019.6.26	黏土
SG007	黏土 4	2019.6.26	黏土
SG007	黏土 7	2019.6.26	黏土

　　本研究试图探究某一特定器型（如篮纹灰陶罐或橘色绳纹鬲）是否有单一的或多种的胎体原料配方。如果配方相同且单一，很可能说明单一的陶工群体生产了这一特定器型；如果配方多样，则可能表明有多个陶工群体参与同一器型的生产。为了控制历时性变化这一变量，本文样品来自密切相连的地层。2017 年在石峁城址石护墙边（即獾子畔第四区域第三部分）发现的陶片完美符合本文要求。獾子畔区域是由丢弃在石护墙边的生活垃圾所组成的堆积。第四区域第三部分包括该堆积中的 10 米，其中④C 层有密集的陶片和动物骨骼遗存，且该层被焚烧物层所覆盖。焚烧物的碳十四测年为公元前 1800 年，且与一场标志着城址占领结束的毁灭性事件有关。因此，④C 层中的所有材料都应来自石峁遗址占领结束的前夕，进而提供了可靠的出土背景。

　　为了调查石峁陶器可能存在的原材料变化，本文还对遗址区域进行了初步地质调查，以确定潜在的取土地点，砂或其他羼和料的来源。区域地质图显示本地岩石类型主要为砂岩、粉砂岩、泥岩和石膏，土壤类型主要为黄土。这一特点在本次地质调查中得到证实，石峁当地山丘主要由黄土覆盖的砂岩和泥岩组成，许多地区岩石都有出露。调查工作历时两天，走遍了遗址区及周围的每条河谷和每座山丘，并对可见的天然土壤和砂石进行取样。石峁周围的地形非常崎岖，一些谷地因岩石陡峭而无法进入，因此这次调查只是初步尝试，我们计划在未来进行系统而全面的调查。尽管如此，我们还是采集了一些土样（4 件）、砂样（2 件）和碳酸盐岩天然沉积物（1 件），后者可能用于生产涂在遗址房屋地面、壁画和陶器雕塑上的石灰泥[1]。除了砂岩，本地区还有大量的卵石和砾石冲积物，以及极细的砂质沉积物（2 号砂样本）。

　　全部样品在北京地质博物馆的岩相学工作室制备，包括 75 件陶片样品，7 件地质样品以及 1 件石灰泥样品，余样返还石峁考古工作站。然后在斯坦福大学陶瓷分析实验室使用尼康 Eclipse E200 Pol 透射光显微镜、Pixelink Pl-D775 相机、Petrog 自动点数计数台和软件对薄片进行了分析。

2. 样品制备与分析方法

　　薄片分析按照 Stoltman（1989、1991、2001）确立的定量点计数方法进行，并按照 Quinn（2013）制定的方法记录其他定性指标。75 件样品的分析顺序是随机的，并且事先不知道样品的其他信息。使用 Petrog 软件生成的网格对每个样品计数 200 点，并根据每个样本的相对大小进行调整，使点不会被重复计数。计数 200 点的依据是 Stoltman（2001）建议的 100—300 个点的中位数，以及分析样品有相对均匀的包含物。点的类型分为基质、孔洞或包含物。并记录孔洞类型、长度和宽度，以及包含物的长度、宽度、球度（形状与球体的接近程度）、磨圆度（边缘的圆润程度，与形状无关）和类型。包含物包括各种常见的矿物，如单粒石英、各种长石、黑云母、白云母和碳酸盐等，以及黏土颗粒、碎陶片和有机物残留。样品中常见的各种岩石碎片（包括泥岩和变质岩碎片）、样品中的矿物成分、可能的母岩类型与其他指标（包括样本的光学活性）分别被记录下来。根据包含物类型、数量、分布和尺寸，对胎料类型进行分组。分组通常描述了主要的岩石类型、矿物或其他明确的包含物，并通过目视对比每个样本自动拍摄的 200 张图像对分组结果加以完善。本次分析的原始数据和图像将存放在开源的中国陶瓷岩相数据库中。

将包括包含物类型和尺寸的原始定量数据从 Petrog 软件中导出到 Microsoft Excel，根据粒径大小将包含物分组，分组依据是 Stoltman（1989）定义的粒径标准：粉砂（＜0.0625 毫米）、细砂（0.0625—0.25 毫米）、中砂（0.25—0.5 毫米）、粗砂（0.5—1.0 毫米）和极粗砂（＞1.0 毫米）。在这项研究中，我们并不试图区分天然包含物（砂）和人为添加包含物（羼和料），因为石英砂和羼和料可见于本文大部分样品中且很难区分（Stoltman, 2001）。因此，在三元图中，所有 0.0625 毫米以上的包含物都被归类为砂。但我们也单独讨论了一些疑似是人为添加包含物的情况。最后将颗粒类型、尺寸数据、定性数据以及陶片本身特征（包括纹饰特征）进行整合，并将这些信息导入 JMP 统计分析软件包进行分析和可视化。

四、分析结果

1. 岩相学数据

75 件陶片研究样品总共分成了 8 个不同的胎体配方组。包括 4 个主要组别、2 个次要组别和 2 组离群值（表一；图四、图五）。包含陶片数量最多的组（N＝19）是粗长石石英组（图六）。该组主要由云母质黏土基质以及其中 0.1—0.5 毫米的长石和石英矿物包含物及石屑组成。粉砂比例为 15%—32%，砂比例为 14%—33%。鉴于所有四个本地黏土样本的粉砂含量都在 30% 左右，因此如果要将本地黏土用于陶器生产，必须要经过淘洗或其他处理方法以降低黏土中的粉砂含量。本地黏土中的砂含量约在 6%、17% 和 28%，主要包含石英和长石，因此初步看来，陶片中的砂可能是本地黏土中天然存在的。然而，粗长石石英陶片组中的颗粒平均粒径为 0.2 毫米（包括粉砂），而 3 个黏土样本的平均粒径为 0.07 毫米，1 个黏土样本的平均粒径为 0.04 毫米。因此，本地黏土样本的平均粒径比陶片中包含物的粒径小得多，这很可能指向了人为添加粒径较大的砂级羼和料，或使用了另一种天然含有较大颗粒的黏土，但在我们的调查中没有发现这种黏土。陶片样本中较大的长石和石英包含物可能来自多种类型的岩石，在遗址附近的一个砂堆中见到过与陶片包含物大小相当的类似矿物（图一，2 号砂样）。

第二常见的组是细长石石英组（N＝17），与粗长石石英组关系密切。顾名思义，此组为富含云

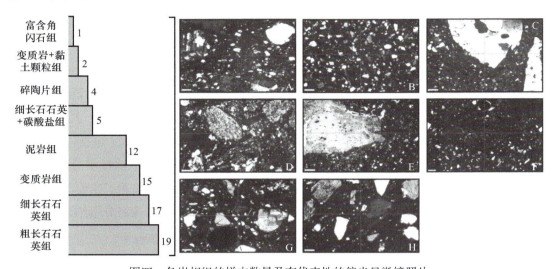

图四　各岩相组的样本数量及有代表性的偏光显微镜照片

（A. 粗长石石英　B. 细长石石英　C. 变质岩　D. 泥岩　E. 细长石石英＋碳酸盐　F. 碎陶片

G. 变质岩＋黏土颗粒　H. 富含角闪石）（每幅图左下角比例尺代表 0.1 毫米）

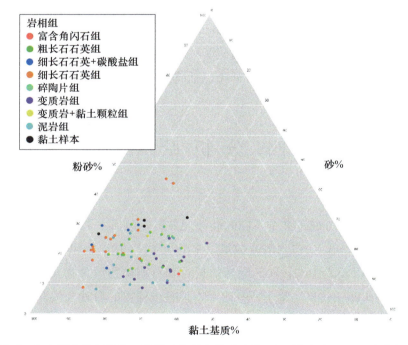

图五　包含所有岩相组的三元图（由黏土基质（黏土）、粉砂（＜0.065 毫米）和

砂（＞0.065 毫米）的相对百分比绘制）

母的黏土基质夹杂有大小约为 0.1 毫米的石英和长石包含物，石屑较罕见，或任何类型的砂粒大小的包含物都不常见。就基质：粉砂：砂的百分比而言，这组样品也不是特别均匀。多数样品的粉砂含量在 18%—27%，砂含量在 10%—16%，但也有几个离群值，其中一个样本的粉砂含量只有8.5%，两个样本的粉砂含量超过 40%（图七）。因此，这组样品包含物类型似乎相同，但粉砂含量却有很大差异，可能意味着不同的生产群参与生产，要么使用了未知地点的多种黏土原料，要么使用了不同的原料处理技术，例如在淘洗中去除不同量的粉砂。目前当地并没有过高或过低粉砂含量

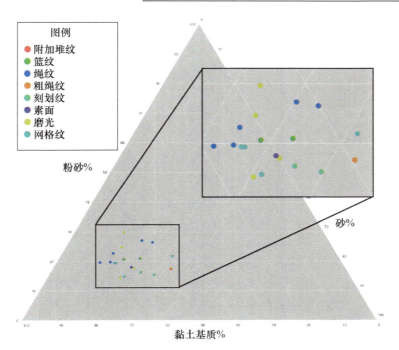

图六 粗长石石英组的三元图（以纹饰作为分类标准，包含所有粗长石石英组样本）

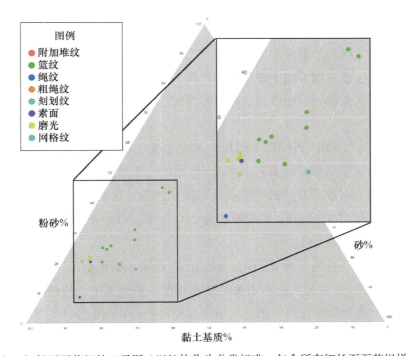

图七 细长石石英组的三元图（以纹饰作为分类标准，包含所有细长石石英组样本）

的黏土，但我们在地质采样过程中发现了包括细长石和石英砂在内的包含物类型。

第三常见的是变质岩组（N=15）（图八）。本组由许多大块的岩屑包含物组成，它们主要是长石（正长石和斜长石）以及粒径通常大于1毫米的霞石和云母。这些岩屑有变质变形的迹象，因此被称为变质岩组。这些包含物通常棱角分明，可能主要通过粉碎岩石获得，包含在富含云母的黏土

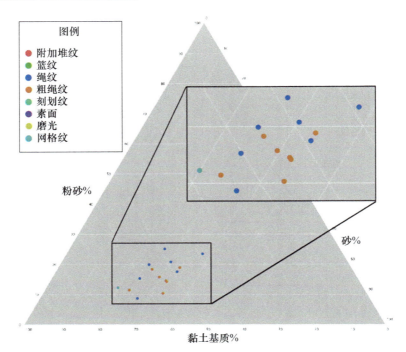

图八 变质岩组的三元图（以纹饰作为分类标准，包含所有变质岩组样本）

基质中。三元图显示该组样本的粉砂含量为10%—20%，砂含量为25%—33%。由于该区域地质图上没有显示变质岩地貌，因此目前尚不清楚这些大型岩屑的来源。地质调查中没有在遗址或附近发现有如此粒径的砂，也没有发现可用于粉碎以生产此类岩屑的岩石，调查过程中采集到的几乎所有岩石样本都是沉积岩。这类原料可能通过水路运输至此，但现在已不见这些证据或我们在调查过程中没有发现。

最后一个主要组别是泥岩组（N=12）（图九），顾名思义，它主要含有大块泥岩包含物（图一〇），类似于从1号砂样（采集于紧靠城址下方的河流中，图一，1号沙样）中所观察到的包含物。这一组还含有碳酸盐包含物，可能来自附近碳酸盐岩的风化产物。这组样本的粉砂和砂含量变化很大，粉砂占10%—25%，砂占15%—35%，平均粒径为0.27毫米。样本在此范围内均匀分布，可能意味着黏土处理和添加包含物的随意性。

除了这些主要组别，还有两个次要组别，即细长石石英＋碳酸盐组（N=5）和碎陶片组（N=4）（这些组别见图一一）。前者与细长石石英组基本相似，但增加了大块碳酸盐包含物。鉴于我们在区域调查过程发现有此类碳酸盐岩，因此该组样品很可能是在当地生产。不过，这些碳酸盐包含物比当地黏土和砂样中的碳酸盐包含物大得多，表明它们很可能是在生产过程中有意添加的。这组样品在三元图上没有紧密聚集。样品中的砂含量为5%—15%，粉砂含量为15%—30%，平均粒径为0.17毫米。

碎陶片组中的四个样本紧密聚集，其中粉砂占23%—28%，砂占23%—27%，平均粒径在0.2—0.53毫米之间。样品中有颗粒较小的长石和石英包含物以及大块的碎陶片包含物（15%—20%的包含物为碎陶片），还有大块的碳酸盐岩和泥岩碎屑。碎陶片周围有明显的收缩孔隙，颜色很深，与泥岩碎屑包含物相比尤为明显（图一〇）。碎陶片较为均匀，没有发现碎陶片中夹杂碎陶片的情

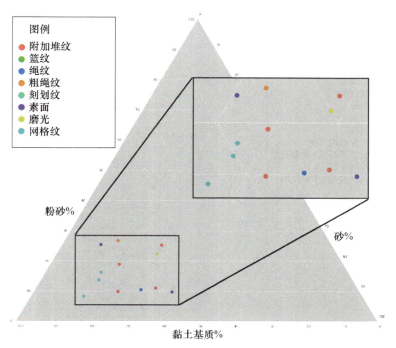

图九　泥岩组的三元图（以纹饰作为分类标准，包含所有泥岩组样本）

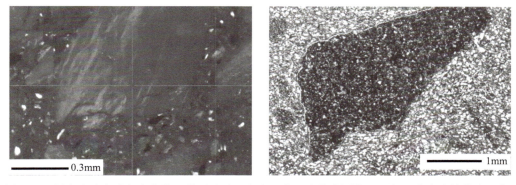

图一〇　泥岩和碎陶片包含物的显微照片（上方为泥岩正交偏光图像，下方是碎陶片单偏光图像）

况。鉴于本组样品是由本地可获得原料与碎陶片的混合，这些样品很可能是本地生产。本组中有两件样品聚合程度高，恰好在定量岩相分析的误差范围之内（Stoltman，1991），可能意味着它们来自同一个胎料配方高度标准化的器型。

分析结果还产生了两个离群组，分别有1件和2件样品。有2件样品的离群组是含黏土颗粒的变质岩组。该组与变质岩组基本相似，不同的是其中包含了大颗粒黏土。这些颗粒在本地土样中并不常见，因此它们要么来自于我们未采集到的本地黏土并有意生产和加入，要么来自外来黏土或生产组织。这两件样本的砂和粉砂含量差异很大，可能意味着黏土原料或处理过程的不同。

有1件样品的离群组富含角闪石，本地无法获得。该样本含有近35%的砂，主要为大块的角闪石颗粒、一些黑云母和包含以上矿物的各种岩屑。考虑到包含物的类型和数量，以及较低的粉砂含量（13%），该样本与甘肃省洮河流域的齐家陶器样本非常相似（Womack et al.，2019）。不过，这种类型的包含物也可能来自中国北方的许多山区。

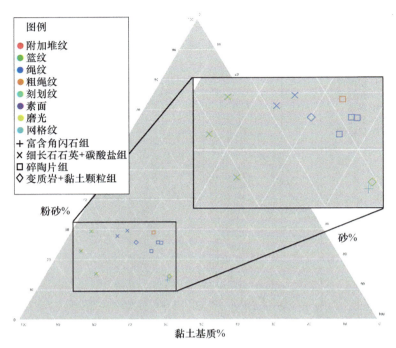

图一一　离群组的三元图（以纹饰作为分类标准，包含所有离群组样本）

2. 对比纹饰和胎料配方

本文在挑选陶片时，尽量选择有各种陶色和纹饰特征的样品，以包括各种器物类型（表一）。根据我们目前对石峁器物的了解（邵晶，2020），一些纹饰特征（如篮纹）为某一器型所特有，而另一些（如绳纹）则出现在多种器型上。特定纹饰和特定器型的联系并不总是存在。

粗长石石英组似乎被用来制作有各种纹饰特征和陶色的器物（图六）。在19件样品中，5件带有绳纹，4件经过磨光，4件有网格纹，另外还有4件有其他纹饰特征。陶色有橘色、黑色和灰色。这种多样性可能是因为器物本身具有多种纹饰，颜色也各不相同，如鬲有网格纹和素面的部分，或圈足盘有刻划纹、素面以及磨光的部分（陕西省考古研究院和榆林市文物保护研究所，2005）。或者本组胎体原料是一种标准的易于生产的配方，其用途广泛，可用于生产各类器型。对鬲和圈足盘残片的进一步分析将有助于解释这种现象。

细长石石英组（N=17）的样品聚合度更高，约一半（N=9）陶片上有篮纹，其中8件为灰陶（图七）。实际上，只有3件篮纹陶没有采用这种胎料配方，或许表明了篮纹陶对此种配方的偏好性。篮纹常见于双耳罐（陕西省考古研究院和榆林市文物保护研究所，2005），在甘肃齐家文化等其他背景中，这种器物似乎是用来储藏液体或谷物的（Womack and Wang，2020）。另外，该组中有5件高度磨光的灰陶片紧密聚集在三元图上，显示出高度标准化的胎料配方。其中两件样品排列极其紧密，有可能来自同一件器物。这些高度磨光的灰陶片很可能来自盘，这类器物常被用作盛器。因此，细长石石英组的大部分样品可能来自用于储存或盛放食物和饮品的器物。本组还有素面、绳纹和网格纹样品各1件，但除素面样品外，绳纹和网格纹样品与本组其他样品并不紧密聚合。

变质岩组（N=15）主要为绳纹浅橘色陶（N=6，还有绳纹灰陶片：N=1）和粗绳纹橘色陶片（N=7）（图八）。这种纹饰特征通常与中国新石器时代和青铜时代早期的炊器有关，且器型多样

（Womack and Wang，2020）。样品间粉砂含量和包含物含量重叠性较高，进一步表明了胎料配方和黏土制备技术可能存在相似性。在世界其他地区，粗颗粒包含物以及粗糙的纹饰（如绳纹）都被认为有助于增强炊器的抗热震性（Rice，1996），进一步说明本组器物很可能用于炊煮。但绳纹和粗绳纹的区别，以及橘色和浅橘色的区别是由什么原因造成的还不清楚，可能是因为不同的用途，由不同的陶工群体制作或其他原因。

泥岩组（图九）似乎偏向圆形附加堆纹陶片，所有4个带有圆形附加堆纹的样本都是使用这种配方制作的。该配方还广泛用于有其他纹饰特征的陶片，包括网格纹（N=3）、素面（N=2）和磨光（N=1），甚至还有绳纹（N=1）和粗绳纹（N=1）。这些陶片几乎都是在还原气氛下烧制的。目前还不清楚为什么这种胎料配方会偶见于非附加堆纹陶器。不过，这组陶器中的泥岩包含物很容易在石峁获得（1号砂样），或许使这种羼和料成为本地生产器物时的便捷选择。此外，在新石器时代的中国东海岸，泥岩和其他羼和料也被用来制作白陶器（Druc等，2020）。本文12个泥岩样本中，确实有4个呈现白色色调，其余样本则呈现还原气氛烧制后的灰色色调。在这4个样本中加入泥岩颗粒可能是出于对浅色陶的追求，但还需要更多样本做进一步分析。

碎陶片组（N=4）被用来制作绳纹（N=3）和粗绳纹（N=1）的陶片，与变质岩组类似，本组配方也可能是炊器的首选原料。鉴于三元图上数据点紧密聚集，以及原材料可在本地获取，这些器物很可能都是由当地的一个生产群体生产的。

细长石石英＋碳酸盐组（N=5）专门用于生产具有两种纹饰特征的器物，即绳纹（N=2）和篮纹（N=3）。本组所有陶片较厚，全部为灰陶。如上所述，带有绳纹的器物通常与炊煮有关。虽然还没有研究过石峁篮纹陶器的功能，在其他遗址中，带有篮纹的陶器似乎是用来储存液体或干货的（Womack and Wang，2020）。鉴于本组器物用途不同，细长石石英＋碳酸盐配方可能适用于制作具有不同功能的器物。

含黏土颗粒的变质岩组中的两件样品分别有绳纹和篮纹，需要更多样本以探明它们与器型或生产群体的联系。另外一件富含角闪石的离群样本SM074显然不是来自本地，但它却有石峁陶片常见的网格纹，这种纹饰也出现在中国北部和西北部的其他遗址中。未来需要进一步研究网格纹及相关器型才能对该样本作出深入分析。

五、讨　　论

从我们目前掌握的数据可以清楚地看出，石峁城址出土的大部分陶片可能是使用本地原料在本地生产的。鉴于石峁有丰富的黏土和羼和料资源，以及整个遗址肯定使用了大量陶器，因此遗址内极有可能进行了大量陶器生产。例如，岩相学分析确立的4类主要组别中的3组原料（即细长石石英、粗长石石英和泥岩组，N=48），都能在地质调查过程中在遗址或附近小于1千米处发现（图一）。此外，离群组中的一些样品原料也可在当地找到，包括碎陶片组和细长石石英＋碳酸盐组（N=9）。虽然已识别出的黏土原料需要进一步加工，如淘洗以降低粉砂含量，然后加入砂质羼和料以生产所需的胎体原料，但这种加工方法在此时期或更早的中国是很常见的。事实上，在中国北方的其他遗址中可见黏土淘洗坑与制陶工具和其他遗物一起出土，这些遗迹遗物现象被定义为作坊（Dai，2006）。因此，石峁遗址肯定也使用了类似的技术，将本地的砂和黏土制成各种器物。或者陶器也可能在其他更小的遗址生产并传入石峁，因为黏土、石英砂、长石砂都可能在更广泛的地区存在。尽管这种小遗址与大遗址之间的区域交流可见于更晚的时期，如商朝都城安阳（Campbell et al.，2011），但在我们的初步研究中，并没有足够信服的证据表明石峁与外围小遗址之间存在这种关系。

就可能存在的石峁本地生产而言，胎料配方中使用了类型和数量多样的本地原料，说明本地生产的多样性。例如，篮纹陶主要使用细长石石英配方制作，似乎只来自较大型的瓶。但是，有其他 3 种胎料配方也用于生产篮纹陶，其中 2 种可在当地获得，即细长石石英 + 碳酸盐组和粗长石石英组。鉴于这些陶片的出土背景有交叉，其原料差异很可能不是随时间或生产地点变化造成的。因此，很可能有一个主要生产组织使用细长石石英配方生产篮纹陶，同时，也可能有其他陶工群体使用略有不同的配方生产这类陶器。目前尚不清楚是否所有生产群体都在石峁进行生产，或是否一些群体在有类似原料的其他遗址进行生产。但是，如前所述，鉴于石峁丰富的生产原料，可能至少有一个生产组织在该遗址进行生产。即使所有生产组织都在石峁，黏土、羼和料或特定的黏土配方技术也可能只局限于部分生产群体，其他生产者则只能使用替代性的原料或配方。

在其他情况下，似乎只有一个生产组织负责某一特定器型的全部生产。例如，圆形附加堆纹器物都是由泥岩组原料生产。然而，即使是同种有类似装饰的陶片，其粉砂含量和包含物含量也不尽相同，说明生产过程缺乏高度标准化，同时这类配方组也被用于生产有其他纹饰特征的陶器。虽然附加堆纹陶的整体形制和用途尚不清楚，但制作这种精美装饰所需的知识或技能可能仅限于某一个陶工群体。不过，由于样本量较小，还需要进行更多的取样以进一步探讨某些器型的生产是否仅限于某些生产群体。

基于我们目前对当地资源的了解，数量最大的其中一组陶器可能不是在遗址本地生产的。变质岩组（占样品总数的 15%）包含大块岩石碎片，其中有一些罕见的且在地质调查过程中没有在石峁本地发现的原料，如霞石。这种羼和料有可能是从外地进入遗址的，或者遗址本身有，但在 4000 年的过程中被用尽或掩埋了，总之这种材料的来源地目前尚不清楚。这表明某些特定器型，例如带有绳纹或粗绳纹的器物，很可能是从其他地质区域传入该遗址的。但也有少量绳纹和粗绳纹陶器是用当地的原料生产的。这些陶器的产地可以有两种解释。首先，与篮纹陶一样，石峁本地可能有一个主要的生产群体用进口或其他方式获得变质岩类羼和料用于本地生产。或者，这些器物可能是在其他地方生产并传入石峁。目前尚不清楚这种特殊原料的产地。据了解，绳纹陶器的交换常见于中国西北同时期的其他地区（Womack et al.，2019）。无论以上哪种情况，绳纹和粗绳纹陶的生产都使用了其他原料配方，可明显看出陶器生产的多样性。

除了变质岩类器物或羼和料可能从外地传入，本次研究还发现了一个明显的非本地样品：SM074，其中的角闪石包含物不见于任何本地岩石类型。富含角闪石的岩石在火成岩和变质岩区域较为常见，而这两种岩石类型在中国其他地区十分常见，很难确定其具体来源。尽管如此，如果石峁与更远的地区之间存在直接的远距离交流，陶器似乎也不是交流重点。从陶片特征来看，SM074应来自小而轻的单把鬲（图二，B2），这意味着它可能相对容易运输。但目前还不清楚它是如何到达石峁的，从哪里来以及为什么被带到这里。

总之，尽管缺乏更广泛的有关石峁遗址陶器生产和使用的考古学背景，但我们已经可以对该遗址陶器得出一些初步结论。首先，本文涉及的陶器类型的生产似乎没有高度标准化或规范化。几乎在所有情况下，器型相同的陶片都使用了不同的胎料配方。虽然这些陶片通常有一种主要的配方，可能表明它们产自一个大型生产组织，但往往还存在3—4种其他配方。可能表明有多个生产组织同时生产特定类型的器物。然而，这种生产行为是如何协调或组织的，目前还不得而知。

其次，大部分陶器应该都是使用当地丰富的原材料在石峁遗址内生产的。但也有可能是在其他遗址利用类似原材料生产的，这需要对其他遗址进一步取样才能深入分析这种假设。此外，与变质岩组陶片一样，某些器物很可能是从有不同地质资源的区域传入的，或者生产这些陶器所需的材料是从其他地方运至石峁的。未来还需要对遗址及周边区域进行更加正式的地质评估，以确定是否存在其他羼和料来源。

最后，陶器似乎并不是石峁远距离交流的重点。很明显，某种形式的交换网络将玉器和贝壳等外来物品带到了石峁以及该地区的许多其他遗址，但陶器似乎并不是主要的远距离贸易物品，至少与本研究所涉及的陶器总量相比是如此。考虑到陶器的重量和体积，这是一种合理的猜测。就变质岩组以及SM074的成分而言，遥远地区的陶器似乎偶尔会被带至该遗址（占分析总量的16%），但还需要更多的研究以更好地了解外来陶器的来源以及它们在石峁更广泛的陶器组合中的独特性。

六、结 论

回到目前关于石峁政治经济组织和影响力的讨论，与Owlett等人的研究（2018）相似，我们的数据并不支持遗址存在一个高度规范化的生产体系。虽然本文样本显示城址区域内被丢弃的大部分陶器很可能是石峁当地生产的，但胎料特征变化大，成分并不均匀。除了附加堆纹陶片外，大多数其他纹饰的陶片都是用各种类型的胎料和不同量的包含物制作的。虽然其中多数胎料类型可在遗址内获得，但其他胎料类型可能并不是用遗址中的原料制成，如变质岩组，这指向了可能的远距离生产或交换。即使在特定的胎料配方组和器型中，粉砂和砂含量也有很大差异，说明缺乏高度标准化的黏土制备过程。

我们推测石峁陶器生产组织为一个或多个规模庞大但管理并不严格的生产群体，可能是在家庭层面上组织起来的，并使用当地可获得的材料形成不同的胎料配方以生产各种陶器类型。可能至少有一个在其他地质区域工作的陶工群体生产与石峁相似的陶器，但是陶器交流和使用机制目前还不清楚。总体而言，与石峁的动物饲养及中国其他地区在这一时期的陶器生产（Bonomo，2017；Womack et al.，2019）一样，石峁陶器似乎大多是根据本地需要在本地生产的。

我们需要开展更多研究，以填补对石峁陶器生产、形式和功能认识上的空白。首先，需要对与石峁位于同一地区的其他遗址进行地质和陶器采样，以便更好了解原材料和（或）生产技术的变化。其次，需要对陶片进行宏观分析，以进一步完善我们对该遗址所使用的各种器型的了解，并根据使用痕迹和残留物分析深入了解器物功能。最后，我们计划在石峁开展更多的岩相分析和地质调查，以便更好了解该遗址不同时期和不同区域陶器生产和消费的变化情况。

注　释

［1］　对一件石灰泥地面样本（见图一）和一件碳酸盐岩样本进行的岩相学分析表明两者有许多相似之处，例如天然存在包含物的尺寸和类型。不过，地面样本似乎有精心制作的砂层和灰泥层，其中灰泥本身含有天然砂粒和圆形纹理特征，还需进行更多分析以全面了解这种石灰泥材料的制作方法。

参 考 文 献

崔璿. 1991. 朱开沟遗址陶器试析. 考古，4：361-371.

内蒙古自治区文物考古研究所，鄂尔多斯博物馆. 2000. 朱开沟：青铜时代早期遗址发掘报告. 文物出版社.

陕西省考古研究院，榆林市文物保护研究所. 2005. 神木新华. 科学出版社.

陕西省考古研究院，榆林市文物考古勘探工作队，神木县文体广电局. 2016. 陕西神木县石峁遗址韩家圪旦地点发掘简报. 考古与文物，4：14-24.

陕西省考古研究院，榆林市文物考古勘探工作队，神木县石峁遗址管理处. 2017. 陕西神木县石峁城址皇城台地点. 考古，7：46-56.

邵晶. 2016. 试论石峁城址的年代及修建过程. 考古与文物，4：102-108.

邵晶. 2019. 初论陕北地区龙山前期遗存. 考古与文物，4：61-65.

邵晶. 2020. 石峁遗址与陶寺遗址的比较研究. 考古，5：65-77.

孙周勇，邵晶，邸楠. 2020a. 石峁遗址的考古发现与研究综述. 中原文物. 2020，1：39-62.

孙周勇，邵晶，邸楠. 2020b. 石峁文化的命名、范围及年代. 考古. 2020，8：101-108.

阎宏东. 2010. 神木石峁遗址陶器分析. 文博，6：3-9.

Arnold, D E, Neff H, Bishop R L, 1991. Compositional analysis and "sources" of pottery: an ethnoarcheological approach. American Anthropologist, 93: 70-90.

Bernardini W, 2000. Kiln firing groups: inter-household economic collaboration and social organization in the Northern American Southwest. American Antiquity. 65: 365-377.

Bonomo M F, 2017. Ceramic production and provenance in the Yiluo Basin (Henan, China): Geoarchaeological interpretations of utilitarian craft production in the Erlitou state. Archaeological Research in Asia, 14: 80-96.

Bowser B J, Patton J Q, 2008. Learning and transmission of pottery style: women's life histories and communities of practice in the Ecuadorian Amazon. In: Stark, M. T. B., Horne, L. (Eds.), Cultural Transmission and Material Culture: Breaking Down Boundaries. Arizona University Press, Tuscon: 105-129.

Campbell R B, Li Z P, He Y L, et al. 2011. Consumption, exchange and production at the great settlement Shang: bone-working at Tiesanlu, Anyang. Antiquity, 85 (330): 1279-1297.

Costin C L, 1991. Craft specialization: issues in defining, documenting, and explaining the organization of production. Archaeol. Method Theory, 3: 1-56.

Dai X, 2006. Pottery Production, Settlement Patterns and Development of Social Complexity in the Yuanqu Basin, North-Central China, Archaeopress, Oxford, England.

D'Ercole G, Budka J, Sterba J H, et al. 2017. The successful 'recipe' for a long-lasting tradition: Nubian ceramic assemblages from Sai Island (Northern Sudan) from prehistory to the New Kingdom. Antiquity, 91: 24-42.

Druc I, Underhill A, Wang F, et al. 2018. A preliminary assessment of the organization of ceramic production at Liangchengzhen, Rizhao, Shandong: Perspectives from petrography. Journal of Archaeological Science: Reports, 18: 222-238.

Druc I, Underhill A, Wang F, et al. 2020. Late Neolithic white wares from southeastern Shandong, China: the tricks to produce a white looking pot with not much kaolin. Results from petrography, XRD and SEM-EDS analyses. Journal of

Archaeological Science: Reports, 35. https://doi.org/10.1016/j.jasrep.2020.102673.

Flad R K, 2012. Bronze, jade, gold, and ivory: valuable objects in ancient Sichuan. Const. Value Ancient World: 306-335.

Gosselain O P, 1992. Bonfire of the enquiries. Pottery firing temperatures in archaeology: what for? Journal of Archaeological science, 19: 243-259.

Gosselain Olivier P, 2000. Materializing identities: an African perspective. J. Archaeol. Method Theory, 7: 187-217.

Jaang L, Sun Z, Shao J, et al. 2018. When peripheries were centres: a preliminary study of the Shimao-centred polity in the loess highland, China. Antiquity, 92: 1008-1022.

Jaffe Y, 2016. The continued creation of communities of practice-finding variation in the Western Zhou expansion (1046-771 BCE). Harvard University, Cambridge, Mass.

Li M, 2016. Settling on the ruins of Xia: Archaeology of social memory in early China. In: Emberling, G. (Ed.), Social Theory in Archaeology and Ancient History. Cambridge University Press, Cambridge: 291-327.

Linduff K M, 1995. Zhukaigou, steppe culture and the rise of Chinese civilization. Antiquity, 69: 133-145.

Liu L, 2003. "The products of minds as well as of hands": Production of prestige goods in the Neolithic and early state periods of China. Asian Perspect, 42: 1-40.

Michelaki K, Braun G V, Hancock R G V, 2014. Local clay sources as histories of human-landscape interactions: a ceramic taskscape perspective. Journal of Archaeological Method and Theory, 22: 783-827.

Owlett T E, Hu S, Sun Z, et al. 2018. Food between the country and the city: the politics of food production at Shimao and Zhaimaoliang in the Ordos region, northern China. Archaeological Research in Asia, 14: 46-60.

Ownby M F, Huntley D L, Peeples M A, 2014. A combined approach: using NAA and petrography to examine ceramic production and exchange in the American southwest. Journal of Archaeological science, 52: 152-162.

Quinn P S, 2013. Ceramic Petrography: The Interpretation of Archaeological Pottery & Related Artefacts in Thin Section. Archaeopress.

Quinn P, Day P, Kilikoglou V, et al. 2010. Keeping an eye on your pots: the provenance of Neolithic ceramics from the cave of the Cyclops, Youra, Greece. Journal of Archaeological science, 37: 1042-1052.

Rawson J, 2017. Shimao and Erlitou: new perspectives on the origins of the bronze industry in Central China. Antiquity, 91: 1-5.

Rice P M, 1984. Change and conservatism in pottery-producing systems. In: Van Der Leeuw, S. E. (Ed.), The Many Dimensions of Pottery: Ceramics in Archaeology and Anthropology. Albert Egges van Giffen Instituut voor Prae-en Protohistorie: 231-289.

Rice P M, 1987. Pottery Analysis. University of Chicago Press.

Rice P M, 1996. Recent ceramic analysis: 1. Function, style, and origins. Journal of Archaeological Research, 4 (2): 133-163.

Roux V, 2015. Standardization of ceramic assemblages: transmission mechanisms and diffusion of morpho-functional traits across social boundaries. Journal of Anthropological Archaeology, 40: 1-9.

Rye O, 1981. Pottery Technology: principles and reconstruction. Taraxacum. Sassaman, K. E., Rudolphi, W., 2001. Communities of practice in the early pottery traditions of the American Southeast. Journal of Archaeological Research, 57 (4): 407-425.

Stahl A B, Dores Cruz M D, Neff H, et al. 2008. Ceramic production, consumption and exchange in the Banda area, Ghana: insights from compositional analyses. Journal of Anthropological Archaeology, 27 (3): 363-381. https://doi.org/10.1016/j.jaa.2008.04.001.

Stark M T, 2006. Glaze ware technology: The social lives of pots, and communities of practice in the late prehistoric southwest. In: Habicht-Mauche, J., Eckert, S., Huntley, D. (Eds.), Social Lives of Pots: Glaze Wares and Cultural Dynamics in the Southwest, AD1250-1680. The University of Arizona Press, Tuscon: 17-33.

Stoltman J B, 1989. A quantitative approach to the petrographic analysis of ceramic thin sections. American Antiquity: 147-160.

Stoltman J B, 1991. Ceramic petrography as a technique for documenting cultural interaction: an example from the upper Mississippi Valley. American Antiquity 56: 103-120.

Stoltman J B, 2001. The Role of Petrography in the Study of Archaeological Ceramics. Springer, Earth sciences and archaeology: 297-326.

Sun Z, Shao J, Liu L, et al. 2018. The first Neolithic urban center on China's north loess plateau: the rise and fall of Shimao. Archaeological Research in Asia, 14: 33-45.

Underhill A P, 2015. What is Special about Specialization? In: Scott, R. A., Buchmann, M. C. (Eds.), Emerging Trends in the Social and Behavioral Sciences: An Interdisciplinary, Searchable, and Linkable Resource. Wiley.

Wang R, 2011. Progress review of the scientific study of Chinese ancient jade. Archaeometry 53: 674-692.

Womack A, Horsley T, Wang H, et al. 2019. Assessing site organization and development using geophysical prospection at Dayatou, Gansu, China. Journal of Archaeological Science: Reports, 27: 1-12.

Womack A, Wang H, 2020. Formation and function of majiayao and qijia pottery: analysis of manufacturing Marks and use-alteration on vessels from the Tao River valley. Asian Perspect. 59: 2-32.

（原载于 Archaeological Research in Asia, volume28, 2021）

陕西榆林石峁遗址皇城台地点酒类残留物
及相关陶器分析

贺娅辉　刘　莉　邵　晶　邸　楠　孙周勇

　　自古以来，酒一直是社会经济和政治活动的重要组成部分。在社会政治等级化和城市化的形成过程中，祭祀宴享伴随着酒饮可以强化政治合作联盟、群体内部或群体间的竞争或互惠关系[1]。中国的宴饮传统历史悠久。先前基于陶器类型的研究表明，史前时期丧葬宴饮是祭祀祖先或连接生者与死者的重要场所，其中食物和酒饮是重要的媒介[2]。此外，古代文献记载表明，酒在王朝时期的社会政治活动中发挥了重要作用。最早的关于酒（酒、醴、鬯）的文字记载出现在商代晚期的甲骨文中[3]。最近，陶器微化石和化学分析为研究中国新石器时代酒的生产和消费提供了新的视角[4]。一系列对中国北方黄河流域仰韶文化尖底瓶中的微化石分析表明，这类陶器用于酿酒发酵、储存和饮用，谷物发芽和制曲两种方法都被用于酿酒，并且尖底瓶的广泛分布与酒在仪式活动中的核心地位密切相关[5]。

　　黄河流域新石器时代晚期的龙山文化是早期城市化发展的重要阶段[6]。仰韶时期的尖底瓶消失，新陶器类型开始涌现。例如，起源于东部沿海地区的高柄杯和盉，在龙山时期黄河流域中游的多个地点首次出现。这些新的器物类型往往在大型聚落（可能是区域中心）出现频率更高，表明新石器时代晚期城市化进程中可能已经发展出新的宴饮形式，往往具有联盟或竞争性质[7]。残留物分析表明东部沿海地区大汶口和龙山文化的高柄杯、鬶、盉类陶器均为酒器，并用于宴饮活动[8]，据此推测它们在黄河中游内陆地区的功能也应与酒有关，但并无直接证据。因此，本文对石峁遗址（距今4300—3800年）皇城台出土的陶器内部表面的残留物进行了微化石分析，旨在检验这类陶器属于酒器的假设。

　　我们从皇城台出土的16个陶器中提取残留物（图一），包括东护墙北段（獾子畔）的10个鬶、盉类陶器（盉1，鬶1—9）、2个陶杯（杯1、2）和3个器盖（盖1—3），以及皇城台城门（地牢壕）出土的1个陶瓮（瓮1）。

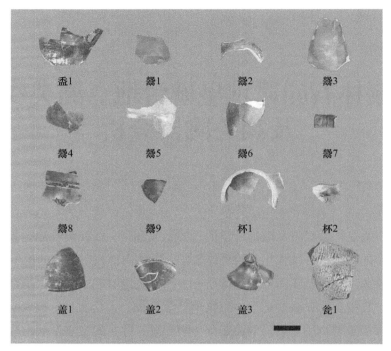

图一　石峁遗址皇城台陶器标本（比例：盉 1 为 10 厘米，余为 5 厘米）

一、检 测 结 果

在皇城台的古代样品中发现了大量淀粉粒、植硅体、霉菌和酵母细胞。

1. 淀粉粒

陶器残留物中一共发现了 840 个淀粉粒。其中 47.73% 可以分为 8 种类型，并可初步进行分类学鉴定，其中每颗淀粉粒均显示 DIC 和偏振光图像（图二）。

Ⅰ型淀粉粒为黍族（Paniceae）（n=248，比例 25.15%，出现率 93.75%），呈圆形和多边形，脐点居中，有线性或 "Y" 形裂隙，消光十字呈 "+" 形（图二，a：表面有凹深沟）。尺寸范围为 4.71—21.05μm，与现代标本中的黍（3.03—12.8μm）和粟（4.84—21.17μm）淀粉粒尺寸范围重合[9]。

Ⅱ型淀粉粒是小麦族（Triticeae）（n=89，比例 9.03%，出现率 62.5%），呈透镜体形状，脐点居中，消光十字为 "+" 或 "x"（图二，b：有凹坑和同心圆裂痕），尺寸范围为 11.71—34.2μm。这些形态的淀粉粒见于栽培大麦、小麦，也类似于中国本土的野生小麦族，包括冰草、赖草和披碱草因此很难进一步确定其种属分类。

Ⅲ型淀粉粒为水稻（*Oryza sativa*）（n=111，比例 11.26%，出现率 25%），形状呈多边形，通常为复粒聚集状态，单颗淀粉粒的尺寸范围为 2.26—10.48μm，消光十字模糊，往往仅见双折射光泽（图二，c：聚集状，糊化）。这些特征类似于我们实验数据中未被破坏以及发酵后的水稻淀粉粒。

Ⅳ型淀粉粒为百合（*Lilium* sp.）（n=11，比例 1.12%，出现率 25%），形状呈椭圆形，脐点极偏心，消光十字弯曲，可见明显层纹，尺寸范围为 17.62—59.87μm（图二，d），与现代百合淀粉粒形态一致。百合在陕北地区广泛分布[10]。

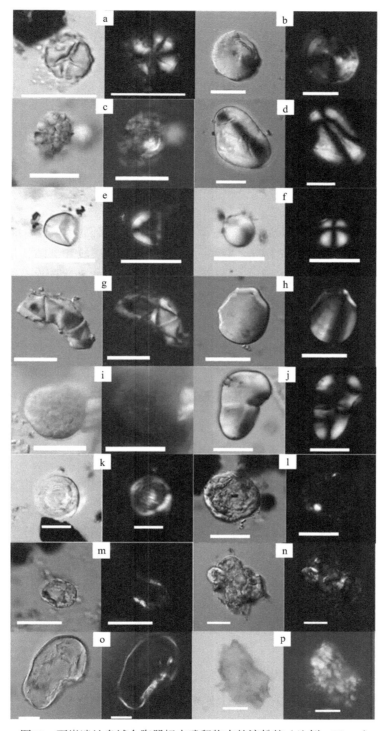

图二　石峁遗址皇城台陶器标本残留物中的淀粉粒（比例：20μm）

Ⅴ型淀粉粒为栝楼根（*Trichosanthes kirilowii*）（n=16，比例1.62%，出现率37.5%），形态包括球形、半球形、椭圆形或钟形，脐点居中或偏心，可以看到清晰的层纹和弯曲的十字消光，通常以复粒形式存在，包括3个或4个颗粒，大小范围为5.6—19.15μm（图二，e：钟形；f：椭圆形；g：多个淀粉粒聚集）。这些特征与现代栝楼根淀粉粒一致。

Ⅵ型淀粉粒为姜科（*Zingiberaceae*）（n=1，比例0.1%，出现率6.25%），形态为长椭圆形，脐点极其偏心，尺寸大小为27.41μm，脐侧有一个突出的边缘，在DIC镜下非常明显（图二，h）。这种独特的特征通常存在于姜科的淀粉颗粒上[11]，包括生姜（*Zingiber officinale*）和姜黄（*Curcuma longa*）。经比较，Ⅵ型淀粉粒与现代数据库中的生姜和姜黄淀粉粒型态相似，但由于只发现了一颗，暂时将其定为姜科。

Ⅶ型淀粉粒类似于芡实（*Euryale ferox*）（n=1，比例0.1%，出现率6.25%），为复粒淀粉粒聚集组成近圆柱体（23.23μm），单粒为小圆形或者多边形颗粒（n=21），长度范围2.54—4.36μm（图二，i），可与现代芡实淀粉粒标本对照。芡实广泛分布于中国南北方，主要生长在池塘、湖沼环境中[12]。

Ⅷ型淀粉粒类似于豆类，可能是野豌豆（*Vicia* sp.）（n=3，比例0.3%，出现率12.5%），其特征是椭圆形或肾形（图二，j），尺寸范围为23.03—38.26μm，可见层纹和裂隙，最显著的特征是消光十字上面可以观察到多个小臂，可与现代标本中的野豌豆对比。野豌豆广泛分布于包括石峁地区在内的中国北方[13]，在皇城台的浮选标本中也有发现[14]。

残留物中还发现有块茎类植物（USOs）的淀粉粒（n=23，比例2.33%，出现率43.75%）。这些淀粉粒通常是带有偏心的脐点，呈椭圆形，粒径范围为11.54—32.32μm。此外，还观察到了483个未能鉴定种属的淀粉粒（UNID）（比例48.99%，出现率100%），它们通常损伤严重，缺乏鉴定特征。皇城台陶器残留物中鉴定出的这些淀粉粒类型在新石器时代早、中期黄河流域其他遗址出土的酿酒陶器中也有发现[15]。

2. 植硅体

在皇城台陶器残留物中一共发现了403个植硅体（图三）。在四个样品中发现了黍族颖壳的植硅体，包括黍的η型（n=18，比例4.47%，出现率25%）（图三，a）和未能鉴定种属的黍族类型（n=17，比例4.22%，出现率31.25%）。8个样品中存在黍亚科中常见的哑铃型、多铃型和十字型（n=51，比例12.66%，出现率50%）（图三，d、e），极有可能也来自黍族植物。

长方形绞合状树枝型（n=5，比例1.24%，出现率6.25%）来源于早熟禾亚科的颖壳（图三，b）。残留物中小麦族淀粉粒的存在表明这些植硅体可能来自小麦族颖壳。我们对这类植硅体做了型态测量分析，以便鉴定种属[16]，但测量结果并未指明确切来源。因此，将来仍需要收集更多的现代标本，做进一步分析。

水稻颖壳的双峰型仅在杯1中发现（n=3，比例0.74%，出现率6.25%）（图三，c）。禾本科的帽型、鞍型、普通扇型和芦苇盾型存在于7个样本中（n=26，比例6.45%，出现率43.75%）（图三，f—i）。在5个样本中鉴定出可能来自真双子叶植物的毛细胞（n=19，比例4.71%，出现率31.25%）（图三，m）。除此之外，还发现有长方形粉刺纹饰型（图三，l）和刺状（图三，n）等少量植硅体，但是无法鉴定其种属来源。

在9个样本中发现了不透明穿孔片状型（n=20，比例4.96%，出现率56.25%），它们的型态差异很大，有规则或不规则穿孔（图三，j、k）。这种植硅体可能出现在菊科植物（Asteraceae）花序中[17]，也存在于藜科（*Chenopodium* sp.）茎叶、麻黄茎（*Ephedra* sp.）和藏红花（*Crocus sativus*）

蕊中（图三，q—t）。在这些植物中，有致幻作用的麻黄属广泛生长于石峁周边的黄土高原地区。此外，在鬹2、7和8发现了许多未能鉴定的不透明、无穿孔片状植硅体，其中一些长而薄，而另一些则呈扁平状或不规则形状（图三，o、p）。这些微化石中有些类似植物炭屑[18]，有可能是炊煮所致。因此，植物炭屑和不透明片状植硅体可能同时存在，有不同来源。结合陶器器型来看，这类片状微化石绝大多数发现在鬹、盉类陶器中，因此这些陶器很可能用于温酒。这些片状物可能来自有意添加到酒饮中的植物，其中一些在加热过程中被烧焦。将来需要进一步的化学分析，以检验这些器物中是否存在任何具有特殊功能（例如致幻）的植物。

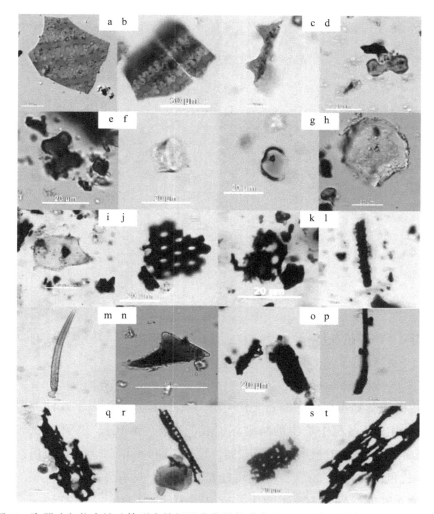

图三　陶器残留物中植硅体形态特征及炭化植物遗存（a—p）与现代标本对比（q—t）

3. 真菌

残留物标本中发现有红曲霉，可与现代标本进行对比（图四，f—j）。在石峁残留物标本中，红曲霉因成熟的程度不同呈现红色、紫色或者黑色。红曲霉从菌丝一端发育生长，形成凸起（图四，e），并逐渐分化出产囊体并不断被更多菌丝缠绕（图四，a、c），最终形成了闭囊壳，其内部结构包括子囊，内有子囊孢子（图四，b）。菌丝有隔膜，有时与闭囊壳连接（图四，d）。在16个石峁样品中，红曲霉闭囊壳发现在 15 个样品中，说明利用红酒曲酿酒，而且具有普遍性。如前所述，稻米是制作红酒曲的主要原料，但稻米淀粉粒和植硅体只见于 5 个样品中，其原因可能是稻米淀粉粒在糖化和发酵过程中很容易受到严重破坏，而难以鉴定。

在陶器样品中还发现了酵母细胞（图四，k、l），呈圆形或椭圆形，大小范围为 3.48—8.72μm，在形态上类似于酿酒酵母，一些细胞存在芽殖现象。酿酒酵母在现代榆林地区酿造的小米浑酒中存在[19]，之前的研究也表明类似的酵母细胞在新石器时代黄河中下游的酿酒遗存中有所发现[20]。

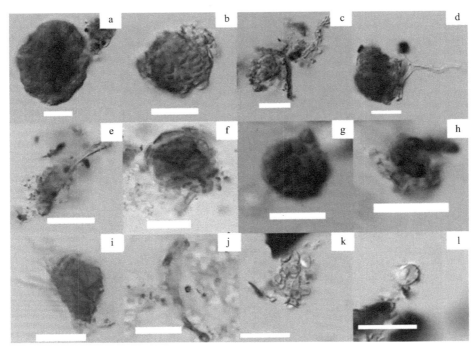

图四　陶器残留物中真菌（a—e、k、l）与现代标本对比（f—j）（比例：20μm）

4. 酿酒的证据

大多数淀粉粒由于受到损伤产生型态变化（图二），可以观察到以下几种类型：（1）非糊化损伤，可以进一步分为发芽过程中产生的酶破坏引起的损伤（n=161，比例 16.33%）（图二，a、b、k）以及可能由捣磨等造成的物理性损伤（n=238，比例 24.14%）；（2）糊化损伤，可进一步分为发酵糊化（n=123，比例 12.47%，如图二，l：可能是小麦族，具有发酵特征；m：具有发酵特征的淀粉粒，种属不明）和非发酵（蒸煮）糊化（n=303，比例 30.73%，如图二，n：一团糊化的淀粉粒，只有一些仍具有双折射；o：高度糊化的淀粉粒，呈无定形，在偏振光下无双折射）。当刚果红染色剂[21]应用于两个样品时，糊化淀粉粒在明视场下被染成红色，在偏振光下呈红色或橙色光泽（图二，p）。古代标本中淀粉粒的这些型态变化与现代酿酒实验结果一致[22]。

残留物中有黍族、早熟禾亚科和水稻的颖壳植硅体，与具有发酵损伤特征的黍族、小麦族和稻米淀粉粒可相互印证，表明这些谷物应该都是酿酒原料。少量的水稻和小麦族颖壳植硅体的出现，可能是脱壳不净的结果；但较多黍颖壳植硅体的存在，表明发芽的黍也许用作酿酒的糖化剂，酿制谷芽酒。

总之，因发酵引起形态变化的淀粉粒、较多的黍颖壳植硅体、普遍存在的红曲霉和酵母细胞为酿酒提供了有力证据。由于同时发现了较多黍颖壳植硅体和红曲霉，推测可能存在两种酿酒方式，即谷物发芽和酒曲。淀粉粒分析表明黍族的出现率和数量最高，鉴于仅鉴定出 η 型黍颖壳植硅体，这些黍族淀粉粒应主要来自黍。因此，发芽的黍可能作为糖化剂，同时黍也是主要的酿酒原料。

从杯 2、鬶 9 和瓮 1 外表面的土壤沉积物中采集的控制标本中未发现淀粉粒，仅有少量的禾本科和双子叶植物植硅体，与陶器内壁残留物的组合有明显差异，表明器内残留物中的微化石遗存不是埋藏环境污染的结果。

二、相关问题讨论

1. 石峁皇城台酒的原料配方

残留物分析表明，石峁酒的原料包括黍、小麦族、水稻、百合、栝楼根、姜科植物、芡实和野豌豆。酿酒方法包括利用谷物发芽和曲酿。在谷物发芽的方法中，糖化主要是通过发芽的黍来实现的。在曲酿方法中，可能使用了稻米和红曲霉制曲。超过 55% 的淀粉粒显示出与发酵相关的破坏特征，酵母细胞的发现进一步支持了酒的存在。

粟黍是新石器时代中国北方半干旱和干旱地区重要的粮食作物，在石峁及周边地区，粟和黍在所有大植物遗存中占有很大比例[23]。根据文献记载，黍是酿酒的主要原料。例如，《诗经·大雅·江汉》中记载到：“厘尔圭瓒，秬鬯一卣。”[24]之后，《本草纲目》记录了日常膳食的稷和用于酿酒的黍。黍用于酿酒是因为其中支链淀粉含量高，直链淀粉含量低，因此更具有黏性[25]。具有黏性的谷物有助于提高糖化效率，进而更有利于酿酒[26]。

利用红曲霉和稻米制曲说明了水稻的重要性，但水稻在陕北地区从未普遍种植。在皇城台东护墙北段地点夏时代早期地层的大植物遗存中发现有少量炭化稻米[27]，另外在黄土高原地区南部的龙山时期遗址（如山西陶寺和周家庄）中也存在稻米[28]。在之后的历史时期，有关于陕北河谷沿线存在小规模水稻种植的文献记载[29]。今天，在石峁周边的河谷仍有小规模种植。鉴于在考古记录中十分罕见，石峁遗址的稻米可能在当地有少量种植，但主要是从其他地区获得的。无论哪种情况，石峁的稻米都可能是用于特殊用途的奢侈食品。

除了黍和稻米，石峁酒残留物中还发现了其他成分，可能作为特殊味道来源或存在一定药效。例如，在鬶 3 中发现的姜科淀粉粒可能来自生姜或姜黄。在新石器早、中期的黄河中游地区，生姜可能已被用作酿酒的一种成分[30]。鉴于生姜和姜黄在亚热带和暖温带亚洲分布最广[31]，而在黄土高原尚未发现，这些植物可能是通过远距离交换带到石峁的。此外，可能还添加了其他草类，如不透明穿孔或者无穿孔片状类型植硅体，以及在鬶、盉类陶器内发现的植物炭屑。其中，植物炭屑的存在可能是由于在饮酒之前需要加热。根据《周礼·春官·郁人》记载：“郁人掌裸器。凡祭祀、宾客之裸事，和郁鬯以实彝而陈之。”郑《注》曰：“筑（捣）郁金，煮之以和鬯酒。”以及《说文·鬯》：“以秬酿郁草，芬芳攸服以降神也。”可见人们在饮用前加热香草和小米酒的混合物。又如《周礼·春官·司尊彝》：“秋尝，冬烝，裸用斝彝黄彝。”《礼记·明堂位》：“灌尊。夏后氏以鸡夷。殷以斝。"因此，青铜斝通常用于混合草药（郁金）的酒饮[32]。如今，陕北地区生产的小米浑酒也是加热后饮用[33]。我们对石峁遗址陶器残留物的分析与文字记载中的传统一致，即在酒中加入某些草本植物，经过加热后饮用。

总之，石峁遗址酒的配方成分和利用谷物发芽酿酒与黄河中游地区新石器时代早期和中期的情况基本相似[34]。利用红曲霉酿酒的方法目前最早见于河南灵宝西坡、渑池丁村以及仰韶村的仰韶时期遗址[35]，表明这一酿酒技术在中原地区有悠久传统，并向北传播进入黄土高原地区。一些非本地成分如姜科植物，表明石峁和其他地区之间存在交流。制酒过程中还添加了其他植物，可能是具有特殊功能的草本植物。

2. 石峁的酒器组合与城市化进程

陶器残留物中淀粉粒类型的出现率表现出了几个特点：①鬶、盉拥有最多淀粉粒类型，其次是器盖、瓮和杯，表明器内盛装的是多种植物原料的酒饮。②所有陶器都发现了植硅体（尤其是杯1、盖3、鬶2和瓮1），但其出现率存在差异。其中，草类茎叶植硅体可以在所有类型陶器中找到，而黍族颖壳植硅体只出现在鬶、盉和杯中。后一种情况可能与利用发芽法酿酒有关。③在瓮1的残留物中，存在黍族、大米、芡实淀粉粒类型，糊化淀粉粒以及红曲霉，但不见颖壳植硅体，表明这件瓮可能专用于酿造曲酒。仰韶时期的尖底瓶采用的是液态发酵法，小口便于密封，从而形成厌氧环境，利于将糖转化为酒精[36]。而石峁的陶瓮酿造曲酒则可能采用半固态发酵法。红曲霉属于好气性菌，大口瓮内放入蒸熟的稻米，仍有剩余空间，利于形成富氧环境，便于红曲霉和酵母繁殖。同时，在酿造过程中大口瓮还利于排出霉菌繁殖产生的热量和二氧化碳，流入新鲜空气[37]。利用大口容器酿造红曲酒的证据最早可见于仰韶时期的西坡遗址[38]。综上所述，石峁人可能使用瓮酿酒，用鬶、盉类陶器温酒，然后注入陶杯中饮酒。带有精美几何图案的器盖可能与鬶、盉配套使用。在河南省瓦店龙山文化遗址出土的一件陶盉上配有制作精良的鸟形器盖[39]，有助于推测皇城台器盖的用途。

许多被认为是酒器的陶器，如鬶和盉，流行于龙山时期的中国北方。这种现象被认为与宴饮活动的变化有关，也与城市化进程中社会政治结构和组织变化有关[40]。通过本文证据可以看到，皇城台的这组酒器器型，各自具备不同的功能，分别用来酿酒、备酒、温酒和饮酒。这一时期酒器器型多样、功能专门化的现象与之前仰韶文化尖底瓶为酿酒、储酒和饮酒一器多用的群饮传统有明显区别。这一变化可能反映了石峁宴饮方式更加仪式化和复杂化，并且更加强调社会等级和以个人为本位的观念。这些也是社会复杂化和城市化发展的组成部分。

3. 饮酒、宴享和社会政治背景的互相关系

人类学和考古学研究表明饮食习惯可以体现并影响各种社会关系，与其特定的社会背景密切相关，特别是宴饮场景[41]。皇城台为石峁遗址中心的高台建筑，在此地举行祭祀活动并提供酒饮具有特殊的社会政治意义。本文分析的陶器来自皇城台护坡堆积，因此它们可能是这个核心地区的生活垃圾。这一地点出土的考古遗物种类繁多，包括大量骨针、青铜器、玉器、陶鹰雕塑和口簧琴[42]。青铜器、陶鹰雕塑和口簧琴都是史无前例的发现或具有非本地特征的物品。口簧琴是欧

亚大陆草原游牧民族常用的一种乐器，被认为是祭祀仪式中帮助萨满与神灵联系的重要媒介[43]。皇城台显然不仅是石峁社会政治、经济和祭祀活动的核心区域，而且是与周边地区密切交往的中心。本文研究进一步表明，宴饮也是皇城台社会政治活动的一部分。结合其他考古资料，可以观察到石峁地区在城市化进程中社会政治景观的发展，其特征是人口聚集与互动、物质交流和族群冲突加剧[44]。在这个等级制度逐渐明显、竞争日益激烈的社会中，宴饮活动不仅有助于促进石峁社会内部不同群体之间的社会政治关系整合，而且还为石峁与其他地区人群之间交流和互动提供了机会，利于区域间交流网络。此外，皇城台酒饮中含有姜科植物、稻米等稀少成分，表明这些饮品可能具有特殊的功能，用于社会地位较高人群的宴享活动。

三、结　　论

近年来对史前陶器残留物中微化石的分析，已经获得有关酒的酿造和消费的大量直接证据，但这些研究主要集中在新石器时代早期和中期。本文是关于新石器时代晚期黄河中游地区社会转型时期饮酒活动的首次探讨。石峁地处黄土高原北部地区，传统上被认为是中国古代王朝文明核心区的边缘地带，但是本研究从一个新的角度揭示了在中华文明形成初期所涉及的区域实际涵盖了更广阔的地理范围及文化礼仪景观，包括宴饮方式。在石峁城市中心的核心地区皇城台，人们利用谷物发芽和曲酿两种方法，酿造出以多种谷物和块茎为原料的酒类，主要包括黍、小麦族、水稻、百合、栝楼根、姜科、芡实和野豌豆。石峁人使用的酿造方法和原料与新石器时代早、中期黄河中游地区的酿酒技术具有基本的传承关系，但是酿酒与饮酒的陶器组合发生了明显的转变，更加专门化和仪式化，与黄河流域中下游其他龙山文化区域中心的情况类似，反映了石峁的宴饮方式可能主要受到中原地区同时期文化的影响。饮酒可能在皇城台的祭祀活动中发挥了重要作用，是石峁人和其他群体之间开展互动、建立各种社会关系的重要媒介，以结盟或竞争为目的的宴饮有助于石峁在黄土高原地区塑造新的社会秩序和社会关系。

附记：该项目是斯坦福大学与陕西省考古研究院的长期合作成果。感谢王佳静和冯索菲协助陶器残留物的采集工作，感谢王佳静和 Maureece Levin 在植硅体鉴定方面提供的帮助。这项工作得到了斯坦福考古中心 Min Kwaan 中国考古项目基金的支持。

注　　释

［1］ Bray T. The archaeology and politics of food and feasting in early states and empires. Boston, MA: Springer, 2003.

［2］ a. Fung C. The drinks are on us: Ritual, social status, and practice in Dawenkou burials, North China. Journal of East Asian Archaeology, 2000(2): 67-92. b. Liu L. Ancestor worship: An archaeological investigation of ritual activities in Neolithic North China. Journal of East Asian Archaeology, 2000(2): 129-164. c. Nelson S. Feasting the ancestors in early China. Bray, Tamara L(Ed.). The Archaeology and Politics of Food and Feasting in Early States and Empires. Boston, MA: Springer, 2003: 65-89. d. Underhill A. An analysis of mortuary ritual at the Dawenkou Site, Shandong, China. Journal of East Asian Archaeology, 2000(2): 93-127.

［3］ a. 凌纯声：《中国酒之起源》，《民族学研究所集刊》，民族研究所，1958 年，第 883—901 页；b. 温少峰、袁庭：《殷墟卜辞研究（科学技术篇）》，四川省社会科学院出版社，1983 年。

［4］ a. Liu L, Wang J, Levin M, et al. The origins of specialized pottery and diverse alcohol fermentation techniques in Early Neolithic China. Proceedings of the National Academy of Sciences, 2019(26): 12767-12774. b. McGovern P, Zhang J, Tang J, et al. Fermented beverages of pre-and proto-historic China. Proceedings of the National Academy of Sciences, 2004 (51): 17593-17598. c. 王佳静、刘莉、Ball Terry 等：《揭示中国 5000 年前酿造谷芽酒的配方》，《考古与文物》2017 年第 6 期，第 45—53 页。

［5］ Liu L. Communal drinking rituals and social formations in the Yellow River valley of Neolithic China. Journal of Anthropological Archaeology, 2021(63): 101310.

［6］ a. Liu L. The Chinese Neolithic: Trajectories to early states. Cambridge: Cambridge University Press, 2005. b. Liu L, Chen X. The archaeology of China: From the late Paleolithic to the early Bronze Age. Cambridge: Cambridge University Press, 2012.

［7］ Underhill A. Urbanization and new social contexts for consumption of food and drink in Northern China. Archaeological Research in Asia, 2018(14): 17-19.

［8］ a. 刘莉、王佳静、陈星灿等：《山东大汶口文化酒器初探》，《华夏考古》2021 年第 1 期，第 49—61 页；b. McGovern P, Underhill A, Fang H, et al. Chemical identification and cultural implications of a mixed fermented beverage from late Prehistoric China. Asian Perspectives, 2005(2): 249-275.

［9］ Liu L, Ma S, Cui J. Identification of starch granules using a two-step identification method. Journal of Archaeological Science, 2014(52): 421-427.

［10］ 唐进、汪发缵：《中国植物志》（第 14 卷），科学出版社，1980 年，百合科（一）。

［11］ Torrence R, Barton H. Ancient starch research. New York: Routledge, 2016: Fig.27.

［12］ 关克俭：《中国植物志》（第 27 卷），科学出版社，1979 年，毛茛科（一）、睡莲科、金鱼藻科、领春木科等。

［13］ a. 崔鸿宾：《中国植物志》（第 42 卷），科学出版社，1988 年，豆科（五）；b.《高家堡镇志》编纂委员会：《高家堡镇志》，陕西人民出版社，2016 年。

［14］ 杨瑞琛、邸楠、贾鑫等：《从石峁遗址出土植物遗存看夏时代早期先民的生存策略选择》，《第四纪研究》2022 年第 1 期，第 101—118 页。

［15］ a. 同［4］a；b. 同［4］c；c. 同［5］。

［16］ a. Ball T. A morphometric study of variance in articulated dendritic phytolith wave lobes within selected species of Triticeae and Aveneae. Vegetation History and Archaeobotany, 2017(1): 85-97. b. Ball T. Morphometric analysis of phytoliths: Recommendations towards standardization from the International Committee for Phytolith Morphometrics. Journal of Archaeological Science, 2016(68): 106-111.

［17］ Piperno D R. Phytoliths: A comprehensive guide for archaeologists and paleoecologists. Lanham: Rowman Altamira, 2006.

［18］ a. 李成、李戈、李仁成等：《植物燃烧微炭屑与植硅体的比值研究》，《微体古生物学报》2019 年第 1 期，第 79—86 页；b. 张健平、吕厚远：《现代植物炭屑形态的初步分析及其古环境意义》，《第四纪研究》2006 年第 5 期，第 857—863 页。

［19］ 同［4］a。

［20］ a. Wang J, Liu L, Georgescu A, et al. Identifying ancient beer brewing through starch analysis: A methodology. Journal of Archaeological Science: 2017 (15): 150-160. b. 刘莉、王佳静、陈星灿等：《北辛文化小口双耳罐的酿酒功能研究》，《东南文化》2020 年第 1 期，第 74—84 页。

［21］ Lamb J, Loy T. Seeing red: The use of Congo Red dye to identify cooked and damaged starch grains in archaeological residues. Journal of Archaeological Science，2005(10): 1433-1440.

[22] 同［20］a。

[23] a. 高升：《陕北神木石峁遗址植物遗存研究》西北大学硕士学位论文，2017 年；b. 高升、孙周勇、邵晶等：《陕西榆林寨峁梁遗址浮选结果及分析》，《农业考古》2016 年第 3 期，第 14—19 页。

[24] 何驽：《郁鬯索考》，《考古学研究》（十），科学出版社，2013 年。

[25] Hunt H, Denyer K, Packman L, et al. Molecular basis of the waxy endosperm starch phenotype in broomcorn millet (Panicum miliaceum L) Molecular Biology and Evolution, 2010(7): 1478-1494.

[26] Kuo S, Chen Y, Yin S, et al. Waxy allele diversification in foxtail millet (Setaria italica) landraces of Taiwan. PLoS One, 2018 (13): e0210025.

[27] 同［14］。

[28] a. 蒋宇超、戴向明、王力之等：《大植物遗存反映的龙山时代山西高原的农业活动与区域差异》，《第四纪研究》2019 年第 1 期，第 123—131 页；b. 赵志军、何驽：《陶寺城址 2002 年度浮选结果及分析》，《考古》2006 年第 5 期，第 77—86 页。

[29] 杨蕤：《稻谷与塞北大地》，《榆林日报》2017 年 6 月。

[30] a. 同［5］；b. 赵雅楠、刘莉：《陇东地区仰韶文化酿酒之法初探——以秦安大地湾遗址为例》，《中原文物》2021 年第 1 期，第 49—63 页。

[31] 吴德邻：《中国植物志》（第 16 卷），科学出版社，1981 年，蕉科、姜科、美人蕉科、竹芋科、水玉簪科。

[32] a. 同［24］；b. 吴伟：《铜斝研究》，陕西师范大学硕士学位论文，2009 年。

[33] 同［4］a。

[34] 同［5］。

[35] a. Feng S, Liu L, Wang J, et al. Red beer consumption and elite utensils: The emergence of competitive feasting in the Yangshao culture, North China. Journal of Anthropological Archaeology, 2021(64): 101365. b. 刘莉、李永强、侯建星：《渑池丁村遗址仰韶文化的曲酒和谷芽酒》，《中原文物》2021 年第 5 期，第 75—85 页；c. 李静波、刘莉、崔银芝：《仰韶村遗址尖底瓶残留物初步分析报告》，待刊。

[36] 同［5］。

[37] 包启安、周嘉华：《酿造》，大象出版社，2007 年。

[38] 同［35］a。

[39] 河南省文物考古研究所：《禹州瓦店》，世界图书出版社，2004 年，图版 24。

[40] 同［2］d。

[41] Hastorf C. The social archaeology of food: Thinking about eating from prehistory to the present. Cambridge: Cambridge University Press, 2017.

[42] 孙周勇、邵晶、邸楠：《石峁遗址皇城台地点 2016—2019 年度考古新发现》，《考古与文物》2020 年第 4 期，第 3—11 页。

[43] 孙周勇：《陕西神木石峁遗址出土口簧研究》，《文物》2020 年第 1 期，第 44—53 页。

[44] Sun Z, Shao J, Liu L, et al. The first Neolithic urban center on China's north Loess Plateau: The rise and fall of Shimao. Archaeological Research in Asia, 2018(14): 33-45.

（原载于《考古与文物》2022 年第 2 期）

石峁遗址皇城台东护墙北段出土陶器的
成分与岩相分析

刘娜妮　　刘思然　　陈坤龙　　孙周勇　　邵　晶　　邸　楠　　邵安定

石峁遗址位于陕西省神木市高家堡镇，地处黄土高原北部、毛乌素沙地南缘，黄河一级支流——秃尾河在此与其支流洞川沟交汇。2011年以来系统的考古工作表明，石峁遗址是北方地区龙山时代晚期至二里头文化早期的一处超大型中心聚落。石峁遗址主体内涵为面积逾400万平方米的石砌城址，位于城址内城的偏西居中部的皇城台是其最核心的区域[1]。

2016年5—12月，石峁考古队对皇城台东护墙北段上部（小地名"獾子畔"，曾称"地牢壕墩"）进行了试掘。在护墙外第3层倒塌堆积下发现了自内而外倾斜的第4层堆积，其下直接叠压护坡石墙。据阶段性发掘资料及测年结果，其性质被判断为皇城台使用期间的"弃置堆积"，绝对年代为公元前2000年左右[2]。该层堆积较厚、内涵丰富，出土陶器、骨器、石器、玉器等大量遗物。其中陶器主要包括敞口盆、喇叭口折肩罐、三足瓮、高领鬲、斝、豆、盉等类型，多为石峁遗址稍晚阶段的常见器类，在外城东门址和内城韩家圪旦等地点亦有发现[3]。

在考古学研究尤其是史前考古学研究中，陶器可谓是最丰富、最重要的遗物之一。近年来，在类型学分析的基础上，开展包括制作技术在内的综合研究，以完整把握由生产、流通、使用、废弃等环节构成的陶器"生命过程"的研究理论在国内逐渐得到重视[4]。2017年初，我们启动了对石峁及相关遗址发掘和调查所得陶器资料的制作技术研究，以期在多层面获取陶器技术信息的基础上，进而探讨与之相关的资源利用、生产组织、流通分配等社会经济层面的问题。本文报告了皇城台东护墙北段出土陶器的分析结果及初步认识，以资相关研究参考。

一、材料与方法

1. 样品概况

本文分析的陶器样品均为2016年度皇城台东护墙北段上部弃置堆积发掘所得，计61件。经初步观察，包括鬲17件、罐23件、豆13件、盆8件等器类，泥质陶为主，夹砂陶次之；陶色多为灰色，亦见部分红褐、褐陶及少量磨光黑陶；陶鬲均饰绳纹，盆、罐以篮纹为主，豆则均为素面（图一）。

2. 岩相分析方法

本文对所有样品进行了岩相分析。将陶器残片制成30μm厚度的岩相薄片后通过偏光显微镜观

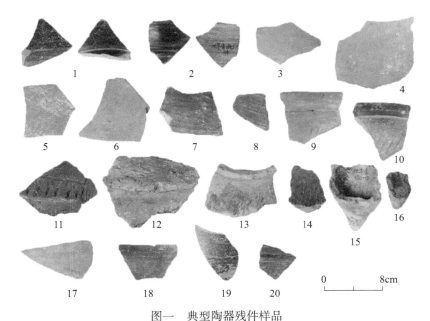

图一　典型陶器残件样品

1—8. 罐（DLHD-1、4、27、28、30、35、36、44）9、10. 盆（DLHD-58、59）
11—16. 鬲（DLHD-6、8、10、14—16）17—20. 豆（DLHD-45、47、54、56）

察其岩相组成。陶器的岩相组成包括黏土基质、包含物与孔洞三部分。根据泥质陶细颗粒物的含量及粒径分布特点，本文将粒径小于 200μm 的细砂粒、粉粒及黏粒组成的陶质基体称为"黏土基质"，包含物则指制陶黏土中携带或人为加入的颗粒物或有机质，孔洞是由原料制备或烧制过程而产生的裂隙以及夹杂物之间的通道等[5]。使用 Leica DM2700P 型偏光显微镜进行岩相观察及照相，后期使用图像处理软件 ImageJ 进行点计数，测量夹杂物的粒径，每件样品至少计数 300 点。

3. 元素成分分析方法

选取 34 件样品（鬲 9、豆 7、盆 7、罐 11 件）进行元素成分分析。将待测陶片清洗干净，烘干后击碎去除大颗粒（粒径约＞0.2mm）；使用振动磨研磨成粉末，称取 5g 制成压片。元素分析所用仪器为 Bruker PUMA S2 型能量色散 X 射线荧光分析仪。测试条件为：Ag 靶，管电压 40kV—50kV，电流 2mA，光斑直径 28mm，Ceramic 模式。测试元素包括：钠（Na）、镁（Mg）、铝（Al）、硅（Si）、钾（K）、钙（Ca）、钛（Ti）、铁（Fe），均以氧化物形式表示，用标准曲线进行定量。通过中国科学院上海硅酸盐研究所研制的古陶瓷分析用烧结标准物质（10 种）建立标准曲线[6]，并使用 C-7 号标准物质作为参考样品验证定量精度。由表一可知，该分析条件下，除 Mg 外其他元素的测量相对误差均在 10% 以下。

表一　C-7 号标准物质的标定值及测试值

标准物质 C-7	Na_2O	MgO	Al_2O_3	SiO_2	K_2O	CaO	TiO_2	Fe_2O_3
标定值（wt%）	1.32	2.96	19.74	55.59	2.01	3.24	1.34	13.79
测试值（wt%）	1.26	2.64	19.23	54.77	1.99	3.18	1.35	14.69
绝对误差（wt%）	0.06	0.32	0.51	0.82	0.02	0.06	-0.01	-0.9
相对误差（%）	4.5	10.8	2.6	1.5	1	1.9	0.7	6.5

二、分析结果

1. 岩相分析结果

经岩相观察，本次分析的 61 件样品中有 59 件样品的黏土基质显微特征较为接近。其中泥质陶样品胎体内孔隙较少，以较细的伸长型孔隙为主，具平行特征，显示陶胎成形时曾经历拍打等修整过程。黏土基质中包含物以石英、长石的粉粒及细砂粒为主，粒径较为均匀，部分可观察到少量云母颗粒（图二，a、b）。夹砂陶中孔隙多见，以较大的裂隙为主，黏土基质与泥质陶相似，存在较多非塑性与塑性包含物，多具棱角或次棱角特征（图二，c、d）。通过点计数对黏土基质中的砂屑和夹杂物粒径进行统计，可知泥质陶与少量夹砂陶粒径分布呈单峰模式，而绝大多数夹砂陶则呈双峰模式。同时，细颗粒的粒径分布特征显示夹砂陶主要使用的黏土与泥质陶相近（图三）。需要指

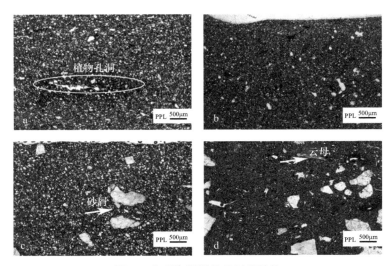

图二　典型陶器样品的显微结构

a. 罐（DLHD1-28）　b. 罐（DLHD1-1）　c. 罐（DLHD1-45）　d. 鬲（DLHD1-6）

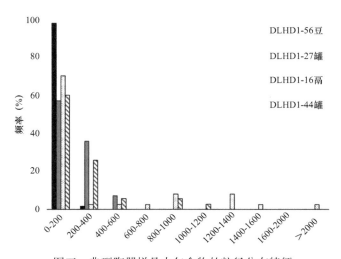

图三　典型陶器样品中包含物的粒径分布特征

出的是，经点计数法分析，淘洗可将黄土含砂量由36%降至20%（笔者统计了淘洗前后的黄土模拟样品），上述样品黏土基质中的细砂粒/粉粒含量存在一定差异（图四），可能反映了淘洗、沉降等处理过程有所区别。

除上述样品外，有两件陶器样品的岩相结构与其他样品存在明显差异。罐DLHD1-36在单偏光下可观察到流纹状构造，矿物颗粒中粒径较大的长石颗粒（图五，a）。鬲DLHD1-10含较多斜辉石、方解石、云母和长石颗粒，总砂量明显大于其他样品（图五，b）。

夹砂陶中存在多种羼合料，其尺寸一般在200—300μm以上，在粒度统计中与黏土基质中的粉砂形成明显的双峰分布（图三），显示其是在制陶过程中人为添加的。根据羼和料来源可分为沉积岩碎屑（7件）、熟料（1件）、砂质（17件）、铁镁矿物岩屑（3件）四大类。沉积岩碎屑包括泥岩碎屑、碳酸盐岩碎屑（图六，b）和砂岩碎屑等，泥岩碎屑也存在差别，部分泥岩碎屑含砂量较高，且包含丰富铁质微矿物（图六，a），部分泥岩碎屑含砂量较低（图六，d）；熟料为粉碎的陶器残片（图六，c），并时常伴有泥岩碎屑；砂质羼和料主要为分散状态的石英、长石颗粒，并可见少量花岗岩碎屑（图六，f）、砂岩碎屑、碳酸盐岩、斜辉石等；铁镁矿物岩屑（图六，e）常存在于细腻黏土、无或少见其他夹杂物的陶器残片中。从夹杂物形状、粒径尺寸及分布来看，棱角明显尖锐，粒径大且分选度差的沉积岩型和铁镁矿物岩屑型羼和料可能主要通过粉碎岩石获得。而分选度较好，有一定磨圆度，且多为矿物单晶颗粒的砂质羼和料可能取自当地河流冲击砂。

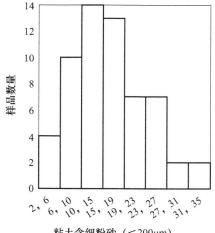

图四　样品黏土中含细粉砂量
分布直方图

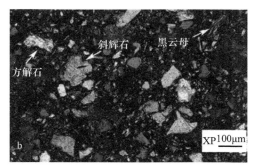

图五　两件异常陶器的岩相显微结构
a. 罐（DLHD1-36）　b. 鬲（DLHD1-10）

就器物类型而言，鬲样品所见羼和料类型多样，覆盖了以上所有种类，最为常见的是砂质羼和料。盆样品中常见砂质、泥岩和碳酸盐岩碎屑等羼和料，其中碳酸盐岩仅见于盆样品，其中一样品可见碳酸盐岩碎屑与泥岩碎屑。少数罐样品中可见砂质羼和料（图七）。此外，不同器物类型羼合料粒径分布也有所差异，其中陶鬲羼合料粒径较大，平均粒径约0.6mm，最大者可达5mm；陶罐与陶盆样品中的羼合料粒径相对较小，平均粒径约为0.4mm，最大可达2mm。

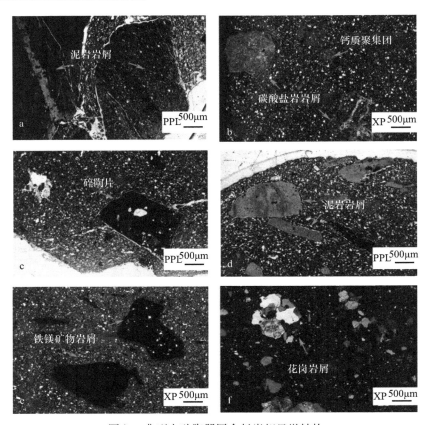

图六　典型夹砂陶器羼合料岩相显微结构
a. 鬲（DLHD1-8）　b. 盆（DLHD1-58）　c. 鬲（DLHD1-15）
d. 鬲（DLHD1-12）　e. 鬲（DLHD1-12）　f. 鬲（DLHD1-14）

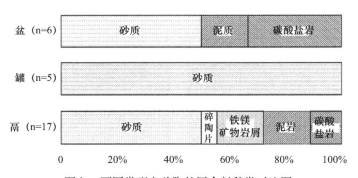

图七　不同类型夹砂陶的羼合料种类对比图

2. 成分分析结果

34 件样品的元素成分分析结果显示，本次分析的陶器样品的 Al_2O_3 在 14.41%—26.12%（质量百分比，下同）、MgO 在 0.75%—4.64%、K_2O 在 0.48%—1.41%、CaO 在 0.61%—9.68%、Fe_2O_3 在 5.47%—11.98%、TiO_2 在 0.65%—1.05%。绝大多数样品 Al_2O_3 低于 20% 且相差不大，SiO_2 含量则较为离散（图八，a），均属于普通易熔黏土。仅样品 DLHD1-36 具高铝特征（Al_2O_3 含量为 26.12%），而助熔剂含量较低。CaO 含量方面，多数样品（27 件）的 CaO 含量在 3% 以下，部分样品（7 件）含量较高（4.6%—9%），在 SiO_2-CaO 散点图上区分为明显的两组（图八，b）。

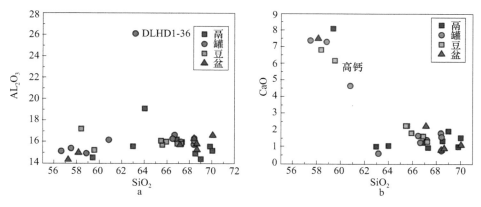

图八　不同类型陶器的硅—铝（a）与硅—钙（b）散点图

结合岩相分析结果可以发现，6件高钙样品的显微结构中可见不同种类的高钙物相。DLHD1-10富含斜方辉石、方解石和白云母颗粒，并可见较大尺寸的黑云母颗粒（图五，b），DLHD1-58可见石灰石羼和料（图六，b）。这两件样品的高CaO含量可能主要来自羼和料的贡献，其黏土基质仍属低钙类型。DLHD1-1、27、34、51、55则应使用了高钙含量的黏土原料，其岩相结构中的钙质聚集团应为烧制过程中黏土内的钙质结核发生化学变化所导致（图六，b）。

三、相关问题讨论

根据成分和岩相分析结果，我们对本文所及陶器样品的原料选择及制作技术等方面的特点进行初步讨论。首先，就陶器的黏土原料而言，本次分析的多数样品黏土基质的粉粒及细砂粒含量较低，且少见植物孔洞（图二，a），表明陶工对黏土原料经过了淘洗、筛分等处理。至于其制陶黏土的来源，周仁等早年提出的红黏土、古土壤和沉积土的三种选择，至今仍具有重要的指导意义[7]。红黏土是覆盖于黄土—古土壤序列之下的晚第三纪红色粉砂质黏土沉积，广泛分布于黄土高原地带[8]。有研究显示，红黏土的化学组成以富含碳酸盐为特征，钙含量通常高于第四纪黄土和古土壤[9]。冲积土发育于河流冲积物上，常含较多砂粒径大小的颗粒，而粉砂含量则明显低于原生黄土[10]。

石峁遗址地处黄土高原北部、毛乌素南缘，区域内第三纪红黏土分布广泛，多见于沟脑及冲沟中上游各坡处；第四纪各阶段黄土中均夹有古土壤层，尤其是离石黄土下部夹棕红色古土壤厚30—70米，最多可达20余层[11]。如前文所述，根据CaO的不同，本次分析的陶器样品可明显分为两组，70%以上样品的CaO含量在3%以下，其他样品则呈现高CaO和高MgO的特点。此外黏土基质粉砂含量统计表明个别样品的粉砂量极低（如鬲DLHD1-6、14低于10%，罐1、31在10%—15%），其来源可能与高粉砂样品存在差异。综合考虑前述判别因素，低粉砂黏土可能取自河流冲积土，但也不能排除古土壤和第三纪红黏土经反复淘洗后亦可获得类似的低粉砂原料的可能。剩余样品中低钙黏土可能取自古土壤层，而高钙组陶器可能大部分使用了第三纪红黏土作为原料生产。

羼合料方面，不同类型的陶器样品表现出较大差异。经分析的陶鬲样品均为夹砂陶，其羼合料种类涵盖了本研究所见的沉积岩、铁镁质岩屑、熟料和砂质四种主要类型。不同器类之间夹砂陶比例和羼合料类型的区别，表明其生产者显然可根据器物的类型与功能选择是否使用羼合料。如鬲作为炊煮用具需要好的导热性与抗热震性，添加一定量的羼合料可显著增强这些性能。从羼合料的种类来看，使用最广泛的砂质羼合料很可能是取自河流中的冲砂，而沉积岩类羼合料则可通过粉碎岩石获得。值得注意的是，不同种类的羼和料几乎不见混用现象，如陶鬲的羼和料可以明显分为砂质、熟料及沉积岩三组，这种情况似显示了其来源上的明确差异。此外，石峁城址内大量用于砌筑城墙的砂岩却极少见于陶器的羼合料中，似乎也暗示这种差异并非偶然。考虑到这批陶器出土地点相对较为集中，使用年代应也比较接近[12]，羼合料类型上的显著差异或许反映了它们出自不同的制陶作坊或工匠群体。

这批样品中还出现了两件特殊样品，DLHD1-36 使用了高铝黏土，其岩相特征具有流纹状构造，黏土基质明显不同于其他样品。DLHD1-10 为高钙黏土，但与一般含大量钙结核的高钙黏土不同，其黏土基质中含有大量斜辉石、方解石、白云母。这两件样品与其他陶器原料黏土基质存在较大差异，其具体来源目前尚不清楚。从器型观察，这两件样品分别为鬲和罐，未显示明显的外来文化因素，可能为陶工制陶时一类较为小众的黏土选择，其是否与陶器的特定功能或来源有关仍需进一步分析研究。

上述结果显示，虽然这批陶器的出土地点和使用年代相对集中，但在选料和工艺上表现出较为明显的差异，显示它们可能来源于石峁遗址内外多个不同的陶器生产作坊。

附记：本文为国家社科基金重大项目"石峁遗址考古发掘与研究"（编号：17ZDA217）的阶段性成果。陈坤龙为本文通讯作者，在研究过程中得到了马泓蛟博士的指导，邹桂森、王元锴和杨帆等同学在实验过程给予了帮助。在此一并谨致谢忱！

注　　释

[1]　a. 陕西省考古研究院、榆林市文物考古勘探工作队、神木县文体局：《陕西神木县石峁遗址》，《考古》2015 年第 5 期，第 60—71 页；b. 陕西省考古研究院、榆林市文物考古勘探工作队、神木县石峁遗址管理处：《陕西神木县石峁城址皇城台地点》，《考古》2017 年第 7 期，第 46—56 页。

[2]　a. 同［1］b；b. 孙周勇、邵晶、邸楠等：《陕西神木石峁遗址皇城台发掘取得重要收获》，《中国文物报》2020年 2 月 7 日，第 5 版。

[3]　a. 同［1］b；b. 邵晶：《试论石峁城址的年代及修建过程》，《考古与文物》2016 年第 4 期，第 102—108 页。

[4]　a. Skibo J M. Understanding pottery function. In Understanding Pottery Function. New York: Springer, 2013. b. Rice P M. Pottery analysis: a sourcebook (2nd ed.). Chicago: University of Chicago Press, 2015. c. 赵辉：《当今考古学的陶器研究》，《江汉考古》2019 年第 1 期，第 3—14 页。

[5]　Quinn P S. Ceramic Petrography: The Interpretation of Archaeological Pottery&Related Artefacts in Thin Section. American: Archaeopress Archaeology, 2013.

[6]　吴隽、罗宏杰、李家治等：《中国古陶瓷的断源断代》，《硅酸盐学报》2007 年第 S1 期，第 39—43 页。

[7]　周仁、张福康、郑永圃：《我国黄河流域新石器时代和殷周时代制陶工艺的科学总结》，《考古学报》1964 年第 1 期，第 1—27 页。

［8］ a. 彭华、吴志才：《关于红层特点及分布规律的初步探讨》，《中山大学学报》（自然科学版）2003 年第 5 期，第 109—113 页；b. 弓虎军：《中国黄河中游地区新近纪红黏土的成因》，西北大学博士学位论文，2007 年。

［9］ 陈旸、陈骏、刘连文：《甘肃西峰晚第三纪红黏土的化学组成及化学风化特征》，《地质力学学报》2001 年第 2 期，第 167—175 页。

［10］ 岳占伟、荆志淳、刘煜等：《殷墟陶范、陶模、泥芯的材料来源与处理》，《南方文物》2015 年第 4 期，第 152—159 页。

［11］ 神木县志编撰委员会：《神木县志》，经济日报出版社，1990 年，第 38—43 页。

［12］ 同［2］。

（原载于《考古与文物》2022 年第 2 期）

石峁遗址的快轮制陶技术

郭　梦　孙周勇　邵　晶　李建西著
郭　梦译

一、介　　绍

陶车即拉坯机，是一种可旋转的装置，古今中外广泛用于陶器的制作。陶车高速旋转时会产生离心力，从而将陶土形成器皿。这种设备及其相关的快轮拉坯技术在世界各地都有独立的发展。公元前五千纪下半叶，近东地区发明了陶车[1]，这是全世界范围内该装备最早的证据。公元前四千年后半期，美索不达米亚开始使用陶车[2]。埃及人在第四王朝早期（公元前2640—前2604年）引进了这项技术[3]。中国古代文明早在公元前5000年前就已开始使用陶车，而在公元前3000年，黄河中下游地区见证了快轮技术的巨大进步[4]。

陶车的产生可归因于各种经济和社会因素。与泥条筑成法等其他技术相比，陶车能让熟练陶工更高效地生产出更多陶器。凭借其高效率、学习成本和技术投资，与其他成型技术相比，快轮技术更倾向于与专业化联系在一起，甚至是全职生产和大规模工业化[5]。从生产模式来看，作坊式工业、乡村工业和大规模工业容易广泛采用快轮技术[6]。然而，经济因素并不能完全解释快轮技术的采用。应该指出的是，社会变革可能是此类基本技术革新的主要推动力。黎凡特、塞浦路斯、克里特岛和中欧的历史案例表明，在解释陶工采用或拒绝使用陶车的选择时，技术原因、社会认同和精英阶层对精美器皿的需求都应被考虑在内[7]。

中国自新石器时代起，陶车就在陶器的成型、修整甚至装饰方面发挥着至关重要的作用。在娴熟的轮制技术基础上，陶工们发明了一种在快速旋转的陶车上用特制的刀具旋削生坯的操作，以使器皿更薄、更光滑。在中国传统制陶工业中，这种技艺被称为利坯[8]。这种技术可追溯到山东龙山文化（公元前3000—前2000/1900年）。龙山文化精致的蛋壳黑陶需要通过利坯才能达到1—2毫米的厚度[9]。然而，目前尚不清楚这种技术是否在中国新石器时代和青铜时代早期的其他地区使用过。此外，如果修坯刀在快轮过程中遇到一定的阻力，修坯刀的震颤弹跳会在表面留下连续、有节奏的纹理，在传统陶瓷艺术中被称为"跳刀纹"[10]。当代陶艺家在新石器时代、青铜时代和明代（1368—1644年）之前的历史时期的一些陶瓷器上发现了这种装饰[11]，但考古学家并不了解"跳刀纹"及其与陶车应用的关系。

陶车在中国的起源和早期应用仍不清楚。共有三个考古学文化提供了新石器时代中晚期初始快轮技术的证据，包括黄河下游的大汶口文化中晚期（公元前3100年之前）、大溪文化晚期（公元前3300年左右）和崧泽文化晚期（公元前3200—前3100年）[12]。然而，这三个地区是独立发明了快轮技术，还是有一个源头最先发明了快轮技术，尚无定论。直到公元前3世纪，中国北方和西北地区的快轮技术才有了重大发展[13]。李文杰认为黄河流域的快轮技术是由东向西传播的，是通过黄河中游的山西省由南向北传播的。直到最近，在黄土高原北部还没有足够的材料来探讨这一问题。最近在黄土高原石峁青铜时代早期遗址出土的陶器提供了高度发达的快轮技术的证据，揭示了陶车在中国北方的早期应用。

本文将探讨与石峁快轮技术有关的一系列问题。在研究了大量的陶器遗存，了解石峁制陶技术的全貌，尤其是各种成型技术的应用程度和范围的基础上，尝试回答石峁的快轮技术是当地发明的，还是从已经使用快轮的地区通过交流和迁移带来了这种技术或轮制陶器的问题。如果是后者，则必须进一步研究其可能的来源。

二、石峁遗址及其陶器

石峁遗址位于今陕西省神木县境内，是中国北方一处规模宏大的青铜时代石城聚落。该聚落始建于公元前 2300 年，废弃于公元前 1800 年左右，从龙山时代晚期一直延续到夏代早期[14]。

石峁遗址占地面积达 400 万平方米，是当时最大的聚落之一。陕西省考古研究院自 2011 年起对石峁遗址进行了全面发掘。发掘揭示了石峁遗址的复杂结构，包括宫殿中心、石砌内外城墙、城门、炮台、瞭望塔、祭祀场所和居住区。壁画、玉器、青铜器、骨器、石雕、口簧和大量陶器的出现，实证了石峁在整个河套地区的社会等级中的重要地位[15]。此外，石峁创造的一系列核心符号，如青铜礼器和精英阶层赞助的相关专业工艺品，可能被中原地区的二里头政权所采用[16]。因此，石峁遗址的发现引发了学术界对"北方文化圈"在中华文明起源和发展中所扮演角色的重新思考。

石峁皇城台护墙外的废墟中出土了大量的陶片。器型包括各种三足器，如鬲、斝、盉、瓮。平底容器，如尊、罐、豆等；以及作为建材等的瓦、排水管和陶鹰。大多数陶器都是手制的灰陶，在类型和制造技术上与当地的龙山时代传统相一致。石峁出土的少量磨光黑陶，代表了一种新的陶器类型。初步观察表明，这些黑陶有可能是用快轮拉坯的方法制造的。

与石峁出土的其他珍贵文物（如青铜器、玉器和独特的石雕）不同，陶器一直没有引起学术界的足够重视。近三年来，研究人员对这些被忽视的文物表现出越来越浓厚的兴趣。有学者使用手持式 X 射线荧光分析仪获取陶鹰成分数据的研究表明，这些雕像和实用器皿都是由化学成分相似的黏土制成的[17]。吴浩森（Womack）等人[18]对石峁典型陶器残片进行了岩相学分析，发现泥料配方的多样性十分突出，从而提出石峁遗址的陶器生产可能没有受到严格控制。值得注意的是，尽管他的研究专门选择了表面有各种颜色和处理的陶片，但上述研究都没有涉及到石峁的陶器成型技术这一主题。因此，我们对这种技术仍然知之甚少。鉴于快轮技术可能并非起源于石峁，正确识别轮制陶器将有助于进一步了解快轮技术的发展以及石峁与邻近地区之间潜在的陶器贸易等关键问题。

三、方法和材料

根据陶瓷民族考古学和模拟实验的研究，专家们归纳出了与各类成型和修整技术的宏观和微观特征[19]。

成型、修整和表面处理可能会在陶器上留下一些可以分辨的特征。如若保存完好，这些技术痕迹就能为判断成型技术提供最方便的指标。在宏观特征因后续操作而改变或消除的情况下，器坯内的包含物和气孔的排列取向、气孔形状等微观属性也能提供成型技术的有效信息（表一）。微观特征可以通过 X 射线照相术和岩相研究有效地揭示出来[20]。

表一 轮制陶器的技术痕迹

部位	技术痕迹
坯体质地	一般为非常细腻的黏土
器形	圆形，轴对称器型
器壁厚度	从上到下厚度逐渐增加
底部外壁	偏心涡纹
底部内壁	内底部中心凸起
器壁	螺旋式拉坯指痕和麻花状扭转皱纹
裂缝	器底出现 S 状裂痕
微观痕迹	在射线照相术下，夹杂物和气孔倾斜倾向；气孔通常呈长条状

除非被随后的加工掩盖，轮制技术可以通过其表面螺旋状的切面和砂砾拖痕来识别[21]。由于其略带弧度的单刀划痕，跳刀纹经常被误认为是指甲痕。然而，跳刀纹在长度、宽度、倾斜角度和斜线距离方面的高度一致性是无法通过用人的指甲加工黏土来实现的。

本文共选取了 171 件陶器样品进行技术特征观察，包括 30 件完整或可复原器皿，以及 141 件陶片。除极个别例外，每个碎片可代表一件器物。由于样本中的大部分陶片都是口沿至颈部或器身的碎片，因此可以识别它们的器型。样本包括至少 20 种器皿和其他陶器。取样时特别注意选择了可能代表不同文化、不同类型的器物。这些样本大多是龙山文化晚期至青铜时代早期的石峁文化（公元前 2300—前 1800 年）典型器形的残片[22]。这些器形包括三足器 54 件（鬲、甗、斝、鬶、瓮）、豆 18 件、瓿 23 件、罐和尊 34 件（图一；表二）。其他器型有盆 12 件、器盖 10 件、盉 5 件、三足杯 4 件、碗 4 件、缸 1 件、盘 1 件、排水管 1 件、瓦 1 件、陶鹰 2 件和一个器型不明的残片。所有样品均出土于"獾子畔"的地点，该地点是宫殿中心护墙外巨大废弃物堆积的一部分。样品大部分来自第 4 层和第 5 层，年代为公元前 2000—前 1800 年[23]。此外，我们选择了 16 件样品进行 X 射线照相术分析，以获取在陶器表面看不到的证据，并确定其成型技术。虽然在所有受检的陶器类型中，三足器的样本量最大，但它们中的大多数都显示出明显的泥条或模制技术的特征。因此，没有必要对三足器样品进行 X 射线照相或微观结构分析。X 射线照相使用了意大利 GILARDONI 公司生产的固定式 X 射线探测器（型号 ARTGIL350/6，工作电压范围 95kV 至 350kV，最大电流 5mA）和德国 DURR 公司生产的数字胶片和 HD-CR35 无损检测扫描系统，曝光时间为 60 秒，曝光电压为 4.25mA 和 110kV。使用超景深显微镜（蔡司 SmartZoom5）观察某些样品的微观结构（n=3）或表面特征（n=4）。

此外，我们还对另外两处邻近遗址的制陶技术进行了简单考察，以更广泛地了解河套地区新石器时代晚期的制陶技术。一为庙梁遗址，它是龙山早期的典型聚落[24]，被认为是石峁文化的主要

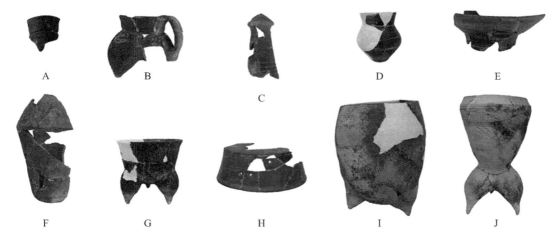

图一 石峁皇城台的复原陶器

A. 三足杯 B. 鬲 C. 器盖 D. 罐 E. 豆 F. 瓶 G. 斝 H. 器盖 I. 三足瓮 J. 甗

表二 石峁遗址陶器样品的种类和数量

陶器	观察样本数	X 射线照相样品数	微观分析样品数
盆	12	3	
罐、尊	34	3	2
器盖	10	2	1
盉	5	—	
豆	18	4	—
三足器 *	54	—	—
三足杯	4	2	—
瓶	23	2	—
其他 *	11	—	—
总计	171	16	3**

* 三足器包括：鬲、斝、甗、鬶、瓮五种陶器。其他包括碗、瓮、盘、排水管、瓦、陶鹰和器型不明的陶片。

** 除了这三件样品外，还有四个样品在显微镜下观察到了表面的跳刀痕

源头。初步观察了 2017 年庙梁出土的复原陶器共 70 件，包括杯（3 件）、碗（4 件）、鬲（3 件）、鼎（7 件）、罐（42 件）、盆（2 件）、盘（1 件）、盖（2 件）、三足瓮（6 件）等多种类型。另一处遗址是最近发掘的府谷县寨山遗址，与石峁同时代，但在规模上次于石峁。我们共分析了 11 件修复的陶器，包括三足斝、盘、盆、尊各 1 件和 7 件罐。

四、石峁、庙梁、寨山遗址的主流陶器成型技术

根据我们的分析，在石峁发现的大部分陶器，包括容器和其他器物，如瓦片、排水管和鹰雕像，都是用泥条或模制的方法制成的。瓦、排水管、陶鹰和少量陶罐的内表面和某些外表面的泥条之间有不连续的接缝（图二，A、B）。此外，除三足瓮和斝外，所有三足器的袋足都是用锥形模具

制造的。模具表面通常带有绳纹，因而反绳纹会印在袋足内壁。（图二，C）。有的内表面有小凸起，这是由带有椭圆形穿孔的模具造成的（图二，D）。少数敞口器皿，特别是豆、盘和碗，由于器形较浅，敞口，表面平整，在成型的过程中可能使用了表面光滑的内模作为支撑，以防止变形。采用泥条筑成或模制法成型的初坯大都以拍打的方法进一步修整，从而在其内表面留下拍打印。此外，这种拍打工艺还能产生装饰效果，在器表上产生各种印痕，如绳纹、凹槽和菱形方格纹等（图二，E、F）。总的来说，泥条法和模制法成型，拍打修整是石峁最常用的制坯技术。以这种主流技术制作的陶器包括三足器（鬲、斝、盉、三足瓮、盉）、尊、豆、瓶等，代表了石峁文化的核心物质文化特征（图三）。

图二　石峁遗址陶器制作的操作链

A. 双耳罐上的泥条痕迹　B. 瓦片上的泥条痕迹　C. 鬲足内表面的绳纹痕迹
D. 鬲足内表面的模制痕迹　E. 拍打形成的菱形纹　F. 拍打/滚压形成的绳纹

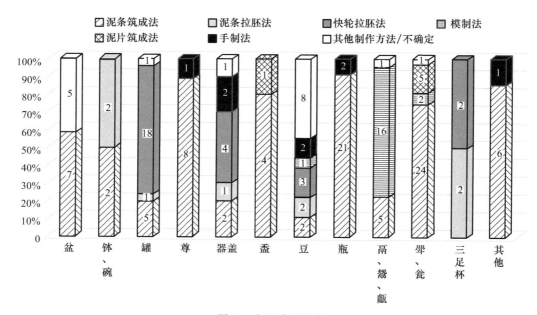

图三　主要成型技术

庙梁和寨山遗址所采用的制陶技术与石峁的主要技术一致。几乎所有类型的器皿，包括杯、豆、罐、三足瓮、盘、盆和鬲等，内表面都经常出现泥条缝和拍打痕。两处遗址的制陶技术以泥条和拍打的制陶技术，没有使用陶车的迹象。

五、石峁遗址陶车的使用

石峁遗址出土的一小部分陶器显示出可辨别的特征，显示将陶车技术熟练的应用于成型、修整和装饰过程中。从其拉坯印痕、外底偏心涡纹，以及其他宏观或微观技术痕迹中可以观察到。

石峁出土的涉及轮制的器物主要包括器盖、三足杯、豆、盆、罐等。在各器类中，轮制器物所占比例各不相同；在成型、修整、装饰过程中使用陶车的程度也不同。

盆的主要制作方法并不是快轮拉坯。在 12 个陶盆样品中，至少有 7 个有泥条缝隙，泥条筑成法应是其主要方法。然而，样品 N159 和 N118 显示出了快轮技术的证据。如，159 号的 X 光照片中可见许多狭长形气孔呈倾斜的平行线状分布，这是快轮技术。样品 118 虽然是在快轮上利坯的，但其坯体中不规则的形状和气孔分布表明初坯成型阶段并未采用快轮相关的技术（图四，D）。

陶豆样品共 18 个，其中有 8 个的主要成型技术无法确定，因为其成型的技术痕迹在修整过程中被抹去了，光滑的内外表面几乎无法揭示其主要成型技术的信息。有一个豆柄残片（样品 62）的内表面有螺旋式拉坯痕迹，证明主要成型技术是快轮。此外，样品 21 和 66 号也有拉坯痕迹，但从样品 21 上的泥条缝可以看出，其初坯是泥条制成的。对另外两个表面光滑无技术痕迹的样品 X6 和 X7 拍摄了 X 光照片，排除了轮制成型的可能性。样品 133 的成型技术难以确定，但其豆盘部分是在陶轮上利坯修整的。总体而言，快轮技术对于陶豆的成型和修整而言不一定是必须的。

三足杯的样品有 4 个，在成型工艺中使用陶车的程度各不相同。在四个样品的内部底座或表面都发现了拉坯痕迹。样品 16 的 X 射线照片显示出其内部的狭长形气孔呈倾斜的平行线状分布

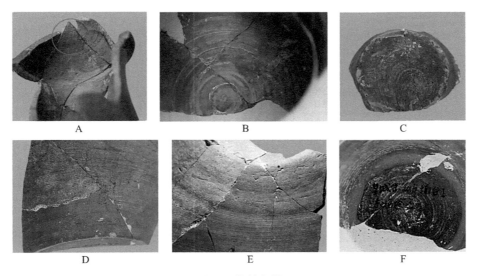

图四　轮制陶器

A. 器盖（红圈内）内壁的麻花状扭转皱纹　B. 螺旋式拉坯痕迹　C. 偏心涡纹　D. 利坯痕迹　E. 泥条与螺旋式拉坯痕迹
F. 外底的同心圆细纹（利用 Adobe Photoshop 对图像进行增强处理，增加了制作工艺宏观痕迹的可视性）

（图五，B）。与其表面的拉坯痕迹相矛盾，样品 14 中的泥条缝隙和不规则的气孔显示其最初是以泥条筑成初坯的，说明该器物是采用泥条拉坯的方法支撑的。可能是由于三足杯尺寸较小，都没有经过利坯修整。

器盖是另一种借助陶车制作的器物。在 10 件器盖中，有 4 件有明显的快轮技术痕迹。样品 127 是一个非同寻常的高纽器盖，有明显的使用旋转动能（RKE）的痕迹。顶部的纽内侧出现了麻花状扭转皱纹，高纽内壁有螺旋式拉坯痕迹（图四，A）。样品 124 的 X 射线照片也显示出快轮拉坯的证据。样品 169 的显微照片中可见狭长气孔，以及气孔和包含物呈倾斜状的排列取向（图五，A）中，这些都是快轮陶器的微观结构特征（图五，D）。考虑到它们细腻的质地和规则且轴对称的形状，石峁的许多器盖可能都是在陶车上制作的。

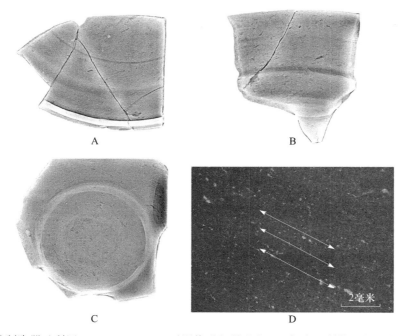

图五　轮制陶器（利用 Adobe Photoshop 对图像进行增强处理，提高了制作工艺微痕的可视性）的 X 射线照片（A、B、C）和岩相图（D）上的延伸和对角线气孔

罐是使用快轮制作的最显著的例子。在经过观察的 25 件陶罐样品中，有 15 件是轮制的。这些陶罐肩部、腹部内壁有螺旋式拉坯痕迹（图四，B），在罐底的碎片上也有偏心涡纹的痕迹（图四，C）。样品 156、157 和 158 可从 X 光照片中观察到使用快轮成型的证据。样品 135 比较特殊，内表面既有泥条缝隙又有螺旋状拉坯痕迹（图四，E），说明其最初是用泥条制作的，但后来在快轮提拉成型，采用的是泥条拉坯技术，现代广西（图六，A、B）和河南（图六，C、D）的陶工仍会采用这种方法制作陶器。大多数轮制陶罐很可能也经过利坯修整。例如样品 110 外底的同心圆状细纹（图四，F）便是利坯的直接证据。虽然在许多陶罐上上很难找到利坯的痕迹，但对于要经过还要经过磨光处理的快轮拉坯陶器而言，利坯能确保陶器表面光滑平整，是必要的修整步骤[25]。因此这些陶罐可能是在后续工序中的抹平或磨光处理中，抹去了明显的轮制痕迹。

跳刀纹是在快轮上利坯时，若修坯刀与坯体之间阻力过大，在器坯表面形成的划一的刻痕，

（图七）。石峁陶器上的跳刀纹每道长 3—4 毫米，宽 0.5—1 毫米，每道划痕呈细长的柳叶状，呈 45°（样品 158，见图七，D、H）、50°（样品 11，见图七，B、F）、60°（样品 157，见图七，C、G）倾斜。这些特征显然有别于用滚压产生的纹饰。用低倍显微镜观察和测量，刻痕深度约 40 微米，最深也只有 109 微米（样品 158）。在各器物上，每两道划痕之间的距离保持在一定范围内，从 2 毫米（样品 11）到 3 毫米（样品 157）或 4 毫米（样品 158）不等（图七，C、G、H、F）。每一行跳刀纹的每道刻痕长度、两条刻痕之间的距离从未超过 1 毫米，但不同行之间的有一定差异。这些刻痕的强烈的规律性和分布的节奏标明其是在器物快速旋转时划过的器表而产生的。虽然与滚轮装饰有相似之处，但缺少滚轮缺陷导致的规律性特征，基本可以排除滚轮装饰的可能性。

图六　广西和河南的陶工所的泥条拉坯技术
A、B. 广西的陶工在慢轮上用泥条拉坯方法制作坯体　C、D. 河南的陶工在快轮上操作这项技术

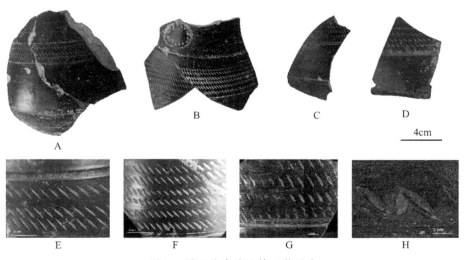

图七　跳刀纹陶片及其显微照片
A、E. 49 号样品　B、F. 11 号样品　C、G. 157 号样品　D、H. 158 号样品

虽然石峁遗址陶器类型丰富，各类器物外观和大小各不相同，然而其中只有部分器型是在陶车上制作的。此类器物器表呈棕色、深灰色或黑色，器表没有典型石峁文化陶器的绳纹或篮纹，而是因并精细的磨光呈现细腻的光泽。目前鲜少见到这类器物的完整器，但相对较大的残片显示出束颈、折肩或圆肩的特点。在典型的石峁陶器上没有绳纹或篮纹，而这些陶罐素面却闪闪发光。由于此类器物在石峁非常罕见，很可能不是本地生产的。

此外，轮制陶器经过磨光（78%）比例明显高于手制器（23%）。磨光陶器包括豆、器盖、三足杯和罐等器类。其中有些罐和器盖经过精心打磨，表面没有任何工具痕迹，光泽明亮。总之，这些耗时磨光的陶器与黯淡无光的石峁式陶器大相径庭。

根据上述信息，可以认为石峁遗址的制陶技术有两条不同的技术路线。一是泥条筑成和模制法，以及与之相配合的拍打修整，这是石峁陶器的常规做法；绝大多数陶器（n=110）都是以这种工艺制作的，尤其是石峁文化的代表器型，如鬲、斝、尊、豆、瓿等。在这一主流技术之外，快轮技术的熟练应用也不容忽视。快轮技术被广泛应用于器盖（5件）、三足杯（4件）和某些类型的陶罐（19件）的制作，偶尔也用于制作盘（5件）和碗（2件），在研究样品中大约占20%的比例。由于在取样时特别注意选择有快轮技术痕迹的陶片，因此石峁轮制陶器的实际比例应该低于本文的统计结果。此类陶器占比虽小，但却展示出了高超技术的快轮。例如，相当一部分陶器是在快轮上修整的（10%，n=17），与快轮应用相关的跳刀纹（3%，n=5）的出现，都说明对快轮的使用达到了很高的熟练程度，陶轮的使用已经超越了初始阶段。虽然在石峁还没有发现陶器生产的作坊或任何其他直接证据，但值得注意的是，大多数轮制产品、陶罐和某些类型的器盖也与石峁典型陶器截然不同。无论在器型上还是技术上，这些陶器都不属于石峁物质文化的交流。

六、河套及邻近地区轮制技术的来源

要确定石峁快轮技术的可能来源，需要走出石峁遗址，关注三个更大的地区——河套地区、晋南地区和中原地区。石峁位于河套地区，河套地区包括内蒙古南部、陕西北部、山西西北部和河北西北部的广大地区。晋南地区位于山西省南部，河套地区的西南部。考古发现揭示了石峁与晋南地区的政治中心陶寺遗址之间的互动关系[26]。从晋南地区翻越中条山可到达中原地区。

1. 河套地区

在龙山时代，河套地区几乎没有使用快轮的迹象。除石峁遗址外，该地区龙山聚落中的快轮陶器非常稀少。由于缺乏其他龙山时代遗址陶器技术的直接分析，我们查阅了相关考古报告中已发表的图片和描述。该地区从龙山时期到二里头时期的众多聚落中，朱开沟[27]、神圪垯梁[28]、韩家圪旦[29]、后阳湾[30]、呼家洼[31]、新华[32]、木柱柱梁[33]、寨峁[34]、郑则峁[35]、寨峁梁[36]、石摞摞山[37]等，仅有两处遗址可能有快轮制作的陶器。朱开沟出土的几件高领罐可能是轮制的，其形状规整，肩部和罐身有细密的连续轮纹。罐身没有拍打或泥条的痕迹，有的肩部反而出现了跳刀纹的痕迹。不过，朱开沟遗址的时间跨度从龙山晚期到商代早期[38]，但轮制陶器直到商代晚期的第三阶段才出现。很难估计朱开沟出土的轮制陶器的确切数量和比例，但它们显然是少数。此外，据发掘者介绍，有一件壶"口沿内有明显轮制痕迹"[39]；然而，由于没有该陶器的图片，我们无法证实这一说法。总之，整个河套地区出土的轮制陶器很少，而且基本仅见于与上层社会祭祀活动有关的石峁宫殿中心。

不仅整个石峁时期没有广泛使用快轮技术，也没有证据表明河套地区在龙山早期使用过陶车。因此，石峁宫殿中心的轮制陶器生产与河套地区既有的技术传统相矛盾。此外，与其他制陶技术相比，掌握快轮技术是一个非常耗时的过程。就个人而言，至少需要十年的练习才能熟练操作陶轮[40]。此外，对于一个地区的整个人群来说，发明或改造快轮技术也需要几十年的时间。由于使用快轮制造陶器在史前河套地区并无根基，因此石峁突然发明快轮并使其技术达到如此熟练的程度是不合理的。因此，石峁地区出现的轮制陶器很可能源于舶来品、技术的传播或陶工的迁徙。

晋南地区是石峁快轮技术或轮制器的一个可能来源。自龙山时期以来，便逐渐显现出来晋南地区与河套地区之间强烈互动[41]。

2. 晋南地区

晋南指的是山西临汾和运城一带，陶寺遗址（公元前 2600—前 2000 年）是该地区龙山时代的一级区域中心。据推测，该大型聚落是黄土高原上唯一可与石峁势均力敌的竞争者。从陶器、青铜器、石器上的共同特征以及相似的玉器使用和人祭传统等迹象[42]，可知陶寺遗址与石峁遗址有着长期的互动关系。

轮制陶器出现于陶寺中期，在晚期数量有所增加。虽然缺乏轮制陶器比例的精确数据，但显然此类器物一直是少数[43]。与石峁相比，陶寺的轮制陶器比例较高，包括豆、盆、盖和各种罐[44]。高钮盖和某些罐与石峁的同类器物相似，都是用轮盘制作的（图八，A—E、H、I）。陶寺陶器技术研究中未提及利坯技术，但在一件壶（M2384：2）的肩部似有跳刀纹[45]。虽然快轮也不是陶寺出土的陶器的主体技术，但该技术在陶寺的使用频率却高于石峁。

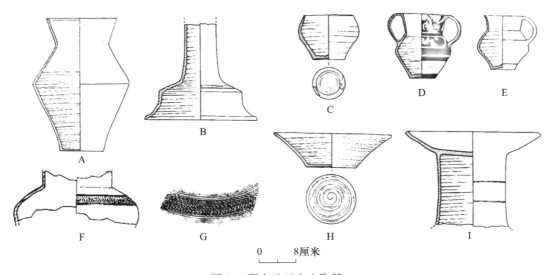

0 8厘米

图八 晋南地区出土陶器

A. 罐（陶寺 M2384：2） B. 盖（陶寺 H303：22） C. 罐（陶寺 1978：28） D. 罐（陶寺 M2384：4） E. 罐（陶寺 T404（4）：8） F. 罐（古城东关 IH265：56） G. F 陶罐肩上跳刀痕 H. 盆（陶寺 M2384：5） I. 陶豆（陶寺 H303：19）

陶寺以南 100 千米处的垣曲县古城东关遗址，早在龙山早期就开始使用陶车。龙山晚期快轮技术变得非常普遍，大多数精美的陶器，甚至一些夹礜和料的盆、瓶、杯、罐、甑和碗等，都是用快轮制作的[46]。利坯技术未见记录，但不到 1% 的器物上有跳刀纹（图八，F、G）[47]。简言之，与石峁和陶寺相比，垣曲古城东关快轮技术的应用数量更大、器形更多。

3. 中原地区

根据李文杰的研究[48]，龙山时代长江和黄河中下游地区经历了快轮技术的第一次高潮。由于这一时期中原地区陶器技术受到学术界的关注有限，因此该地区的快轮技术的发展的过程还不明了。不过，学术界普遍认为，快轮陶器是河南龙山文化流行的制陶技术。值得注意的是，龙山（公元前 3000—前 2000 年 / 前 1900 年）到二里头时期（公元前 1900—前 1500 年）的一系列遗址中都发现了跳刀纹，如花地嘴（公元前 2200—前 1530 年）[49]、王湾（第三期，公元前 2600—前 2300 年）[50]、新砦（公元前 2050—前 1680 年）[51]、二里头（公元前 1900—前 1500 年）（图九，A、C—G）[52]。其中有些陶器与石峁遗址出土的陶器十分相似，如新砦文化出土的高纽盖和郝家台遗址（王湾文化中期，公元前 2300—前 2100 年）出土的肩部有跳刀纹的罐（图九，A、B）[53]。虽然

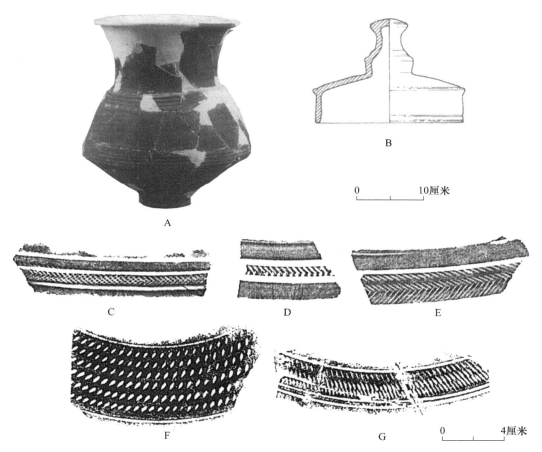

图九　中原地区出土陶器的论之痕迹和跳刀纹

A. 郝家台 H253：3　B. 新砦 H45：16　C. 二里头 2000ⅢT3（5）B：37　D. 二里头 2000ⅢT3（5）B：38

E. 二里头 2000ⅢT3（5）B：39　F. T1H105：5　G. 新砦 2000T1H30：71

山东龙山文化（公元前 2600—前 1900 年）和良渚文化（公元前 3200—前 2000 年）的陶器体现了成熟的快轮技术[54]；然而它们的陶器风格与石峁不同，并且在这两个地区都没有发现跳刀纹的证据。因此，黄河下游地区或长江下游地区不太可能是石峁陶器技术的源头。

通过对河套地区、晋南地区以及中原地区龙山时代聚落出土陶器的类型、纹饰和工艺进行综合考察，可以认为石峁的快轮技术应当从中原地区追溯。在这三个区域中，以石峁为起点，越向南，轮制的陶器就越来越多。重要的是，石峁的轮制陶器大多是精致的、风格奇特的"炫耀性"器物。这些器皿数量稀少、制作困难、需要长时间的学徒期来学习快轮技术和耗时的磨光，都表明了它们作为名贵物品的本质[55]。文德安认为，在中原地区和黄河下游地区的城市化进程中，制作精细、劳动密集型的器皿在宴饮中发挥了至关重要的作用[56]，因此，石峁这些精心制作的陶器可以增强宴饮的表演性和体验性，是此类活动使用的理想器皿。

显然，在石峁文化中，这些陶器的外观和技术都与日常用器不同。这也许能够解释为什么这些陶器很少在石峁以外的聚落中发现，而只在皇城台出土。考古学家注意到河套地区的上层阶层与中原地区有直接接触的迹象。例如，在花地嘴遗址（公元前 2200—前 1850 年）发现了石峁风格的日用陶器、羊的消费和甲骨占卜的证据[57]，石峁出现的快轮陶器为青铜时代早期石峁与中原地区的互动提供了越来越多的证据。

七、结　　论

通过肉眼观察和 X 射线照相术，我们的调查表明，在石峁有两种成熟的制陶技术并存。大多数陶器，尤其是典型的石峁风格陶器，都是按照主流的手制或模制技术生产的。此外，用快轮或泥条拉坯制作的精美器物仅为居住在皇城台的高级精英阶层所使用。尽管数量不多，但后一类器物为探索中国北方陶轮或陶器的传承提供了一把钥匙。

通过比较石峁与晋南、中原地区遗址的器型和技术相似性，我们粗略勾勒出了一条从中原地区发源，向晋南北移，最终到达河套地区的快轮技术或轮制陶器的路线。然而，在没有对石峁陶器进行产地研究的情况下，究竟是什么传入了河套地区还无法确定：可能是陶器本身，也可能是陶器制作技术，甚至可能是流动的陶工。如果该技术被石峁当地的陶工所采用，那么这种变化的背景值得探讨。无论这些地区之间的交流是物质上的还是技术上的，它无疑证实了石峁与其同时代的遗址之间的密切互动。

注　　释

［1］ Baldi J, Roux V. The innovation of the potter's wheel: a comparative perspective between Mesopotamia and the southern Levant. Levant, 2016: 1-18.

［2］ Baldi J, Roux V. The innovation of the potter's wheel: a comparative perspective between Mesopotamia and the southern Levant. Levant, 2016: 1-18.

［3］ Doherty S K. The Origins and Use of the Potter's Wheel in Ancient Egypt. PhD. Cardiff University, 2013.

［4］ a. Li M. Settling on the ruins of Xia: Archaeology of social memory in early China. In: Emberling G (Ed). Social Theory in Archaeology and Ancient History. Cambridge: Cambridge University Press, 2016: 291-327. b. 李文杰：《关

于快轮制陶的新概念、新判断和新理论》，《文物春秋》2016年第4期，第7—10页。

［5］ a. Childe V G. Rotary motion. In: Singer C J, Holmyard E J, Hall A R, et al. (Eds). A History of Technology from early times to fall of Ancient Empires. Clarendon Press, 1954: 187-215. b. Leeuw S. Studies in the Technology of Ancient Pottery, 1976. c. Costin C L. Craft production systems. In: Feiman G M, Price T D, et al. (Eds). Archaeology at the Millennium: A Sourcebook. Springer Science + Business Media, 2001: 273-327. d. Rice P M. Pottery Analysis: A Sourcebook. Second edition. The University of Chicago Press, 2015.

［6］ a. Roux V, Corbetta D. The Potter's Wheel. Oxford & IBH Publishing, 1989. b. Costin C L. Craft specialization: issues in defining, documenting, and explaining the organization of production. Archaeol. Method Theory, 1991 (3): 1-56.

［7］ a. Roux V, Jeffra C. The spreading of the potter's wheel in the ancient Mediterranean. A social context-dependent phenomenon. In: The Transmission of Technical Knowledge in the Production of Ancient Mediterranean Pottery, 2015: 165-182. b. Baldi J, Roux V. The innovation of the potter's wheel: a comparative perspective between Mesopotamia and the southern Levant. Levant, 2016: 1-18. c. Ther R, Mangel T, Gregor M. Potter's wheel in the iron age in Central Europe: process or product innovation? J Archaeol Method Theory, 2017, 24 (04): 1256-1299.

［8］ a. 刘晓雪：《景德镇制瓷工具之利坯刀研究》，中国艺术研究院硕士学位论文，2011年；b. 王智发：《谈陶瓷利坯工艺的特色和应用》，《陶瓷研究》2017年第S4期，第67—70页。

［9］ a. Kerr R, Wood N, et al.(Eds). Science and Civilisation in China, Chemistry and Chemical Technology. Part XII: Ceramic Technology. Cambridge University Press, 2004. b. 范黛华、栾丰实、方辉等：《山东日照市两城镇龙山文化陶器的初步研究》，《考古》2005年第8期，第65—73页。

［10］ 高峰：《唐代席纹黄釉执壶装饰技艺浅说》，《文物春秋》1999年第4期，第81—85页。

［11］ 高峰：《陶工寄语小题大做说跳刀》，《收藏家》2000年第4期，第11—14页。

［12］ a. Li M. Settling on the ruins of Xia: Archaeology of social memory in early China. In: Emberling, G. (Ed). Social Theory in Archaeology and Ancient History. Cambridge University Press, 2016: 291-327. b. 李文杰：《关于快轮制陶的新概念、新判断和新理论》，《文物》2016年第4期，第7—10页；c. Kerr R, Wood N, et al. (Eds). Science and Civilisation in China, Chemistry and Chemical Technology. Part XII: Ceramic Technology. Cambridge University Press, 2004.

［13］ a. 李文杰：《中国古代制陶工艺的分期和类型》，《自然科学史研究》1996年第1期，第80—91页；b. 李文杰：《中国古代的轮轴机械制陶》，《文物春秋》2007年第6期，第3—11页；c. 李文杰：《中国古代制陶工程技术史》，山西教育出版社，2017年。

［14］ a. 邵晶：《试论石峁城址的年代及修建过程》，《考古与文物》2016年第4期，第102—108页；b. 孙周勇、邵晶、邸楠：《石峁遗址的考古发现与研究综述》，《中原文物》2020年第1期，第39—62页；c. 孙周勇、邵晶、邸楠：《石峁文化的命名、范围及年代》，《考古》2020年第8期，第101—108页。

［15］ 孙周勇、邵晶、邵安定等：《陕西神木县石峁遗址》，《考古》2013年第7期，第15—24页。

［16］ a. Li M. Settling on the ruins of Xia: Archaeology of social memory in early China. In: Emberling, G, et al.(Ed). Social Theory in Archaeology and Ancient History. Cambridge University Press, 2016: 291-327. b. Jaang L, Sun Z Y, Shao J, et al. When peripheries were centres: A preliminary study of the Shimao-centred polity in the loess highland, China. Antiquity, 2018 (92): 1008-1022.

［17］ He L, Yao S, Sun Z, et al. Ceramic raptors unearthed at the site of Shimao (2300-1800 BCE) in northern China: production and use. J Archaeol Sci Rep, 2023 (48): 103844.

［18］ Womack A, Liu L, Di N. Initial insights into ceramic production and exchange at the early Bronze Age citadel at Shimao, Shaanxi, China. Archaeol Res Asia, 2021, 28: 100319.

［19］ a. 李文杰：《试谈快轮所制陶器的识别——从大溪文化晚期轮制陶器谈起》，《文物》1988年第10期，第92—94页；b. 李文杰：《中国古代制陶工艺的分期和类型》，《自然科学史研究》1996年第1期，第80—91

页；c. 李文杰：《中国古代的轮轴机械制陶》，《文物春秋》2007 年第 6 期，第 3—11 页；d. Roux V, Courty M A. Identification of wheel-fashioning methods: Technological analysis of 4th-3rdMillenniumOriental ceramics. J Archaeol Sci, 1998, 25 (8): 747-763. e. Rye O S. Pottery manufacturing techniques: X-ray studies. Archaeometry, 1977 (2): 205-211. f. Rye O S. Pottery Technology: Principles and Reconstruction. Taraxacum, 1981.

[20] a. Berg I. Looking through pots: recent advances in ceramics X-radiography. J Archaeol Sci, 2008 (5): 1177-1188. b. Berg I. X-radiography of Knossian bronze age vessels: Assessing our knowledge of primary forming techniques. In: The Annual of the British School at Athens, 2011(104): 137-173.

[21] Rye O S. Pottery Technology: Principles and Reconstruction. Taraxacum, 1981.

[22] 孙周勇、邵晶、邸楠：《石峁文化的命名、范围及年代》，《考古》2020 年第 8 期，第 101—108 页。

[23] 王玥：《陕西神木石峁遗址年代学研究》，北京大学博士学位论文，2022 年。

[24] 邵晶、邸楠、杨国旗等：《陕西靖边庙梁遗址龙山时代遗存发掘简报》，《考古与文物》2019 年第 4 期，第 3—11 页。

[25] 郭梦、王艳鹏：《河南巩义北侯村制陶业调查》，《仰韶和她的时代——纪念仰韶文化发现 90 周年国际学术研讨会论文集》，文物出版社，2014 年。

[26] 中国社会科学院考古研究所、山西省临汾市文物局：《襄汾陶寺 1978—1985 年考古发掘报告》，文物出版社，2015 年。

[27] 内蒙古自治区文物考古研究所、鄂尔多斯博物馆：《朱开沟——青铜时代早期遗址发掘报告》，文物出版社，2000 年。

[28] 郭小宁、王炜林、康宁武等：《陕西神木县徐圪垯梁遗址发掘简报》，《考古与文物》2016 年第 4 期，第 34—44 页。

[29] 孙周勇、邵晶、邵安定等：《陕西神木县石峁遗址韩家圪旦地点发掘简报》，《考古与文物》2016 年第 4 期，第 14—24 页。

[30] 孙周勇、邵晶、邵安定等：《陕西神木县石峁遗址后阳湾、呼家洼地点试掘简报》，《考古》2015 年第 5 期，第 60—71 页。

[31] 孙周勇、邵晶、邵安定等：《陕西神木县石峁遗址后阳湾、呼家洼地点试掘简报》，《考古》2015 年第 5 期，第 60—71 页。

[32] 陕西省考古研究所、榆林市文物保护研究所：《神木新华》，科学出版社，2005 年。

[33] 王炜林、郭小宁、康宁武等：《陕西神木县木柱柱梁遗址发掘简报》，《考古与文物》2015 年第 5 期，第 3—11 页。

[34] 陕西省考古研究所：《陕西神木县寨峁遗址发掘简报》，《考古与文物》2002 年第 3 期，第 3—18 页。

[35] 王仲卿、郝建军、岳连建等：《陕西府谷县郑则峁遗址发掘简报》，《考古与文物》2000 年第 6 期，第 17—27 页。

[36] 孙周勇、邵晶、赵向辉等：《陕西榆林寨峁梁遗址 2014 年度发掘简报》，《考古与文物》2018 年第 1 期，第 3—16 页。

[37] 张天恩、丁岩、梁亚栋等：《陕西佳县石摞摞山遗址龙山遗存发掘简报》，《考古与文物》2016 年第 4 期，第 3—13 页。

[38] 内蒙古自治区文物考古研究所、鄂尔多斯博物馆：《朱开沟——青铜时代早期遗址发掘报告》，文物出版社，2000 年。

[39] 郭小宁、王炜林、康宁武等：《陕西神木县神圪垯梁遗址发掘简报》，《考古与文物》2016 年第 4 期，第 34—44 页。

[40] Berg I. Meaning in the making: The potter's wheel at Plylakopi, Melos (Greece). J Anthropol Archaeol, 2007 (26): 234-252.

［41］　王晓毅：《龙山时代河套与晋南的文化交融》，《中原文物》2018 年第 1 期，第 44—52 页。

［42］　孙周勇、邵晶、邸楠：《石峁遗址的考古发现与研究综述》，《中原文物》2020 年第 1 期，第 39—62 页。

［43］　李文杰：《山西襄汾陶寺遗址制陶工艺研究》，《襄汾陶寺 1978—1985 年考古发掘报告》，文物出版社，2015 年。

［44］　李文杰：《山西襄汾陶寺遗址制陶工艺研究》，《襄汾陶寺 1978—1985 年考古发掘报告》，文物出版社，2015 年。

［45］　李文杰：《山西襄汾陶寺遗址制陶工艺研究》，《襄汾陶寺 1978—1985 年考古发掘报告》，文物出版社，2015 年。

［46］　李文杰：《垣曲古城东关制陶工艺研究》，《垣曲古城东关》，科学出版社，2001 年，第 532—569 页。

［47］　李文杰：《垣曲古城东关制陶工艺研究》，《垣曲古城东关》，科学出版社，2001 年，第 532—569 页。

［48］　李文杰：《中国古代的轮轴机械制陶》，《文物春秋》2007 年第 6 期，第 3—11 页。

［49］　张莉：《从龙山到二里头——以嵩山南北为中心》，北京大学博士学位论文，2012 年，第 18 页。

［50］　北京大学考古文博学院编：《洛阳王湾考古发掘报告》，北京大学出版社，2002 年。

［51］　北京大学震旦古代文明研究中心、郑州市文物考古研究院：《新密新砦——1999—2000 年田野考古发掘报告》，文物出版社，2008 年。

［52］　中国社会科学院考古研究所：《二里头（1999—2006）》，文物出版社，2014 年。

［53］　河南省文物考古研究所：《郾城郝家台》，大象出版社，2012 年。

［54］　a. 范黛华、栾丰实、方辉等：《山东日照市两城镇龙山文化陶器的初步研究》，《考古》2005 年第 8 期，第 65—73 页；b. 张冰俏：《杭州湾地区新石器时代晚期制陶技术——以良渚遗址群为例》，西北大学硕士学位论文，2022 年。

［55］　a. Hayden B. Practical and prestige technologies: The evolution of material systems. J Archaeol Method Theory, 1998: 51-55. b. Ames K M. On the evolution of the human capacity for inequality and/or egalitarianism. In: Price T D, Feiman G M, et al.(Eds). Pathways to Power: New Perspectives on the Emergence of Social Inequality, 2010: 15-44. c. Galle J. Costly signaling and gendered social strategies among slaves in the eighteenth-century Chesapeake: An archaeological perspective. Am Antiq, 2010 (1): 19-43. d. Prentiss A M,et al. (Ed). Handbook of Evolutionary Research in Archaeology. Springer, 2019.

［56］　Underhill A P. Urbanization and new social contexts for consumption of food and drink in northern China. Archaeol. Res Asia, 2018 (14): 7-19.

［57］　Jaang L, Sun Z Y, Shao J, et al. When peripheries were centres: A preliminary study of the Shimao-centred polity in the loess highland, China. Antiquity, 2018 (92): 1008-1022.

附录　石峁样本数据

样本编号	器型	部位	一次成型技术	二次成型技术	装饰技术	备注
1	甗	足部	模制	拍打	拍打产生的绳纹	
2	罐	修复	泥条筑成法	刮削	器表光滑	
3	鬲	腹部和肩部	泥条筑成法	拍打	拍打产生的绳纹	
4	斝	口部和颈部	泥条筑成法	拍打	拍打产生的绳纹	
5	豆	腹部和肩部	未知	其他	磨光	
6	斝	口部和颈部	泥条筑成法	拍打	拍打产生的绳纹	
7	豆	器座	不确定	其他	器表光滑	
8	鬲	足部	模制	拍打	拍打产生的绳纹	
9	鬲	腹部和足部	泥条筑成法	腹部拍打，足部刮削	腹部有拍打产生的绳纹，足部磨光	
10	尊	腹部和肩部	泥条筑成法	拍打	磨光	颈部有拍打和刮削痕迹，腹部有拍打痕迹
11	罐	腹部和肩部	轮制	快轮修整	磨光，跳刀痕	
12	豆	腹部和肩部	不确定	其他	磨光	
13	盉	其他	泥条筑成法	刮削	磨光	
14	三足杯	修复	泥条拉坯	其他	器表光滑	
15	三足杯	腹部盉肩部	轮制	其他	器表光滑	
16	三足杯	修复	轮制	其他	磨光	
17	钵	口部和颈部	泥条筑成法	刮削	磨光	
18	鬲	足部	模制	拍打	拍打产生的绳纹	
19	甗	腹部和肩部	泥条筑成法	拍打	拍打产生的绳纹	
20	鬲	修复	模制	拍打	拍打产生的绳纹	
21	豆	腹部和肩部	轮制	拍打	器表光滑	
22	瓶	口部和颈部	泥条筑成法	刮削	刻划纹	
23	瓶	腹部和肩部	泥条筑成法	拍打	拍打产生的条纹	
24	罐	口部和颈部	轮制	其他	磨光	
25	瓶	口部和颈部	泥条筑成法	刮削	刻划纹	
26	豆	腹部和肩部	模制	其他	器表光滑	
27	瓮	足部	泥条筑成法	刮削	其他	
28	瓮	足部	泥条筑成法	刮削	器表光滑	
29	罐	口部和颈部	泥条筑成法	拍打	拍打产生的条纹	
30	瓶	腹部和肩部	泥条筑成法	拍打	拍打产生的条纹	
31	器盖	其他	手制	其他	磨光	
32	尊	口部和颈部	手制	刮削	压印纹	
33	瓶	腹部和肩部	泥条筑成法	拍打	拍打产生的条纹	
34	瓶	口部和肩部	泥条筑成法	刮削	刻划纹	颈部刮削，肩部拍打

续表

样本编号	器型	部位	一次成型技术	二次成型技术	装饰技术	备注
35	斝	修复	泥条筑成法	拍打	拍打产生的绳纹	
36	碗	修复	泥条筑成法	拍打	磨光	可能用模具一次成型
37	斝	足部	泥条筑成法	拍打	拍打产生的条纹	
38	瓶	器底	泥条筑成法	拍打	拍打产生的条纹	
39	瓶	器底	泥条筑成法	拍打	拍打产生的条纹	
40	瓶	器底	泥条筑成法	拍打	拍打产生的条纹	
41	斝	足部	泥片筑成法	刮削	器表光滑	
42	瓶	器底	泥条筑成法	拍打	拍打产生的条纹	
43	鬲	足部	模制	拍打	拍打产生的绳纹	
44	尊	腹部和肩部	泥条筑成法	拍打	器表光滑	颈部有拍打和刮削，腹部有拍打
45	罐	口部和颈部	轮制	轮修	磨光	
46	豆	腹部和肩部	手制	其他	器表光滑	
47	斝	修复	泥条筑成法	拍打	拍打产生的绳纹	
48	豆	腹部和肩部	不确定	其他	器表光滑	
49	罐	腹部和肩部	轮制	轮修	磨光和跳刀痕	
50	鬶	口部和颈部	泥条筑成法	其他	器表光滑	
51	器盖	修复	泥条筑成法	其他	磨光	
52	盆	修复	泥条筑成法	拍打	磨光	很可能利用了模具
53	斝	足部	泥片筑成法	刮削	器表光滑	
54	瓶	器底	泥条筑成法	拍打	拍打产生的绳纹	
55	罐	口部和颈部	不确定	其他	磨光	
56	鬶	修复	颈部为泥条筑成法，足部为模制	拍打	拍打产生的绳纹	
57	罐	器底	轮制	轮修	器表光滑	
58	罐	器底	轮制	其他	器表光滑	
59	盉	嘴	泥条筑成	刮削	磨光	
60	罐	口部和颈部	泥条筑成法	其他	磨光	
61	豆	腹部和肩部	不确定	轮修	磨光	
62	豆	其他	轮制	其他	磨光	
63	罐	器底	轮制	其他	未知	
64	罐	器底	轮制	刮削	磨光	
65	罐	器底	轮制	刮削	磨光	
66	豆	器座	轮制	其他	磨光	
67	瓶	口部和颈部	泥条筑成法	拍打	拍打产生的条纹	
68	瓮	腹部和肩部	泥条筑成法	拍打	拍打产生的条纹	
69	瓮	口部和颈部	泥条筑成法	拍打	拍打产生的条纹	

样本编号	器型	部位	一次成型技术	二次成型技术	装饰技术	备注
70	瓮	腹部和肩部	泥条筑成法	拍打	拍打产生的条纹	
71	瓮	腹部和肩部	泥条筑成法	拍打	拍打产生的条纹	
72	瓮	腹部和肩部	泥条筑成法	拍打	拍打产生的条纹	
73	斝	足部	泥片筑成法	拍打	拍打产生的条纹	
74	斝	足部	手捏	刮削	器表光滑	
75	斝	足部	泥条筑成法	拍打	拍打产生的绳纹	
76	瓮	修复	泥条筑成法	拍打	拍打产生的条纹	
77	尊	口部和颈部	泥条筑成法	刮削	器表光滑	
78	鬲	足部	不确定	拍打	拍打产生的绳纹	
79	盆	修复	泥条筑成法	拍打	磨光	
80	瓶	腹部和肩部	泥条筑成法	拍打	拍打产生的菱形图案	
81	尊	腹部和肩部	泥条筑成法	拍打	器表光滑	颈部有拍打和刮削，腹部有拍打
82	尊	口部和颈部	泥条筑成法	刮削	器表光滑	
83	瓶	口部和颈部	泥条筑成法	拍打	拍打产生的条纹	
84	尊	口部和颈部	泥条筑成法	刮削	压印纹	
85	尊	腹部和肩部	泥条筑成法	拍打	拍打产生的绳纹	
86	三足器	足部	模制	拍打	拍打产生的绳纹	
87	盘	口部和颈部	泥条筑成法	拍打	磨光	初步成型利用模具
88	三足器	足部	模制	拍打	拍打产生的菱形图案	
89	盆	修复	不确定	刮削	磨光	
90	盆	器底	不确定	拍打	磨光	
91	瓶	修复	泥条筑成法	拍打	拍打产生的条纹	
92	甗	修复	腹部泥条筑成法，足部用模制法	拍打	拍打产生的绳纹	
93	豆	腹部和肩部	泥条筑成法	拍打	磨光	
94	罐	器底	轮制	其他	未知	
95	其他	口部和颈部	泥条筑成法	拍打	器表光滑	
96	瓮	口部和颈部	泥条筑成法	拍打	拍打产生的条纹	
97	瓮	足部	泥条筑成法	刮削	器表光滑	
98	瓮	足部	泥条筑成法	刮削	器表光滑	
99	鬲	足部	模制	拍打	拍打产生的绳纹	
100	瓮	足部	泥条筑成法	刮削	器表光滑	
101	斝	足部	泥片筑成法	刮削	其他	
102	瓮	修复	泥条筑成法	拍打	拍打产生的条纹	
103	盉	其他	泥片筑成法	刮削	器表光滑	流
104	三足杯	腹部和肩部	泥条拉坯	其他	器表光滑	

续表

样本编号	器型	部位	一次成型技术	二次成型技术	装饰技术	备注
105	瓶	口部和颈部	泥条筑成法	拍打	拍打产生的条纹	
106	斝	足部	泥片筑成法	刮削	其他	
107	鬲	足部	模制	拍打	拍打产生的绳纹	
108	盉	其他	泥条筑成法	刮削	器表光滑	流
109	瓮	足部	泥条筑成法	刮削	其他	
110	罐	修复	轮制	轮修	磨光	
111	罐	修复	泥条筑成法	其他	其他	
112	盉	修复	泥条筑成法	拍打	拍打产生的菱形图案	腹部为泥条筑成法，足部为模制法
113	瓦	腹部和肩部	泥片筑成法或泥条筑成法	拍打	拍打产生的条纹	
114	水管	腹部和肩部	泥条筑成法	拍打	拍打产生的条纹	
115	豆	其他	泥条筑成法	刮削	磨光	
116	豆	其他	不确定	其他	磨光	
117	罐	器底	轮制	其他	磨光	
118	盆	修复	不确定	轮修	磨光	
119	缸	腹部和肩部	泥条筑成法	拍打	刻划纹	
120	盆	修复	泥条筑成法	拍打	磨光	
121	豆	口部和颈部	手制	其他	磨光	
122	器盖	口部和颈部	手制	其他	磨光	
123	碗	修复	泥条拉坯	其他	器表光滑	
124	器盖	口部和颈部	轮制	其他	磨光	
125	罐	器底	泥条筑成法	其他	磨光	
126	器盖	其他	泥条筑成法	其他	磨光	
127	器盖	其他	轮制	其他	磨光	可能是129的盖
128	器盖	口部和颈部	泥条拉坯	其他	磨光	可能是128的盖
129	盆	口部和颈部	泥条筑成法	拍打	磨光	
130	盆	修复	泥条筑成法	拍打	器表光滑	
131	盆	修复	泥条筑成法	其他	磨光	
132	瓶	腹部和肩部	泥条筑成法	拍打	拍打产生的菱形图案	
133	豆	腹部和肩部	不确定	轮修	磨光	
134	盉	口部和颈部	泥条筑成法	拍打	拍打产生的菱形图案	
135	罐	口部和颈部	泥条拉坯	轮修	器表光滑	
136	瓶	器底	泥条筑成法	拍打	器表光滑	
137	瓶	器底	泥条筑成法	拍打	拍打产生的条纹	
138	瓶	腹部和肩部	泥条筑成法	拍打	拍打产生的条纹	
139	瓶	器底	泥条筑成法	拍打	拍打产生的菱形图案	

样本编号	器型	部位	一次成型技术	二次成型技术	装饰技术	备注
140	鬲	足部	模制	拍打	拍打产生的绳纹	
141	鬲	腹部和肩部	泥条筑成法	拍打	拍打产生的绳纹	
142	甗	修复	腹部为泥条筑成法，足部为模制法	拍打	拍打产生的菱形图案	
143	鬲	口部和颈部	泥条筑成法	拍打	拍打产生的绳纹	
144	斝	修复	泥条筑成法	拍打	拍打产生的绳纹	
145	斝	口部和颈部	泥条筑成法	拍打	拍打产生的绳纹	
146	器盖	腹部和肩部	轮制	轮修	磨光	
147	器盖	修复	轮制	轮修	磨光	
148	碗	修复	泥条拉坯	其他	器表光滑	
149	三足器	足部	模制	拍打	拍打产生的菱形图案	
150	尊	腹部和肩部	泥条筑成法	拍打	器表光滑	颈部有拍打和刮削，腹部仅有拍打
151	鬲	修复	腹部为泥条筑成法，足部为模制法	拍打	拍打产生的绳纹	
152	豆	其他	泥条拉坯	其他	磨光	
153	瓮	足部	泥条筑成法	刮削	器表光滑	
154	瓶	器底	泥条筑成法	拍打	拍打产生的条纹	
155	罐	腹部和肩部	轮制	其他	其他	
156	罐	腹部和肩部	轮制	轮修	磨光	
157	罐	腹部和肩部	轮制	轮修	磨光，跳刀痕	
158	罐	腹部和肩部	轮制	轮修	磨光，跳刀痕	
159	盆	腹部	不确定	刮削	其他	
160	鬹	足部	模制	拍打	拍打产生的绳纹	
161	三足器	足部	模制	拍打	拍打产生的绳纹	
162	三足器	足部	模制	拍打	拍打产生的绳纹	
163	瓶	腹部	手制	拍打	拍打产生的条纹	
164	瓶	腹部和肩部	手制	拍打	磨光	
165	豆	器底	不确定	其他	磨光	
166	罐	腹部和肩部	轮制	轮修	磨光，跳刀痕	
167	盆	口部	不确定	拍打	磨光	
168	罐	腹部和肩部	轮制	轮修	磨光	
169	器盖	腹部	不确定	轮修	磨光	
170	陶鹰	其他	泥条筑成法	拍打	拍打产生的绳纹	
171	陶鹰	其他	泥条筑成法	拍打	拍打产生的绳纹	

（原载于 Archaeological Research in Asia, volume36, 2023）

中国北方石峁遗址（公元前2300年至前1800年）出土陶鹰的生产与使用

贺黎民 姚 帅 孙周勇 邵 晶 邸 楠 李 涛 著
贺黎民 译

一、引　　言

全球范围内，不同语言、文化及政体的人们都重视或崇拜动物形象。对某些群体来说，特定动物形象在经济、仪式或象征意义上远比其他动物更重要。在考古学中，反映人与动物关系的物质遗存丰富且种类多样，仅从质地上便可分为陶、石、玉、木等。例如，希腊的塞萨利地区（例如，Toufexis，2003；Nanoglou，2008）、东南欧的巴尔干半岛（Nanoglou，2008）、土耳其（例如，Martine and Meskell，2012；Meskell 2015；Nakamura and Meskell，2009）、中东地区的约旦（Schmandt-Besserat，1997），以及中国北部（例如，辽宁，2004；青海和中国社会科学院，1984；张等，2009；朱，2016）都发现有新石器时代的动物形雕塑或器皿。虽然研究者对动物形象或动物形器物的功能看法有所不同，但他们的研究视角大多聚焦于动物型器物的宗教仪式或社会背景。

中国北方地区新石器时代晚期的石峁遗址皇城台地点也出土有动物形象，特别是大型陶质猛禽（陶鹰）。石峁遗址是当时世界范围内最大的石城聚落，也是世界上最大的政治和经济中心之一（Jaang et al, 2018）。其核心区域皇城台（Sun 等，2018）位于整个城址的西部，处于内城、外城两重城垣的共同拱卫之下。就皇城台的整体结构而言，底大顶小，底部面积24万平方米，顶部仅8万平方米，四周以堑山砌筑的护坡石墙层叠包砌。石墙自上而下呈台阶状分布，垂直高度超过70米（He 等，2021；Guo 等，2020；Sun 等，2018）。研究表明，石峁古城在修建时间上有明显的先后顺序，具体修建顺序为，先有皇城台，随后修建内城将皇城台包裹在内，外城城墙系在内城城墙东南段扩筑的一道不规则的弧形石墙。

在皇城台东护墙的"弃置堆积"中发掘出了1200多片源于陶鹰的碎陶片。如此大体量的新石器时代动物造型陶塑在国内实属罕见，从造型与结构判断，陶鹰肯定不是实用器，可能与王权或曾在皇城台进行的宗教祭祀公共活动有关。那么陶鹰的特殊性是否也会体现在其他维度上？比如陶鹰的生产和使用是否区别于同时期的实用器？陶鹰和日用器是否由相同的生产者（生产组织）制作？它们是否有较为固定的取土点，或者制作陶鹰的土壤来自多个生产者或生产组织？以及陶鹰是在什么背景下制作和使用的。这些问题可以通过多元统计分析来进一步探讨。本文尝试分析皇城台出土陶鹰的化学成分，并与（其他）日用陶器、土壤进行化学成分上的比较，在多元统计分析的基础上，探讨陶鹰的生产和使用，进而探讨其社会背景与使用情境（图一）。

图一　石峁遗址地形图（上）和石峁遗址皇城台景观（下）

二、皇城台出土的陶鹰

公元前 2300—前 1800 年，以内蒙古中南部、陕西北部及山西西北部等区域为核心的广义河套地区上有一支"双鋬鬲类遗存"快速扩张，标志着河套地区进入龙山时代后期，研究者将这类以双鋬鬲为代表的遗存称之为"石峁文化"。石峁遗址位于陕西省神木市高家堡镇，其核心区域皇城台位于整个城址的西部，处于内城、外城两重城垣的共同拱卫之下。内城系遵循自然地形而建，它覆盖了约 210 万平米的面积，现存墙长 5700 米；外墙系内墙的新月形延伸，面积约 190 万平方米，现存墙体长 4200 米。石峁遗址作为石峁文化的核心遗址，不仅是公元两千纪前后中国北方地区的区域政治中心和宗教中心，在某种意义上也是维系周边层级化中小聚落的经济中心。研究表明，当时的石峁遗址也可能是玉器生产和集散中心（戴，2016a；邓，2022；Jaang et al.，2018；孙和邵，2020；孙等，2020a）。因此，与石峁古城的其他地点相比，皇城台很可能见证了来自不同地区的人们之间更频繁、更激烈的互动（He et al，2021）。

自1976年首次发掘以来，石峁遗址以其城垣结构、日用器皿、用玉传统、埋葬习俗、彩绘习惯、"暴力现象"等为人熟知（图二），与此同时，石峁遗址还出土有一批不见于其他遗址的特殊器物——陶鹰。这些陶鹰多为灰陶质地，饰绳纹或篮纹，经过拼接复原的陶鹰残高50—60厘米，翼展60厘米左右，身体各部位塑造栩栩如生，腿部粗壮稳固，双翅伸展上舒，脖颈翘昂，背部宽平施交叉贴附装饰，整体作振翅欲飞之状。就制作工艺而言，陶鹰多泥片贴塑，同时也有修整打磨

图二　石峁重要的考古发现

a. 东护墙　b、e. 藏在墙内的玉　c. 壁画　d. 杀戮祭祀遗迹

痕迹。从质地来看，陶鹰均为泥质灰陶，在此基础上可进一步分为灰胎、红胎、器表灰白（包括灰胎和红胎）3 类（图三）。所谓器表灰白，即附着于陶器表面的一层灰白色不明物质。仅据肉眼观察，与石峁古城所见白灰层房址、壁画白灰层有颇多相似。

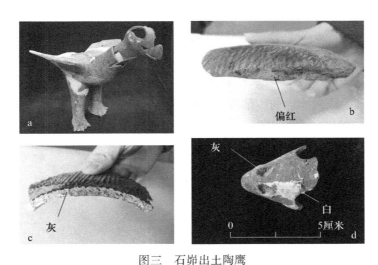

图三　石峁出土陶鹰

a. 石峁遗址皇城台出土的 1 只陶鹰　b. 胎体颜色偏红　c. 胎体呈灰色　d. 胎体呈灰色且有白色残留物

上述陶鹰迄今为止仅发现于石峁遗址皇城台地点，暗示其分布范围受到极大限制。与成千上万的日用器陶片相比，陶鹰的碎片总数略超过 1200 片，据发掘者初步估算，陶鹰最小样本数不低于 20 个。从肉眼上来看，不同陶鹰个体的形状、颜色、大小互有区别，并未表现出高度标准化或大规模生产的特征。值得注意的是，在石峁并未发现其他陶制动物雕像。而陶鹰的风格和形式表明这些器物是非实用的。考虑到它们出土于与地位超然的皇城台地点，发掘者认为，陶鹰可能与皇城台上的宴飨、仪式或祭祀活动有关。

三、材料和方法

本文旨在探究在石峁遗址皇城台出土陶鹰的生产和使用情况。为此，我们借助便携式 X 射线荧光光谱仪进行了非侵入性和非破坏性的成分分析。考虑到陶鹰的重要性，这种无损分析技术似乎是最合理的选择。

1. 样本和取样策略

本文分析的样本包括陶器和土壤。其中陶器样本来自石峁古城皇城台地点，包括 100 件陶鹰残片以及 60 件日用陶器，合计 160 件。此外，还包括 93 例土壤样本。

（1）目前石峁遗址所发现的陶鹰均出土于皇城台东护墙 4c 层，据发掘者初步估算，其最小个体数不低于 20 个。为保证所选取的样本尽可能多的包含不同陶鹰个体，选样时，将石峁遗址发掘出土的所有可辨识陶鹰残片置于同一库房内，摆放为 4 列，沿每列从南至北随机抽样，每列抽取 25 个，共计 100 个样本。

（2）60 件日用陶器。截止目前，共清理东护墙北段上部长约 120 米的墙体（从南至北依次为东护墙 1—12 段），护墙的上下阶墙体交错相叠，形成宽度不等的退台。东护墙第 4 层堆积呈现出区别于其余层面的自内而外状的倾斜态势，其下直接叠压护坡石墙，应是来自皇城台顶部的弃置堆积物（图四、图五）。为确保陶片样本来源的多样性，取样时尽可能兼顾不同器型及不同单位（即前文所提东护墙 1—12 段）。

我们分别于弃置堆积的 4a 及 4c 层选取了 30 件陶器，以反映皇城台东护墙中陶器化学成分在时间与空间上的变化。发掘表明，4c 层代表了石峁文化最为兴盛的阶段。该层内出土大量文物标本。其中以骨器数量最为巨大。经初步估算，仅骨针就发现 1 万枚有余。同时，骨器中还发现有目前世界范围内年代最早的口簧，亦或称"口弦琴"，可根据演奏者气口及簧舌震动的节奏变化，奏

图四　4a 层和 4c 层的地层关系
（所有的陶鹰碎片皆出自 4c 层）

a　　　　　　　b　　　　　　　c　　　　　　　d

图五　皇城台东护墙出土陶器
a. 罐　b. 盉　c. 瓮　d. 鬲

响具有仪式感的神秘旋律，在节奏与力度的变化中营造出庄严肃穆之感，充当了沟通人神、祭祀先祖的重要媒介，是音乐史上的重大发现。百余件卜骨在 4c 层的集中出土表明皇城台曾经举行过规模化的祭祀宴飨活动。此外，4c 层还发现有大量牙璋、琮、钺、环等玉器，部分海贝、象牙制品及少量铜制品。相对应的，4a 层时石峁文化已逐渐式微，其出土文物标本数量远低于 4c 层。而且从该层发掘出大量红色烧结土块，暗示着该层经历过频繁的翻新修葺活动。

最终选取 60 件陶器，40 件为泥质，20 件为夹砂；器形包括罐（15 件）、鬲（9 件）、三足瓮（9件）、斝（8 件）、盆（7 件）、圈足盘（6 件）、大口尊（2 件）、甗（2 件）、豆（1 件）、盉（1 件）。

（3）研究表明，石峁遗址所在的黄土高原，红黏土是在搬运动力相对于黄土堆积搬运动力变幅小的环境下沉积的，在沉积之后受到了较强的风化成壤改造作用。而陕北黄土高原所见黄土剖面中的古土壤一般没有胶膜，并且红化程度也无法同红黏土相比较，因此其成土强度远不及红黏土。有研究指出，黄土高原红黏土与其上覆第四纪古土壤形成环境相似，并在物源和成因的气候动力学方面与第四纪黄土表现出更多的一致性。因此取样时我们格外注意生土与表土、黄土与红黏土的区分。

此外，针对石峁遗址的实地调查表明。陶片分布密集程度的界限大致沿城墙走向，外城以外几乎无陶片分布，表明当时人群的主要活动区域基本是以城墙为界。与中原地区常见的埋藏于地表之下包含多个时期堆积的土遗址不同，石峁遗址地表保存有石砌城墙可以为我们提供清晰的遗址范围标识，也便于实际的操作。故以山川沟壑和山脊上的石砌墙体为界，可将石峁古城内部分划分为16 个独立的地理单元，依次以当地的小地名来命名①北垃台地点 ②麻黄梁地点 ③后阳湾地点 ④石窑垃台地点 ⑤中峁地点 ⑥皇城台地点 ⑦韩家垃旦地点 ⑧呼家洼地点 ⑨赵家地地点 ⑩石墙阴洼地点 ⑪坟峁地点 ⑫雷家塌地点 ⑬石家坟地点 ⑭阴湾地点 ⑮圆垃旦地点 ⑯夜峁地点。因此选样也要尽可能兼顾不同的地理单元。

最终选取的 93 个土壤样本中，表土 23 个，均为黄土；生土 65 个，其中黄土样本 10 个，红黏土样本 60 个。

2. 仪器、数据收集和数据分析

目前有许多技术已被广泛应用于陶器化学成分研究中，例如台式 X 射线荧光、仪器中子活化分析（INAA）和电感耦合等离子体原子发射光谱法（ICP-AES）等。但是它们的缺点也同样明显，昂贵、耗时、侵入性、不适宜现场检测等。相较之下，手持式 X 射线荧光分析仪（hhXRF）是一个不错的选择。在之前的研究中，笔者已经回顾了 Burley 和 Dickinson（2010）、Goren 等人（2011）、Frankel 和 Webb（2012）、Frahm 和 Doonan（2013）、Tykot（2015）、Sorkhani 和 Eslami（2018）、Brorsson 等人（2018）、Xu 等人（2019）、Eslami、Wicke 和 Rajabi（2020）、Green 等人（2020）等人使用手持式 X 射线荧光分析仪进行陶器成分分析的案例。综合来看，便携式 X 射线荧光光谱仪最大的优势可概括为在保证检测精度的前提下快速地展开大样本量的无损性分析，同时它的成本较其他技术更为便宜。

在这样的背景下，本研究使用美国赛默飞世尔科技生产的 Niton XL3+ 950 手持式 X 射线荧光光谱仪，分析陶器和土壤样本的化学成分。

对陶器的测试条件如下（李，2020）：50kV 的 X 射线管作为激发源（最大工作电压 50kV，电流 100μA，功率 2W）；银靶；分析光斑直径 3mm，每一次读数的测量面积大约 7mm²；土壤分析模式；每一个读数的总采集时间为 90s，其中主（Main）滤光片、高（High）滤光片、低（Low）滤光片各 30s；确保从每一个陶片的不同部位获取到 2 个有效读数；测量数据由仪器自带程序根据基本参数法自动矫正。完成一个陶片的测试用时约 10min。

对土壤样本的测试条件如下：将每一个读数的总采集时间设置为 120s，其中主（Main）滤光片、高（High）滤光片、低（Low）滤光片各 40s，从每一个采集地点或地层获取一个有效读数。

数据分析的步骤和内容依次为：①对陶片或土壤的化学成分进行数据预处理，得到一个由 253 条读数组成的化学成分数据集。每个读数对应一件陶器或一个土壤样本，并包括 10 种元素（锆、锶、铷、锌、铁、锰、钛、钙、钾、钡）的含量。②对上述化学成分数据集进行主成分分析，提取出第一、第二两个主成分。③利用第一、第二主成分得分，绘制散点图，并添加 80% 置信椭圆。置信椭圆是对置信区域的描述，"80% 置信椭圆"可以理解为我们根据抽样样本（即实际分析的陶器或土壤样本），有 80% 的把握认为抽样样本所反映的整体样本应落在椭圆区域之内。④对比不同样本的置信椭圆，明确样本之间的差异程度以及这种差异的性质。

四、结果和讨论

1. 土壤和陶片样本的数据及其含义

（1）土壤样本之间的化学成分差异

了解遗址及其周边不同地点的土壤化学成分差异是解释该遗址陶器生产的重要前提（图六，a），尽管生土与表土的化学成分存在重叠，但二者之前的差异也同样明显。在 80% 的置信水平下，60.8% 表土（14/23）和 24.2% 生土（17/70）样品在化学成分上无法区分（或者在分析术语中称为"相同"）。与表土样本相比，60% 的生土样本（42/70）没有落入二者的重叠区间。这一结果表明，生土样本在化学成分上具有更高程度的异质性。这一结果并不出人意料，因为生土样本数量较前者更多，同时有意识的取自多个不同地理单元。

同样的观察结果也适用于红黏土和黄土（图六，b）。尽管这两种类型的土壤在化学成分上存在重叠，但超过 50%（18/34）的黄土样本落在红黏土样本勾画的 80% 置信椭圆之外。根据图六中的 a 和 b 中的散点图，可以进一步认为表土和生土之间的成分差异可以很好地解释黄土和红黏土之间的成分差异。表土样本全部为黄土；生土样本绝大多数系红黏土（60/70）。换言之，确认红黏土和黄土之间，或者表土和生土之间的化学成分差异是至关重要的。

参照笔者之前的研究，石峁遗址内的红黏土（红泥）具有结构致密，粘度大，可塑性强的特点，是用于手工业生产及砌筑城垣的绝佳原料。之前有观点认为黄土不适宜制陶（例如，周等，1964；李，1996；李，2005），但我们认为，不能完全排除黄土被有意或无意地利用于陶器制作的可能性。例如，新石器至青铜时代，Stoltman 等人（2009）对商代社会的 61 件灰陶和安阳的当地沉积物进行了岩相分析。研究表明，至少有 37 件陶器是由黄土制成的，还有 16 件陶器在制作过程中掺杂了部分黄土。此外，甘肃省西城驿遗址（公元前 2100—前 1600 年）的陶工使用红黏土掺和

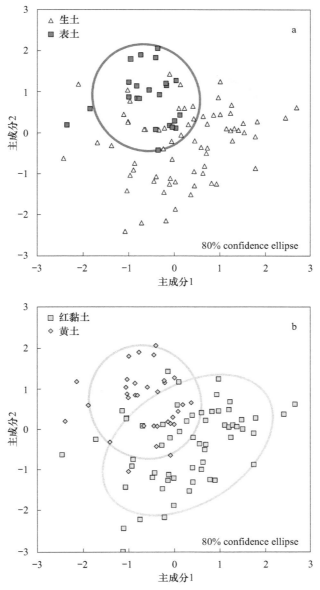

图六 （a）生土和表土以及（b）红黏土和黄土的成分数据
（椭圆表示80%的置信区间）

一定比例的黄土制作陶器，现代甘肃临洮、临夏和兰州红古区的现代彩陶工艺品厂中甚至还仍然普遍使用这种配方。这些陶工认为这样做可以大大减少烧制陶器时的破损率。鉴于甘肃和陕北之间的土壤形成环境相似，也不能排除石峁先民在制陶时掺杂部分黄土的可能性。

（2）土壤和陶片的化学成分差异

图七，a比较了陶鹰与93个土壤样本的化学成分。图中显示陶片和土壤样本之间存在明显的成分差异。在80%置信度下，93个土壤样本和陶鹰的置信椭圆并未产生任何交集，即无论样本中的红黏土或是黄土，都与陶鹰在化学成分上有极大的区别。换言之，我们有80%的把握认为我们的土壤样本没有识别出用于制作陶鹰的黏土。制作陶鹰的陶土来源应不在土壤样本所属地理单元内。

我们将日用器的化学成分与陶鹰和土壤样本进行了比较，结果如图七中b所示。4a和4c层出

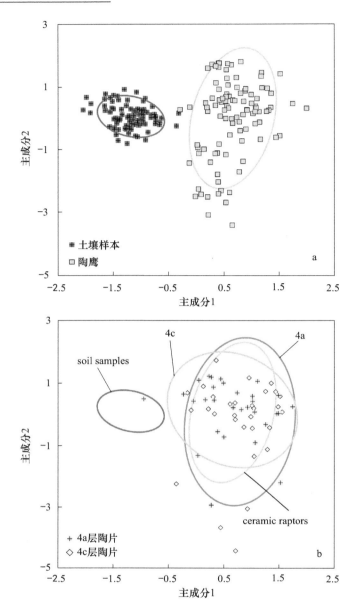

图七 （a）陶猛禽碎片与取样土壤之间的成分相似性；（b）土壤样本、
陶猛禽碎片和取样于 4a 和 4c 地层的碎片之间的成分相似性
（椭圆表示 80% 的置信区间）

土的陶器在化学成分上极其接近，4c 层 30 件陶器样本中有 26 件落入 4a 层样本所划定的置信椭圆。此外，有 95% 的陶鹰样本也落入由 4a 样本划定的 80% 置信椭圆内。综合来看，陶鹰与石峁遗址日用陶器有着相同的陶土来源，但是本文的土壤样本中未识别出用于生产陶鹰和日用陶器的黏土来源。

截至目前，石峁遗址出土陶鹰均发现于皇城台东护墙 4c 层。4c 层与前文提及的 4a 层内出土器物均属皇城台顶部的"弃置堆积物"。值得注意的是，陶鹰与 4c 陶器发现于同一层位，均是石峁文化最兴盛时期的产物，而 4a 时期，石峁文化已经式微。显然，结合散点图的情况来看，4c 层的陶器相较于 4a 层而言，有着更为稳定的陶土来源。

（3）对化学成分数据的进一步解释

民族志和考古学研究表明，当社会复杂性水平随着区域中心人口增长而增加时（例如，Collard et al.，2013），社会内部多伴随更高程度的分化，更集中性的生产与分配（例如，Kramer，2019；Li et al.，2021）。

具体到陶器生产，可能会对应分工明确的生产组织，愈发集中与稳定的取土点，更细致的加工流程以及精密的工艺水平。反之，如果一个聚落进入由盛转衰的生命周期，上述要素均会或多或少地趋于弱化。

具体到本文，从仰韶晚期到龙山前期，陕北地区社会复杂化的进程长期滞后于中原地区，这种文化面貌上的滞后性，或与其处于黄土高原的北端，生态环境脆弱，资源竞争激烈，人地关系紧张等原因有关。自龙山时代前期，陕北地区高等级聚落逐步涌现，聚落等级化愈演愈烈。这一时期，尽管很多聚落都出现防御功能明显的城墙或环壕，但聚落内部以及各聚落之间尚未出现明显的主、次之分或支配与依附的层级关系，各聚落可能在共同的利益驱使下形成了一种较为松散的攻防一体的区域联盟，尚未出现大一统的政治实体（戴，2016b）。从龙山晚期石峁文化的区域中心石峁遗址初现算起，大型宫殿、高等级宗庙类建筑、大型公共设施的修建已成为该地区统治者昭示权力与威望的物质手段，宴飨仪式、宗教祭祀等活动也日益常态化（孙，2020）。而陶器在石峁社会中极其重要，陶器的生产、流通和消费可能是石峁及周边遗址互动的重要组成。这可能意味着，当石峁遗址及其周边地区较为兴盛时，陶器的生产由高度专业的生产者或生产组织负责，他们遵循相对标准化的程序和加工工艺，并偏向于稳定的取土点，陶质、陶色、功能、风格等。上述因素也会逐渐成为当地制陶传统的一部分。反之，当石峁集团一旦衰落，经济体系也随之衰退，对陶器的需求开始减少。生产和分配系统倾向于逐渐解体，甚至最终停止运作。在这种情况下，石峁的制陶传统也会受到影响，陶器的生产可能更具随机性而非计划性。相应的，陶土来源也会更加多样化。

本文的数据也支持这一假设，4a 时期，石峁遗址已进入石峁文化晚期，此时的陶土来源已经不像之前那样稳定与集中，这表明 4a 时期的陶器生产或许已逐渐衰落。而且暗示着石峁遗址的衰落不仅仅体现在以倒置、二次利用的石雕为代表的贵族统治上，也充斥于石峁社会内部的生产生活中。

2. 陶鹰的三个"亚型"

前文提及，石峁出土陶鹰均为泥质灰陶，在此基础上可进一步分为灰胎、红胎、器表灰白（包括灰胎和红胎）3 类。仅据肉眼观察，与石峁古城所见白灰层房址、壁画白灰层（邵等，2015）有颇多相似。有学者认为，陶鹰表面的灰白色附着物或为钙化所致，陶鹰在埋藏过程中受环境影响会于器表形成钙锰结核物[1]。与此同时，石峁遗址所处区域内有大量石头表面也有一层类似的灰白色附着物，这一定程度上表明陶鹰与石头表面的灰白层附着物均为埋藏环境所致。但如果仅用埋藏环境来解释这种现象，那么灰白色附着物为何不见于石峁遗址日用陶器？对此，本文提出一个替换性的假设，对灰白色附着物进行化学成分及形成原因的探讨，如此一来，研究的重心即从灰白色附着物的物源转变为灰白色陶鹰的特殊性，基于此，笔者进行了如下分析：

首先对手持式 X 射线荧光光谱仪（XRF）测试所得的 100 个陶鹰数据绘制箱式图（图八），不难发现，器表灰白的陶鹰含钙量远远高于其他两种类型。根据主成分分析绘制出的散点图（图九，a

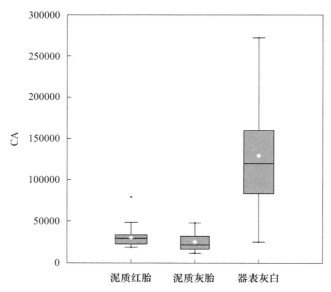

图八　陶猛禽的三个亚型在钙含量上（Ca）有所不同
（灰色和微红色是指胎体颜色，而白色指器表残留物的颜色）

使用了锆、锶、铷、锌、铁、锰、钛、钙、钾、钡10种元素，图九，b在图九，a的基础上删去了钙元素，保留其余9种元素）。我们发现在80%置信度下，无论是否将钙元素的数值计算在内，三类陶鹰在化学成分上都表现出较大差异，其中又以器表灰白状陶鹰的化学成分最为特殊。换言之，无论陶鹰表面的灰白色附着物到底是不是埋葬过程中形成的钙化物，该类陶鹰与其他两类陶鹰确实有着明显的不同。

　　一般而言，专门化生产的产品会达到较高的标准化程度。但有一个需要注意的问题，就是奢侈品或特殊器的专门化生产很可能并不追求标准化，反而会故意强调产品的差别以适应消费这些物品的社会上层的需要（李，2011）。陶鹰的分析结果支持上述假设。就陶鹰修复情况而言，目前能辨识的陶鹰个体20有余，不同个体间的各个部位在尺寸、纹饰、造型上有明显区别[2]。由此，笔者提出以下认识：三种类型的陶鹰互有差异，其中器表灰白的陶鹰与其他两种类型差异最为明显。陶鹰的特殊性不仅体现在陶鹰与石峁日用陶器、土壤的区别上，陶鹰内部也存在明显的分类甚至是物品等级的差异。这表明三种类型的陶鹰各自对应较为稳定的陶土来源或生产组织。Womack的研究讨论了石峁遗址的陶器生产，并强调石峁遗址周边的其他小型遗址生产陶器的可能性，如果这种可能是确实存在的，那么石峁遗址的陶器（目前的证据暂不能排除石峁遗址内部有陶器生产的可能性，故至少是部分陶器）很有可能来自上述遗址。我们的研究结果与Womack对石峁陶器的研究相符。我们认为，石峁及周边遗址的多个生产者（或生产单位）制作了陶鹰，并将它们一起带到了石峁遗址。

3. 陶鹰的生产

　　在戈登柴尔德之后，许多文章对工艺专业化的解释，很大程度上是基于对工艺生产活动的规模与强度的识别与区分（参见Flad和Hruby，2008年对"专业化"生产和"专业化"进行的最新批判性分析）。Costin（1991，2001）则让我们注意到了其他的变量，例如背景（精英赞助的程度）和集中度。她强调了专业化程度的重要性，并提出了衡量专业化程度的手段，即生产者与消费者比

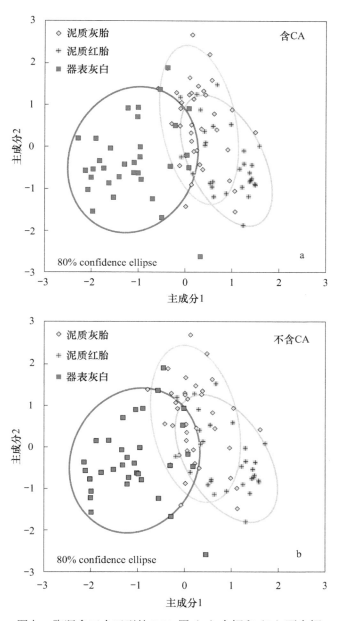

图九　陶猛禽三个亚型的 PCA 图（a）含钙和（b）不含钙

例。根据 Rowan K. Flad 和 Zachary X. Hruby（2008）的说法，关于"专业化"的许多定义，介于生产者专业化（即，生产者完全依赖产品交换来满足生计需求）和产品专业化（即，生产者生产产品供非亲属消费，但完全不依赖于交换产品来满足生计需求）之间，这取决于生产者在多大程度上依赖产品交换来满足其生计需求。研究人员在不少考古案例研究中，使用术语"专业化"来指示具有一定劳动分工程度的生产活动，该生产活动是在超出特定水平（例如，规模和强度），或在更受限制的空间范围内进行的（例如，Arnold 和 Munns，1994；Flad 和 Hruby，2008）。

　　Rice 指出，在一个相对平等的社会中，资源的获取和商品的消费在很大程度上是没有区别的，家户层面的陶器生产很可能是非标准化的，多会伴随一定程度的随机变化，这体现出原材料来源的限制及陶工之间的技术差异与技术选择。然而，当社会经济分化和等级差异愈演愈烈时，生产资源通常由"地方化的、自给自足的、以亲属为导向的社会单位"控制。社会群体之间的竞争和快速分化可能会导致陶艺的巨大创新和精细化（Rice，1981）。结合 Rice 的观点，专业化或专门化生产往往最早出现在特殊陶器的生产中。这里的特殊陶器包括彰显统治者权威及财富的礼器、体现古人丧葬灵魂观念的明器、以及用于强制分配及贸易的陶器［如红陶杯（李等，待刊）］。不同于用于维护日常生活所需的实用器，上述器物多流通于特定的系统，多侧重于巩固统治者的地位及权威。而本文对陶鹰的研究也支持这一观点。

我们的分析表明，陶瓷猛禽既没有大规模生产，也没有高度标准化，它们的分布空间受限。石峁遗址以其高度社会复杂性和专业生产而闻名，例如，体现在耗费大量人力的墙体建造、出土于皇城台平台的雕刻石像、万余根骨针，以及中国迄今发现的最早的砖瓦，表明了大型建筑的存在（Sun 等，2018；孙等，2020a）。石峁在鼎盛时期保持了高度的社会分化和先进的劳动分工程度。我们之前已经证明，陶猛禽的三个子类群很可能由不同的陶工或生产单位制作。它们使用的黏土来源比从 4a 和 4c 地层中出土的陶器碎片要少。然而，这些雕像的生产，无论从规模还是强度来看，都不符合我们通常所想象的高度专业化或中央集权化的生产；也不表明大规模生产或广泛分布。我们认为它们的生产是有目的和计划的，可能涉及政治干预。

本文认为，陶鹰既没有大规模生产也未体现出高度标准化，而且它们只发现与皇城台地点。石峁遗址以其城市规划、城垣结构、日用器皿、用玉传统、埋葬习俗、彩绘习惯、"暴力现象"等为人熟知。大台基的精美石雕、皇城台东护墙数以万计的骨针，筒瓦、板瓦及陶鹰等特殊器物的出现，无不暗示着石峁这一北方地区区域政体中心内部有着高度的社会分层及先进的分工。上文已论及，陶鹰的三个亚型可能出自不同的生产者或生产单位。然而，无论从规模还是强度上看，陶鹰的生产都不符合一般意义上的高度专业化或标准化，也未体现出大规模生产的态势。本文认为，陶鹰的生产和使用是带有明确目的性和计划性的，很可能受到石峁精英阶层的政治干预（下文将讨论此话题）。

4. 陶鹰的使用情境

石器时代，人类与动物的关系十分密切，许多动物一直是人类主要的衣、食之源。狩猎与驯化动物，使人们可更多地观察和熟悉动物，是创作动物形艺术品的基本条件。当然，人类有时会根据想象创作形象，而不是直接从现实复制（Nakamura 和 Meskell，2009；Nanoglou，2008）。在史前社会里，动物不仅仅扮演了经济的角色，还扮演了象征和宗教仪式的角色。杜启明指出，陶鹰是石峁人族源的最好证据，石峁的原住民应当是来自北方草原牧区的豢鹰者。孟庆旭认为，"挚"与"鸷"相通，皇城台出土的陶鹰或与帝挚有关，帝挚、帝尧与帝舜的禅代关系反映了石峁文化与陶寺文化在区域主导权上的长期交互争夺。笔者以为，仅以陶鹰来确认石峁人族属难免有失偏颇。人们对先天存在的尊崇对象与后天可修炼达成境界的界定比较明确，故这一时期的动物形象多见于各类器物，陶鹰的出现或许代表了石峁先民对鹰的崇拜及渴望驯化飞鹰的朴素愿望。

例如，在土耳其中南部的 Çatalhöyük 遗址（公元前 7400—前 6000 年）发掘出了 1000 多个小型动物雕像，包括鸟类、鱼类、啮齿动物、小型食肉动物和爬行动物（Meskell，2015；Nakamur and Meskell，2009）。这些陶制品与现实中的动物有关（Martin and Meskell，2012）。在约旦的

'Ain Ghazal 遗址（公元前 8300—前 6000 年），出土了 120 余件尺寸较小且标准化程度较高的动物雕塑，多为当地的典型动物（如公牛、长角山羊、公羊和瞪羚等）（SchmandtBesserat，1997）。皇城台出土陶鹰"多为灰陶质地……振翅欲飞之状"。不难看出，石峁出土陶鹰写实色彩浓厚，且石峁所处的地理区位自古以来就是大型猛禽的活动区域，时至今日，皇城台上空都可见大型飞禽的身影。可以想见，石峁先民对鹰属大型猛禽并不陌生，只不过囿于其生产工具，暂时无法驯服鹰雕等猛禽。古人对世界的认识和感知常与世俗愿望相连，并与现世所追求的愿望密切相关。石峁先民很可能看到高高在上的猛禽，并将它们视作自然景观的一部分。制作和展示猛禽形象的陶器是石峁先民展现其信仰与世界观的重要形式。

此外，不同陶鹰个体之间，在尺寸和装饰风格上区别明显。而且动物考古学的研究成果表明，石峁先民已经驯化（或可能驯化）的动物包括狗、马、猪、牛、羊等。上述动物对石峁先民来说是重要的食物性经济来源。而且，上述动物形象并未被制作成相关陶器。显然，猛禽这一形象在石峁先民的认知中有着更为重要的地位。

石峁目前所见陶鹰均出土于 4c 层的弃置堆积，直接叠压在城墙之上，东护墙其余层位及皇城台顶部大台基均不见陶鹰。此外，就目前修复情况而言，同一陶鹰个体残片数量较多，且埋藏范围甚广。种种迹象表明，陶鹰似乎被石峁人有意识的弃置于东护墙 4c 层。4a 与 4b 层罕有陶鹰，暗示这一时期石峁文化已经式微，石峁的统治者似乎不再使用陶鹰这种器物进行公共活动。结合大台基出土的石雕来看，目前尚不能完全排除这些石雕来自皇城台上的高等级建筑或神庙类建筑的可能（在建筑毁弃后被重新砌筑于大台基石砌护墙墙面上）。若是，这一变化形成的原因，则或由于石峁上层发生的一次巨大的社会变革，宏伟的建筑被推倒，废弃的建筑材料被重新砌筑在修茸之后的大台基之上（孙和邵，2020；孙等，2020b）。如果以上的推论成立，陶鹰或可视为"宗庙之物"，它的弃置与消失或与此次社会变革有关。诚然，这一推测还需更多的考古证据。

此外，在土耳其中南部的 Çatalhoyük（Meskell，2015）和约旦的 'Ain Ghazal（Schmandt-，1997）遗址，发掘者收集了上千个小型动物雕像，其尺寸多在几厘米左右，多用作孩童玩具或家庭供奉。相较之下，陶鹰的体积过于庞大，不适宜用于家庭供奉或孩童玩耍。结合陶鹰的出土背景，它们更可能在大型设施或宗教祭祀等仪式性活动中作展示之用。我们认为陶鹰与石峁遗址所见"藏玉于墙"和"人头奠基"现象具有类似的精神内涵，体现了石峁先民对先天自然性事物的敬畏和现世的美好愿景，彰显了石峁政权"非壮丽无以重威"的社会形态，同时也暗示着石峁的统治相较于同时期其他邦国（李，2017）更显压迫性。陶鹰同大型夯土高台建筑基址、气势磅礴的石砌护墙、设计精巧的城防设施、藏玉于石、杀戮祭祀等特殊迹象共同构成了皇城台的政治景观。至于石峁精英阶层在陶鹰的生产、分配与使用阶段以何种方式进行干预，介入程度的问题，需要更进一步的研究。

五、结　语

本研究使用手持式 X 射线荧光分析仪，首次分析了石峁遗址皇城台东护墙出土的 160 件陶质猛禽残片和代表 16 处地理单元的 93 例土壤样本的化学成分，并在多元统计分析的基础上，结合相关考古学信息，讨论了陶质猛禽的生产与使用情境。研究认为，陶鹰在化学成分上与石峁遗址出土的日用陶器相似，但其陶土来源与取样的土壤不符。陶鹰根据陶质和陶色可划分为三种不同的类型，且不同类型大体上对应了不同的陶土来源。考古学中的猛禽形象往往被认为与崇拜、宗教、祭祀、权力有关，这种形象符号诞生于古人世界观、思维方式和创造力基础之上，传递了人们对古代世界的认识和感受。本研究强调，石峁遗址的陶鹰是由多个生产组织制作而成，旨在模仿被石峁先民赋予特殊精神内涵的鸟类（鹰）；陶鹰的生产是为了服务于特定的宗教仪式或统治者主导的大型公共活动。研究进一步提出，陶鹰作为统治者昭示权力与威望的物质手段，同大型夯土高台建筑基址、气势磅礴的石砌护墙、设计精巧的城防设施、藏玉于石、杀戮祭祀等迹象共同构建了以皇城台为中心的政治景观。

图一〇　在皇城台上发现的石雕和城墙建筑

注　释

[1]　陕西省考古研究院邵晶研究员告知。
[2]　陕西省考古研究院孙周勇研究员告知。

参 考 文 献

戴向明. 2016a. 黄河中游史前经济概论. 华夏考古，（4）：64-77.

戴向明. 2016b. 北方地区龙山时代的聚落与社会. 考古与文物，4：60-69.

邓淑苹. 2022. 龙山时期"神祖灵纹玉器"研究. 考古学研究（庆祝严文明先生九十寿辰论文集）. 文物出版社：429-449.

李旻，2017，重返夏墟：社会记忆与经典的发生. 考古学报，3：287-316.

李涛，贺黎民，姚帅. 待刊. 石家河古城红陶杯的生产和流通初探. 江汉考古.

李涛. 2020. 史前陶器的手持式 X 射线荧光光谱仪分析. 南方文物，5：263-271.

辽宁（辽宁省文物考古研究所）. 2004.《牛河梁——红山文化遗址发掘报告（1983—2003 年度）. 文物出版社：25.

李文杰. 1996. 中国古代制陶工艺的分期和类型. 自然科学史研究，1996（1）：80-91.

李新伟. 2011. 手工业生产专业化的考古学研究. 华夏考古，1：126-138.

李新燕. 2005. 甘肃彩陶制作工艺实验与探索. 考古与文物，2005（6）：85-89.

青海省（青海省文物局），中国社会科学院考古研究所．1984．青海省柳湾遗址．文物出版社：229-230.

邵安定、付倩丽、孙周勇等．2015．陕西神木县石峁遗址出土壁画制作材料及工艺研究．考古，6：109—120.

孙周勇，邵晶．2020．石峁遗址皇城台大台基出土石雕研究．考古与文物，（4）：40-48.

孙周勇．2020．公元前 3000—公元前 1800 年北方地区的聚落与社会——以陕西榆林地区考古资料和石峁考古发现为中心．见：早期文明的对话——世界主要文明起源中心的比较，上海古籍出版社．

孙周勇，邵晶，邸楠．2020a．石峁遗址的考古发现与研究综述．中原文物，（1）：39-62.

孙周勇，邵晶，邸楠．2020b．石峁遗址皇城台地点 2016—2019 年度考古新发现．考古与文物，4：2、3-11.

张玉光，王炜林，胡松梅，等．2009．陕西华县泉护村遗址发现的全新世猛禽类及其意义．地质通报，28（6）：753-757.

周仁，张福康，郑永圃．1964．我国黄河流域新石器时代和殷周时代制陶工艺的科学总结．考古学报，（1）：1-27.

朱乃诚．2016．仰韶文化庙底沟类型彩陶鸟纹研究．南方文物，（4）：57-76.

Arnold J E, Munns A. 1994. Independent or Attached Specialization: The Organization of Shell Bead Production in California. Journal of Field Archaeology, 21 (4): 473-489.

Brorsson T, Blank M, Friden I B. 2018. Mobility and Exchange in the Middle Neolithic: Provenance Studies of Pitted Ware and Funnel Beaker Pottery from Jutland, Denmark and the West Coast of Sweden. Journal of Archaeological Science: Reports, 20: 662-674.

Burley D V, Dickinson W R. 2010. Among Polynesia's First Pots. Journal of Archaeological science, 37 (5): 1020-1026.

Collard M, Ruttle A, Buchanan B, et al. 2013. Population Size and Cultural Evolution in Nonindustrial Food-producing Societies. PLoS One, 8 (9): e72628.

Costin C L. 1991. Craft Specialization: Issues in Defining, Documenting, and Explaining the Organization of Production. Archaeol. Method Theory, 3: 1-56.

Costin C L. 2001. Craft Production Systems. In: Feinman, G., Douglas Price, T. (Eds.), Archaeology at the Millennium: A Sourcebook. Kluwer Academic/Plenum Press, New York, NY: 273-327.

Eslami M, Wicke D, Rajabi N. 2020. Geochemical Analyses Result of Prehistoric Pottery from the Site of Tol-E Kamin (Fars, Iran) by PXRF. Science and Technology of Archaeological Research, (STAR) 6 (1): 61-71.

Flad R K, Hruby Z X. 2008. "Specialized" Production in Archaeological Contexts: Rethinking Specialization, the Social Value of Products, and the Practice of Production. Archaeological Papers of the American Anthropological Association, Assoc. 17 (1): 1-19.

Frahm E, Doonan R C P. 2013. The Technological Versus Methodological Revolution of Portable XRF in Archaeology. Journal of Archaeological science, 40 (2): 1425-1434.

Frankel D, Webb J M. 2012. Pottery Production and Distribution in Prehistoric Bronze Age Cyprus. An Application of PXRF Analysis. Journal of Archaeological science, 39 (5): 1380-1387.

Green W, Stoltman J B, Holley G R, et al. 2020. Caddo or Cahokian? Stylistic and Compositional Analyses of a Fine-engraved Vessel from Northwest Iowa. Plains Anthropol, 66 (258): 86-119.

Goren Y, Mommsen H, Klinger J. 2011. Non-destructive Provenance Study of Cuneiform Tablets Using Portable X-Ray Fluorescence (PXRF). Journal of Archaeological science, 38 (3): 684-696.

Guo Qinghua, Sun Zhouyong. 2018. The East Gate of Shimao: An Architectural Interpretation. Archaeological Research in Asia, 14: 61-70.

Guo Qinghua, Sun Zhouyong, Shao Jing, et al. 2020. Reconstruction of the Shimao Citadel Gate: Planning and Construction of Huangchengtai Gate During the. China. Archaeological Research in Asia, 22: 100178.

He Yahui, Liu Li, Sun Zhouyong, et al. 2021. "Proposing a Toast" from the First Urban Center in the North Loess Plateau, China: Alcoholic Beverages at Shimao. Journal of Anthropological Archaeology, 64: 101352.

Jaang Li, Sun Zhouyong, Shao Jing, et al. 2018. When Peripheries Were Centres: A Preliminary Study of the Shimao-centred Polity in the Loess Highland, China. Antiquity, 92 (364): 1008-1022.

Kramer K L. 2019. How There Got to Be So Many of Us: The Evolutionary Story of Population Growth and a Life History of Cooperation. Journal of Anthropological Research, 75 (4): 472-497.

Li Tao, Yao Shuai, He Limin, et al. 2021. Compositional Study of Household Ceramic Assemblages from a Late Neolithic (5300-4500 Cal BP) Earthen Walled Town in the Middle Yangtze River Valley of China. Journal of Archaeological Science: Reports, 39: 103159.

Martin L, Meskell L. 2012. Animal Figurines from Neolithic atalh ¨ oyük: Figural and Faunal Perspectives. Cambridge Archaeological Journal, 22 (3): 401-419.

Meskell L. 2015. A Society of Things: Animal Figurines and Material Scales at Neolithic Catalh ¨ oyük. World Archaeology, 47 (1): 6-19.

Nakamura C, Meskell, L. 2009. Articulate Bodies: Forms and Figures at Çatalh ¨ oyük. Journal of Archaeological Method and Theory, 16: 205-230.

Nanoglou S. 2008. Representation of Humans and Animals in Greece and the Balkans during the Earlier Neolithic. Cambridge Archaeological Journal, 18 (1): 1-13.

Rice P M. 1981. Evolution of Specialized Pottery Production: A Trial Model. Current Anthropology. 22 (3), 219-240.

Schmandt-Besserat D. 1997. Animal Symbols at 'Ain Ghazal. Expedition, 39 (1): 48-57.

Sorkhani R R, Eslami M. 2018. Specialized Pottery Production in Dalma Tradition: A Statistical Approach in Pottery Analysis from Soha Chay Tepe, Zanjan, Iran. Journal of Archaeological Science: Reports, 17: 220-234.

Stoltman James B, Zhichun Jing, et al. 2009. Ceramic Production in Shang Societies of Anyang. Asian Perspectives, 48(1): 182-203.

Sun Zhouyong, Shao Jing, Di Nan, et al. 2018. The First Neolithic Urban Center on China's North Loess Plateau: The Rise and Fall of Shimao. Archaeological Research in Asia 14: 33-45. 10.1016/j.ara.2017: 02.004.

Toufexis G. 2003. Animals in the Neolithic Art of Thessaly. In Zooarchaeology in Greece: Recent Advances (British School at Athens Studies 9), edited by Kotjabopoulou E, Hamilakis Y, Hatstead P, et al, London: The British School at Athens: 263-271.

Tykot R H. 2015. Using Nondestructive Portable X-Ray Fluorescence Spectrometers on Stone, Ceramics, Metals, and Other Materials in Museums: Advantages and Limitations. Applied Spectroscopy, 70 (1): 42-56.

Xu Wenpeng, Niziolek L C, Feinman G M. 2019. Sourcing Qingbai Porcelains from the Java Sea Shipwreck: Compositional Analysis Using Portable XRF. Journal of Archaeological science, 103: 57-71.

（原载于 Journal of Archaeological Science: Reports, volume48, 2023）

关于中原早期铜器生产的几个问题：从石峁发现谈起

苏荣誉

中原冶铜术的西方来源和本土起源长期悬而未决，与西来说相关的传播论虽被证明简率[1]，但近些年在河西走廊和长城地带的若干考古发现，西来说再度被激发。如何认识和估计所获得的材料，如何深化学术研究，本文试结合神木石峁古城的发现，不揣浅陋，对关涉的几个问题略抒管见，以求方家正之。

一、石峁遗址发现的铜器和石范

石峁遗址位于陕西榆林毛乌素沙漠之南、黄河支流秃尾河之支流洞穿沟南岸山梁上。20世纪50年代和70年代有过局部调查，80年代有过试掘，2011年始进行了系统的调查和发掘。最终确认属一座城址，总面积400万平方米，由"皇城台"、内城和外城构成。皇城台的"台城"，构建最早，内城次之，外城最晚。据出土陶器，皇城台修筑年代为龙山时代晚期至夏代早期，皇城台门址的修筑可能要早到公元前2300年，皇城台最晚使用年代为公元前2100—前1800年，废弃约在公元前1800年[2]。

2016年发掘皇城台东侧的门址，门外有南北向呈长方形的广场，"在广场中南部还发现一些铜刀、石范等遗物"。墩台Ⅱ南隔墙"东侧发现环首刀石范"。发掘简报透露出皇城台出土多件铜器和石范，但只举例一铜刀和一环首刀石范，且只有出土地点和图片（图中附有编号，除地点不同外，号均是2016②：1），既没有描述遗物，也没有介绍出土情况和伴生物。虽然公布的信息甚少，但在发掘简报的结尾，则有重要认识："皇城台发现的铜器和石范，大多出土于门址第二层堆积，个别见于门址第四层，年代不晚于公元前1800年，器形包括刀、镞、锥等，为揭示中国北方地区早期铜器的形制和技术特征增添了重要实物资料。""同时……皇城台铜器和石范的发现为冶金术自北方传入中原的观点提供了关键性的证据，并为探索早期冶金术在中国传播路线提供了关键的连接点。"[3]

石峁古城出土有多少铜器和石范，迄今未见准确信息披露，据说还有齿轮形铜器[4]。考古报告披露的一件铜刀，是广场南部西侧发现"一些"铜刀之一[5]（图一）。刀呈条形，扁平状，柄略宽并残断；刀锋为小圆弧形，刀截面为三角

图一　石峁铜刀（皇城台广场中南部2016②：1）

[采自《考古》2017（7）：49图6]

形，背厚刃薄，刃略内弧；刀背与柄上面平滑过渡，微微外弧。从背两侧凸起，知此刀铸造成型，很可能为对开分型。

图二　石峁石范（皇城台门址内瓮城
2016②：1）
［采自《考古》2017（7）：52 图13］

石峁古城出土的石范，见诸图像的也只一件环首刀残范（图二），出土自皇城台内瓮城，墩台Ⅱ东侧[6]。据图片，范存环首刀之柄部，环为椭圆形，柄微弧，板状；与环首相接处似有叉形线，阴阳不明，可能为柄之纹饰。范面平，两侧面光，无定位结构，端面略糙；质似砂岩，一角有崩落。环首型腔端接漏斗形浇口，连接处甚薄，便于浇铸冷凝后打掉浇口而不伤环首。但刀柄下侧似另有一型腔，局部似锥状，小漏斗形浇口扭转开在侧边。在环首刀型腔上面，近于上边另有一纵向沟槽，或是铜针铸型亦未可知。至于此范浇注的受蚀状况，抑或是否有涂层，即此范的使用状况难以推测。也不知石峁遗址是否出土有环首刀可以与之对应，但上述铜刀与之无关。

石峁出土的条形铜刀和石范铸造的环首刀，与欧亚草原流行的装柄的剃刀式刀、兽头或透空柄刀以及卢里斯坦的柄端具眼形孔刀[7]，均大异其趣，倒是接近于二里头遗址出土的刀1987VIM57：2（图三），属四期[8]。石范的椭圆环首刀则接近于青龙抄道沟出土的两件，均翘尖，对开范铸造，一长267毫米，另一长243毫米（图四），年代属商晚期[9]。内蒙古敖汉旗博物馆征集到一副环首刀石范，首圆形，柄具两路人字纹，浇口开在刀尖，也无定位结构（图五），其年代被定在商周之际[10]，刀形当较石峁范为晚。

论者认为石峁古城遗址所出土铜器和铸范涉及中原青铜器来源与传播等问题，姑略申论之。

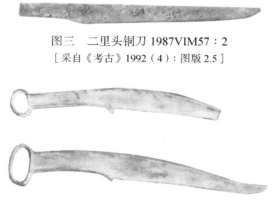

图三　二里头铜刀 1987VIM57：2
［采自《考古》1992（4）：图版2.5］

图四　青龙抄道沟青铜环首铃首刀
［采自《考古》1962（12）：图版5.1］

图五　敖汉环首刀石范
（采自《敖汉文物精华》：81）

二、中原的青铜技术起源与其技术传统

关于中原冶金术起源的讨论，长期都处于猜想阶段，既因中原地区发现的早期冶金实物少，也在于研究不够，彼此关联不清。最近欧美考古学家在巴尔干和安纳托里亚地区的考古发现和研究揭示出公元前 6000 年的冶铜遗物和遗迹，再证近东为冶金术之摇篮。百多年来，不断有人指出或重复中原冶金术西来说，近些年对西北及河西走廊的考古发现和研究，有学者具体提出西方冶金术影响中原的两个途径：西伯利亚—新疆—河西走廊—甘青—中原，西伯利亚—蒙古高原—中原[11]。如前所述，简单传播论除从中心向周边、从早到晚这些因素外，对传播的动力、接受者的经济与技术水准、接受的可能与选择等因素考量太少或阙如，已为很多研究证明为过时，新的技术传播研究既必须以各节点的可靠年代为基础，还需以可能为前提。

毋庸置疑，冶金术最早出现于近东，有近 8000 年的历史。北非、欧洲、中亚、南亚和西伯利亚的早期冶金，可能是以之为基因发展起来的，姑且称之为近东体系。其技术内涵可以概括为：

①有很长的铜石并用时代，冶炼铜砷铜延续 2000 余年；

②砷铜的出现是基于铜矿因素，在青铜时代早期有意识炼制砷铜；

③青铜时代中期随着锡供给的解决，锡青铜成熟，砷青铜随之罕见；

④锻打铜器是基本工艺，铸造出现较晚且居次；

⑤铸造以石范为主铸造小件铜工具、兵器和农具，部分地区（如大不列颠）铜范居次；

⑥泥范始终都有，且有对开范用于铸锭，失蜡法用于铸造复杂的动物、造像和饰品。

中原及其周边地区的早期冶金，新石器或铜石并用时代的内涵和联系均不清楚，连续并具有鲜明特征始于二里头文化二期，可以概括为：

①有无铜石并用时代有待证实，起源不清；

②早期铜器铜与黄铜并存，铸锻成型并行；

③二里头文化迅速肇建了泥范块范法技术体系，生产造型独一无二的所谓礼器；

④泥范块范法迅即独占，几乎不见锻造器件，石范铸造也被排斥出中原；

⑤铜和锡青铜、铅锡青铜并存，铅锡青铜很快居主要地位，且锡、铅含量高，供应充足。

这种显著有别于近东体系的中原金属技术系统，若以为传自于彼，必须回答其间发生的变易及其机制，但却无妨于个别器物的流动和器类与装饰的影响。鉴于南美早期冶金的独立性，毋宁认为中原冶金技术的独立起源，是基于新石器时代发达的制陶工艺、高超的攻玉技术，以及对玉的火试而发明[12]。

三、关于铸铜遗址的认定

在古代生产活动中，铸铜的操作链最长[13]。前端包括各种材料的准备，涉及金属铜（及其合金，涵盖采矿、选矿、冶炼等主要环节，每个环节有诸多工序）和铸范（范与芯）材料，核心工艺涉及筑炉（坩埚或竖炉）及其燃料（木炭）准备，并将范材加工成铸型，通常还要对铸型进行处理，如烘焙或刷涂料，然后才可熔炼浇铸。铸后要对铸件毛坯进行处理，涉及打掉浇口、去掉飞边和毛疵，必要时还进行磨光或补铸。如此长的操作链，应当有不少遗迹或遗物，成为可供确认铸铜活动并研究铸造工艺和生产的第一手材料。

根据上述操作链，认定一个铸铜遗址的基本材料包括熔炼遗物和遗迹（金属锭块、坩埚、炉壁和熔渣，红烧土产地或加工铸型遗迹）、浇铸遗物（范、芯和浇口、飞边等金属残余）、产品或废品。鉴于金属锭块、产品和铸型具有流动性，熔炉或坩埚残片和遗迹、熔渣、铸型制作遗迹、浇口和飞边及废品更具有说服力。古代金属材料十分珍贵，所以，金属锭块、铸造废料如浇口和飞边、铸造废品，甚至锉磨的金属颗粒均会被回收重熔。近东和欧洲所发现青铜时代的铸造浇口等，在中原古代铸铜遗址中罕见，说明中原铸造工场的管理十分严格，或者那些铸工更加珍惜金属[14]。

偃师二里头遗址具有铸铜产业链的绝大多数要素[15]，说明那里不仅铸造铜器，而且发展出颇具规模的铸铜业。只有形成了产业，才易见铸铜技术的进步、产品的多样化和精致化、生产规模的发展，以及对其他地方的辐射、转移等。

较二里头文化为早的是陶寺文化，先后发现了 4 件铜器，铃、齿轮形器、环各 1 件和 1 块铜器残片，均铸造成型。其中铃为低铅青铜，环近乎纯铜，另外两件为砷铜，其中齿轮形器含 0.7% 铋[16]，颇不寻常，需要核验。在陶寺遗址中，迄今还没有发现熔炼铜的炉具、渣等及铸造铜器的范[17]，即没有证据说明陶寺文化有铸铜活动，也不能说明陶寺出土的铜器产自本地。据此认为"至迟在陶寺晚期，已经掌握冶铜技术"[18]，"陶寺铜器群是中国夏商周三代青铜文明之源"[19]还不充分。至于有学者据陶寺遗址附近没有铜矿，推断"今后也不会发现大型炼铜遗址或铜器铸造的手工业作坊"，虽有武断之嫌，但因齿轮形器为砷铜材质而判为外来品，并对铜铃的材料来源也存疑[20]，可称自洽。

石峁城的发现，迄今报道只有铜器和石范，且未介绍它们的赋存背景。发掘报告更未涉及任何与熔炼铜的炉具、炉渣、碎铜、木炭等相关的遗物，以及铸造铜器场所的遗迹，同样没有证据说明石峁城存在铸铜活动乃至铜工业。所出铜器甚至石范有可能属于传入的物品，年代也待进一步判明。

四、关于石范铸造

铜器铸造需在高于 1000℃ 下进行，铸型必须耐得如此高温并保持稳定。石和淘洗过的泥沙是最普通的材料，而且漫长的石器时代打制石器，长期的新石器时代制作陶器，先民稔熟多种石材和泥土的性能。以石材作范，且可重复使用，理所当然。石范需雕刻型腔才可铸器，砂石和滑石易于雕刻，成为最常用的范材。而泥质多用于形状复杂铸件和失蜡法的铸型。

近东是冶金术的最早发生和发展地区，早期的铸范有待整理，但青铜时代早期晚段，底格里斯河上游土耳其 TitrisHöyük 遗址的一处民居地面发现一石范，年代为公元前三千纪后期。范近长方形，尺寸为 78 毫米 × 73 毫米 × 10 毫米，一面刻有 8 个饰品型腔（图六），用于铸造铅饰品，另一面有条纹线，可能属磨刀痕迹；范上的两孔表明原系双合范[21]。范来自安纳托里亚西部的亚述古城遗址，而其铸件可在近东多个遗址或墓葬中找到相关或相同遗物[22]。据统计，青铜时代中期，早期叙利亚和巴比伦文化的 20 处遗址出土 50 多件铅像的石范，材质有滑石和蛇纹石等，属于多个作坊，铸造形状复杂的板式的铅像。叙利亚北部 Knaye 出土的一块滑石范（图七），尺寸 62 毫米 × 46 毫米 × 15 毫米，型腔为一男一女，一羊置于其间[23]。范腔纹线细密流畅，表现出公元前三千纪后段石范铸造的精细，它们蕴含着范、铸件的流通、交流及各作坊间的联系。

中原进入青铜时代较近东晚一千六七百年，青铜文化开始的二里头文化，相当于近东的青铜文化中晚期。二里头文化包含青铜器的两个代表性遗址，一个是偃师二里头，一个是夏县东下冯。

二里头一如前述，自三期已经建立起青铜工业。而且，所出土的材料确证二里头青铜器没有锻造品，系由泥范块范法铸造成形，并由此肇建了中原独特的技术体系和传统[24]。后者是地方类型，自第Ⅲ期始见铜器出土，共发现 30 来件青铜工具和箭镞，另有 1 件青铜爵。发掘报告称有数十块小"铜炼渣"，但从未发表清晰的图片，也未对这些"炼渣"进行分析，考古报告的"炼渣"定名难以采信。重要的是，Ⅲ—Ⅴ期出土十块石范，被认为铸造铜斧、凿等，其中一块属于Ⅴ期的石范 T5512∶3C∶1，残存约三分之一，尺寸 81 毫米 × 80 毫米 × 16 毫米，片麻岩质，一面具有三双翼镞型腔，另一面具并列一斧和一凿型腔[25]（图八）。迄今对这些范未作进一步研究，范的使用情况不明，与同一遗址出土的铜器似乎也对应不起来。鉴于Ⅵ期墓葬所出的铜爵 M4∶1 与二里冈期青铜爵一致，无疑是舶来品，东下冯遗址还没有充分证据说明已经有青铜工业。根据对Ⅳ期两件铜镞的材质分析，H20∶9 含锡、铅分别为 9.14% 和 2%，T1022∶4∶12 则分别为 14.13% 和 4.46%[26]，均属典型锡铅青铜，具有二里头文化晚期和二里冈时期特征[27]。或许东下冯遗址的年代比原定的偏晚。

图六　土耳其 TitrisHöyük 石范
（采自 East and West，Vol.52，No.14，
2002，p.25，fig.12）

图七　叙利亚 Knaye 石范
［采自 Orientalia，72（4），2003，p.396，fig.b］

图八　东下冯第五期石范 T5515∶3C∶1
（采自《夏县东下冯》：图版 70.1-2）

如果说中原青铜技术受到近东和中亚的影响，应当发生在公元前三千纪末或前两千纪初，也即现在认定的陶寺文化、石峁古城和二里头文化年代，但无论是石峁石范、东下冯石范，乃至商周及

其以后的石范，均未出现过如前所举近东那样的精细者，个中抵牾也应是中原冶铜术西来说要回答的问题。

有文献称二里头遗址也出土一件石范，但未见图像发表[28]。据陈国梁统计，在垣曲商城、新安太涧、方城八里桥等遗址也有石范出土[29]，和东下冯所出土石范一样，均未研究其实用性，还不能证明当地发生过青铜生产。事实上，石范在中原周边地区广有发现，自漠北至岭南，自东海至云贵高原均有出土，从青铜时代早期持续到20世纪，且分布明显集中在边远地区[30]。从中原地区铸铜遗址所出土者看，箭镞和刀、凿俱以块范法铸造，说明中原的铸铜工业传统排斥石范铸造。由此看来，石峁发现的石范，也同属偏远地区的赋存，说其对中原青铜技术发生影响，证据可能不够充分。

上文对石峁出土铜刀和铸铜石范的粗浅讨论，是在出土材料几乎尚未发表的情形下进行的，无论是对其年代、出土背景，还是技术内涵的推测与讨论，均是率尔操觚的孔见。所采用关于陶寺、东下冯乃至二里头的材料，有些是限于条件未能展开研究的，也有是缺乏问题意识而忽视的，亡羊补牢，为时未晚，期待来者贡献可靠的分析结果和令人信服的研究。也祝愿石峁古城石破天惊的发现，能产出立意高远、方法可靠、结论确切的重要成果。

注　释

［1］ Christopher P Thornton, Benjamin W Roberts, Introduction, in Benjamin W Roberts & Christopher P Thornton ed. Archaeometallurgy in Global Perspective: Methods and Syntheses. Heidelberg, Dordrecht, Spinger, 2014: 1-2.

［2］ 陕西省考古研究院、榆林市考古勘探工作队、神木县文体局：《陕西神木县石峁遗址》，《考古》2013年第7期；陕西省考古研究院、榆林市考古勘探工作队、神木县石峁遗址管理处：《陕西神木县石峁城址皇城台地点》，《考古》2017年第7期；陕西省考古研究院等：《发现石峁古城》，文物出版社，2016年。

［3］ 陕西省考古研究院等：《陕西神木县石峁城址皇城台地点》，《考古》2017年第7期。

［4］ 杨瑞：《石峁王国之石破天惊》，陕西人民出版社，2017年，第85—87页。

［5］ 发掘简报措辞不一，正文为"广场中南部发现一些铜刀"，图6题注"广场南部西侧"。见陕西省考古研究院等：《陕西神木县石峁城址皇城台地点》，《考古》2017年第7期。

［6］ 陕西省考古研究院等：《陕西神木县石峁城址皇城台地点》，《考古》2017年第7期。

［7］ Philip L Kohl. The Making of Bronze Age Eurasia. Cambridge University Press, 2007: 126-181.

［8］ 中国社会科学院考古研究所二里头工作队：《1987年偃师二里头遗址墓葬发掘简报》，《考古》2017年第7期。

［9］ 河北省文化局文物工作队：《河北青龙县抄道沟发现一批青铜器》，《考古》1962年第12期。

［10］ 邵国田主编：《敖汉文物精华》，内蒙古文化出版社，2004年，第81页。

［11］ Luisa G Fitsgerald-Huber. Qijia and Erlitou: The Question of Contract with Distant Cultures. Early China, 1995, 20: 17-67. 李水城：《西北与中原早期冶铜业的区域特征及交互作用》，《考古学报》2005年第3期；韩建业：《论二里头青铜文明的兴起》，《原史中国——韩建业自选集》，中西书局，2017年，第38—63页。

［12］ 苏荣誉、华觉明、李克敏等：《中国上古金属技术》，山东科学技术出版社，1995年，第4—51页；苏荣誉：《论中国冶铜术的起源及早期冶铜术》，《磨戟：苏荣誉自选集》，上海人民出版社，2012年，第1—62页。

［13］ 苏荣誉：《老牛坡商代铸铜遗址与铜器初探——兼议冶金考古的方法论》，手工业考古·首师大论坛，2017年11月。

［14］ 仅见的例外的文献是二里头发现的三段浇道铜1963IVT14③：12、1963IVT11②：6和1963IVT21④：10A。见陈国梁：《二里头文化铜器研究》，《中国早期青铜文化——二里头文化专题研究》，科学出版社，2008年，

第 160 页，图 17.11、12。

［15］［29］ 陈国梁：《二里头文化铜器研究》，《中国早期青铜文化——二里头文化专题研究》，科学出版社，2008年，第 124—274、160 页。

［16］［19］ 高江涛、何努：《陶寺遗址出土铜器初探》，《南方文物》2014 年第 1 期。

［17］ 中国社会科学院考古研究所、山西临汾市文物局：《襄汾陶寺：1978—1985 年考古发掘报告》，文物出版社，2015 年；解希恭：《襄汾陶寺遗址研究》，科学出版社，2007 年，第 21—167 页。

［18］ 高炜：《试论陶寺遗址和陶寺类型龙山文化》，《华夏文明（第一集）》，北京大学出版社，1987 年，第 53—74页；李敏生、黄素英、季连琪：《山西襄汾陶寺遗址出土铜器成分报告》，《考古》1984 年第 12 期。

［20］ 卫斯：《"陶寺遗址"与"尧都平阳"的考古学观察——关于中国古代文明起源问题的探讨》，《襄汾陶寺遗址研究》，科学出版社，2007 年，第 436—451 页。

［21］ Matney T, G Algaze& H Pittman. Excavations at TitrisHöyük in Southeastern Turkey: A Preliminary Report of the 1996 Season. Anatolica, 1997, XXIII: 68-69.

［22］ Nicola Laneri. The Discovery of a Funerary Ritual, Inanna-Ishtar and Her Descent to the Nether World in TitrişHöyük, Turkey. East and West, 2002, 52(1/4): 22-29.

［23］ NicolòMarchetti. Workshops, Trading Routes and Divine Figures On the Early Middle Bronze II Syro, Anatolian Lead Figurine. Orientalia, NOVA SERIES, 2003, 72(4): 390-420.

［24］ 苏荣誉：《二里头文化与中国早期青铜器生产的国家性初探——兼论泥范块范法铸造青铜器的有关问题》，《夏商都邑与文化（一）》，中国社会科学出版社，2014 年，第 342—372 页。

［25］［26］ 中国社会科学院考古研究所等：《夏县东下冯》，文物出版社，1988 年，第 67、208 页。

［27］［30］ 苏荣誉等：《中国上古金属技术》，山东科学技术出版社，1995 年，第 187、197、99—101 页。

［28］ 杨锡璋、高炜：《中国考古学·夏商卷》，中国社会科学出版社，2003 年，第 112 页。求助中国社会科学院考古研究所二里头工作队赵海涛先生，尚未见实物下落。

（原载于《中原文物》2019 年第 1 期）

陕西神木市石峁遗址出土铜器的科学分析及相关问题

陈坤龙　杨　帆　梅建军　邵安定　邵　晶　邸　楠

引　言

　　石峁遗址位于陕西神木市高家堡镇，地处黄土高原北端的黄河西岸，毛乌素沙漠东南缘。自2011年以来，通过系统调查和考古发掘，确认了石峁遗址是以"皇城台"为中心，内城和外城以石砌城垣为周界的大型石城。石峁遗址城垣结构清晰，附属城防设施形制完备，城内面积逾400万平方米，是公元前2000年前后中国所见规模最大的城址，对于探索早期国家的形成具有重要意义[1]。2011—2018年的历次调查和发掘中，在皇城台门址、东护墙北段、后阳湾等地点出土或采集铜器数十件，可辨器形多为刀、镞、锥、环等小件工具和装饰类器物，未见铜容器（图一）。皇城台东护墙北段出土石范4件，所铸器物也皆为刀、锥等。另外，神木和榆林等地博物馆还收藏有铜环、镯等器物十余件，据称也出自石峁遗址[2]。

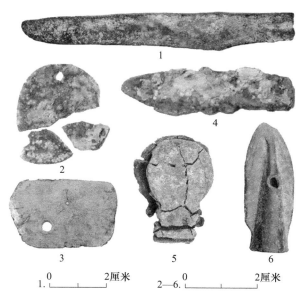

0　　　　2厘米
1.
2—6. 0　　　　2厘米

图一　石峁遗址出土铜器

1、4. 刀（皇城台门址广场南部西侧 2016②：1、2017 獾子畔四段第4C层）

2、3. 铜片（2018 獾子畔十段第4C层、皇城台门址第2层）　5. 小铜件（皇城台门址 T3 第2层）

6. 镞（皇城台门址 T6 第2层）

随着发掘资料的逐渐刊布，已有不少学者就石峁铜器的发现和意义发表了相关见解。孙周勇等曾指出，石峁遗址出土的铜镯等器物与磨沟、朱开沟和陶寺等遗址的同类器物均有相似之处，材质特征和生产模式似与中原地区更为接近[3]。罗森（Jessica Rawson）认为，石峁遗址早期铜器的发现，为由欧亚草原经陕北、晋南而及中原的金属技术传播路线提供了直接的证据[4]。苏荣誉则认为，已刊布的部分铜刀和铸铜石范的年代已晚至商代，其在中原地区早期铜器发展中的影响作用并不明确[5]。本文旨在通过系统的科学检测分析揭示石峁铜器的整体技术面貌，并探讨其在中国早期铜器生产和流通中的地位和作用，以期为深入理解石峁遗址的相关发现提供有益的信息。

一、材料与方法

本文选取的石峁遗址 22 件铜器，多出自皇城台门址和东护墙北段，器类包括刀、锥、镞、环等工具、武器和装饰品以及不辨器形的残块或残片等（附表一）。根据目前对石峁遗址文化属性和年代的认识，本文分析的铜器分属两个时期。年代较早者多出自皇城台东护墙北段上部（小地名为"獾子畔"）发掘区的第 4 层，少数出自第 5 层，总体上处于皇城台使用的晚期阶段，亦即石峁文化晚期，绝对年代在公元前 1800 年前后[6]。年代稍晚者多出自皇城台门址发掘区的第 2 层，该阶段出现了"蛇纹鬲"，是石峁城址废弃之后朱开沟文化时期的遗存[7]，相对年代约当中原地区的二里头文化晚期至二里冈上层文化或略晚，绝对年代在公元前 1600—前 1400 年[8]。

对除样品 SHM009（锈蚀粉末）以外的 21 件铜器样品进行了金相与扫描电镜能谱分析。所用金相显微镜型号分别为莱卡（Leica）DMLM 和 DM2700P，扫描电镜能谱分析分别采用蔡司（ZEISS）EVO 扫描电镜配备牛津（Oxford）X-Man 80 能谱仪以及泰斯肯（Tescan）VEGA3 XMU 扫描电镜配备布鲁克（BRUKER）X-Flash Detector610M 能谱仪。测试条件设定如下：加速电压 20 千伏，工作距离约 15 毫米，能谱采集活时间均大于 30 秒。能谱数据分析模式为无标样定量分析，分析结果经归一化处理。经多次扫描分析的样品，其成分为多个视场分析结果的平均值。使用赛默飞世尔（Thermo Scientific）Neptune 多接收电感耦合等离子体质谱仪对 17 件铜器样品进行了铅同位素测定[9]。

二、检测分析结果

（一）合金成分与材质判定

21 件铜器样品的元素成分分析结果见附表二。分析结果中保留氧元素（O）以显示其腐蚀程度[10]。结果显示，所有样品均为铜基金属，锡（Sn）是除铜以外最为常见的主量元素，部分样品中砷（As）、铅（Pb）、锑（Sb）等元素的含量较为显著[11]。以元素含量 2% 作为判定合金类型的下限，可划分出 7 种材质，包括红铜（Cu）6 件、锡青铜（Cu-Sn）10 件和砷铜（Cu-As）、锑铜（Cu-Sb）、铅锡青铜（Cu-Sn-Pb）、砷锡青铜（Cu-Sn-As）及铅锑铜（Cu-Sb-Pb）各 1 件。

在 6 件红铜样品中，有 1 件样品（SHM 005）除铜和氧以外未检出其他合金元素，其他 5 件样品中则检测到少量的砷、锡、铅等。锡青铜样品材质多较为纯净，仅样品 SHM001 检出少量的铅和砷。值得注意的是，大部分锡青铜样品（7 件）腐蚀严重，基本没有保留下金属基体。以往的研究显示，铜器在埋藏过程中可能发生选择性腐蚀，富铜相优先腐蚀流失，而在内部保留下少量富锡的 δ 相（$Cu_{31}Sn_8$），从而导致锡的相对含量提高，甚至可达原含量的数倍之多[12]。因此，氧含量在 10% 以上的样品，其锡含量仅供参考，原金属中的锡含量应低于给出的检测值。其他材质类型的 5 件样品，合金元素含量整体较低，基体的铜含量均超过了 90%。样品 SHM004 含锑 2.2%，其中的锑主要以氧化物（Sb_2O_3）颗粒的形式存在，铜基体中锑的相对含量仅占 0.8%，合金化的作用有限。样品 SHM014 的锑含量为 4.1%，其中锑固溶于铜基体或与铜形成金属间化合物析出，成分接近铜锑体系中的 γ 相（Cu_4Sb）[13]。

（二）金相组织鉴定

本次分析的样品中，有 18 件样品的金相组织可辨，其中 13 件样品显示为较典型的铸造组织形态，5 件样品显示为加工态或热处理组织。样品 SHM005 铜刀，金相组织基体为 α 固溶体等轴晶，形状不规则，晶界处多见氧化物夹杂，是典型的红铜铸造组织（图二）。样品 SHM011 铜锥锡含量较高，组织基体为 α 固溶体，枝晶偏析明显，较多（α+δ）共析体，少量铅颗粒和硫化物夹杂与共析体伴生，为典型的锡青铜铸造组织形态（图三）。样品 SHM018 铜环含砷 0.5%，基体组织中 α 固溶体呈细小枝晶偏析形态，并可见极少量高砷相在晶界处析出（图四）。样品 SHM020 铜块含砷 1.1%，组织形态同属低合金化的铸造组织形态，但由于铸后曾经冷加工，导致部分区域的枝晶组织出现明显的变形拉长（图五）。

样品 SHM006 取自铜刀刃部，其金相组织细小均匀，基体为 α 固溶体等轴晶孪晶，但同时可观察到原铸造枝晶偏析的残余，且有沿加工方向变形的现象（图六），显示其热锻加工的温度相对较低。样品 SHM001 取自铜刀柄近刃部，其组织中 α 固溶体已呈等轴晶形态，但晶界处仍可见比较明显的偏析现象，少量残余（α+δ）共析体的形态也保存较好，仅在局部见有细小的孪晶颗粒（图七），这可能是在对刃部进行热加工处理过程中形成的。

经扫描电镜能谱分析，在 10 件样品中发现了非金属夹杂物，其中 7 件样品的夹杂物以硫化物为主，个别样品的夹杂物铁含量较高。硫化物夹杂的存在，显示铜冶炼过程中有硫化矿物的参与，

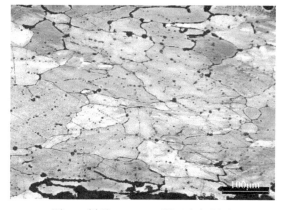

图二　样品 SHM005 铜刀金相照片

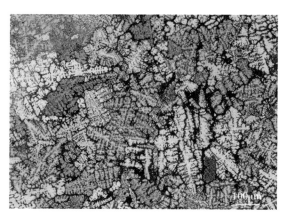

图三　样品 SHM011 铜锥金相照片

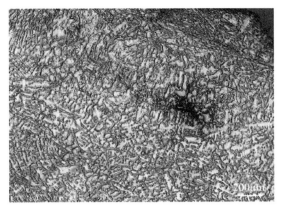

图四　样品 SHM018 铜环金相照片

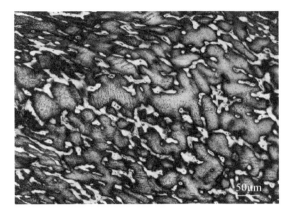

图五　样品 SHM020 铜块金相照片

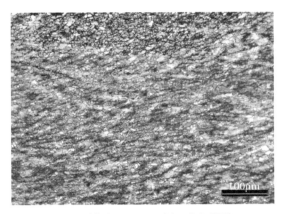

图六　样品 SHM006 铜刀金相照片

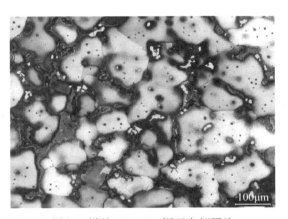

图七　样品 SHM001 铜刀金相照片

但其在炉料中所占的比例尚难以估算。样品 SHM005 的夹杂物为铜的氧化物（Cu_2O），主要以颗粒状的形式分布于晶界（图二）。样品 SHM012 组织中多见氧化锡（SnO_2）夹杂，以棱角分明的条状、块状颗粒存在，部分晶体内部中空，呈现所谓的"骸晶"的形态特征[14]（图八）。样品 SHM004 中的锑氧化物颗粒（Sb_2O_3）的形成过程可能与之类似，但由于其熔点较低（655℃），在铜液中以液态形式存在，冷却时多在铜的晶界处凝固为球状或不规则形状颗粒（图九）。

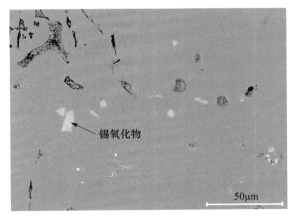

锡氧化物

图八　样品 SHM012 铜块中的锡氧化物颗粒

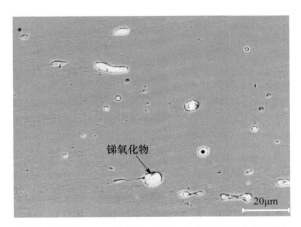

锑氧化物

图九　样品 SHM004 铜片（刀？）中的锑氧化物颗粒

（三）铅同位素比值

进行铅同位素比值测定的 17 件样品中，有 6 件样品为金属基体，10 件样品为含有部分金属的锈蚀产物，1 件样品为铜器表面锈蚀粉末[15]。分析结果显示，17 件样品的铅同位素比值分布区域较广，在散点图中集聚分布的特征不明显（附表三；图一〇）。其中，$^{206}Pb/^{204}Pb$ 比值在 17.778—21.979 之间，$^{207}Pb/^{204}Pb$ 比值在 15.519—16.054 之间，$^{208}Pb/^{204}Pb$ 比值在 37.646—42.549 之间。由于多数铜器样品（14 件）的铅含量均低于 1%，少量的铅可能并非有意识加入，而作为金属铜中杂质元素引入的可能性更大，其铅同位素比值可认为是代表了铜矿料的产源特征[16]。

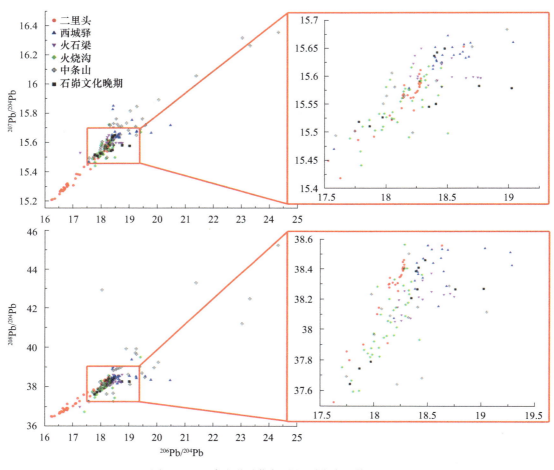

图一〇　石峁文化晚期铜器铅同位素比值对比图

三、石峁遗址出土铜器的技术面貌与矿料来源特征

（一）关于铜器的材质与制作技术

虽然石峁遗址出土铜器的材质类型有 7 种之多，但锡青铜和红铜的比例显著高于其他材质，且分属不同时期的铜器样品，材质构成存在明显差异。石峁文化晚期的 12 件样品中，红铜和锡青铜各 5 件，另有砷铜和铅锑铜各 1 件。红铜样品中多含有少量的合金元素，其中以砷最为常见，4 件

样品检测到砷，且有 2 件样品的砷含量高于 1%。在各类铜合金中，合金元素含量相对较低。其中锡青铜样品的锡含量多在 7% 以下，若考虑到选择性腐蚀的影响，锡含量整体偏低的趋势则更为明显。作为合金元素存在的铅、砷、锑等的含量均低于 5%。石峁文化晚期铜器这种多见红铜、合金化程度不高的材质特点，与西北和中原地区的早期铜器具有相似之处[17]。朱开沟文化时期的 7 件样品中，红铜 1 件，锡青铜 3 件，锑铜、铅锡青铜和砷锡青铜各 1 件，以锡作为主要合金元素的趋势已十分凸显。但由于数量有限，尚难以总结其合金配比特征。

器形较明确的 8 件器物，包括铜刀 5 件，铜镞、锥和环各 1 件。石峁文化晚期的 2 件铜刀和 1 件铜环，材质均为红铜；而朱开沟文化时期的 3 件铜刀（含表土出土 1 件）包括红铜、锡青铜和铅锡青铜各 1 件，铜镞为砷锡青铜，铜锥为锡青铜。不同器物之间合金成分的差异，与其使用功能之间并未见明显的相关性。

在铜器的制作技术方面，成形工艺以铸造为主，18 件金相组织可辨的样品中，仅有 1 件明确为热锻加工。铸后加工的情况并不多见，仅有 4 件显示出铸后冷热加工的迹象。其中，属于石峁文化晚期的 2 件铜块经铸后冷加工，朱开沟文化时期的 2 件铜刀在铸造成形后，又经加热锻打的方式对刃部进行修整。

（二）关于铜器的矿料来源

石峁遗址所处的陕北高原地区铜矿资源较为匮乏[18]，近年来在石峁城址和周边地区的考古调查，也未发现与铜冶炼生产相关的遗存。石峁铜器的金属原料来源应在更大的地理范围内去寻找。本文将以铅同位素比值分析为基础，结合相关资料对石峁铜器样品的矿料来源等问题进行初步探讨。

金正耀对二里头遗址出土铜器和铸铜遗物的研究显示，二里头文化第二至三期的样品，$^{206}Pb/^{204}Pb$ 比值多在 18—18.3 之间，集中分布在 18.2 左右。而绝大部分第四期样品的放射性成因铅含量明显偏低，$^{206}Pb/^{204}Pb$ 比值多在 16.5—16.8 之间[19]。新密新砦遗址出土的 3 件铜器样品，年代分属新砦期晚期和二里头文化早期，其 $^{206}Pb/^{204}Pb$ 比值介于 17.9—18.4 之间，与二里头文化第二、三期铜器更为接近[20]。晋南的中条山矿区是中原地区铜矿冶遗址分布最为密集的地区，很多学者认为此处是夏商时期中原地区铜器生产的重要金属资源产地[21]。该地区早期的矿冶生产活动主要集中于二里头文化至二里冈文化时期，也有学者认为其年代上限或可早至龙山文化晚期[22]。目前公布的中条山早期冶铜遗物的铅同位素比值数据较为有限，仅有部分矿区矿物标本的分析结果可供参考。

甘青地区曾发现大量早期铜器，近年来又在河西走廊中部的黑水河流域确认了大量马厂文化晚期至四坝文化时期的冶铜生产遗存。陈国科等对张掖西城驿等遗址出土矿石和炉渣的研究显示，多数样品的 $^{206}Pb/^{204}Pb$ 比值介于 18.2—18.7 之间，另有部分样品的放射性成因铅含量较高，且具有贫钍铅的特征[23]。火烧沟、东灰山等四坝文化遗址铜器的 $^{206}Pb/^{204}Pb$ 比值多介于 18—18.5 之间，与西城驿遗址的矿石数据有所重合，可能使用了河西走廊周邻地区的铜矿资源[24]。

与上述早期铜器和冶铸遗物相比，石峁文化晚期的 10 件样品分布较为分散，大致可区分出三个不同的群组（见图一○）。第一组包括 3 件样品，其 $^{206}Pb/^{204}Pb$ 比值介于 17.7—18 之间，该区域是火烧沟遗址铜器铅同位素比值的主要分布范围之一，同时也可见个别二里头遗址的铜器样品。第二组的 3 件样品铅同位素比值较高，$^{206}Pb/^{204}Pb$ 比值介于 18.3—18.5 之间，$^{207}Pb/^{204}Pb$ 比值介于 15.63—15.66 之间。该区域以西城驿遗址出土的矿石样品为主，也见有部分火石梁遗址的矿石样品。相对于 $^{206}Pb/^{204}Pb$ 比值在 18.2 附近的二里头铜器样品而言，其铀铅含量较高，而钍铅含量则较为接近。第三组的 4 件样品，$^{206}Pb/^{204}Pb$ 比值在 18.3 以上，$^{207}Pb/^{204}Pb$ 和 $^{208}Pb/^{204}Pb$ 比值则相对较低。具备这种铅同位素组成特征的主要是火石梁遗址矿石，部分西城驿和中条山矿石样品虽也具有低钍铅的特征，但其 ^{207}Pb 的含量却明显较高。

二里头文化第四期占主要地位的低比值铅金属物料，在二里冈文化下层时期的郑州地区仍处于主导地位，高放射性成因铅金属物料虽已得到利用，但所占比例非常有限。至二里冈文化上层时期，高放射性成因铅金属资源成为郑州地区主要的矿料来源[25]。大致处于同一时期的垣曲商城，其金属资源的供应似与郑州不同。据崔剑锋等的研究，垣曲商城出土铜器或冶铸遗物的铅同位素比值在二里冈下层和上层时期未见明显差异，在郑州地区占主要地位的低比值铅和高放射性成因铅金属物料，在垣曲商城则较为少见。垣曲商城样品的 $^{206}Pb/^{204}Pb$ 比值介于 17.5—19 之间，且由于其铅含量普遍很低，铅同位素比值主要反映了铜料的产地信息，对应的铜矿资源可能来自落家河矿区[26]。

石峁遗址朱开沟文化时期的铜器样品中，不见二里头文化第四期大量使用的低比值铅金属物料（图一一）。4 件样品的 $^{206}Pb/^{204}Pb$ 比值在 18.1—19.1 之间，其中样品 SHM009 的铅含量未知，其他 3 件样品的铅含量均在检测限以下，铅同位素比值主要反映了铜矿的产源信息。这 4 件样品的 $^{207}Pb/^{204}Pb$ 比值略高于垣曲商城出土的冶铸遗物，但整体上仍处于中条山落家河铜矿矿石样品的分布区域。样品 SHM004 材质为锑铜，其 $^{207}Pb/^{204}Pb$ 比值达 19.8 以上，但 $^{208}Pb/^{204}Pb$ 比值仅为 38.2 左右，显示出明显的贫钍铅的特征，似与部分石峁文化晚期的样品更为接近。1 件铜刀样品（SHM006）的 $^{206}Pb/^{204}Pb$ 比值接近 22，$^{208}Pb/^{204}Pb$ 比值大于 42，且含有 3.9% 的铅，属典型的商代高放射性成因铅。后阳湾地点采集的铜片（SHM008）$^{206}Pb/^{204}Pb$ 比值为 19.2，$^{208}Pb/^{204}Pb$ 比值在 39 以上，已具备商代高放射性成因铅的特征。如前文所述，这种特殊的铜铅矿料具有相同的产地。北距石峁遗址约 200 千米的朱开沟遗址，曾出土铜戈、鼎、爵等商文化铜器，也显示了河套地区与中原地区的联系[27]。

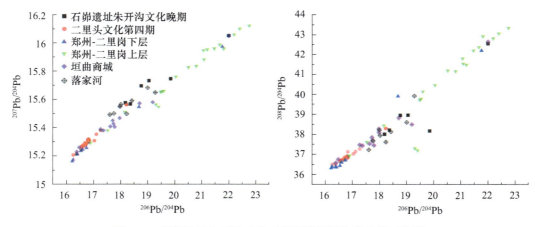

图一一　石峁遗址朱开沟文化时期铜器铅同位素比值对比图

由以上分析可看出，石峁文化晚期铜器的矿料来源情况较为复杂，与二里头遗址不同时期利用的铜（铅）金属资源的主要产区均有所区别。相比较而言，其铅同位素比值与河西走廊早期铜器和冶炼遗物更为接近。由于西城驿、火石梁等遗址的铅同位素数据多来自出土矿石样品，代表了该地区产出的铜金属原料的特征，我们倾向于认为多数石峁文化晚期铜器的金属物料可能来自西北地区，不同群组之间的差异，或是各遗址冶炼生产所开发的具体矿山不同所致。在朱开沟文化时期，来自晋南中条山地区的铜料似占有较大的比例，同时与中原地区也存在着金属物料的交流。

四、石峁铜器与早期铜冶金技术交流

公元前第三千纪末，铜冶金生产在中国的西北地区率先实现本土化。张掖西城驿遗址第一期即出现冶铜炉渣，酒泉高苜蓿地遗址发现的铜块应为铜器生产的原料[28]。至西城驿第二期，河西走廊中西部遍布包含冶铸生产遗物的遗址，成为这一时期重要的冶金生产中心。在西城驿—四坝文化系统的影响下，位于河西走廊东部的武威皇娘娘台等齐家文化遗址出现铜器[29]。与此同时，齐家文化向东发展，内蒙古中南部和陕北高原等地开始出现齐家文化的因素[30]。在这样的时空和文化背景下观察石峁遗址的铜器发现，或许有助于我们对早期铜冶金技术交流等问题的理解。

除石峁遗址之外，朱开沟遗址是河套地区出土早期铜器最为集中的遗址。发掘者曾将朱开沟遗址划分为五个阶段，铜器最早出现于第三段，在居址和墓葬中均有发现，器类包括凿、锥等工具和臂钏、指环等装饰品[31]。此阶段有 5 件铜器进行过成分分析，其中有红铜 3 件和锡青铜、铅锡青铜各 1 件。经金相检测的 4 件中，3 件为铸造，1 件为热锻加工[32]。其中最值得注意的是，朱开沟遗址出土的宽带形臂钏，与据传出自石峁遗址韩家圪旦地点的同类器甚为接近，且二者均为纯铜制品[33]。石峁文化晚期与朱开沟遗址第三段的年代相当，出土铜器的种类、材质分布和成形工艺的选择也均有相似之处，显示出二者之间的紧密联系。

与石峁和朱开沟遗址出现早期铜器相对应的是，这一时期河套地区众多遗址开始出现齐家文化的因素。朱开沟遗址第三段的墓葬中出现了折肩罐和双大耳罐等齐家文化的典型陶器，与之伴出的还有绿松石串珠和海贝等外来器物，类似的情况还见于伊金霍洛白敖包墓地和石峁遗址。有学者认为，这显示了该时期齐家文化人群向东迁徙并进入河套地区[34]，早期铜器在此地的出现，应该也是其影响结果之一。

陈国科认为，西城驿和齐家文化的用铜遗存共同定义了河西走廊的冶金传统，并提出了冶金共同体的概念[35]。本文的研究发现，石峁文化晚期铜器在器物种类、材质构成乃至物料来源上，都与其显示出密切的关系。截至目前，河套地区尚未见该时期本土化冶金生产，尤其是铜冶炼生产的直接证据。种种迹象显示，随着齐家文化人群的进驻，河套地区与河西走廊地带的联络通道虽已打通，但两地的交流似乎仅停留于冶金产品的流通，却未实现冶金技术的转移[36]。由此一来，经陕北高原、晋南盆地（陶寺）进而与河洛地区相联络的交流路线，在二里头文化冶金技术发展中的作用，或许并非以往认识的那么重要[37]。

胡博（Louisa Fitzgerald-Huber）曾将客省庄二期文化作为齐家文化冶金技术传播至中原地区的中间媒介[38]，但由于前者缺乏使用铜器的证据，这种说法并未得到广泛认同。近年来，与齐家文化关系密切的东龙山文化在沟通西北与中原地区中的重要作用逐渐引起学者们的重视[39]。据现有资料，西安老牛坡和商洛东龙山等遗址出现铜器的年代均可早至二里头文化时期[40]，东龙山遗址H188还曾出土铜渣[41]，证实当地已存在与铜器制造相关的生产活动。老牛坡遗址冶炼炉渣虽然可能已晚至商代，但其利用多金属矿料"点炼"砷铜的技术却与西城驿遗址类似[42]。秦岭山脉金属矿藏丰富[43]，对绿松石的开采可早至龙山文化时期[44]，为本土化的冶金生产奠定了资源和技术条件。综合考虑上述因素，我们认为经关中至中原这条交流路线，在早期冶金技术东向扩散的过程中可能扮演了更为重要的角色。

需要再次强调的是，早期冶金技术的转移和发展是渐进、持续的过程。在此过程中，本土化的生产活动，尤其是采矿与冶炼构成的"初级生产"（Primary Production）活动的出现具有十分重要的意义。冶金生产不仅是包含多个技术环节的复杂过程，还具有非常强的资源依赖属性。这其中既包括矿石、木炭等物料资源，也包括大量人力资源的投入，进而不可避免地会对原有的基础生业和手工业体系产生影响。因此，当地区域社会对冶金产品的需求是否足以容纳或抵消这种影响，也是需要关注的问题。可以说，技术知识、资源条件和社会需求，是本土化冶金生产活动产生和发展的必要条件，后两者在不同的区域社会之间显然会有所差异。就齐家文化扩散过程中的冶金技术交流而言，在不同方向、不同路线上表现出的交流内容和模式上的区别，在今后的研究中值得进一步关注。在确认各地零星出现的用铜遗存的年代序列、功能属性和技术内涵的基础上，将其置于当地的自然资源条件和区域社会的背景下进行考察，将有助于我们对早期冶金生产及其社会意义的深入理解。

五、结　语

本文对石峁遗址出土的22件铜器样品进行了科学分析，结果显示其材质类型多样，但锡青铜和红铜的比例显著高于其他材质。分属不同时期的铜器样品，材质构成存在明显差异。成形工艺以铸造为主，部分器物显示铸后冷热加工的迹象，材质选择与其使用功能之间未表现出明显的相关性。铅同位素比值分析显示，石峁铜器的金属物料可能存在多个来源。石峁文化晚期的铜器可能来自西北地区，以成品的形式输入。而朱开沟文化时期的铜料来源，则可能与中条山地区的铜矿资源有关。此外，高放射性成因铅的存在显示与中原地区也可能存在着金属物料的交流。就现有证据而言，在中国冶金技术发展的早期阶段，西北对陕北地区的影响似乎主要体现在冶金产品流通的层面，而对关中地区的影响则可能导致本土化的冶金生产活动在当地的出现，进而促进冶金技术的进一步东向传播。

附记：本文是国家社会科学基金重大项目"石峁遗址考古发掘与研究"（项目编号17ZDA217）和国家重点研发计划"中华文明探源研究项目之中华文明起源进程中的生业、资源与技术研究课题"（课题编号2020YFC1521606）的阶段性成果。在研究过程中得到李延祥、孙周勇、陈国科、马可（Marcos Martinón-Torres）等师友的指导和帮助，在此一并致以衷心感谢！

<h2 style="text-align:center">注　释</h2>

［ 1 ］　孙周勇等：《石峁遗址的考古发现与研究综述》，《中原文物》2020 年第 1 期。

［ 2 ］　Sun Z, Shao J, Liu L, et al. The first neolithic urban center on China's North Loess Plateau: The rise and fall of Shimao. Archaeological Research in Asia, 2017, 14: 33-45.

［ 3 ］　同［ 2 ］。

［ 4 ］　Rawson J. Shimao and Erlitou: New perspectives on the origins of the Bronze Industry in Central China. Antiquity, 2017, 91 (355): E5.

［ 5 ］　苏荣誉：《关于中原早期铜器生产的几个问题：从石峁发现谈起》，《中原文物》2019 年第 1 期。

［ 6 ］　陕西省考古研究院等：《陕西神木县石峁城址皇城台地点》，《考古》2017 年第 7 期。

［ 7 ］　陕西省考古研究院等：《陕西神木市石峁遗址皇城台大台基遗迹》，《考古》2020 年第 7 期。

［ 8 ］　王乐文：《论朱开沟遗址出土的两类遗存》，《边疆考古研究（第 3 辑）》，科学出版社，2004 年。

［ 9 ］　分析流程参见 Rademakers F W, Nikis N, Putter T D, et al. Copper production and trade in the Niari Basin (Republic of Congo) during the 13th to 19th centuries CE: Chemical and lead isotope characterization. Archaeometry, 2018, 60: 1251.

［10］　根据显微观察，氧含量在 10% 以上者金属基体腐蚀严重，部分残余金属颗粒。

［11］　一般指含量在 1% 以上。

［12］　孙淑云：《酒泉干骨崖墓地出土四坝文化铜器的分析与研究》，《酒泉干骨崖》，文物出版社，2016 年。

［13］　Fürtauer S, Flandorfer H. A new experimental phase diagram investigation of Cu-Sb. Monatshefte für Chemie-Chemical Monthly, 2012, 143 (9): 1275-1287.

［14］　古代铜器样品中的锡氧化物骸晶，应是熔炼或配制合金的过程中锡被氧化而形成的。这种现象在二里头、东下冯等遗址所出早期铜器或铸铜遗物中也有所发现，通常认为是熔炼过程中还原性气氛不足或温度较低的反映。参见以下文献：a. Dungworth D. Serendipity in the foundry? Tin oxide inclusions in copper and copper alloys as an indicator of production process. Bulletin of the Metals Museum, 2000, 32: 1-5. b. Rademakers F W, Farci C. Reconstructing bronze production technology from ancient crucible slag: Experimental perspectives on tin oxide identification. Journal of Archaeological Science: Reports, 2018, 18: 343-355. c. 中国社会科学院考古研究所：《二里头（1999—2006）》第三册，文物出版社，2014 年，第 1503—1532 页；d. 李建西等：《东下冯遗址冶铸遗存研究》，《考古与文物》2018 年第 1 期。

［15］　研究显示，青铜器在腐蚀过程中不会发生显著的铅同位素分馏，其锈蚀产物的铅同位素比值与金属基体相同。也有学者提出，当金属基体中的铅含量很低时，腐蚀过程中可能与埋藏环境发生物质交换而受到其中铅的影响。本文分析的 11 件锈蚀产物样品的铅同位素比值数据，未显示团聚或线性分布等现象，可排除环境污染的可能，应该代表了金属基体的铅同位素比值特征。参见以下文献：a. Snoek W, Plimer I R, Reeves S. Application of Pb isotope geochemistry to the study of the corrosion products of archaeological artefacts to constrain provenance. Journal of Geochemical Exploration, 1999, 66: 421-425. b. 魏国锋等：《古代青铜器基体与其锈蚀产物铅同位素对比研究》，《中国科学技术大学学报》2006 年第 7 期；c. Gale N H, Stos-Gale Z A. Lead Isotope Analyses Applied to Provenance Studies. Modern analytical methods in art and archaeology, 2000, Vol Chemical Nnalysis: 503-584.

［16］　Molofsky L J, Killick D, Ducea M N, et al. A novel approach to lead isotope provenance studies of tin and bronze: Applications to South African, Botswanan and Romanian artifacts. Journal of Archaeological Science, 2018 50: 440-450.

［17］　如西城驿遗址第二、三期的 34 件铜器中，有红铜 16 件、砷铜 9 件、锡青铜 2 件，锑铜等其他材质 7 件，其中砷、锡等合金元素的含量多在 5% 以下。皇娘娘台遗址经鉴定的 13 件铜器均为红铜。火烧沟遗址 28

件有金属残留的样品中，红铜和锡青铜各 12 件，砷铜和铅砷铜各 2 件。陶寺遗址的 4 件铜器包括红铜和砷铜各 2 件。二里头遗址第二期的 10 件铜器中，有红铜 3 件、锡青铜 3 件、砷铜 2 件，铅锡青铜和铅青铜各 1 件。石峁文化晚期铜器的材质分布具有类似的特点，但锡青铜的比例相对较高，与火烧沟遗址较为接近，或许反映了二者处于相同的发展阶段。参见以下文献：a. 陈国科等：《张掖西城驿遗址出土铜器的初步研究》，《考古与文物》2015 年第 2 期；b. 孙淑云、韩汝玢：《甘肃早期铜器的发现与冶炼、制造技术的研究》，《文物》1997 年第 7 期；c. 陈坤龙等：《甘肃玉门火烧沟四坝文化铜器的科学分析及相关问题》，《中原文物》2018 年第 2 期；d. 高江涛、何努：《陶寺遗址出土铜器初探》，《南方文物》2014 年第 1 期；e. 同[14] c。

[18] 齐文、侯满堂：《陕西铜矿床类型及找矿方向》，《西北地质》2005 年第 3 期。

[19] 金正耀：《二里头青铜器的自然科学研究与夏文明探索》，《文物》2000 年第 1 期。二里头文化第四期铜器主要使用的矿料，具有较高的 $^{207}Pb/^{206}Pb$ 和 $^{208}Pb/^{206}Pb$ 比值，有学者将其称作"高比值铅"。本文采用 ^{204}Pb 为分母的三组同位素比值作图，则处于比值较低的一端，故称为"低比值铅"。

[20] 刘煜等：《河南新密新砦遗址出土铜器分析》，《南方文物》2016 年第 4 期。

[21] 刘莉、陈星灿：《城：夏商时期对自然资源的控制问题》，《东南文化》2000 年第 3 期。

[22] 田伟：《闻喜千斤耙采矿遗址及相关问题探讨》，《文博》2020 年第 6 期。

[23] Chen G, Cui Y, Liu R, et al. Lead isotopic analyses of copper ores in the Early Bronze Age Central Hexi Corridor, North-west China. Archaeometry, 2020, 62 (5): 952-964.

[24] Liu R, Hsu Y K, Pollard A M, et al. A new perspective towards the debate on highly radiogenic lead in Chinese archaeometallurgy, Archaeological and Anthropological Sciences, 2021, 13 (2): 1-7.

[25] 金正耀：《中国铅同位素考古》，中国科学技术大学出版社，2008 年，第 25—27 页。郑州地区二里冈期铜器铅同位素分析数据，承蒙田建花博士惠允使用。

[26] 崔剑锋等：《垣曲商城出土部分铜炼渣及铜器的铅同位素比值分析研究》，《文物》2012 年第 7 期。

[27] 内蒙古自治区文物考古研究所、鄂尔多斯博物馆：《朱开沟——青铜时代早期遗址发掘报告》，文物出版社，2000 年，第 82、120 页。下引此书，版本均同。值得注意的是，朱开沟遗址的铜容器出自同一个灰坑，均为残片，与之伴出的还有两件残铜刀。结合以往对陕北地区商代晚期铜器和东周铸铜遗物的研究结果，朱开沟遗址的这些铜容器残片，可能是待重熔回收的原料。

[28] a. 甘肃省文物考古研究所等：《甘肃张掖市西城驿遗址》，《考古》2014 年第 7 期；b. 孙淑云：《酒泉高苜蓿地、照壁滩遗址出土早期铜器鉴定报告》，《河西走廊史前考古调查报告》，文物出版社，2011 年，第 450、451 页。

[29] 陈国科：《西城驿—齐家冶金共同体——河西走廊地区早期冶金人群及相关问题初探》，《考古与文物》2017 年第 5 期。

[30] 马明志：《石峁遗址文化环境初步分析——河套地区龙山时代至青铜时代的文化格局》，《中华文化论坛》2019 年第 6 期。

[31] 《朱开沟——青铜时代早期遗址发掘报告》，第 82、157—199 页。

[32] 李秀辉、韩汝玢：《朱开沟遗址出土铜器的金相学研究》，《朱开沟——青铜时代早期遗址发掘报告》，第 422—446 页。

[33] 同[2]。

[34] a. 同[30]；b.《朱开沟——青铜时代早期遗址发掘报告》，第 324、325、331 页。

[35] 同[29]。

[36] 根据现有认识，石峁遗址所出铸铜石范应属朱开沟文化时期的遗物。苏荣誉也曾指出，除石范以外，石峁遗址目前尚未发现与铜器生产相关的炉具、炉渣等遗物，难以确证当地存在铸铜活动。参见注释[5]。

[37] 同[4]。

[38] Louisa G Fitzgerald-Huber. Qijia and Erlitou: The question of contacts with distant cultures. Early China, 1995, 20: 17-67.

[39] a. 张天恩：《论关中东部的夏代早期文化遗存》，《中国历史文物》2009 年第 1 期；b. 韩建业：《论二里头青铜文明的兴起》，《中国历史文物》2009 年第 1 期；c. 庞小霞、王丽玲：《齐家文化与二里头文化交流探析》，《中原文物》2019 年第 4 期。

[40] a. 陕西省考古研究院：《2010 年陕西省考古研究院考古调查发掘新收获》，《考古与文物》2011 年第 2 期；b. 陕西省考古研究院、商洛市博物馆：《商洛东龙山》，科学出版社，2011 年，第 185 页。

[41] 陕西省考古研究院、商洛市博物馆：《商洛东龙山》，科学出版社，2011 年，第 186 页。

[42] Chen K, Liu S, Li Y, et al. Evidence of arsenical copper smelting in Bronze Age China: A study of metallurgical slag from the Laoniupo Site, Central Shaanxi. Journal of Archaeological Science, 2017, 82: 31-39.

[43] 同 [18]。

[44] 北京科技大学冶金与材料史研究所、陕西省考古研究院：《陕西洛南河口绿松石矿遗址调查报告》，《考古与文物》2016 年第 3 期。

附表一　石峁遗址出土铜器取样信息表

样品号	器名	出土信息	取样位置	文化归属
SHM001	刀	2016 皇城台门址广场南部西侧第 2 层	刀柄近刃部处	不明
SHM002	镞	皇城台门址 T6 第 2 层	銎口侧缘	朱开沟文化
SHM003	小铜件（吊坠？）	皇城台门址 T3 第 2 层	下端涨裂处	朱开沟文化
SHM004	铜片（刀？）	皇城台门址第 2 层	圆孔远端下方	朱开沟文化
SHM005	刀	2017 皇城台门址 6 号壁柱槽	刀身中部	朱开沟文化
SHM006	刀	2017 皇城台 F7 上第 2 层	刀刃近尖处	朱开沟文化
SHM007	铜片	2017 雚子畔四段三阶第 4C 层	边角	朱开沟文化
SHM008	铜片	2017 后阳湾地表采集	边角	不明
SHM009	刀	2017 皇城台门址北部第 2 层	表面锈蚀	朱开沟文化
SHM010	刀	2017 雚子畔四段第 4C 层	尾端残断处	石峁文化晚期
SHM011	锥	2018 池苑东侧探沟第 2 层	残断处	朱开沟文化
SHM012	铜块	2018 台顶东墙第 4C 层	残块之一	石峁文化晚期
SHM013	铜片（刀？）	2017 雚子畔二段第 4B 层	前端残断处	石峁文化晚期
SHM014	铜片	2017 雚子畔三段第 4C 层	三角尾端	石峁文化晚期
SHM015	铜片（吊坠？）	2018 雚子畔十段第 4C 层	一小残块	石峁文化晚期
SHM016	铜块	2017 雚子畔四段第 4A 层	小残块	石峁文化晚期
SHM017	铜块	2017 雚子畔一段第 5 层	尾端小块	石峁文化晚期
SHM018	环	2018 雚子畔八段西第 4C 层	残断处	石峁文化晚期
SHM019	铜块	2017 雚子畔四段第 4A 层	宽边尾端	石峁文化晚期
SHM020	铜块	2017 雚子畔四段第 4A 层	短边尾端	石峁文化晚期
SHM021	刀	2016 雚子畔一段第 4C 层	铜器残块	石峁文化晚期
SHM022	铜块（片）	2017 雚子畔一段第 5 层	边缘残断处	石峁文化晚期

附表二　石峁遗址出土铜器元素成分与金相组织分析结果

样品号	器名	化学成分（wt%）						材质	工艺判定
		Cu	Sn	Pb	As	Sb	O		
SHM001	刀	88.4	8.5	0.4	0.8	—	1.9	Cu-Sn	不完全退火
SHM002	镞	92.3	4.7	—	2.6	—	0.4	Cu-Sn-As	铸造
SHM003	小铜件（吊坠？）	69	13.9	—	—	—	17.1	Cu-Sn	铸造
SHM004	铜片（刀？）	96.8	—	—	—	2.2	1	Cu-Sb	热锻
SHM005	刀	99.3	—	—	—	—	0.7	Cu	铸造
SHM006	刀	91.9	3.2	3.9	0.4	—	0.6	Cu-Sn-Pb	铸后热加工
SHM007	铜片	81.5	6.1	—	—	—	12.4	Cu-Sn	完全锈蚀
SHM008	铜片	84.4	14.9	—	—	—	0.7	Cu-Sn	铸造
SHM010	刀	97.5	—	—	1.9	—	0.6	Cu（As）	铸造
SHM011	锥	82.1	16.7	—	—	—	1.2	Cu-Sn	铸造
SHM012	铜块	97.9	0.3	—	—	—	1.8	Cu	铸造
SHM013	铜片（刀？）	66	5.4	—	—	—	28.6	Cu-Sn	完全锈蚀
SHM014	铜片	91.7	—	2.7	—	4.1	1.5	Cu-Sb-Pb	铸造
SHM015	铜片（吊坠？）	77.7	7.3	—	—	—	15	Cu-Sn	完全锈蚀
SHM016	铜块	69.3	13.8	—	—	—	16.9	Cu-Sn	铸造
SHM017	铜块	74.2	3.9	—	—	—	21.9	Cu-Sn	铸造
SHM018	环	99.2	—	—	0.5	—	0.3	Cu	铸造
SHM019	铜块	96.8	—	—	2.5	—	0.7	Cu-As	铸后冷加工
SHM020	铜块	98.5	—	—	1.1	—	0.4	Cu（As）	铸后冷加工
SHM021	刀	99	—	0.5	0.2	—	0.3	Cu	铸造
SHM022	铜块（片）	80	6.5	—	—	—	13.5	Cu-Sn	铸造

注："—"代表未检出。

附表三　石峁遗址出土铜器铅同位素比值分析结果

样品号	器名	$^{206}Pb/^{204}Pb$	$^{207}Pb/^{204}Pb$	$^{208}Pb/^{204}Pb$	样品状态
SHM002	镞	18.168	15.578	38.032	金属
SHM003	小铜件（吊坠？）	18.755	15.698	38.968	金属
SHM004	铜片（刀？）	19.832	15.748	38.194	金属
SHM005	刀	18.477	15.65	38.465	金属
SHM006	刀	21.979	16.054	42.549	金属
SHM008	铜片	19.239	15.727	39.382	金属
SHM009	刀	18.352	15.569	38.235	锈蚀粉末
SHM011	锥	19.036	15.735	38.979	锈蚀金属
SHM012	铜块	17.971	15.527	37.793	锈蚀金属
SHM013	铜片（刀？）	19.023	15.579	38.272	锈蚀金属
SHM014	铜片	18.415	15.643	38.413	锈蚀金属

续表

样品号	器名	$^{206}Pb/^{204}Pb$	$^{207}Pb/^{204}Pb$	$^{208}Pb/^{204}Pb$	样品状态
SHM016	铜块	17.866	15.511	37.748	锈蚀金属
SHM017	铜块	18.758	15.583	38.269	锈蚀金属
SHM018	环	18.405	15.551	38.269	锈蚀金属
SHM019	铜块	18.349	15.546	38.211	锈蚀金属
SHM020	铜块	18.391	15.637	38.389	锈蚀金属
SHM021	刀	17.778	15.519	37.646	锈蚀金属

（原载于《考古》2022 年第 7 期）

陕西神木县石峁遗址出土壁画
制作材料及工艺研究

邵安定　付倩丽　孙周勇　邵　晶

一、引　言

　　石峁遗址位于陕西神木县西南 40 余千米处的高家堡镇洞川沟附近的山梁上，因大量流散于海内外一些文博机构的玉器而闻名，为国家重点文物保护单位。2011 年由陕西省考古研究院、榆林市文物考古勘探工作队、神木县文体局组成的联合考古队对该遗址进行了区域系统调查，确认其为一处规模宏大的石城遗址，其中内城城内面积 210 余万平方米，外城城内面积 190 余万平方米。2012—2013 年，为解决石峁城址的年代问题和进一步了解其布局及功能分区，联合考古队重点对石峁遗址外城东门遗址进行了发掘和清理。此次发掘发现了体量巨大、结构复杂、构筑技术先进的外城东门址，出土了玉器、壁画及大量龙山晚期至二里头文化时期的陶器、石器、骨器等重要遗物，引起了学界的高度关注[1]。结合地层关系以及出土遗物，初步认为石峁城址最早建于龙山中期或略晚，毁弃于二里头文化时期，是中国北方地区的超大型中心聚落。

　　此次发掘的重要收获之一，是在外城东门址内曲尺形"内瓮城"的东、西、南三面墙体内侧二里头文化时期增修的石墙底部地面上，发现了成层、成片分布的壁画残块近 200 块，部分壁画还附着在墙体上。壁画以白灰面为底，以红、黄、黑、绿四种颜色绘出各种几何图案，其中最大的壁画残块约 30 厘米见方（图一）。从地层关系及出土相关遗物判断，壁画应属二里头文化时期。关于史前时期壁画，虽在牛河梁遗址[2]、陶寺遗址[3]也曾有出土，但数量较少，而且目前还未见相关专题性研究成果。石峁壁画是迄今为止中国境内出土数量最多的史前壁画，为研究中国壁画发展史、早期壁画的艺术特征和制作工艺提供了极为重要的实物资料。

　　为了全面深入地揭示这批壁画所蕴含的科学、艺术及历史价值，更好地开展保护修复工作，本文利用多种科学分析手段对采集的壁画标本进行了初步分析和工艺考察，以揭示其材质及工艺特征，并在此基础之上对相关问题展开探讨。作为一项初步的科学分析工作，希望起到抛砖引玉之作用，推动石峁壁画研究和保护工作的全面开展。

图一　石峁遗址出土的壁画残块

二、石峁遗址壁画制作材料的科学分析

（一）样品情况及分析方法

本次共取壁画残块样品 13 个，其中带黄色颜料残块 3 个、带红色颜料残块 4 个、带黑色颜料残块 3 个、带绿色颜料残块 3 个。为了解壁画白灰层与该遗址房址内白灰层在成分上的异同，还分别从 F5、F6 内各取白灰面样品 1 个（表一）。

表一 石峁遗址出土壁画分析样品

样品编号	出土位置（或来源）	样品描述
SM01	Q10：10 区	壁画残块，表面有黄色颜料层
SM02	Q10：4 区	壁画残块，表面有黄色颜料层
SM03	Q10：8 区	壁画残块，表面有黄色颜料层
SM04	Q10：4 区	壁画残块，表面有红色颜料层
SM05	Q10：8 区	壁画残块，表面有红色颜料层
SM06	Q10：10 区	壁画残块，表面有红色颜料层
SM07	Q10：10 区	壁画残块，表面有红色颜料层
SM08	Q10：8 区	壁画残块，表面有绿色颜料层
SM09	Q9：1 区	壁画残块，表面有绿色和黑色颜料层
SM10	Q9：1 区	壁画残块，表面有绿色颜料层
SM11	Q10：7 区	壁画残块，表面有黑色和黄色颜料层
SM12	Q10：7 区	壁画残块，表面有黑色颜料层
SM13	Q10：10 区	壁画残块，表面有黑色颜料层
SM14	F5	白灰层残块
SM15	F6	白灰层残块

本文分别利用 X 射线衍射分析（XRD）、X 射线荧光分析（XRF）以及拉曼光谱分析三种不同的分析方法对样品材质进行科学分析，从而使三种分析结果相互验证，以保证结果的准确性。分析所使用的 X 射线衍射分析仪的型号为日本理学 RINT2000X，测试条件为：铜靶，DS=1°，SS=1°，RS=0.15 毫米，管压 40 千伏，管电流 40 毫安。X 射线荧光分析仪型号为日本岛津 EDX-800HS X-射线荧光仪，测试条件为：铑靶（Rh），电压 Ti-U50 千伏，Na-Sc15 千伏，测试环境为真空，测试时间 200 秒。拉曼光谱分析仪为雷尼召（Renishaw）公司生产且配备有徕卡（Leica）显微镜的 invia 拉曼光谱分析仪。分析采用氩离子激光器，激发光波长为 514 纳米，物镜放大倍数为 50 和 100 倍，信息采集时间为 10 秒，累加次数 3—5 次。由于绿色颜料样品在以上三种分析中并没有得到明确的分析结果，而且黄色颜料的 X 射线衍射分析也没有得到明确的结果，所以对两个绿色颜料样品（SM08、SM09）和一个黄色颜料样品（SM02）又进行了 X 射线微区衍射分析。所用的仪器为日本理学 SmartLab（9kw）转靶 X 射线衍射仪，铜靶，管电压 45 千伏，管电流 200 毫安，探

测器 D/teX Ultra。需要说明的是，由于石峁壁画表面的颜料层非常薄，很难将颜料层与白灰层进行分离，所以所有分析均是在带有不同颜料的壁画残块上直接进行。

（二）分析结果

各样品颜料及白灰层的 X 射线衍射、拉曼光谱以及 X 射线荧光分析结果见表二至表四。

表二　X 射线衍射（XRD）分析结果

样品编号	分析对象	结果
SM01	黄色颜料	碳酸钙（$CaCO_3$）、二氧化硅（SiO_2）
SM02	黄色颜料	碳酸钙（$CaCO_3$）、二氧化硅（SiO_2）
SM03	黄色颜料	碳酸钙（$CaCO_3$）、二氧化硅（SiO_2）
SM04	红色颜料	三氧化二铁（Fe_2O_3）、碳酸钙（$CaCO_3$）、二氧化硅（SiO_2）
SM05	红色颜料	三氧化二铁（Fe_2O_3）、碳酸钙（$CaCO_3$）、二氧化硅（SiO_2）
SM06	红色颜料	三氧化二铁（Fe_2O_3）、碳酸钙（$CaCO_3$）、二氧化硅（SiO_2）
SM08	绿色颜料	碳酸钙（$CaCO_3$）、二氧化硅（SiO_2）
SM10	绿色颜料	碳酸钙（$CaCO_3$）、二氧化硅（SiO_2）
SM11	黑色颜料	碳酸钙（$CaCO_3$）、二氧化硅（SiO_2）
SM12	黑色颜料	碳酸钙（$CaCO_3$）、二氧化硅（SiO_2）
SM13	黑色颜料	碳酸钙（$CaCO_3$）、二氧化硅（SiO_2）
SM04	白灰层	钠长石[Na（Si_3Al）O_8]、碳酸钙（$CaCO_3$）、二氧化硅（SiO_2）
SM05	白灰层	碳酸钙（$CaCO_3$）、二氧化硅（SiO_2）
SM06	白灰层	碳酸钙（$CaCO_3$）、二氧化硅（SiO_2）
SM02	白灰层	碳酸钙（$CaCO_3$）、二氧化硅（SiO_2）
SM03	白灰层	碳酸钙（$CaCO_3$）、二氧化硅（SiO_2）
SM09	白灰层	碳酸钙（$CaCO_3$）、二氧化硅（SiO_2）
SM11	白灰层	碳酸钙（$CaCO_3$）
SM14	白灰层	碳酸钙（$CaCO_3$）
SM15	白灰层	碳酸钙（$CaCO_3$）、二氧化硅（SiO_2）

表三　拉曼光谱分析结果

样品编号	分析对象	分析结果	颜料鉴定
SM01	黄色颜料	248w、280m、381s	铁黄
SM02	黄色颜料	248w、280m、381s	铁黄
SM03	黄色颜料	248w、281m、380s	铁黄
SM05	红色颜料	223vs、291vs、409m、498w、612m	铁红
SM06	红色颜料	223vs、291vs、410m、498w、612m	铁红
SM07	红色颜料	221vs、288vs、407m、495w、608m	铁红
SM08	绿色颜料	无明显谱峰	不明
SM09	绿色颜料	无明显谱峰	不明

续表

样品编号	分析对象	分析结果	颜料鉴定
SM11	黑色颜料	1359vs、1589vs	炭黑
SM12	黑色颜料	1366vs、1593vs	炭黑
SM13	黑色颜料	1362vs、1593vs	炭黑
SM04	白灰层	153vw、280vw、1085vs	碳酸钙
SM14	白灰层	280vw、1086vs	碳酸钙

表四 X射线荧光（XRF）分析结果

样品编号	分析对象	成分（w%）										
		钙（Ca）	硅（Si）	铁（Fe）	硫（S）	钾（K）	锌（Zn）	铜（Cu）	钛（Ti）	锰（Mn）	磷（P）	铝（Al）
SM01	黄色颜料	57.667	25.376	13.751	0.812	1.743	0.437	0.213	—	—	—	—
SM02	黄色颜料	58.358	31.118	7.468	0.764	2.082	0.108	0.102	—	—	—	—
SM03	黄色颜料	58.042	27.634	11.648	0.809	1.782	—	—	—	0.085	—	—
SM04	红色颜料	38.988	33.944	21.945	1.902	1.719	0.975	0.52	—	—	—	—
SM05	红色颜料	49.332	30.340	17.172	—	2.164	—	0.344	0.648	—	—	—
SM06	红色颜料	53.797	24.303	16.641	1.970	1.200	1.498	0.592	—	—	—	—
SM07	红色颜料	39.290	28.275	22.341	—	1.779	—	—	—	0.155	8.160	—
SM08	绿色颜料	30.092	18.819	5.162	0.449	4.387	0.055	0.036	—	0.076	28.174	12.750
SM09	绿色颜料	43.333	26.334	7.903	—	5.961	4.068	1.649	—	—	10.752	—
SM11	黑色颜料	49.195	35.238	10.345	1.147	3.695	0.053	0.117	—	0.210	—	—
SM01	白灰层	88.619	8.138	1.699	0.683	0.862	—	—	—	—	—	—
SM02	白灰层	81.354	13.281	3.470	—	1.678	0.100	0.118	—	—	—	—
SM02	白灰层	97.436	—	0.996	0.729	0.678	—	0.160	—	—	—	—
SM03	白灰层	91.032	6.989	1.205	—	0.712	0.062	—	—	—	—	—
SM04	白灰层	93.698	4.585	1.073	—	0.645	—	—	—	—	—	—
SM05	白灰层	88.418	8.341	1.975	—	0.900	0.224	0.141	—	—	—	—
SM06	白灰层	83.282	11.297	2.963	0.601	1.398	0.076	0.062	—	0.321	—	—
SM09	白灰层	92.629	4.558	1.640	0.525	0.648	—	—	—	—	—	—
SM10	白灰层	98.648	—	—	0.542	0.653	0.081	0.075	—	—	—	—
SM12	白灰层	60.362	1.929	0.459	0.467	0.695	0.044	—	—	—	36.044	—
SM14	白灰面	98.783	—	—	—	1.217	—	—	—	—	—	—
SM15	白灰面	77.073	16.470	4.305	0.525	1.395	0.110	—	—	0.123	—	—

　　从表二可以看出，所检测的11个颜料样品中，仅有SM04（图二）、SM05、SM06三个样品检测出显色物质为铁红，而所有黄色颜料样品、绿色颜料样品以及黑色颜料样品均未检测出显色物质。但是，所有颜料样品均检测出了碳酸钙（$CaCO_3$）和二氧化硅（SiO_2），应该都是颜料层下白灰层的成分。7个壁画白灰层样品的主要成分为碳酸钙和二氧化硅（图三），说明白灰层的主要成分应为碳酸钙，二氧化硅及个别样品中检测出的钠长石可能为来自土壤中的污染物。2个房址白灰层

样品的分析结果分别为碳酸钙（图四）或碳酸钙和二氧化硅，说明房址白灰层的主要成分与壁画白灰层相同，均为碳酸钙。

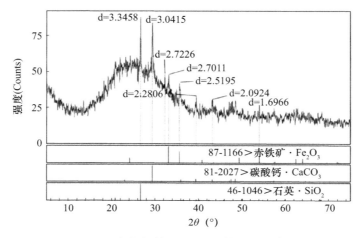

图二　红色颜料样品 SM04X 射线衍射谱图

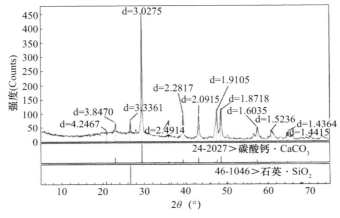

图三　壁画白灰层样品 SM06X 射线衍射谱图

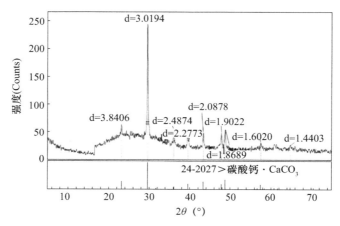

图四　房址白灰层样品 SM14X 射线衍射谱图

表四显示，3 个黄色样品的主要元素为钙（Ca）、硅（Si）、铁（Fe），其中钙（Ca）的含量在58% 左右，硅（Si）的含量在 25%—32% 之间，而铁（Fe）的含量在 7%—14% 之间，结合黄色样品的 X 射线衍射（XRD）分析结果，黄色颜料很可能为含铁元素的颜料。4 个红色颜料样品的主要元素也为钙、硅、铁，其中钙的含量在 39%—54% 之间，硅的含量在 24%—34% 之间，而铁的含量在 16%—23% 之间，三种元素分别对应的是碳酸钙、二氧化硅以及三氧化二铁。2 个绿色颜料样品的主要元素包括钙、硅、铁、钾（K）、锌（Zn）、磷（P）、铝（Al），各元素含量分别为 30%—44%、18%—27%、5%—8%、4%—6%、0—4%、10%—28% 以及 0—13%。由于绿色颜料样品的 X射线衍射分析未检测出显色物质，单以 X 射线荧光分析结果很难判断其物质成分。黑色颜料样品SM11 的主要元素含量分别为钙 49.2%、硅 35.3%、铁 10.3%、钾 3.7%，也无法准确判断其显色物质成分。黑色颜料含铁量较高，很可能是由于其涂刷于黄色颜料之上，受到黄色颜料成分的影响所致，其物质成分有待进一步分析确定。10 个壁画白灰层样品及 2 个房址白灰层样品的主要元素为钙和硅，而且两者的含量大于 97%，与 X 射线衍射分析的结果吻合较好。

拉曼光谱分析结果（表三）显示，3 个黄色颜料样品的峰值为 248w、280—281m、380—381s，应为铁黄（图五）；3 个红色颜料样品的峰值为 221—223vs、288—291vs、407—410m、495—498w、608—612m，为铁红（图六）；3 个黑色颜料样品的峰值为 1359—1366vs、1589—1593vs，应为炭黑（图七）；而 1 个壁画白灰层和 1 个房址白灰面样品的峰值分别为 153vw、280vw、1085vs（图八）和280vw、1086vs，应为碳酸钙。但是，绿色颜料样品的拉曼光谱图并未显示出明显谱峰，其成分仍不能确定。可以看出，除绿色颜料样品未得到明确结果外，其他颜料样品和白灰层样品的拉曼光谱分析结果与 X 射线荧光分析以及 X 射线衍射分析的结果一致。

X 射线微区衍射分析结果显示，绿色颜料样品 SM08 和 SM09 为海绿石，黄色颜料 SM02 为铁黄，与前三种分析结果基本一致（图九、图一〇）。其中，海绿石是一种富钾、富铁的铝硅酸盐矿物，化学分子式为 $K_{1-x}(Al, Fe)_2[Al_{1-x}SiO_{3+x}O_{10}](OH)_2$，为绿土的一种。从海绿石的分子式可看出，其中含有一定量的铝、铁、钾等元素，而绿色颜料的 X 射线荧光分析结果中也发现了铝、铁、钾等元素，结果相互吻合。然而，其中一个绿色样品（SM09）的 X 射线荧光检测结果中显示不含铝元素，可能是受取样以及矿物本身特点限制，采集的样品纯度较低，而且分析时可能未分析到最

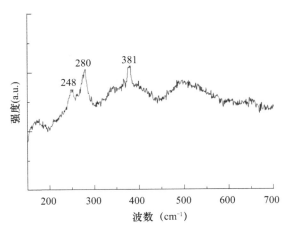

图五　黄色颜料样品 SM01 拉曼光谱图

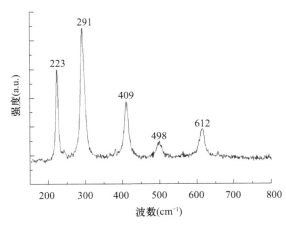

图六　红色颜料样品 SM05 拉曼光谱图

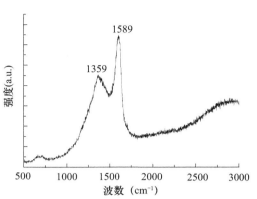

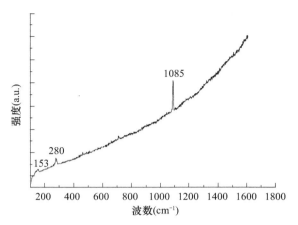

图七　黑色颜料样品 SM11 拉曼光谱图　　　　图八　壁画白灰层样品 SM04 拉曼光谱图

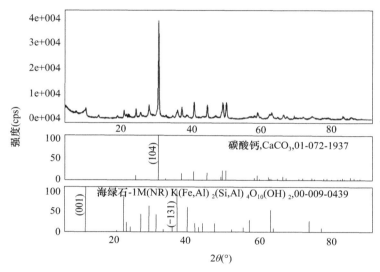

图九　绿色颜料样品 SM08 XRD 微区衍射谱图

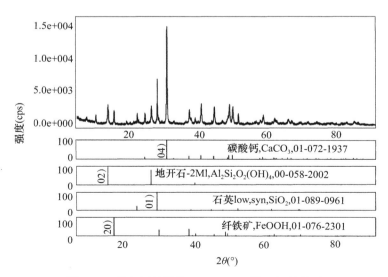

图一〇　黄色颜料样品 SM02 XRD 微区衍射谱图

理想的区域。另外，两个绿色颜料样品中检测出含量较高的磷元素，可能是由于海绿石产生于海洋沉积物中，在海绿石形成时被富含磷元素的生物源污染所致。

三、壁画制作工艺考察

壁画制作工艺的考察主要是利用徕卡（Leica）DM4000M 金相显微镜对经树脂包埋且打磨的壁画样品剖面进行观察、测量和记录。绘制技法的考察主要是利用显微镜对壁画表面及颜料层上残留的工艺痕迹进行详细观察和记录，从而对其制作工艺及绘制技法进行判断和复原。本次共对 8 个壁画样品进行了剖面观察（图一一、图一二），观察结果详见表五。

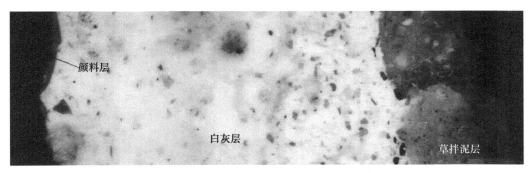

图一一　壁画残块 SM04 剖面显微镜照片

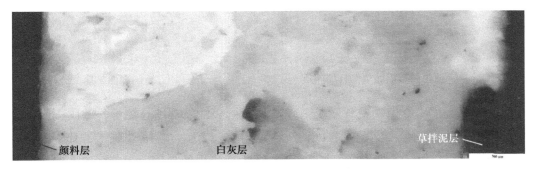

图一二　壁画残块 SM07 剖面显微镜照片

表五　石峁遗址出土壁画样品剖面观察结果

样品编号	观察结果（单位：μm）		
	颜料层厚度	白灰层厚度	草拌泥层厚度
SM01	28	双层：第一层含杂质较少，厚 86—2056；第二层含杂质较多，厚 83—1194	556—750
SM02	28—111	单层，靠近草拌泥层部分杂质较多，厚 2500—2694	472—722
SM04	28—83	双层：第一层含杂质较少，厚 333—1389；第二层含杂质较多，厚 333—611	1389—1677
SM06	14—69	双层：第一层含杂质较少，厚 1389—1722；第二层含杂质较多，厚 667—1111	361—833
SM07	22—44	单层，靠近草拌泥层部分杂质较多，厚 1911—2044	489—622
SM08	28—56	单层，含少量杂质，厚 2056—2386	1194—1361
SM09	28—56	双层，两层含杂质均较少，厚分别为 1861—2167、250—556	727—972
SM11	28—83	单层，含少量杂质，厚 3056—3361	—

从表五可看出，所有壁画样品分层情况非常明显，均可分为颜料层、白灰层和草拌泥层，其中颜料层的厚度一般小于100微米，白灰层厚度最厚，在2000—3000微米之间，草拌泥层厚度多在400—1600微米之间，而且部分样品的白灰层为双层。另外，从白灰层的剖面来看，靠近草拌泥层部分杂质相对较多，而靠近颜料层的部分杂质相对较少。

剖面观察结果显示，石峁壁画的地仗层包括草拌泥层和白灰层。石峁壁画的制作过程很可能是在石墙修筑完工后，先在墙面涂抹一层草拌泥，待草拌泥层阴干后，在其表面敷设白灰层，最后再在表面绘制图案。而且由于石墙墙壁表面平整度不同，导致了草拌泥层和白灰层薄厚不一。草拌泥中残留的植物痕迹长度不一、直径略有差异，部分植物茎秆痕迹清晰可见，与汉唐时期壁画草拌泥层中常见的麦秸痕迹完全不同，可能使用了当地生长的野草（图一三）。部分区域白灰层有明显的分层情况，说明白灰层可能经多次制作而成。白灰层表面存有大量间隔约为1毫米的涂抹痕迹，可能表明在白灰层表面处理中使用了类似于抹子的工具（图一四）。

图一三　壁画白灰层面草茎秆的印痕　　　　图一四　壁画表面涂抹痕迹和阴刻起稿线

在本次保护修复的160余块壁画残块中，15块壁画表面发现了长短不一的阴刻起稿线。阴刻起稿线均位于壁画不同颜色图案的交界处，线条深约0.5毫米，宽1—2毫米，其中最长者为7厘米，最短者为2厘米，多为5厘米左右（图一四）。需要指出的是，由于壁画均为残块，所以各壁画残块上阴刻起稿线的实际长度并不明确。阴刻起稿线的发现，说明石峁的先民们在绘制图案时，先利用起稿线对整个画面进行规划，再在不同区域以不同颜色的颜料绘制图案。

另外，各图案内颜色深浅不一。一般而言，图案边缘颜色较深（宽约1厘米）而中间区域较浅。从颜料层残留的涂刷痕迹来看，边缘颜色较深部位涂刷方向较为一致，而中间区域颜料的涂刷方向区别明显，随意性较大。这些迹象表明，在绘制几何图案时可能先沿起稿线勾勒出图案的外轮廓，再涂染图案的中间区域，而且图案轮廓可能经多次绘制。从颜料层残留的涂刷痕迹来看，涂色所用的工具可能为类似于毛笔或毛刷一类的工具。另外，红色、黄色以及绿色颜料均直接涂刷于白灰层表面，而黑色颜料一般位于其他颜色图案之边缘，且多覆盖于黄色、红色或绿色颜料层之上。

四、相关问题讨论

（一）关于彩绘颜料的初步认识

从分析结果来看，石峁遗址出土壁画所使用的颜料包括铁红、铁黄、绿土以及炭黑四种。在旧石器时代晚期山顶洞人遗址下室发现的人骨周围就有赤铁矿粉末[4]；尼安德特人和克罗马农人也有以赭石处理尸体以期死者复生的葬俗[5]。但是，旧石器时代铁红的使用似乎更与葬仪或信仰有关，而并非作为装饰用途的颜料。新石器时代铁红作为主要的红色颜料大量发现于彩陶表面[6]。龙山晚期以后，随着朱砂的大量使用，铁红的使用规模逐渐缩小，但并未完全消失。可以看出，石峁壁画使用铁红作为红色颜料符合当时的时代特征。

我国古代使用黄色颜料主要有雌黄、褐铁矿以及黄铁矿等，而铁黄作为黄色颜料使用则较少，目前仅见于春秋时期至西汉早期的彩绘陶器或陶俑上，如安徽蚌埠"钟离君柏"墓彩绘陶器[7]、汉阳陵及杨家湾汉彩绘陶俑[8]。可以看出铁黄作为黄色颜料仅在春秋时期以后才得到使用，而且规模不大。石峁壁画上发现的铁黄颜料应是目前所知该颜料最早的应用实例。

绿土一般由绿磷石、海绿石、绿锥石、绿泥石等组成，其中以绿磷石和海绿石为主[9]。绿土作为绿色颜料使用见诸报道的有陕北定边郝滩东汉壁画墓[10]和东北地区贵族墓葬[11]，国外案例包括1—4世纪的庞培壁画[12]、公元前2世纪到公元1世纪的印度佛教岩画[13]、公元前3世纪至公元8世纪的日本彩绘文物[14]等。由此可见，绿土在古代作为绿色颜料使用集中在公元前3世纪以后，而更早的应用实例还未见报道。石峁壁画上发现的绿土颜料是该种颜料目前所知最早的应用实例。另外，一般认为海绿石是在水深100—300米的浅海环境中有蒙脱石存在的情况下缓慢沉积而形成，但石峁遗址地处黄土高原腹地，距离海洋较远，所以关于石峁壁画上绿色颜料的来源是一个值得注意的问题。

炭黑是我国古代使用最早的黑色颜料之一。炭黑的最早应用可追溯到仰韶中期的秦安大地湾遗址[15]。商周时期，炭黑的使用逐渐增多，但发现数量仍有限，如殷墟 YH127 号坑出土的以墨书写的甲骨文辞[16]、洛阳北窑西周墓出土铜簋等器物上的墨书文字[17]等。秦汉时期，炭黑得到了广泛的应用，在秦始皇帝陵园陪葬坑出土的彩绘兵马俑[18]、甘肃武威磨嘴子出土的彩绘木马[19]、汉阳陵陪葬坑出土的彩绘陶俑[20]、陕西杨家湾西汉墓出土的彩绘陶俑[21]、陕西旬邑出土的东汉壁画[22]上均发现了炭黑颜料。从炭黑颜料在我国古代的使用情况来看，自新石器时代开始使用，直到秦汉时期才得到了广泛的应用。本次分析的石峁壁画表面炭黑颜料为该颜料在我国早期的使用增添了新的实物证据。

（二）关于石峁壁画的制作工艺及绘制技法的探讨

中国古代壁画的现有研究主要集中在分期、等级、题材、艺术风格以及内容考订等方面，而壁画的制作工艺及绘制技法的研究向来是一个薄弱环节。近年来，壁画的制作工艺逐渐引起了学界的重视，出现了一些重要的研究成果，但多集中在汉代以后的壁画。研究表明[23]，汉代及其以后的壁画整体上可分为有地仗壁画和无地仗壁画两类，比较而言，有地仗壁画数量多于无地仗壁画，而且，壁画的地仗层虽然有多种类型，但以草拌泥加白灰层较为多见。

虽然我国境内自新石器时代至秦代的各个时期均有壁画出土，但遗憾的是这些早期壁画除秦咸阳宫出土壁画进行过颜料分析及鉴定以外，其他壁画均未见到制作工艺考察及科学分析研究的相关报道，关于中国早期壁画的制作工艺特征目前并不明确。石峁壁画为有地仗壁画，其中地仗层包括草拌泥层和白灰层，与汉代及其以后壁画的主要制作工艺较为相似。这一现象似乎表明中国壁画的基本制作工艺及工序至迟在二里头时期就已基本确立。

正如前文指出，石峁壁画的绘制过程是先以阴刻起稿线进行整体规划，再以各种不同颜料绘制图案。目前，关于壁画绘制技法的研究也多集中在汉代及其以后的壁画上。西安理工大学出土的汉代墓葬壁画就有先以墨线起稿，再填充红、灰、黑、青等颜色的做法[24]，至隋唐时期更为普遍。唐代墓葬壁画一般是先绘制起稿线进行全面规划、界定位置并勾出简单的大轮廓，再用墨线勾勒形体轮廓及局部造型，然后用各种不同颜色的颜料进行设色，最后用墨线勾定细部[25]。对石峁壁画的观察表明，其绘制技法及工序也与汉代以后壁画颇为类似，这一点似乎暗示着这种先起稿再绘制图案的做法在二里头时期已得到应用，后期壁画不过是继续沿用而已。

目前阴刻起稿线在新疆克孜尔石窟多个洞窟壁画、济南市东八里洼北朝墓壁画、山西太原南郊北齐墓葬壁画、河北磁县东魏茹茹公主墓壁画、河北磁县湾漳北朝墓葬壁画，以及陕西唐代章怀太子墓壁画、懿德太子墓壁画、苏思勖墓壁画、房陵长公主墓壁画等的表面均有发现[26]。一般认为，阴刻起稿线是在画面稍干未干时利用赭石或竹木签刻划而成，而且目前发现最早的阴刻起稿线为东汉时期，而汉代之前还未见报道。本次在石峁壁画上发现的起稿线，应该是目前阴刻起稿线在我国的最早应用实例。

从石峁壁画颜料层遗留的痕迹来看，绘制图案的工具可能是毛笔一类的软工具。虽然考古出土的毛笔实物时代较晚，但毛笔的出现时代应较早。郑州小双桥遗址出土陶缸的朱书文字[27]、殷墟出土甲骨片上的墨书文字[28]、北窑西周墓出土的铜簋等器物上的墨书[29]均被认为是由毛笔书写而成。石峁壁画颜料层上的痕迹是否表明毛笔在商代之前就已出现并得到了应用尚值得进一步考察。

五、结　语

本文对石峁遗址出土壁画的工艺考察及科学分析是我国早期壁画工艺考察及科学分析的首批数据。研究结果显示，石峁壁画的制作工艺为先在石墙上涂抹一层草拌泥，再在草拌泥层上制作白灰层，最后在白灰层作画。石峁壁画的绘制技法为先绘制阴刻起稿线对画面进行整体规划，再利用不同的颜料绘制图案。绘制图案所用的颜料包括铁红、铁黄、绿土以及炭黑，白灰层的成分为碳酸钙，与该遗址白灰面房址中白灰面的成分相同。石峁壁画上所发现的铁黄、绿土颜料以及阴刻起稿线均为最早的应用实例。通过与晚期壁画的对比，发现石峁壁画在制作工艺及绘制技法上均与汉代以后的壁画较为相似，可能表明中国壁画的基本制作工艺及绘制技法早在二里头文化时期就已确立，后期壁画不过是继续沿用和丰富而已。

目前学界公认壁画最早出现在中东地区，如土耳其许于克（Hüyük）距今约 8000 年的神庙遗址出土了精美的壁画[30]、土耳其科尼亚平原查塔尔·胡尤克居住区出土了距今 8000—7000 年的壁画[31]、伊拉克马利（Mari）遗址的宫殿中出土了距今约 4000 年的壁画[32]、叙利亚阿查纳（Atchana）宫殿遗址也出土了距今约 4000 年且绘制在白灰层上的壁画[33]。在中国，除本文讨论的石峁壁画外，目前出土的先秦时期壁画（地画）包括甘肃秦安大地湾遗址 F114 中出土的地画残块[34]、辽宁牛河梁遗址出土的以红、黄、白色颜料绘制几何图案的壁画残块[35]、山西陶寺遗址出土带有蓝彩带的壁画残块[36]，河南安阳殷墟遗址 F11 出土绘有红色花纹和黑色圆点的壁画残块[37]、陕西扶风杨家堡西周墓出土的菱格纹壁画残块[38]，以及秦咸阳宫遗址出土大量的壁画残块[39]。从现有的考古资料可以看出，中国早期壁画最早可能是用于房屋建筑的装饰，自西周开始才出现在墓葬中。而且，先秦时期壁画主要集中在北方地区，且多在农牧交错地带，这是一个值得注意的现象，或许暗示了中国壁画起源于这一区域。至于壁画在中国的出现是否受到了中东地区的影响，还有待于进一步研究。

注　释

［1］ 陕西省考古研究院、榆林市文物考古勘探工作队、神木县文体局：《陕西神木县石峁遗址》，《考古》2013 年第 7 期。

［2］ 辽宁省文物考古研究所：《辽宁牛河梁红山文化"女神庙"与积石冢群发掘简报》，《文物》1986 年第 8 期。

［3］ 高江涛：《陶寺遗址聚落形态的初步考察》，《中原文物》2007 年第 3 期。

［4］ 吴新智：《山顶洞人的种族问题》，《古脊椎动物与古人类》1960 年第 2 期。

［5］ Reed, C A. A model for the origin of agriculture in the Near East. Origins of Agriculture. Mouton Publishers, 1977: 547.

［6］ a. 马清林、李现：《甘肃古代各文化时期制陶工艺研究》，《考古》1991 年第 3 期；b. 中国社会科学院考古研究所实验室李敏生、黄素英、李虎侯：《陶寺遗址陶器和木器上彩绘颜料鉴定》，《考古》1994 年第 9 期。

［7］ 杨玉璋：《"钟离君柏"墓出土彩绘陶器颜料的光谱分析》，《光谱学与光谱分析》2010 年第 4 期。

［8］ a. Zuo J, Zhao X. Analysis of the pigments on painted pottery figures from the Han dynasty's Yangling tomb by Roman microscopy. Journal of Roman Microscope, 2003, 34: 121-125. b. 容波等：《咸阳地区出土汉代彩绘陶器表面颜料的科学研究》，《文博》2009 年第 6 期。

［9］ Moretto M L, Orsega E F, Mazzocchin G A. Spectroscopic methods of the analysis of celadonite and glauconite in Roman green wall paintings. Journal of Cultural Heritage, 2011, 12: 384-391.

［10］ 付倩丽、夏寅、王伟峰：《定边郝滩东汉壁画墓绿色底层颜料分析研究》，《文物保护与考古科学》2012 年第 1 期。

［11］ 赵丹丹、成倩、郭宏：《一种古老的绿色颜料——绿土的分析和鉴别》，《文物科技研究》第八辑，科学出版社，2012 年。

［12］ Augusi S I. Colori Pomperiani. De Luca, 1967: 49-55.

［13］ Agrawal O P. A study of Indian polychrome wooden sculpture. Studies in conservation, 1971, 16: 56-68.

［14］ Yamasaki K, Emoto Y. Pigments used on Japanese paintings from the protohistoric period to the 19th century. Arts of Orients, 1979, 11: 1-14.

［15］ 马清林、胡之德、李最雄：《甘肃秦安大地湾遗址出土彩陶（彩绘陶）颜料以及块状颜料分析研究》，《大地湾考古研究文集》，甘肃文化出版社，2002 年。

［16］ 中国社会科学院考古研究所：《殷墟的发现与研究》，科学出版社，1994 年，第 149、150 页。

［17］ 蔡运章：《洛阳北窑西周墓墨书文字略论》，《文物》1994 年第 7 期。

［18］ 李亚东：《秦俑彩绘颜料及秦代颜料史考》，《考古与文物》1983 年第 3 期。

［19］ 陈庚玲、韩鉴卿：《甘肃武威磨咀子出土汉代木马颜料分析与修复保护》，《文物保护与考古科学》2011 年第 1 期。

［20］ 同［8］a。

［21］ 汪美娟等：《陕西杨家湾出土西汉彩绘兵马俑的保护修复研究》，《文物保护与考古科学》2008 年第 4 期。

［22］ 惠任、刘成、尹申平：《陕西旬邑东汉壁画墓颜料研究》，《考古与文物》2007 年第 3 期。

［23］ a. 陕西省考古研究院：《汉唐墓葬壁画保护与修复》，三秦出版社，2010 年，第 21—27 页；b. 徐军平等：《东平汉墓壁画制作工艺初探》，《文博》2009 年第 6 期；c. 张建林：《西安及附近地区唐墓壁画的制作技法》，《唐墓壁画国际学术研讨会论文集》，三秦出版社，2006 年；d. 李英亮等：《新疆龟兹库木吐啦石窟壁画的制作工艺与材料分析》，《中国文物科学研究》2012 年第 4 期。

［24］ 孙福喜、程林泉、张翔宇：《西安理工大学西汉壁画墓初探》，《西北大学学报（哲学社会科学版）》2005 年第 3 期。

［25］ 同［23］c。

［26］ 同［23］c。

［27］ 宋国定：《郑州小双桥遗址出土陶器上的朱书》，《文物》2003 年第 5 期。

［28］ 同［16］。

［29］ 同［17］。

［30］ Mellaart J. Earliest Civilization of the Near East. Thames and Hudson, 1965: 89-94.

［31］ 朱伯雄：《世界美术史》第二卷，山东美术出版社，1988 年，第 7 页。

［32］ Parrot A. Mission arche ologique de Mari Ⅱ Le Palais: peintures murals. P. Geuthner, 1958: 53-65.

［33］ Wooley L. Alalakh: An Account of the excavations at Tell Atchana in Hatay. Oxford University Press, 1955: 228-231.

［34］ 甘肃省文物工作队：《大地湾遗址仰韶晚期地画的发现》，《文物》1986 年第 2 期。

［35］ 同［2］。

［36］ 同［3］。

［37］ 中国科学院考古研究所安阳发掘队：《1975 年安阳殷墟的新发现》，《考古》1976 年第 4 期。

［38］ 扶风县图博馆罗西章：《陕西扶风杨家堡西周墓清理简报》，《考古与文物》1980 年第 2 期。

［39］ 秦都咸阳考古工作站：《秦都咸阳第一号宫殿建筑遗址简报》，《文物》1976 年第 11 期。

（原载于《考古》2015 年第 6 期）

石峁遗址出土陶、石器功能反映的礼仪和生计活动

刘　莉　Maureece Levin　孙周勇　邵　晶

一、引　言

　　对考古遗存中的工具进行功能性分析可以帮助我们了解古代社会的生产方式和饮食传统。传统考古学对于工具的研究一般基于类型分析，并由此对某一类型石器的使用功能进行整体推测。但是近年来在科技考古学发展的推动下，研究者更加注重对个体器物的使用微痕以及附着在表面的残留物进行抽样分析，以此了解工具的使用功能。微痕—残留物分析的结果显示，同一类型的工具往往具有不同的功能，或同一工具可能具有多种功能。因此，需要对数量较多的不同类型工具进行综合性的科学分析，方能了解其使用功能的多样性。这一研究方法对于社会性质比较复杂的大型遗址尤为重要，石峁便属于这一类遗址。

　　石峁遗址规模宏大，结构复杂，有明显的阶层分化特征。遗址内的建筑遗存既有礼仪性功能、军事性防御设施、贵族宫殿区、居民居住区，也有手工业生产的遗存，显示为地域性的政治经济中心，同时也表明，石峁正处于城市化进程中的初期阶段。自从查尔德在 1950 年首次提出"城市革命"这一概念[1]，城市起源就成为考古学界的经典性研究课题。因此，石峁遗址性质的研究，对于探索中国早期城市化进程十分重要。

　　查尔德对于城市的定义主要是根据当年所知的近东、南亚和中美洲地区的考古学资料；在他所列举的衡量城市出现的十个标志中，最先强调的是人口集中的大型聚落和专业化生产和分工。这类分工包括手工业生产和农业生产之间的关系。查尔德认为，城市与乡村有人口结构的区别，虽然大部分居住在城市的人口仍然是农民，耕种附近的田地，但是城市人口中的重要组成部分还包括专业手工业生产者、商人、管理人员和神职人员等。因此，城市不同于之前聚落的一个重要特征，是从事生产活动人口的分化。值得注意的是，查尔德在提出城市革命这一概念时，并未包括中国考古学资料。自从 20 世纪 70 年代以来，学者们讨论中国早期城市起源问题时，主要关注中国早期城市的礼仪性和政治性功能。例如，张光直先生认为中国初期的城市，不是经济起飞的产物，而是政治领域中的工具，是统治阶级用以获取和维护政治权力的工具[2]。这一观点揭示了中国城市起源的某些特殊性，但是我们一直缺乏对早期城市中各个阶层人口生计方式的了解，因而限制了对城市起源过程的全面分析。本项目的研究目的正是为了填补这一空白。石峁遗址的兴盛时期正处于中国北方城市发展进程中的初始阶段，对遗址中不同地点出土的生产和生活工具进行功能性分析，有助于了解

石峁遗址不同区域中经济和政治活动的多样性。

本文分析了 19 件石、陶质工具，来自石峁东门（5 件）和韩家圪旦（14 件）。东门是具有军事防御性和礼仪性的地点[3]，而韩家圪旦位于内城，是居住区[4]，这两个地点出土的石器功能的区别有助于我们了解石峁城址内不同人群在不同区域的经济活动异同。本项目分析的工具类型包括石刀（6 件）、陶刀（1 件）、石斧（1 件）、石杵（3 件）、石铲（1 件）、打制石刃（3 件）、打制石片（4 件）（表一）。我们对所有的标本都进行了微痕和残留物分析。

表一　石峁东门和韩家圪旦石器标本记录

	器形	标本号	出土器物号 / 单位	地质	年代
石峁东门（2014 年于泾渭基地）	石刀	DM-SKN1	TG10：4	灰色细砂岩	石峁晚期
	石刀	DM-SKN2	TG12：6	灰色细砂岩	石峁晚期
	石刀	DM-SKN3	TG10：3	灰色细砂岩	石峁晚期
	石刀	DM-SKN4	TG12：2	灰色细砂岩	石峁晚期
	石杵	DM-PS1	F7	灰色砂岩	石峁晚期
石峁韩家圪旦标本记录（2015 年于石峁遗址）	陶刀	HJ-PKN1	2014 韩 Y1	泥质灰皮红褐陶	石峁早期
	石刀	HJ-SKN1	2014 韩 F42 ②层	灰色细砂岩	石峁早期
	石刀	HJ-SKN2	2014 韩 G1	灰色细砂岩	石峁早期
	石杵	HJ-PS1	2014 韩 F18 前填土中	灰色砂岩	石峁早期
	石杵	HJ-PS2	2014 韩 G2	灰色砂岩	石峁早期
	石斧	HJ-AX1	2014 韩 G1	不详	石峁早期
	石铲	HJ-SP1	2014 韩 F38 前冲沟	灰色砂岩	石峁早期
	石刃	HJ-BLD1	2014 韩 T29	灰色燧石	石峁早期
	石刃	HJ-BLD2	2014 韩 F20	灰色燧石	石峁早期
	石刃	HJ-BAD3	2014 韩 F23	灰色燧石	石峁早期
	石片	HJ-FLK1	2014 韩 F23	灰色燧石	石峁早期
	石片	HJ-FLK2	2014 韩 F28	灰色燧石	石峁早期
	石片	HJ-FLK3	2014 韩 F20	灰色燧石	石峁早期
	石片	HJ-FLK4	2014 韩 F35 ②层	灰色石英岩	石峁早期

二、分　析　方　法

正确鉴定古代工具的使用功能主要依靠与现代实验标本进行比较，因此近年来我们进行了多次石器微痕和残留物分析的实验考古学研究。我们使用不同石料制成切割工具进行实验，包括用石刀、石镰收割多种禾本科植物、切肉、刮皮等工作；用磨盘磨棒碾磨加工不同植物种子或根茎，然后观察刃部或碾磨面的微痕；并根据这些实验结果建立了石器微痕对比标本数据库，其中一部分研究成果已经发表[5]。为了对工具和陶器残留物进行微植物遗存分析，我们收集了东亚等地区的 1000 多件植物标本，并对其中重要的植物种子、块根和茎叶制作了 300 多件淀粉粒、植硅体和纤维的对比标本。另外，我们也提取实验工具表面的残留物进行淀粉粒和植硅体分析，由于刀和镰的功能可能与收割植物有关，我们还特别对植物茎叶进行了淀粉粒和植硅体分析，并发现茎叶中也存在粒形较大的淀粉粒，与种子中的储存淀粉粒接近，貌似小麦族和黍族。因此，用于收割谷物或其他植物茎叶的石器上，有可能出现类似谷物种子的淀粉粒[6]，这一观察与之前其他研究者的分析结果一致[7]。近年来，我们将残留物分析的领域扩展到发酵食物遗存，包括分析酿酒过程中淀粉粒的损伤形态，植硅体的组合，以及与酿酒有关的真菌遗存（霉菌和酵母）[8]。上述这些资料保存在斯坦福大学考古中心实验室和中国社会科学院考古研究所，作为我们对古代器物进行分析的对比标本。

本项目分析的石峁出土器物，在发掘之后都已经过清洗。为了最大限度地排除污染，每件标本都首先用蒸馏水清洗，之后使用超声波振荡器振荡 6 分钟提取残留物。从残留物中提取和分析微体化石（包括淀粉粒、植硅体、纤维、真菌等）的步骤如下：① EDTA（$Na_2EDTA \cdot 2H_2O$）清洗法，在装有残留物的试管中（15 毫升）加入 4 毫升 0.1% 的 EDTA 溶液，在振荡器上振荡 2 小时，以便分散沉淀物，然后添加蒸馏水，以 1500 转 / 分的速度离心 5 分钟，倾倒上清液。②重液分离法，向试管中加入 4 毫升比重为 2.35 的多钨酸钠（sodium polytungstate），以 1000 转 / 分的速度离心 15 分钟。用移液管小心地从每个试管中取出顶部 1—2 毫米的有机物层，转移到新的 15 毫升试管中，然后加满蒸馏水，以 1500 转 / 分的速度离心 5 分钟，以便浓缩试管底部包含有微体化石的溶液，倾倒上清液。再重复两次此清洗过程，移除剩余的重液。③吸取分离后的残留物溶液滴在干净的载玻片上，干燥后滴加 50% 甘油溶液，加盖玻片，并用指甲油封片；待指甲油干后，再封第二次，这样可以更好地保存标本中的液体。④微植物和微生物记录使用蔡司生物显微镜（Carl Zeiss Axio Scope A1），配备有微分干涉相差（DIC）及偏振光装置，并配有数码相机（AxioCam HRc Rev.3）记录影像。在对所发现微体化石进行定量分析时，采用两种方法：每件标本中的数量和在器物上的出现率（ubiquity）。后者的方法为：具有某种微体化石类型的器物数量 ÷ 器物总数。使用配置有偏光和 DIC 装置的蔡司生物显微镜观察和记录淀粉粒和植硅体，放大倍数为 200×、400×。

淀粉粒、植硅体、动植物纤维及真菌的鉴定主要根据斯坦福大学考古中心的现代标本资料，同时参考已发表的文献资料[9]。

石器微痕的采集使用 PVS（Polyvinyl siloxane 聚乙烯硅氧烷）取模法，这一方法可以解决石器体积大，不易直接使用高倍显微镜观察，以及无法在考古工地或库房进行显微观察的困难，也有利于较长期保留微痕标本，是目前石器微痕研究较广泛使用的方法。本研究课题所观察的微痕类型主要包括光泽亮度（低、中、高）、光泽区连接形态（polish reticular pattern）、光泽区地形（polish topography）、线状痕形态（striations）、线状痕剖面（V 形或 U 形）、微观凹坑（pitting）和表面微观地形等（surface micro-topography）等[10]。微痕观察使用蔡司金相显微镜，放大倍数为 100×、200×。对微痕模式的鉴定根据我们的实验标本以及以往发表的有关文献[11]。

三、石峁东门工具上的微痕及残留物分析

（一）石峁东门石器微痕特征

我们于 2014 年提取了 5 件东门的石器微痕和残留物标本，包括 4 件细砂岩石刀和 1 件小型砂

岩石杵。石刀出土于探沟 TG10（位于门道的门塾之间）和 TG12（位于外瓮城内侧），石杵出土于 F7 房屋内（图一）。

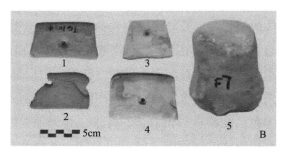

图一　石峁东门石器及出土地点

A：出土石杵的东门 F7 庭院建筑遗存（由西向东摄）

B：1—4. 石刀（DM-SKN1-4）5. 石杵（DM-PS1）

4 件石刀刃部的微痕形态比较类似，显示普遍有中度磨光，但也有少量高度磨光，并在光泽区普遍有边缘磨圆形态；仅见少量 U 形的细线状痕，呈斜向或垂直向分布；有少量微型凹坑。这些石刀上不见实验标本中用于收割禾本科植物形成的大量长而直的线状痕，说明不是收割工具，而可能用于切割软质植物，运动方向主要是斜向。石杵的端面凸凹不平，少数高端处有低度或中度磨光，有些磨光处有细线状痕，说明这件杵用于捣磨软硬不同的物质。同时在一些高端面也见到粗而长的 V 形线状痕，可能是使用时杵与石臼偶尔摩擦形成（表二；图二）。

表二　石峁东门出土石器微痕记录

标本	观察部位	表面形态	线状痕	方向	磨光	磨光处边缘磨圆	微型凹坑	功能推测
石刀（DM-SKN1）	刃部	较平整	隐约可见 U 形长细线状痕	斜向	多处中度磨光，有些呈网状连接	多见	不明显	切割较软植物类
石刀（DM-SKN2）	刃部	较平整	可见 U 形细线状痕	垂直方向	多处小面积中度磨光	多见	不明显	切割较软植物类
石刀（DM-SKN3）	刃部	较平整	可见 U 形细线状痕	斜向	多处中度磨光	可见	有微型凹坑	切割较软植物类
石刀（DM-SKN4）	刃部	较平整	隐约可见 U 形细线状痕	斜向	多处中、高度磨光	多见	不明显	切割较软植物类
石杵（DM-PS1）	端部	高低不平	V 形、深长线状痕	多方向	低度磨光	可见	多处	捣磨软硬不同的物质

（二）石峁东门石器上的淀粉粒遗存

东门的 5 件标本中共发现 182 颗淀粉粒。其中 148 颗（占总数 81.3%）可根据淀粉粒的表面形态和长度（通过脐点的最长径）分为 4 个类型，与现代植物标本比较后可鉴定种属来源。Ⅰ型为小麦族（Triticese），Ⅱ型为黍族（Paniceae），Ⅲ型为水稻（Oryza sp.），Ⅳ型为百合属（Lilium sp.）。所有标本上的绝大多数淀粉粒（N=159；占总数 87.4%）都有损伤特征，可分为两类。第一类的形态包括深沟、微型凹坑、边缘缺失等（N=156；占总数 85.7%），与淀粉粒受到微生物（如淀粉酶）分

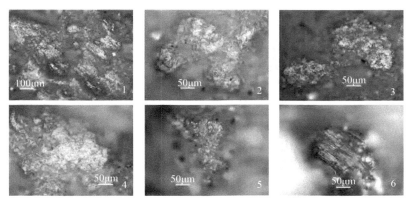

图二　石峁东门石器微痕（放大倍数，1：100×，其他：200×）

1. 石刀（DM-SKN1）刃部由于切割植物形成的中度磨光及斜向线状痕，显示其使用时的运动方向

2—4. 加工植物形成的中度磨光及光泽区的边缘磨圆，无线状痕（DM-SKN2-4）

5. 石杵（DM-PS1）端部由于捣磨形成的低度磨光

6. 石杵（DM-PS1）直而长的 V 形线状痕，可能捣磨较硬物质，或是杵与石臼相摩擦形成

解后表现出的特征一致，尤其类似经过酿酒发酵的损伤形态[12]。第二类为糊化淀粉粒，只在一件石刀（SM-SKN2）上发现（N=3；占总数 1.6%）；表现为粒形膨胀变形，消光十字完全不见，与高温蒸煮的结果一致[13]。在实验考古中，根据对黍亚科植物茎叶以及收割这些植物的石器表面残留物的分析，类似Ⅰ型和Ⅱ型的淀粉粒也少量存在于狗尾草、粟黍及薏苡的茎叶中和收割石器上[14]。但是根据上述微痕分析和植硅体分析（见下文），东门的 4 件石刀未显示用于收割禾本科植物的证据，因此基本可以排除其残留物中的Ⅰ型和Ⅱ型淀粉粒来自茎叶的可能性。以下详细描述淀粉粒形态（图三为现代淀粉粒对照标本，图四和表三为东门石器上淀粉粒的形态记录）。

表三　石峁东门石器淀粉粒记录

	Ⅰ型	Ⅱ型	Ⅲ型	Ⅳ型	块根	未知种属	总数	损伤淀粉粒		
	小麦族	黍族	水稻单粒（复粒聚合体）	百合				淀粉酶损伤	糊化损伤	损伤总数
石刀（DM-SKN1）	21	5	6（1）	6	4	8	50	43		43
石刀（DM-SKN2）	4		7（1）		1	3	15	10	3	13
石刀（DM-SKN3）	1	3	18（3）		1	2	25	21		21
石刀（DM-SKN4）	41	4	9（2）			2	21	77	69		69
石杵（DM-PS1）		1	9（2）	3	2		15	13		13
总数	67	13	49（9）	9	10	34	182	156	3	159
百分比	36.8	7.1	26.9	4.9	5.5	18.7	100	85.7	1.6	87.4
出现率%	80	80	100	40	100	80		100	20	100
最小长度	15.01	8.9	2.91	15.52	9.4	8.16				
最大长度	34.88	19.74	8.05	55.36	24.09	54.12				
平均长度	23.6	15.83	5.65	25.82	13.55	18.12				

　　Ⅰ型：小麦族淀粉粒（Triticeae；N=67；占总数 36.8%），见于 4 件石刀，但不见于石杵（出现率 80%）。颗粒长度范围 15.01—34.88 微米，粒型为圆形或椭圆形，其三维形状为透镜体，一般可

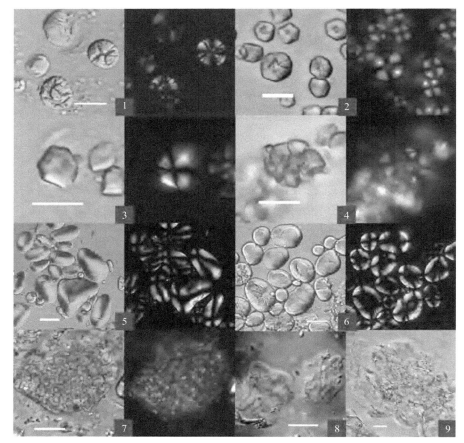

图三　现代淀粉粒对比标本（标尺，1、5—9：20 微米，2—4：10 微米）
1. 小麦曲，淀粉酶分解形成的损伤特征　2. 黍，经糖化发酵形成的损伤特征
3. 稻米，单粒，未经发酵　4. 稻米，复粒，经糖化发酵，偏振光镜下可见双折射光泽，但不见消光十字
5. 山丹百合　6. 野豌豆　7. 黍，榆林浑酒，偏振光镜下可见双折射光泽，但不见消光十字
8. 糊化淀粉粒，榆林浑酒　9. 大麦糊化淀粉粒，水浸泡 12 小时，捣磨 3 分钟，水煮 8 分钟

见隐约层纹，脐点居中，消光十字呈"×"或"十"形。这一类型是小麦族植物种子的典型淀粉粒，包括栽培小麦和大麦，也见于中国北方的冰草属（Agropyron）和赖草属（Leymus）等野生小麦族植物。这些野生和栽培种类种子中的淀粉粒形态相似，很难进一步区分（图四，1 与图三，1 比较）。分析 I 型淀粉粒的来源问题需要考虑以下因素：①绝大多数 I 型淀粉粒都有明显的损伤特征，与酿酒发酵过程中受到淀粉酶的分解的形态一致；②石峁以及周边河套地区龙山时期的遗址中至今尚未发现栽培小麦或大麦的大植物炭化遗存。据此，发现在东门石刀上的 I 型淀粉粒有可能来自野生小麦族种子，或非本地种植的大麦或小麦，与石刀所接触的发酵麦类食物有关。

II 型：黍族淀粉粒（Paniceae；N=13；占总数 7.1%），见于 3 件石刀和 1 件石杵上（出现率80%）。粒型为多面体或近圆形，裂隙呈 Y、V、直线或放射线形，脐点居中，消光十字臂直、无层纹，长度范围 8.9—19.74 微米。这些型态类似于黍族种子中的淀粉粒，尤其与粟（Setaria italica）和黍（Panicum miliaceum）相近（图四，2 与图三，2 对比）。因此 II 型淀粉粒很可能来自粟黍。II 型淀粉粒中也包括高比例的类似酶分解造成的损伤颗粒，与 I 型淀粉粒的情况一致，应与石器接触了发酵的粟黍有关。

Ⅲ型：水稻淀粉（*Oryza* sp.），以复粒聚合体的形式出现（单粒 N=49；占总数 26.9%；复粒聚合体 N=9），见于所有 5 件工具上（出现率 100%）。聚合体中的单粒淀粉粒大多数边缘模糊，但凡能够分辨粒形者，均为多边体；在偏振光镜下可见双折射光泽，但不见消光十字；长度范围 2.91—8.05 微米。这些特性与大米在酿酒发酵实验中显示的损伤一致（图四，3、4 与图三，4 对比）。因此，Ⅲ型淀粉粒的特征也说明石器接触了发酵的大米。

Ⅳ型：百合鳞茎淀粉粒（*Lilium* sp. N=9；占总数 4.9%），出现在一件石刀和石杵上（出现 40%）。粒型为规则或不规则的椭圆形，脐点极为偏心，消光十字弯曲；同时也有圆形，脐点居中或稍偏心；长度范围 15.52—55.36 微米（图四，5、6）。这些形态与百合属（*Lilium*）鳞茎淀粉粒相似。陕北以出产山丹百合（*Lilium pumilum*）著名，石峁所属的高家堡镇一带的山地多见[15]。Ⅲ型淀粉粒的形态与我们标本库中采自陕北的山丹百合类似（图三，5）。Ⅳ型淀粉粒中只有少数显示损伤特征，难以判断是否经过发酵。

此外，每件标本中都有少量具有块根或块茎植物的淀粉粒，粒形为圆形或多边形，脐点多偏心。其中有些可能是百合，也有一些可能来自其他植物，但目前无法鉴定（图四，8）。

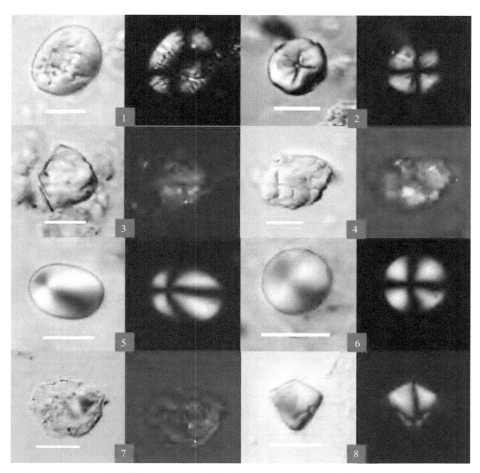

图四　石峁东门石器上的淀粉粒类型（标尺，1—4、8：10 微米，5—7：20 微米）

1. 小麦族，显示酶分解形成的损伤，深沟和微型凹坑　2. 粟或黍，显示酶分解形成的损伤，深沟和微型凹坑

3、4. 大米，显示发酵损伤特征，偏振光镜下有双折射光泽，但无消光十字　5、6. 百合鳞茎

7. 糊化淀粉粒　8. 未鉴定根茎淀粉粒

总之，4 件石刀上的淀粉粒组合比较一致，主要来自小麦族（野生或栽培）、稻米、粟黍、百合鳞茎，以及未知种属的块根或块茎植物。石杵上的淀粉粒来自粟黍、稻米、百合及未知种属的根茎。残留物中的谷物种子和根茎淀粉粒与微痕分析显示捣磨软质物质的特征可相互印证。绝大部分小麦族和粟黍，以及全部稻米淀粉粒都具有淀粉酶分解的损伤特征，但极少有蒸煮所致糊化淀粉粒（石刀标本 SKN2；图四，7 与图三，8、9 对比）。说明这些工具接触的主要是未经长时间蒸煮的发酵食物。

（三）石峁东门石器植硅体、炭屑及纤维遗存

东门的 5 件石器上发现少量植硅体（N=66），其中明确属于禾本科植物的只有 2 个，为长方形瘤状纹饰型（1 个）和扇型（1 个）。有少量可能来自菊科的不透明穿孔片状（N=2）和真双子叶植物的毛细胞（N=2）。完全不见黍族中常见的哑铃型、十字型或颖壳中的各种类型。相反，标本中有不少来自其他植物，包括木本植物（N=30；占总数 45.5%）的管胞（N=4；6.1%）和表皮细胞（N=26；39.4%），但无法进一步鉴定。另外，有些植硅体缺少鉴定特征（如硅化骨架），有些在我们的对比标本中或文献中找不到类似的形态，目前无法鉴定。除此之外，在 5 件工具上都发现微型炭屑（N=138）、植物韧皮纤维（N=26）和类似羊毛的纤维（N=5）。羊毛的特征为圆形横截面和表面由层层重叠的鳞片组成，这是其他纤维所没有的结构。韧皮纤维是从某些双子叶植物茎周围的韧皮部分获取的纤维，在旧大陆主要包括亚麻、荨麻、苎麻、黄麻和大麻等，其特点为纤维表面往往具有分段的横向节点[16]（图五，10；表四）。大麻广泛分布在中国北方，也见于高家堡镇一带[17]，是传统纺织的重要原料[18]，石峁皇城台曾出土有炭化纺织品，但未鉴定具体种属[19]。由于根据表面形态区别不同植物纤维的方法有较多争议，超出本文研究范围，因此我们将残留物中的韧皮纤维归为一类进行分析。

表四　石峁东门石器植硅体、微型炭屑和纤维记录

	石杵	石刀				总数	百分比（%）
	DM-PS1	DM-SKN1	DM-SKN2	DM-SKN3	DM-SKN4		
硅化骨架（主要来自茎叶）	4	2	4		5	15	22.7
不透明穿孔片状（菊科）	1		1			2	3.0
长方形网眼状纹饰型		3				3	4.5
长方形瘤状纹饰型（禾本科）		1				1	1.5
长方形		6		1	4	11	16.7
扇型（禾本科叶表皮机动细胞）					1	1	1.5
毛状体	1					1	1.5
毛细胞（真双子叶）	1			1		2	3.0
管胞（木本植物）	2			1	1	4	6.1
表皮细胞（木本植物）	14	3	2	3	4	26	39.4
植硅体总数	23	15	6	6	16	66	100.0
微型炭屑	50	10	16	39	23	138	
植物韧皮纤维	3	7	3	1	12	26	
动物毛纤维		2		1	2	5	

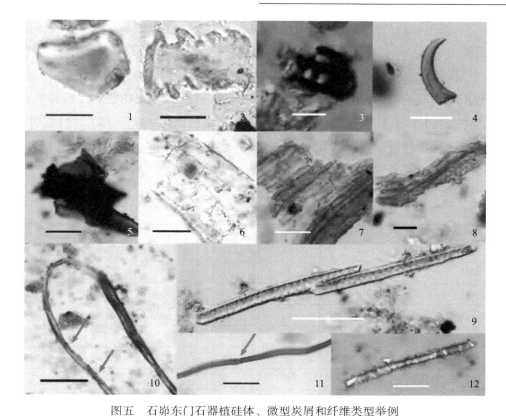

图五　石峁东门石器植硅体、微型炭屑和纤维类型举例

（标尺，3：10 微米，1、2、4、8：20 微米，5—7、9—12：50 微米）

1. 扇型　2. 长方形瘤状纹饰型　3. 不透明穿孔片状　4. 毛细胞　5. 微型植物炭屑　6. 硅化骨架
7. 显示有管胞的表皮细胞　8. 表皮细胞　9. 长方形网眼型　10、11. 植物韧皮纤维，箭头指向横向节点
12. 毛纤维，表面有重叠的鳞片组织

石刀上属于禾本科的植硅体数量极少，尤其是缺乏具有黍族特征的植硅体，说明不是收割谷物的工具，这一现象支持微痕的分析结果。5 件工具上有较多微型炭屑的存在说明其使用环境与用火有关，例如炉灶，因此推测可能是用于加工食物的厨用工具。残留物中管胞和表皮细胞不具备进一步鉴定种属来源的特征，但如果其中有些来自木质部分，也许是与石刀和杵配合使用的木质工具，如案板和木臼。纤维会在空气中传播，如果标本中出现少量纤维，并不一定直接反映器物的使用功能，但也许间接反映周围环境。东门石器上的纤维主要来自麻或木本植物的韧皮，不见人造纤维，鉴于现代很少用麻纤维制衣，可排除这些韧皮纤维是发掘出土后污染的可能性。少量的羊毛纤维来源很难确定，有可能是古代遗存，但也不能排除是现代污染。因此，石刀上的植物韧皮纤维应主要为古代遗存，有可能与纤维质的厨用工具及使用工具者的衣服碎屑有关，而不太可能是石刀加工的对象。

（四）石峁东门石器上的真菌遗存

由于真菌存在于自然界，在器物中有少量的出现可以忽略不计；但是如果数量较多，并具备与食物发酵有关菌种的特点，则与使用功能有关。东门的 5 件石器上发现大量真菌单位（N=488），包括菌丝、菌丝体、孢子囊、孢子和酵母细胞（表五）。其中可以鉴定种属来源的绝大部分是红曲

（*Monascus* sp.）。红曲霉有产生红色色素的性能，常作为天然食物色素，它也有抑菌防腐的作用，并具有多种药用功能。红曲霉常用于加工食物，包括酿酒、煮肉、制腐乳等，用之酿酒可产出色泽鲜艳的红酒。红曲霉在生长过程中能够产生多种酶类，如淀粉酶、糖化酶、糊精化酶、麦芽糖酶、蛋白酶、果胶酶等，具有与米曲霉（*Aspergillus oryzae*）接近的糖化功能。红曲霉生长的最适 pH 值为 3.5—5，尤嗜乳酸，生长的温度为 26℃—42℃，最适温度为 32℃—35℃，能够耐受 10% 的乙醇。红曲霉属包括若干种，用于发酵食品的主要有紫色红曲霉（*M. purpureus*）和红色红曲霉（*M. anka*）。其中紫色红曲霉是制曲酿酒的主要菌种[20]。

表五　石峁东门石器上的真菌遗存记录

真菌成分	石刀 DM-SKN1	石刀 DM-SKN2	石刀 DM-SKN3	石刀 DM-SKN4	石杵 DM-PS1	总数	百分比（%）
菌丝	35	8	35	55	6	139	28.5
菌丝体	6	1	7	12	5	31	6.4
菌丝总数	41	9	42	67	11	170	34.8
霉菌孢子囊（可能为根霉或毛霉）				1	1	2	0.4
红曲霉闭壳囊	58	26	68	82	21	255	52.3
霉菌孢子囊（未知种属）	4	1	4		1	10	2.0
霉菌孢子囊总数	62	27	72	83	23	267	54.7
霉菌孢子	2					2	0.4
霉菌孢子聚合状	1					1	0.2
霉菌孢子链状	3					3	0.6
霉菌孢子总数	6	0	0	0	0	6	1.2
酵母细胞（圆形或椭圆形）	8	3	15	18	1	45	9.2
酵母细胞总数	8	3	15	18	1	45	9.2
真菌总数	117	39	129	168	35	488	100

红曲霉的菌落初期为白色，老熟后变成淡红色、紫红色或灰黑色，因种而异。红曲霉的繁殖分为无性和有性两类。在无性繁殖周期中，分生孢子产生分枝并形成菌丝体的细丝。菌丝有横隔，多核，分枝多且不规律，分生孢子着生在菌丝及分枝的顶端，单生或生出 2—6 个成链状，称为分生孢子梗。有性繁殖周期包括雄性细胞核迁移到含有雌性细胞核的子囊原中；形成中的子囊被交织的子囊原菌丝包围，同时子囊又被封闭在由菌丝生成的闭囊壳中。总体来看，红曲霉的闭囊壳呈球形，有长短不一的柄，内散生多个子囊，子囊呈球形，含 8 个子囊孢子，成熟后子囊壁解体，孢子留在闭囊壳内。成熟后的闭囊壳破裂，释放出子囊孢子。紫色红曲霉的菌丝直径 3—7 微米；分生孢子大者为球形（直径 6.5—8.5 微米）、小者为球形或卵圆形（直径 3—4 微米）；闭囊壳为球形（直径 25—75 微米）；子囊孢子椭圆形（5—6）微米 ×（4.5—5）微米[21]（图六，12、13）。红曲霉生长过程中的这些特征可以在石器残留物中找到相应的形态。

残留物标本中的红曲霉主要为圆球形或椭圆球形的闭囊壳，大多数为橘红色、褐色或灰黄色（n=255；占总数 52.3%），在显微镜下看起来没有现代标本中的红曲霉鲜艳，可能是年代久远所致。

闭囊壳内一般可分辨出子囊或子囊孢子，处于成熟阶段（图六，3）；有些可见交织的菌丝，处于未成熟阶段（图六，2）；有些已经成熟破裂，其内部的大部分子囊孢子已被释放（图六，4）。标本中也有大量的菌丝和菌丝体（n=170；占总数34.8%），大多数比较破碎，只有少数保存较好。这些菌丝有些呈分枝状，有些显示有横隔，有些顶端生长出链状的分生孢子（图六，5），也有些与生长中的闭囊壳相连（图六，1）。这些特征都与文献中有关红曲霉生长过程的描述相符，也可以在我们的现代红曲霉的对比标本中看到，尤其是未成熟或成熟的闭囊壳（图六，12、13）。

另外，标本中还出现少量其他霉菌。有些呈黑色球形孢囊，内含小型孢囊孢子（图六，6），这些形态与根霉（*Rhizopus* sp.）或毛霉（*Mucor* sp.）近似。另外，还有一些菌丝透明无横隔，顶端开

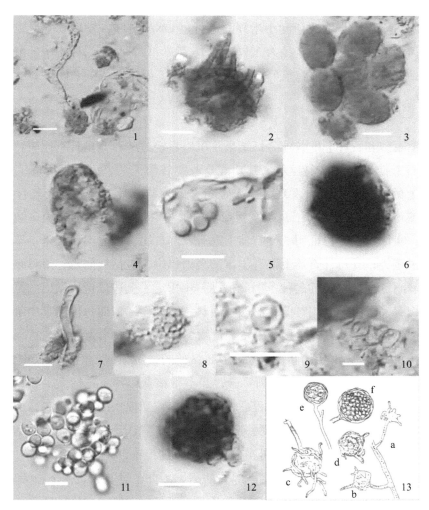

图六　石峁东门石器上的真菌类型与现代标本对比（1—10：古代标本，11—13：现代标本）
（标尺，1—7：20微米，8—12：10微米，13：见包启安，周嘉华，2007：图4-6）
1. 红曲霉闭囊壳与菌丝相连　2. 菌丝缠绕正在生成的红曲霉闭囊壳　3. 若干成熟的红曲霉闭囊壳
4. 成熟后破裂的红曲霉闭囊壳，已释放了大部分子囊孢子　5. 类似红曲霉分生孢子，呈链状
6. 类似根霉或毛霉的黑色孢囊　7. 类似曲霉菌丝，顶端开始形成顶囊，菌丝无横隔　8. 类似曲霉孢子
9. 酵母细胞，表面有小型凸起，类似芽殖状态　10. 与红曲霉（左上角）共存的酵母细胞群（与11对比）
11. 现代酒标本中的酿酒酵母　12. 现代红酒曲中的红曲霉闭囊壳
13. 红曲霉有性繁殖生长过程示意图，a—c：原闭囊壳，d、e：未成熟的闭囊壳，f：成熟的闭囊壳

始膨大形成顶囊（图六，7），也有呈群组的小孢子（图六，8），其形态类似曲霉（Aspergillus sp.）。但是由于数量少而且破碎，这些特征并不足以确定其种属来源。

根霉和曲霉同样是酿酒制曲的主要菌种，现代酿造红曲酒时往往会加入这两种霉菌，以便增加糖化力[22]，在我们的现代红曲霉标本中也存在少量其他菌种。因此，石峁的红曲霉与根霉和曲霉共存的可能性很高。红曲霉在石峁东门标本中的数量和出现率都占所发现霉菌中的绝对优势，因此可以确定它是食物发酵中起主导作用的菌种。

每件标本上都发现有或多或少的酵母细胞（N=45），形态为圆形或椭圆形，直径 4.27—11.16 微米，平均 7.76 微米；单独出现或呈聚集状态；有些可见细胞表面有小型凸起，类似芽殖的初期形态（图六，9、10）。这些细胞的形态类似酿酒酵母（Saccharomyces cerevisiae），是用于酿酒的最主要酵母。我们曾对石峁附近农民所酿小米浑酒进行过 DNA 测序，发现其中最主要的酵母菌为酿酒酵母，其形状为圆形和椭圆形，直径为 3.47—12.16 微米[23]，与东门标本中的酵母细胞接近。因此，石峁遗址工具上发现的酵母细胞很可能也是酿酒酵母，但还有待将来进行 DNA 测试。

（五）石峁东门石器功能分析

综合东门出土石刀和石杵上的各项分析结果，可以肯定这些石器是具有比较特殊功能的厨房用具。证据为：①石刀使用面的微痕显示，其功能与收割谷物无关，而是用于加工较软质植物类食物；②5 件石器上的植硅体中都没发现具有鉴定意义的黍族茎叶或颖壳，而是存在可能属于木本植物的植硅体，或许来自厨用木质工具（案板或木臼）；③每件石器上都有较多微型炭屑，说明使用环境接近炉灶；④淀粉粒分析证明 5 件石器上都有发酵食物，以麦类、稻米、粟黍为主，同时也包括百合一类的根茎类；⑤每件石器上都有丰富的真菌单位，包括红曲霉、酵母细胞和少量其他霉菌，都是制作发酵酒过程中存在的菌种。因此，进一步肯定了上述分析所做出的推测，证明这些工具与加工发酵食物有关。由于利用红曲霉制曲的原料一般为大米，而每件工具中都具有稻米淀粉粒与红曲霉共存的现象，因此，石器所接触的发酵食物可能包括以大米为主的酿酒原料。

需要特别指出的是，残留物中能鉴定为稻米淀粉粒的数量很低，但其出现率（100%）超过小麦族和粟黍（均为 80%）。根据我们的酿酒实验，当多种粮食作物（包括大麦、小麦、粟、黍、薏米、大米、根茎类等）经过同样的发酵过程后，稻米淀粉粒受损伤的程度最高，而且往往失去鉴定特征。稻米淀粉粒的粒形很小，受到淀粉酶分解破坏后很难辨认。另外，淀粉包括支链淀粉和直链淀粉两类，其比例在各种谷物中有所不同。在酿酒发酵过程中，由于淀粉酶的水解作用，支链淀粉比直链淀粉更容易转化为糖，因而产出更醇香的酒。因此，含支链淀粉比例高的谷物更适于酿酒。与麦类和粟黍比较，大米淀粉中的支链淀粉比例较高（约 82%），尤其是糯米，可达到 98%—100%[24]。这一原理可以解释稻米在传统发酵酒中作为主要原料的原因，同时也可以解释残留物中稻米淀粉粒少且难以辨认的情况。糖化率高则意味淀粉粒被酶解的程度高，也就是说大米淀粉粒在糖化发酵过程中大都转化为糖了。

另一个问题是，东门石器上的酿酒原料代表了酿酒过程中的哪一步骤？出现在石刀和石杵上淀粉粒中的损伤特征基本属于淀粉酶水解结果，极少发现大片糊化体的现象，说明残留物应该不是来自酿造后经过加热的酒液，因此石刀和石杵可能用在制作发酵酒或其他食物步骤中的初期阶段，如加工固体状态的酒曲。石刀是在城门一带的探沟中发现，应为石峁晚期城门附近居民使用的工具。石杵出土于城内 F7 房屋内，应与该房屋的功能有关。F7 是位于东门南墩台西侧一座庭院中的主体建筑。室内面积约 10 平方米，室外院落以石板铺地，上面有黑色草木灰和红烧土等烧火遗迹。F7 内出土陶器包括花边罐、细绳纹高领鬲、大口尊等器物。根据器形判断年代为石峁晚期阶段，约公元前 1900 年—前 1800 年[25]。F7 内出土的陶器包括炊具、盛食器和储藏器，石杵上有发酵物的残留，说明这一建筑可能与备餐和酿酒有关，而房屋外的石板地和烧火遗迹似乎也意味着这座庭院是一个举行宴饮集会活动的特殊场所。由于我们还没有对东门出土陶器进行残留物分析，目前尚不能确定这些利用红曲霉和大米制成的发酵物只是用来酿酒，还是也用于煮肉，或是二者均有。

四、石峁韩家圪旦工具微痕及残留物分析

韩家圪旦地点位于石峁城址内城中部偏东的一处山峁，与皇城台隔沟相望，是一处重要的居址与墓葬交错分布区域。该地点早期为居址，房屋以高低错落的窑洞为主，晚期成为墓地[26]。本文分析了 14 件工具的微痕和残留物，其中 1 件石刃（HJ-BLD2）上没有发现微体化石，微痕分析也不见使用痕迹，其表面布满不规则形状的原生晶体，与其他石器的使用痕迹截然不同，可视为对比标本。其余 13 件包括陶刀（1 件）、石刀（2 件）、石杵（2 件）、石斧（1 件）、石铲（1 件）、石刃（2 件）和石片（4 件）（图七）。这些石器多出土于房屋内或周围，其功能应该反映石峁遗址早期阶段居住在城内人口的生计模式。

图七　石峁韩家圪旦出土工具（标尺，1—7：10 厘米，8—14：5 厘米）

1. 石杵（HJ-PS1）2. 石杵（HJ-PS2）3. 陶刀（HJ-PKN1）4. 石斧（HJ-AX1）5. 石刀（HJ-SKN1）
6. 石刀（HJ-SKN2）7. 石铲（HJ-SP1）8—11. 石片（HJ-FLK1-4）12—14. 石刃（HJ-BLD1-3）

（一）韩家圪旦工具微痕特征

韩家圪旦的陶、石器，种类比较多样，微痕也比较复杂，以下根据器形分类讨论（表六）。

表六　韩家圪旦陶、石器微痕记录

标本	观察部位	表面形态	线状痕	方向性	磨光	磨光处边缘磨圆	微型凹坑	功能推测
陶刀（HJ-PKN1）	刃部	打制疤痕，不平	在一面刃部可见长而宽的线状痕	斜向	低度磨光	不见	不见	收割谷物
石刀（HJ-SKN1）	刃部	磨制，较平整	刀刃侧面有 U 形细线状痕	多方向	低度中至中度磨光	多见	不明显	加工较软的植物
石刀（HJ-SKN2）	刃部	磨制，较平整	刀刃侧面有 U 形细线状痕	多方向	低度中至中度磨光	多见	不明显	加工较软的植物
石杵（HJ-PS1）	端部	高低不平	U 形长细线状痕	多方向	多处低度至中度磨光	可见	可见	捣磨软硬不同的植物类物质，多功能
石杵（HJ-PS2）	端部	高低不平	U 形长细线状痕	多方向	小面积低度至中度磨光，有些石英晶体磨平	可见	可见	捣磨软硬不同的植物类物质，多功能
石斧（HJ-AX1）	刃部	磨制，较平整	刃部有少量短线状痕	垂直	低度至中度磨光	不明显	可见	加工植物?
石铲（HJ-SP1）	刃部	磨制，较平整	刃缘部有少量线状痕，侧面不见	垂直	低度至中度磨光	可见	不明显	加工软质植物
石刃（HJ-BLD1）	刃部	打制疤痕	两边刃部都有长而细的线状痕	平行	中度磨光	可见	不明显	切割含硅植物
石刃（HJ-BLD2）	刃部	不平整，多为原生晶体	无	无	无	无	无	没使用过
石刃（HJ-BLD3）	刃部	使用区极平整	无	无	中度至高度磨光	无	无	加工含硅质植物
镞形石片（HJ-FLK1）	刃部	打制疤痕	无	无	低度至中度磨光	无	无	加工植物?
石片（HJ-FLK2）	刃部	打制疤痕	无	无	低度至中度磨光	无	无	加工植物?
石片（HJ-FLK3）	刃部	打制疤痕	多数 U 形长细线状痕；少量 V 形粗而深线状痕	多方向，平行向和斜向为主	中度至高度磨光	可见	不明显	加工植物及其他较硬物质?
石片（HJ-FLK4）	刃部	打制疤痕	一面无；另一面有少量细线状痕	竖向	一面无；另一面中度磨光，少量小面积高度磨光	可见	无	加工富含硅质植物

陶刀（HJ-PKN1）：1 件，用陶片制成，刃部打制，中心部稍凹，为使用所致。显微镜观察可见长而宽的线状痕，斜向分布（图八，1），可能用于收割谷物。根据使用面集中在刀刃的中心部位，收割的方法应为“掐穗”法。我们 2015 年曾在石峁做过收割粟的实验，使用石片掐穗，收获成熟的谷穗。工作 30 分钟后，石片刃部的使用部分形成一浅凹坑，与这件陶刀工作面的形状类似[27]。

石刀（HJ-SKN1、HJ-SKN2）：2 件细砂岩石刀的微痕模式相似，刀刃侧面平整，有 U 形细线状痕，多方向分布，有低度至中度光泽，可能用于加工较软的植物类物质（图八，2、3）。

石杵（HJ-PS1、HJ-PS2）：2 件砂岩石杵形制近似，端部都有类似的使用痕迹。显微镜观察可见端部表面高低不平，只在高端面存在低度到中度磨光。在一些磨光处可见长而细的线状痕，在 PS2 上还可见一些磨平的石英晶体。两件石杵都是用于捣磨软硬不同的植物类物质，为多功能工具（图八，4）。

石斧（HJ-AX1）：1件，石料不详，刃部表面平整，有少量短线状痕，与刃部垂直分布。低度至中度磨光，并有少量微型凹坑。体积较小，微痕特征显示可能用于加工较软的植物（图八，5）。

　　石铲（HJ-SP1）：1件，砂岩，表面平整，刃缘部有少量线状痕，垂直分布，但侧面不见；低度至中度磨光。可能加工较软质植物（图八，6）。

　　石刃（HJ-BLD1-3）：3件燧石石刃中，1件（BLD1）刃部有长而细的线状痕和中度磨光，可能用于收割富含硅质的植物（图八，7）；1件（BLD3）刃部的使用面十分平整，有中度至高度磨光，但无线状痕，也许和富含硅质的软质植物有关（图八，9）。另外1件（BLD2）表面为高低不平的原生石英岩结构，无使用痕迹（图八，8），作为对比标本。

　　石片（HJ-FLK1-4）：4件石片（燧石和石英岩）中，2件（FLK1、FLK2）的微痕相似，仅有低度至中度光泽，没有线状痕，可能用于加工软质植物（图八，10）。1件（FLK3）有较多线状痕，大多数为长而细的U形，少数为粗而短的V形，多方向分布，中度至高度磨光，可能用于收割植物及其他较硬的物质（图八，11）。1件（FLK4）刃部一侧无使用微痕，另一侧有少量细线状痕，竖向分布，并见中度磨光和小面积的高度磨光，类似初始阶段的镰刀光泽，可能用于收割或加工富含硅质的植物（图八，12）。

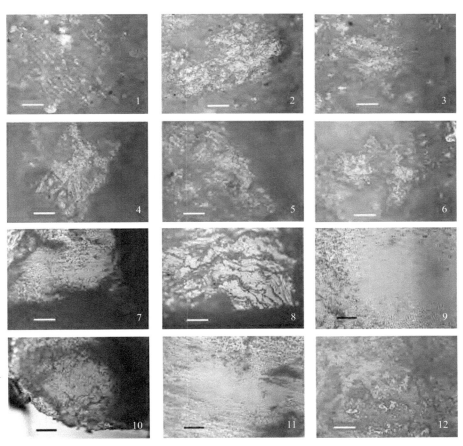

图八　石峁韩家圪旦出土工具微痕（放大200倍，标尺：50微米）

1. 陶刀（HJ-PKN1）2. 石刀（HJ-SKN1）3. 石刀（HJ-SKN2）4. 石杵（HJ-PS1）5. 石斧（HJ-AX1）
6. 石铲（HJ-SP1）7. 石刃（HJ-BLD1）8. 石刃（HJ-BLD2）9. 石刃（HJ-BLD3）10. 石片（HJ-FLK2）
11. 石片（HJ-FLK3）12. 石片（HJ-FLK4）

总之，根据微痕来看，13 件工具中可能用于收割谷物或加工植物的包括 1 件陶刀（HJ-PKN1）、2 件石刃（HJ-BLD1、HJ-BLD3）和 2 件石片（HJ-FLK3、HJ-FLK4）。陶刀是收割工具，但石刀不是，石铲不用于挖土，小型石斧不用来砍树，石刃和石片都可能与植物有关。虽然这些工具都表现出加工植物的特征，但不能排除其中有些可能与加工肉类有关，是多功能工具。但是，如果想要得到每件工具更具体的功能信息，必须结合残留物分析的结果。

（二）韩家圪旦工具上的淀粉粒遗存

所分析的 13 件工具上共记录 883 颗淀粉粒，根据形态，可分为 5 种类型，其中 I—IV 型与东门淀粉粒中的 I—IV 一致，但 V 型淀粉粒不见于东门。淀粉粒中有 379 颗（42.9%）显示损伤特征，绝大多数类似碾磨或微生物侵蚀的结果（N=347；占总数 39.3%）；但也有少量为蒸煮造成的糊化损伤（N=32；占总数 3.6%）（图九，10），说明这些工具也接触过熟食（表七）。

表七　韩家圪旦出工具淀粉粒类型和长度记录（长度单位为微米）

	I型	II型	III型	IV型	V型	块根	未知种属	总计	损伤淀粉粒		
	小麦族单粒（群组）	黍族单粒（群组）	水稻单粒（复粒聚合体）	百合	野豌豆单粒（群组）				微生物损伤	糊化损伤	损伤总数
陶刀（HJ-PKN1）	10	42				6	15	73	13		13
石刀（HJ-SKN1）	19	46	27（5）	4		1	10	107	51	3	54
石刀（HJ-SKN2）	1	4	12（3）	1		1	26	45	25	16	41
石杵（HJ-PS1）	2	108		2				112	15		15
石杵（HJ-PS2）	30	4	79（14）			1	10	124	103	1	104
石斧（HJ-AX1）	16（1）	6		2		1	10	35	7	1	8
石铲（HJ-SP1）		115						115	10		10
石刃（HJ-BLD1）	6	23	29（5）			7	16	130	49		49
石刃（HJ-BLD3）	2							2			
石片（HJ-FLK1）	6	1		5			8	20	8	1	9
石片（HJ-FLK2）	1（1）	19（1）						20	1		
石片（HJ-FLK3）			41（6）				11	52	46	6	52
石片（HJ-FLK4）	34（2）	20（3）		8	27（1）	2	6	97	19	4	23
HJ- 总数	127（4）	388（4）	188（33）	22	27	19	112	883	347	32	379
HJ-%	14.4	43.9	21.3	2.5	3.1	2.2	12.7	100	39.3	3.6	42.9
出现数 N	11	11	5	6	1	7	9	13	12	7	12
出现率（%）	84.6	84.6	38.5	46.2	7.7	53.8	69.2	100	92.3	53.8	92.3
最小长度	3.68	4.22	2.9	9.98	4.01	8.7					
最大长度	36.92	25.11	8.14	49.34	48.61	51.93					
评价长度	19.17	12.94	5.41	27.13	14.02	17.94					

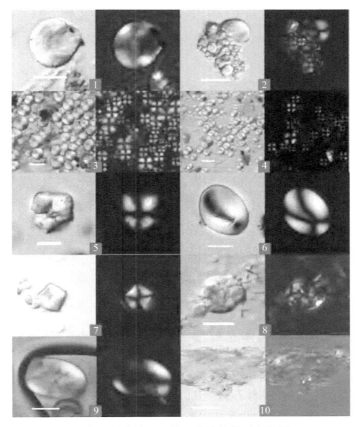

图九　韩家圪旦工具上的淀粉粒型态举例

1. 小麦族，显示碾磨损伤　2. 小麦族，A 型和 B 型共存　3. 石铲（HJ-SP1）上的大量粟黍淀粉粒
4. 石杵（HJ-PS1）上的大量粟黍淀粉粒　5. 粟或黍，显示微生物侵蚀损伤　6. 百合　7. 单粒稻米
8. 复粒稻米，微生物侵蚀，消光十字模糊　9. 野豌豆　10. 糊化淀粉粒群

Ⅰ型为小麦族，出现在 11 件工具上（N=127；占总数 14.4%；出现率 84.6%），长度范围 3.68—36.92 微米。小麦族种子中的淀粉粒中包括两种形态，A 型为大的透镜体，B 型为一般小于 10 微米的圆形和椭圆形。标本中Ⅰ型淀粉粒中绝大多数为 A 型，长度范围 3.68—36.92 微米。有 3 件标本上（1 件石斧，2 件石片）出现Ⅰ型淀粉粒群组，包含有 A 型和 B 型（图九，1、2），本文仅统计 A 型，未包括 B 型的数量和长度范围。由于只有在小麦族种子中这两型淀粉粒才同时存在，我们可以推测，这 3 件工具是接触了野生或栽培的小麦族种子。

Ⅱ型为黍族，应包括粟和黍，出现在 11 件工具上（N=388；占总数 43.9%；出现率 84.6%）。长度范围 4.22—25.11 微米。其形态与粟和黍相似，但个别颗粒长度范围超过粟，可能由于淀粉粒受到损伤而变形。大多只以单粒形态出现，但在 2 个石片上发现 4 个群组状态。现代标本中粟黍种子的淀粉粒也常见群组状态，因此也说明这些工具接触的是种子。尤其需要指出，在 1 件石杵（HJ-PS1）和 1 件石铲（HJ-SP1）上发现大量Ⅱ型淀粉粒，每个标本上都至少有数千粒，其密度之高属于罕见，但每个标本仅测量了 100 多粒，目的是记录长度范围，而实际存在的数量要比记录数量高得多。显然，标本中黍族淀粉粒是数量和出现率最高的类型（图九，3—5）。

Ⅲ型为稻米，发现在 5 件工具上（N=188；占总数 21.4%；出现率 38.5%），长度范围 2.9—8.14 微米，一般以复粒群组的形态出现（N=33），但也有个别为单粒形态（图九，7、8）。除个别颗粒显示清晰的消光十字（图九，7），可与无损伤状态的稻米淀粉粒比较（图三，3），其他都与东门的Ⅲ型淀粉粒一致，颗粒的边缘比较模糊，不见消光十字，但其多边体的颗粒及复粒组合形态都具有稻米淀粉粒的基本特征。

Ⅳ型为百合，出现在6件工具上（N=22；占总数2.5%；出现率46.2%）。长度范围9.98—49.34微米，其特征与东门出土的Ⅳ型百合淀粉粒一致（图九，6）。

Ⅴ型为豆类，可能为野豌豆（*Vicia* sp.），发现在一件石片（HJ-FLK4）上（N=27；占总数3.1%；出现率7.7%）。其特征为椭圆形或近圆形，中心部位有大片凹陷，消光十字臂往往较多，如有损伤，中心部位呈现大片黑暗地区；以单独颗粒和群组的状态出现；长度范围4.01—48.61微米。这些形态特征都见于我们现代标本库中来自黄河流域的野豌豆（长度范围5.17—45.38微米）（图九，9）。野豌豆在中国北方地区广泛生长，石峁所在的高家堡镇一带也是如此[28]。同时石峁遗址的浮选标本中发现少量炭化野豌豆[29]，可支持淀粉粒的鉴定。

总之，韩家圪旦工具上淀粉粒的组合基本和东门一致，以粟黍、小麦族、稻米和百合为主，同时韩家圪旦还有野豌豆。

（三）韩家圪旦工具上的植硅体及纤维遗存

13件韩家圪旦的工具标本中，有10件包含植硅体。另外3件是发现大量粟黍淀粉粒的石杵（HJ-PS1）和石铲（HJ-SP1），以及一件石刃（HJ-BLD3）。

共记录124个植硅体，其中数量在10个以上的标本只有3件：陶刀（HJ-PKN1；N=63）、石刀（HJ-SKN1；N=25）和石片（HJ-FLK4；N=10）。陶刀上的植硅体基本来自禾本科植物，包括黍族中形态多样的哑铃型、十字型和颖壳植硅体（N=28），同时也有早熟禾亚科的绞合树枝型（N=2）。这两类植硅体与该标本的淀粉粒组合主要为Ⅰ型小麦族和Ⅱ型黍族的情况吻合，同时与陶刀微痕显示为掐穗收割谷物的功能一致。另外，石片（HJ-FLK4）上也有少量禾本科颖壳和哑铃型植硅体，淀粉粒组合主要为小麦族和粟黍，其刃部微痕显示有高度磨光，类似初步形成的镰刀光泽，因此也与收获谷物有关。我们可以基本确定，陶刀和石片（HJ-FLK4）的功能主要是收割粟黍，或许也包括小麦族一类的谷物。石刀（HJ-SKN1）标本中虽然有较多的植物茎叶植硅体，但不能确定来自谷物，其微痕模式也与收割谷物不符，淀粉粒组合中有大量小麦族、黍族和稻米类型，其中有糊化淀粉粒。因此，这件石刀很可能是一件厨刀（图一〇，1—14；表八）。

6件标本中发现有纤维，除了1例可能是羊毛之外，全部是植物韧皮纤维（N=125），并且集中出现在1件石杵（HJ-PS1；N=32）和1件石刃（HJ-BLD3；N=78）上（图一〇，15—17；表八）。这件石杵上除了纤维之外，还发现有大量粟黍淀粉粒，但无黍族植硅体，因此推测是一件多功能的工具，既用于加工纤维制品，又用于捣磨粟黍。另一件有大量纤维的石刃上只发现2个淀粉粒，可以忽略不计。微痕分析显示刃部有中度至高度磨光，推测与加工富含硅质植物有关。因此推测这件工具可能专门用于加工植物纤维。

（四）韩家圪旦工具上的真菌遗存

在韩家圪旦的6件石器上发现有真菌（N=93），包括霉菌的菌丝、菌丝体和孢子囊。其中霉菌

图一〇　石峁韩家圪旦工具上的植硅体和纤维类型

（标尺，1—6、8：10 微米，7、9、10—14、17：20 微米，15、16：5 微米）

1. 十字型　2. 哑铃型　3. 帽型　4、8. 扇形　5、6. 长方形绞合树枝型　7. 毛壮体　9. 具缘纹孔

10. 长方形光滑状硅化骨架　11. 毛细胞　12. 长方形柱状纹饰硅化骨架　13. 长方形圆齿状纹饰硅化骨架

14. 包含有管胞的表皮细胞　15、16. 植物韧皮纤维　17. 毛纤维

表八　石峁韩家圪旦出土工具植硅体和纤维遗存记录

植硅体形态型及可能来源	陶刀	石刀		石杵		石斧	石刃		石片				总数
	HJ-PKN1	HJ-SKN1	HJ-SKN2	HJ-PS1	HJ-PS2	HJ-AX1	HJ-BLD1	HJ-BLD3	HJ-FLK1	HJ-FLK2	HJ-FLK3	HJ-FLK4	
硅化骨架													
未确定黍族硅化骨架，黍族颖壳	1	1											2
长方形绞合状树枝型，早熟禾亚科颖壳	2												2

续表

植硅体形态型及可能来源	陶刀	石刀		石杵		石斧	石刃		石片				总数
	HJ-PKN1	HJ-SKN1	HJ-SKN2	HJ-PS1	HJ-PS2	HJ-AX1	HJ-BLD1	HJ-BLD3	HJ-FLK1	HJ-FLK2	HJ-FLK3	HJ-FLK4	
长方形粉刺纹饰型，禾本科颖壳	1												1
长方形圆齿状纹饰型，禾本科颖壳	2												2
长方形柱状纹饰，禾本科颖壳	1										1		2
长方形光滑状/曲波状纹饰，主要来自茎叶	16	13	3		4	5	1			1	3	5	51
未鉴定硅化骨架	2	2									3	1	8
单细胞植硅体													
哑铃型，黍亚科	22				4							1	27
十字型，黍亚科	5												5
帽型，禾本科	1												1
扇型，禾本科叶表皮机动细胞		2											2
光滑状/曲波状棒型，主要来自茎叶	7	4											11
毛状体	4	5										1	10
毛细胞，真双子叶植物			1										1
管胞											1		1
具缘纹孔，木本植物								1					1
植硅体总数	63	25	4		8	5	1	1	1	1	6	10	127
动物毛纤维					1								1
植物韧皮纤维				32	2	3	78			6		4	125

数量超过 35 的有 2 件，为石刀（HJ-SKN1）和石刃（HJ-BLD1）。其他几件标本上只有零星发现（N=1—7）（图一一，表九）。具有鉴定特征的霉菌只有红曲霉闭囊壳（N=35），集中出现在石刀标本中（N=34）。这件石刀还发现有较多淀粉粒（N=107），包括小麦族、粟黍、稻米和百合，其中有些具有糊化特征，也有小麦族淀粉粒附着在红曲霉上的现象（图一一，5）。植硅体组合中有黍族颖壳（N=1），而微痕中仅有低度至中度光泽，推测用于加工较软的植物类物质。这些分析结果基本可以相互印证，说明这是一件厨刀，并且接触过包含有红曲霉的发酵谷物。石刃（HJ-BLD1）中的霉菌成分主要是菌丝和菌丝体，但也有红曲霉闭壳囊（N=1）和无法鉴定的连接菌丝的孢子囊。这件石刃中有一个植硅体，但有大量淀粉粒（N=130），包括小麦族、粟黍和稻米。其微痕分析显示有细长线状痕和中度光泽，可能与加工植物有关。推测这件石刃曾用来收割或加工各种谷物，包括发酵谷物。

（五）石峁韩家圪旦工具功能分析

根据工具表面微痕以及残留物中的淀粉粒、植硅体、植物纤维和真菌遗存的综合分析，可见韩家圪旦的 13 件工具的功能十分多元。各项分析的综合结果见表一〇，并综述如下。

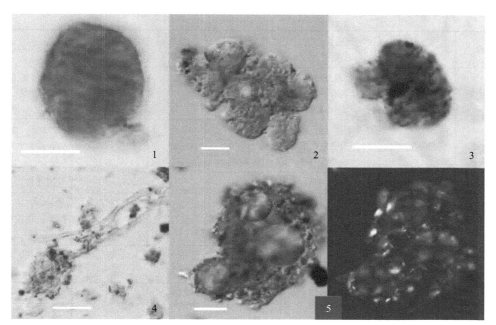

图一一　石峁韩家圪旦石器上的真菌（标尺：20微米）

1、2. 石刀 HJ-SKN1 上的红曲霉　3. 石刃 HJ-BLD1 上的红曲霉

4. 石刃 HJ-BLD1 上的菌丝连接孢子囊，种属不明　5. 石刀 HJ-SKN1 上的小麦族淀粉粒与红曲霉共存

表九　石峁韩家圪旦石器上的真菌记录

	石刀 （HJ-SKN1）	石斧 （HJ-AX1）	石刃 （HJ-BLD1）	石片 （HJ-FLK2）	石片 （HJ-FLK3）	石片 （HJ-FLK4）	总数
菌丝		4	28	6	1	7	46
菌丝体	4		6				10
红曲霉闭囊壳	34		1				35
孢子囊（未鉴定）			2				2
真菌总数	38	4	37	6	1	7	93

表一〇　韩家圪旦工具功能综合分析

工具	标本号	微痕功能推测	淀粉粒数量 （主要类型）	植硅体数量 （主要来源）	韧皮纤数 量维	霉菌数量 （主要类型）	功能综合推测
陶刀	HJ-PKN1	收割谷物	73（黍族、小麦族、块根）	63（禾本科茎叶，包括小麦族、黍族）			收割工具：收割粟黍、麦类，收获/加工块根植物
石刀	HJ-SKN1	加工较软植物	107（黍族、小麦族、稻米、百合、块根；有糊化现象）	25（禾本科茎叶）		38（红曲霉闭囊壳为主34；菌丝）	厨刀：加工粟黍、麦类、稻米、百合等食物，包括利用红曲霉发酵的食物
石刀	HJ-SKN2	加工较软植物	45（黍族、小麦族、稻米、百合、块根；有糊化现象）	4（茎叶）			厨刀：加工粟黍、麦类、稻米、百合、块根等食物，包括熟食
石杵	HJ-PS1	捣磨软硬不同物质	>112（黍族、小麦族、百合）		32		多功能工具：捣磨粟黍、麦类、百合，加工植物韧皮纤维

续表

工具	标本号	微痕功能推测	淀粉粒数量（主要类型）	植硅体数量（主要来源）	韧皮纤数量维	霉菌数量（主要类型）	功能综合推测
石杵	HJ-PS2	捣磨软硬不同物质	124（黍族、小麦族、稻米、块根；有糊化现象）	8（禾本科茎叶，包括黍亚科）			食物加工工具：捣磨粟黍、麦类、稻米；包括熟食
石斧	HJ-AX1	加工植物	35（黍族、小麦族、百合、块根；有糊化现象）	5（茎叶）	2	4（菌丝）	多功能：加工粟黍、麦类、百合、块根等，包括熟食
石铲	HJ-SP1	加工软质植物	>115（黍族）				专用工具：主要接触粟黍
石刃	HJ-BLD1	切割含硅植物	130（黍族、小麦族、稻米、块根）	1（茎叶）	3	36（菌丝为主，红曲霉闭囊壳1）	食物加工：粟黍、麦类、稻米、块根，包括与红曲霉相关的发酵食物
	HJ-BLD3	加工含硅植物	2（小麦族）		78		专用工具：加工植物韧皮纤维
石片	HJ-FLK1	加工植物？	20（黍族、小麦族）			1（菌丝）	植物加工：粟黍、麦类
	HJ-FLK2	加工植物？	20（黍族、小麦族）	1（茎叶）	6		多功能：加工粟黍、麦类、也许包括植物韧皮纤维
	HJ-FLK3	加工含硅植物及其他硬质物质	52（稻米等）	6（茎叶）			加工或收割水稻等植物，并加工其他硬质物质
	HJ-FLK4	加工含硅植物	97（黍族、小麦族、百合、块根）	10（茎叶，包括黍亚科）	4	7	多功能：加工或收割粟黍、麦类、百合、块根，也许包括植物韧皮纤维

陶刀 1 件：为收割工具，收获的植物以粟黍为主，可能也包括麦类和块根。

石刀 2 件：为厨刀，加工粟黍、麦类、稻米、百合、块根等食物，包括熟食。其中 1 件（HJ-SKN1）加工包括利用红曲霉发酵的食物。

石杵 2 件：加工粟黍、麦类、稻米、百合等植物，包括熟食，其中 1 件也用于加工植物韧皮纤维。

石斧 1 件：主要加工植物，包括粟黍、麦类、百合、块根等，也包括熟食。

石铲 1 件：为一件专用工具，主要接触的是未经蒸煮的粟黍。

石刃 2 件：显示有不同功能；1 件（HJ-BLD1）为加工粟黍、麦类、稻米和块根，包括发酵食物；另 1 件（HJ-BLD3）专用于加工植物韧皮纤维。

石片 4 件：都与加工植物有关，但加工的植物种类不尽相同。有 3 件主要包括粟黍和麦类，其中 2 件可能也加工韧皮纤维。另外 1 件（HJ-FLK3）似乎主要收割或加工稻米。

根据以上总结，韩家圪旦的工具可以归纳出几个特点。

（1）专用工具与多功能工具。韩家圪旦 13 件工具中有 5 件具有较单一的功能：1 件陶刀主要用于收割谷物，1 件石刃专用于加工植物韧皮纤维，1 件石铲专用于和粟黍接触的工作，2 件石刀为厨刀。其他工具都显示有多重功能，加工各种植物性的食物和纤维，以及其他较硬的物质。虽然不能排除其中有些工具可能加工肉食，但是根据我们的实验，用石器切肉很难留下可鉴定的微痕。

因此，我们的分析主要针对植物性食物遗存。

（2）加工发酵食物。韩家圪旦工具中的1件石刀（HJ-SKN1）有大量红曲霉闭壳囊，与多种谷物淀粉粒共存，这一现象与东门石刀的残留物组合相似，说明这件石刀与加工发酵食物有关。另外1件石刃（HJ-BLD1）包括大量霉菌（菌丝和红曲霉闭壳囊），可能也具有类似功能。这类现象不见于其他11件工具。

（3）加工植物纤维。韩家圪旦工具中有1件石杵和1件石刃显示用于加工植物韧皮纤维，这一现象是在史前工具上首次发现。衣食住行都是人类生活中的重要组成部分，但是在史前考古发掘中，发现纺织品的概率甚低，一般只是根据纺轮的出现或陶器上的纺织品印痕来判断纺织业的存在。在韩家圪旦石杵和石刃上有大量植物纤维微化石的发现，说明这两类工具的功能也包括加工植物纤维制品。

（4）韩家圪旦工具的多元功能组合模式反映了这个城内的居住遗址中可能存在的多种经济活动，包括以粟黍为主的农业种植和收获，酿造以红曲霉制曲，以稻米和其他植物为原料的曲酒一类发酵物，以及以植物韧皮为原料的手工业。

五、讨论与总结

利用多种科技手段对石峁出土工具的分析揭示了以往不知的多项功能，在考古学方法上提供了一个成功的个案研究。东门和韩家圪旦的石器功能既有相同之处，也有明显区别，并在一定程度上代表两个地点的经济活动特点，丰富了我们对石峁城内不同地点人口生计模式的了解，可归纳为以下几点认识。

（1）以微痕和残留物为证据的分析方法可以校正根据器物类型推测工具功能的误判。例如，以往一般认为磨制石刀为农业收割工具，而石刃及石片反映了以狩猎为主的生计形态。但本文的分析结果揭示了完全不同的功能，即石刀为厨刀，而石刃和石片都与加工植物有关。

（2）两个地点中都有与酿酒相关的厨用工具，酿造以红曲霉、稻米及其他谷物为主要原料的曲酒。这一现象与皇城台出土陶瓮、鬶、盉及杯上发现曲酒残留物的结果相互印证。皇城台出土的陶器显示为酿酒、温酒、注酒和饮酒的器皿，而本文分析的石刀和石杵则是酿酒过程初期阶段中使用的工具，可能包括制曲。由此可见，酒的生产和消费是石峁政治经济结构中的一个重要组成部分。如今后对石峁遗址中的酿酒工具和储酒、饮酒陶器进行更多的综合研究，有望重建石峁城内酿酒和饮酒的全部过程。另外，以红曲霉和大米为原料制成的发酵物是否用于加工其他食物，如肉类，还需要将来进一步研究。

（3）酿酒工具在东门的发现使我们对石峁入口处的功能有了新的认识：东门不仅具有防御的设施，祭祀的场景，而且设置有宴饮的场地。石峁遗址中出土大量有外来文化因素的遗物，反映了与来自广泛地区人群的交流。其交流方式既有武力冲突，也有友好结盟和物质交换。发现有酿酒工具的F7位于东门内侧的特殊庭院中，可以推测，在这里举行宴饮，并以酒待客也许是重要的迎宾礼仪。自古以来，酒是各种礼仪中的不可或缺之物，酒的生产和消费显然也是早期城市化进程中的一部分。

（4）作为城内的居住地点，韩家圪旦的居民显然从事多种经济活动。不仅种植和收获谷物，加工植物纤维，还酿造曲酒。这些生产活动是否有专业化的分工，这些产品是否有一部分用来供给居住在皇城台和东门附近的特殊人群，都是研究城市化进程的重要研究课题，需将来做更多的分析。

（5）以往对石峁遗址 5 个地点（包括东门和韩家圪旦）的 77 份浮选标本的分析表明，粟和黍是唯二的栽培谷物（粟：2279 粒，黍：585 粒）[30]。最近对皇城台浮选标本的分析证实了少量炭化稻米的存在[31]。本文的分析显示，东门和韩家圪旦工具上淀粉粒类型中，粟黍的出现率都很高（80% 以上），支持大植物分析的结果，但稻米和小麦族也都有基本相同的高出现率。近代水稻曾种植于石峁所在的秃尾河流域[32]，说明石峁附近的自然环境适合小范围的水稻种植。因此，遗址中出现的稻米或许一部分为本地的少量栽培，但主要来自外地。小麦和大麦为西亚引进的植物，至公元前 3000 年—前 2000 年期间，小麦已经出现在中国北方（新疆、山东、甘肃等）多处遗址[33]，但是河套地区至今并没有发现史前时期的炭化小麦。另一方面，本研究中小麦族淀粉粒在石峁工具上的普遍出现似乎很难解释为完全来自野生种，并且无法排除来自栽培的小麦或大麦。因此，一种可能性是，大麦或小麦在本地有少量生产，但主要来自外地。

一个重要的现象是，虽然小麦族和稻米的淀粉粒出现率很高，但其颖壳植硅体极少发现。本研究仅在陶刀上发现 2 个可能为小麦族的颖壳（长方形绞合状树枝型），而皇城台陶器残留物中仅发现 3 个水稻颖壳（双峰型）[34]。这些少量颖壳植硅体的发现一方面支持相应的淀粉粒存在，另一方面也说明大部分麦类和稻米与这些工具接触时已经是脱壳后的状态，少量颖壳植硅体的发现只是脱壳不净的结果。另外，利用红曲霉制曲的原料一般为大米，因此两者同时存在是酿酒的需要。稻米和麦类这两种谷物可能属于奢侈品，用于制作特殊食品，如酿酒。它们是通过哪些途径进入石峁，尚需今后进行更多的研究。

总之，微痕和残留物综合分析的方法能够将以往忽视的资料转化为可以直接观察到的证据，有效地扩展了我们的研究视野。在研究早期城市发展进程时，利用这些科技手段研究日常生活用具和生产工具的功能，是了解不同阶层人群生活和生产的有效途径。对东门和韩家圪旦工具的初步分析结果显示，石峁这个大型中心聚落中分布有不同的功能区，人们进行有分工的生计活动，既有农业生产也有手工业生产，并且提供不同等级人群所需要的特殊礼仪性饮食。

附记：本文为国家社会科学基金重大项目"石峁遗址考古发掘与研究"（批准号：17ZDA217）的阶段性成果之一。本研究项目得到许多学者和学生的支持和协助。对东门石器标本的采样工作于 2014 年在陕西省考古研究院泾渭基地进行，协助采集和记录标本的人员包括陈星灿、王佳静、Neil Duncan、崔建新。对韩家圪旦采样的工作于 2015 年在石峁遗址进行，协助工作的人员包括赵昊和卫雪。在此一并致谢。

注　释

［1］ Childe, V Gordon. The urban revolution. Town Planning Review, 1950, 21(1): 3-17.

［2］ 张光直：《关于中国初期"城市"这个概念》，《文物》1985 年第 2 期。

［ 3 ］［ 25 ］　孙周勇、邵晶、邵安定等：《陕西神木县石峁遗址》，《考古》2013 年第 7 期。

［ 4 ］［ 26 ］　孙周勇、邵晶、康宁武等：《陕西神木县石峁遗址韩家圪旦地点发掘简报》，《考古与文物》2016 年第 4 期。

［ 5 ］　Fullagar, Richard, Elspeth Hayes, Xingcan Chen, Xiaolin Ma, and Li Liu. A functional study of denticulate sickles and knives, ground stone tools from the early Neolithic Peiligang culture, China. Archaeological Research in Asia, 2021: 100265. Liu Li, Jiajing Wang, and Maureece J Levin. Usewear and residue analyses of experimental harvesting stone tools for archaeological research. Journal of Archaeological Science: Reports, 2017, 14: 439-453.

［ 6 ］　Liu Li, Jiajing Wang, and Maureece J Levin. Usewear and residue analyses of experimental harvesting stone tools for archaeological research. Journal of Archaeological Science: Reports, 2017, 14: 439-453.

［ 7 ］　Yang Xiaoyan, Z Ma, Q Li, L Perry, X Huan, Z Wan, M Li, and J Zheng. Experiments with lithic tools: understanding starch residues from crop harvesting. Archaeometry, 2014, 56(5): 828-840.

［ 8 ］　Wang, Jiajing, Li Liu, Andreea Georgescu, Vivienne V Le, Madeleine H Ota, Silu Tang, and Mahpiya Vanderbilt. Identifying ancient beer brewing through starch analysis: A methodology. Journal of Archaeological Science: Reports, 2017, 15: 150-160. Liu Li, Jiajing Wang, Maureece J Levin, Nasa Sinnott-Armstrong, Hao Zhao, Yanan Zhao, Jing Shao, Nan Di, and Tianen Zhang. The origins of specialized pottery and diverse alcohol fermentation techniques in Early Neolithic China. Proceedings of the National Academy of Sciences, 2019, 116(26): 12767-12774. Liu Li. Communal drinking rituals and social formations in the Yellow River valley of Neolithic China. Journal of Anthropological Archaeology, 2021, 63: 101310.

［ 9 ］　Lu Houyuan, Jianping Zhang, Naiqin Wu, Kam-biu Liu, Deke Xu, and Quan Li. Phytolith analysis for the discrimination of Foxtail millet (Setaria italica) and Common millet (Panicum miliaceum). PLoS ONE, 2009, 4: e4448. Piperno, Dolores R. Phytoliths: A Comprehensive Guide for Archaeologists and Paeoecologists. Altamira Press, 2006. 包启安、周嘉华：《酿造》，大象出版社，2007 年；St-Germain, Guy and Richard Summerbell. Identifying Fungi: A Clinical Laboratory Handbook. Star Publishing Company 2011.

［ 10 ］　Fullagar Richard. Residues and usewear. Archaeology in Practice: A Student Guide to Archaeological Analyses. Balme, Jane and Paterson, Alistair, Editors. Blackwell Publishing, 2006: 207-234.

［ 11 ］　Fullagar Richard, Elspeth Hayes, Xingcan Chen, Xiaolin Ma, and Li Liu. A functional study of denticulate sickles and knives, ground stone tools from the early Neolithic Peiligang culture, China. Archaeological Research in Asia, 2021: 100265; Liu Li, Jiajing Wang, and Maureece J Levin. Usewear and residue analyses of experimental harvesting stone tools for archaeological research. Journal of Archaeological Science: Reports, 2017, 14: 439-453. Dubreuil, Laure. Long-term trends in Natufian subsistence: a use-wear analysis of ground stone tools. Journal of Archaeological Sceince, 2004, 31(11): 1613-1629. Hayes Elspeth, Colin Pardoe, and Richard Fullagar. Sandstone grinding/pounding tools: Use-trace reference libraries and Australian archaeological applications. Journal of Archaeological Science: Reports, 2018, 20: 97-114.

［ 12 ］　Wang Jiajing, Li Liu, Andreea Georgescu, Vivienne V Le, Madeleine H Ota, Silu Tang, and Mahpiya Vanderbilt. Identifying ancient beer brewing through starch analysis: A methodology. Journal of Archaeological Science: Reports, 2017, 15: 150-160.

［ 13 ］　Henry Amanda G, Holly F Hudson, and Dolores R Piperno. Changes in starch grain morphologies from cooking. Journal of Archaeological Science, 2009, 36: 915-922.

［ 14 ］　Liu Li, Jiajing Wang, and Maureece J Levin. Usewear and residue analyses of experimental harvesting stone tools for archaeological research. Journal of Archaeological Science: Reports, 2017, 14: 439-453. Yang, Xiaoyan, Z Ma, Q Li, L Perry, X Huan, Z Wan, M Li, and J Zheng. Experiments with lithic tools: Understanding starch residues from crop harvesting. Archaeometry, 2014, 56(5): 828-840.

［ 15 ］　神木县《高家堡镇志》编纂委员会：《高家堡镇志》，陕西人民出版社，2016 年，第 85 页。

［16］ Bergfjord, Christian and Bodil Holst. A procedure for identifying textile bast fibres using microscopy: Flax, nettle/ramie, hemp and jute. Ultramicroscopy, 2010, 110: 1192-1197. Goodway, Martha. Fiber Identification in Practice. Journal of the American Institute for Conservation, 1987, 26 (1): 27-44.

［17］ 神木县《高家堡镇志》编纂委员会：《高家堡镇志》，陕西人民出版社，2016 年，第 92 页。

［18］ 张倩、孙永刚：《从考古发现看中国北方栽培大麻的起源》，《中国麻业科学》2016 年第 1 期。

［19］ 孙周勇、邵晶、邸楠等：《陕西神木石峁遗址皇城台发掘取得重要收获》，《中国文物报》2020 年 2 月 7 日第 5 版。

［20］ 包启安、周嘉华：《酿造》，大象出版社，2007 年；康珏、左嘉伟：《红曲霉及红曲的功能性研究》，《农产品加工》2011 年第 2 期。

［21］ 包启安、周嘉华：《酿造》，大象出版社，2007 年，第 166—169 页；Young, Elaine M. The Morphology and Cytology of Monascus ruber. American Journal of Botany, 1931, 18 (7): 499-517.

［22］ 包启安、周嘉华：《酿造》，大象出版社，2007 年。

［23］ Liu Li, Jiajing Wang, Maureece J Levin, Nasa Sinnott-Armstrong, Hao Zhao, Yanan Zhao, Jing Shao, Nan Di, and Tianen Zhang. The origins of specialized pottery and diverse alcohol fermentation techniques in Early Neolithic China. Proceedings of the National Academy of Sciences, 2019, 116(26): 12767-12774. Sinnott-Armstrong, Nasa. DNA sequencing of cultured millet beer. NIH Sequence Read Archive. https://www.ncbi.nlm.nih.gov/bioproject/PRJNA535381.Deposited 15 May 2019.

［24］ Lai Q, Y Li, Y Wu, and J Ouyang. The quality of rice wine influenced by the crystal structure of rice starch. J Food Sci Technol, 2019, 56(4): 1988-1996.

［27］ Liu Li, Jiajing Wang, and Maureece J Levin. Usewear and residue analyses of experimental harvesting stone tools for archaeological research. Journal of Archaeological Science: Reports, 2017, 14: 439-453.

［28］ 神木县《高家堡镇志》编纂委员会：《高家堡镇志》，陕西人民出版社，2016 年。

［29］［31］ 杨瑞琛、邸楠、贾鑫等：《从石峁遗址出土植物遗存看夏时代早期先民的生存策略选择》，《第四纪研究》2022 年第 1 期。

［30］ 高升：《陕北神木石峁遗址植物遗存研究》，西北大学硕士学位论文，2017 年。

［32］ 同［28］，第 84 页。

［33］ Liu Xinyi, Penelope J Jones, Giedre Motuzaite Matuzeviciute, Harriet V Hunt, Diane L Lister, Ting An, Natalia Przelomska, Catherine J Kneale, Zhijun Zhao, and Martin K Jones. From ecological opportunism to multi-cropping: Mapping food globalisation in prehistory. Quaternary Science Reviews, 2019, 206: 21-28. Long T, Leipe C, Jin G, et al. The Early History of Wheat in China from [14]C Dating and Bayesian Chronological Modelling. Nature Plants 4(2018): 272-279. Zhou Xinying, Jianjun Yu, Robert Nicholas Spengler, Hui Shen, Keliang Zhao, Junyi Ge, Yige Bao, Junchi Liu, Qingjiang Yang, Guanhan Chen, Peter Weiming Jia, and Xiaoqiang Li. 5200-year-old cereal grains from the eastern Altai Mountains redate the trans-Eurasian crop exchange. Nature Plants, 2020, 6 (February): 78-87.

［34］ He Yahui, Li Liu, Zhouyong Sun, Jing Shao, and Nan Di. "Proposing a toast" from the first urban center in the north Loess Plateau, China: Alcoholic beverages at Shimao. Journal of Anthropological Archaeology, 2021, 64: 101352.

（原载于《中原文物》2022 年第 5 期）

识骨辨微——骨针的起源、发展、制作工艺与使用功能研究述评

温　睿　朱　玉　水维喜　陈禹来

骨针是一种小型骨制缝纫工具，一般具有尖端和穿孔（极少数无孔），针尾宽而扁，利于缝纫，外形上与现代钢针类似（图一）。骨针在世界范围内被广泛发现，从旧石器时代晚期产生，直到汉代被钢针取代，在一两个世纪以前，骨针仍被少数的民族所使用[1]。

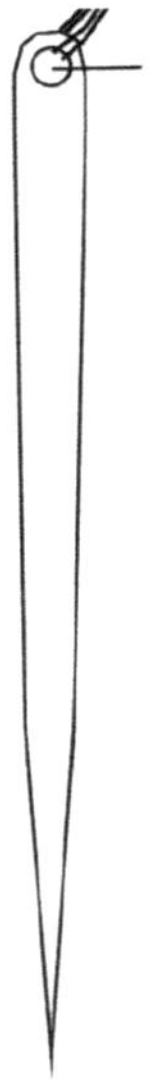

骨针与服饰、纺织联系紧密，与古代人类的生活、发展息息相关。由于纺织品材料不易保存，我们对古代，尤其是史前的服饰技术知之甚少，因此骨针作为主要的缝纫工具，非常具有研究价值。然而与其他骨制品相比，骨针总是零星出土，形态结构简单，外形变化幅度不大，不具备典型性，容易被研究者忽视。本文归纳已有研究成果，对骨针的起源、发展、制造、功能相关问题进行探讨，为深入挖掘骨针中蕴含的考古学信息提出研究展望。

一、骨针的起源

图一　骨针各部位名称示意图

已知最早的骨针可能发现于俄罗斯阿尔泰山地区的旧石器时代晚期。阿尔泰山西北部的斯特拉什纳洞穴（Strashnaya Cave）第3.3层出土了一枚完整的骨针（图二），年代距今49000—44000年。骨针长48.2、宽2.5、厚2.4、孔径1.4毫米，双面钻孔，表面有刮痕及抛光痕[2]。丹尼索瓦洞穴遗址入口、东廊第11层以及主室第6、9、11、11.2层也出土了数枚骨针及残件（图三），完整骨针长度从38至75毫米不等[3]。由于丹尼索瓦洞穴地层年代跨度较大，主室第11层的测年结果从距今50000—17000年不等[4]。丹尼索瓦洞穴主室第11层发现有端刮器（End-scrapers）、雕刻器、钻具、修理的石叶、啄背细石叶等工具。

欧洲最早的骨针发现于高加索地区。俄罗斯的梅兹迈斯卡洞穴（Mezmaiskaya Cave）第1A、1B和1C层中发现了6枚骨针及骨针碎片（图四），完整骨针的长度从22—42毫米不等，第1C层的年代为距今40000—35000年[5]。东欧平原中部的科斯滕基—博尔什切沃遗址（Kostenki-Borshchevo）也发现了40000—30000年前的骨针，伴随端刮器和其他骨制品一起出土[6]。从距今30000年前开始，骨针经常出现在欧洲的考古发掘记录中[7]。

中国最早的骨针出土于辽宁小孤山遗址和宁夏水洞沟2地点（SDG2）。小孤山遗址第2层上部和第3层下部出土了三枚骨针，第2层上部的骨针年代至少为距今30000年[8]。三枚针长度60.5—

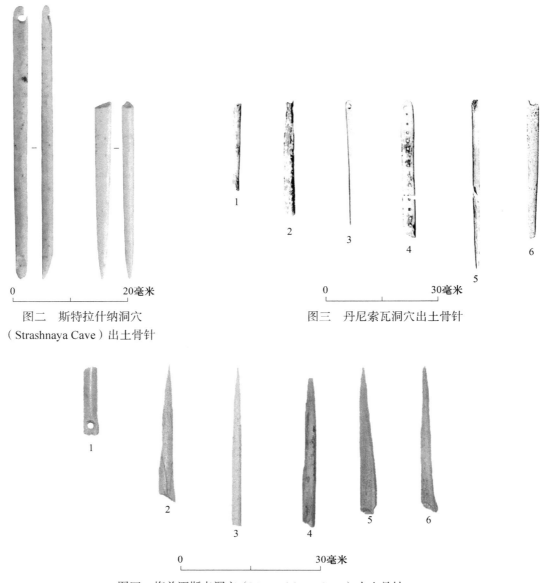

图二　斯特拉什纳洞穴
（Strashnaya Cave）出土骨针

图三　丹尼索瓦洞穴出土骨针

图四　梅兹迈斯卡洞穴（Mezmaiskaya Cave）出土骨针

77.4 毫米，中部横径 3—3.9 毫米，针眼均为对钻[9]。SDG2 出土骨针发现于火塘边缘，资料不详，距今 31300—29900 年[10]。此后，周口店洞穴上层[11]、山西柿子滩遗址[12]、江西仙人洞遗址[13]和水洞沟 12 地点[14]（SDG2）等都出土了旧石器时代的骨针。

　　据考古材料可知，骨针早期大多出现在中高纬度地区，且多伴随着旧石器晚期早段先进的石叶工具出土，端刮器、石叶、细石叶、钻具等可能是早期主要使用的加工骨针的工具。小孤山遗址出土了石片工具和刮削器[15]，而北美一些古印第安文化遗址中伴随骨针出土的刺状薄片雕刻器也十分具有地域特色[16]，可以钻出极细的针孔。艾瑞克（d'Errico）等认为世界上最早的骨针出现于西伯利亚和中国北方地区，两地骨针的形态和加工技术的差异表明可能是独立起源，前者针体较扁，与石叶技术有关；后者针体近圆形，与石核—石片技术有关。东欧出土的骨针可能代表独立发明或西伯利亚和高加索缝纫技术的传播[17]。由于对骨针的研究不足，对其加工技术的认识比较有限，分析骨针起源问题还有待对这些早期骨针制作工艺更充分的研究。

对骨针起源的原因学术界有很多探讨。西欧的骨针多发现于寒冷的末次冰盛期，根据这一情况，有学者认为骨针的出现与人类在更极端的气候条件下对保暖的需求更大有关，穿孔骨针是复杂服装（将多块兽皮组合缝制以覆盖四肢、或缝制多层的服装）出现的强有力的考古证据[18]。北美一些古印第安文化遗址中出土有距今 12660—10310 年的骨针，骨针出现的时间与新仙女木寒冷事件的时间吻合，此后考古记录中就罕见骨针的记载。骨针很可能是古印第安人应对新仙女木事件的寒冷压力而制造的缝纫工具[19]。但也有学者结合民族学的研究认为，仅用细锥子就能容易且有效地缝制兽皮，干燥的动物筋也能直接用来缝纫，因而骨针的出现可能与植物纤维的使用有关[20]。斯特拉什纳洞穴、梅兹迈斯卡洞穴和科斯滕基—博尔什切沃遗址出土骨针的年代更早，都处于深海氧同位素 3 阶段（MIS3）[21]，是末次冰期中相对温暖的时期。在中国，小孤山遗址和 SDG2 出土的最早的骨针发现于萨拉乌苏温湿期，为晚更新世环境最佳时期[22]。因此，环境变化可能并不是骨针起源的最根本原因，末次冰盛期的寒冷环境为骨针的发展与传播提供了动力。中国旧石器时代骨针的长度在 51.7—82 毫米，尺寸较上述阿尔泰山地区和高加索地区的早期骨针总体更大，可能被用来缝纫毛皮或生活用具。而梅兹迈斯卡洞穴出土的骨针长度仅 22—42 毫米，斯特拉什纳洞穴出土的骨针孔径仅有 1.4 毫米，这些短而细的骨针很可能是使用植物纤维进行缝纫的。

骨针的起源，可能受到环境、石器技术发展、服装业复杂化和植物纤维材料的利用等多方面的影响，随着末次冰盛期寒冷的加剧，骨针迅速传播和发展起来。

二、骨针的发展

骨针的形状简单，国内遗址出土的骨针在漫长的发展过程中外形变化不明显。骨针的尺寸与功能联系最紧密。骨针的宽度与加工对象的孔隙（或织物密度）有关，长度与加工对象的厚度有关。王伟等研究发现中国的穿孔骨针在北方比南方更常见，骨针的尺寸没有显著的变化，但在新石器时代出现了尺寸的分化，尺寸差异可能反映不同的功能。骨针不仅可以缝纫，也可作为随葬品[23]。本文在王伟等研究的基础上对中国出土骨针的数据进行收集，统计了不同时期和不同地域出土骨针的数量（表一）。并对 77 枚有长和宽数据的完整骨针进行分析，分别绘制不同时期和不同地域的骨针尺寸散点图（图五、图六），尝试探究其长和宽的变化规律和空间分布规律。

旧石器时代，骨针出土数量较少，大多数都出现在北方，南方也有少量。骨针尺寸数据分布较集中，针孔有单面钻孔和对钻，孔径总体较大。

新石器时代早期，骨针分布范围扩展到海岱地区和长江下游地区，其中以贾湖遗址出土 170 枚骨针为最。骨针的尺寸数据较分散，出现了尺寸特别大的骨针，可能意味着骨针的功能变得多样化。骨针针孔多为对钻，少数单面钻及刻槽钻孔。

新石器时代中期，黄河中游和长江下游地区的骨针出土数量大幅增加，尤以半坡遗址出土 281 枚为最。仰韶文化多数遗址中都出现有骨针，其中以北首岭、半坡、姜寨遗址出土数量较多，其他遗址仅有零星发现。这一时期骨针尺寸分布集中，长度聚集在 60—86 毫米，宽度为 1.5—3.5 毫米，

表一　中国出土骨针数量统计图

数量（枚）＼地区　時期	北方地区（东北和内蒙古）	黄河上游地区	黄河中游地区	海岱地区	长江中上游地区	长江下游地区	华南地区	新疆地区	西藏地区	总计
旧石器时代	4	12	3	—	7	—	5	—	—	31
新石器时代早期	4	16	175	2	2	34	28	—	—	261
新石器时代中期	19	17	453	23	1	195	3	—	—	711
新石器时代晚期	101	36	87	2	—	—	7	—	44	277
青铜时代	27	270	43	151	46	1	—	6	—	544
总计	155	351	761	178	56	230	43	6	44	1824

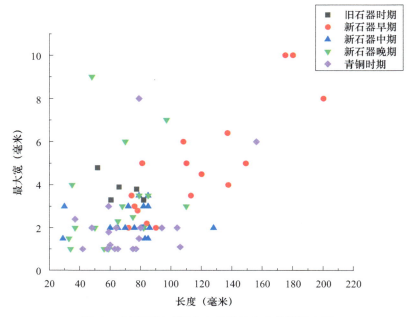

图五　中国不同时期出土骨针长和宽数据散点图

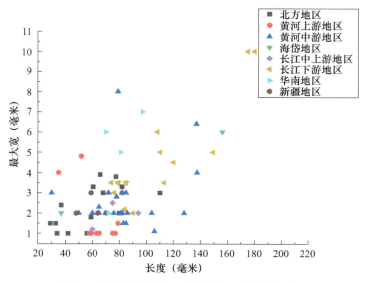

图六　中国不同地域出土骨针长和宽数据散点图

并出现 30 毫米左右长度的短针和 1.5 毫米宽的细针，可能被用来缝纫精细的丝麻织物。河姆渡遗址出土了最早的蚕纹，属于仰韶文化的荥阳青台遗址也出土了最早的丝、麻织品[24]。新石器时代中期开始出现双孔及无孔的针，双孔的针两个孔均完好，无孔骨针的针尾有一周用于系带的凹槽。

新石器时代晚期骨针出土数量较少，长江流域无骨针出土。骨针的长度仍以 60—85 毫米为多，30 毫米左右的短针的比例进一步增大，骨针的宽度数据集中在 1—3.5 毫米，最小的仅宽 1 毫米。可见长度 30 毫米的针已经被广泛使用，可能是由于精细化织物或装饰品的进一步发展。此外还有几枚宽度较大的骨针，可能是用于编织或缝纫生活用品等。2016—2019 年发掘石峁皇城台遗址时，在皇城台东护墙北段上部（獾子畔）下层台顶的弃置堆积中发现超过一万枚骨针及骨针制作链上的坯料、残次品和废料[25]。这批骨针数量非常庞大，远超同时代的遗址，除了供给王室和贵族以外，很可能也进行流通。皇城台顶部可能存在由统治阶级控制管理的大型、专业化的制针作坊。

青铜时代，黄河流域出土骨针数量远超长江流域。骨针的尺寸数据更加集中，大多宽度在 2 毫米以下，近一半达到了 1 毫米左右，可能反映缝纫趋于精细化，缝纫的织物密度进一步提高。这一时期由于青铜工具的使用，骨器生产更加规模化和规范化。洹北商城发现有大型、专业化的制骨作坊[26]；殷墟的制骨作坊和铸铜、制陶作坊集中分布，形成"手工业园区"[27]；丰镐出现"工厂式"大型作坊[28]。不过这一时期生产的骨制品都以骨簪和骨笄为主，骨针处于次要地位。

从骨针的地域特点来看，相对来说，南方的骨针在尺寸上总体更大，很少有短而细小的骨针，可能是因为新石器时代中期以后南方出土的骨针数量较少。或者是南方的骨骼保存环境较差所致。

由出土数量可见，石器时代的骨针以分散的个体家庭制造和使用为主，生产具有随机性。仅有少数重要的大型遗址拥有数量较多的骨针。只有当生产力发展到一定程度，生产效率才能取得突破，如周原云塘制骨作坊出现规模化和标准化生产，这是建立在有相当组织力的社会基础以及加工工具的变革之上。从旧石器晚期到青铜时代，骨针长度多为 60—85 毫米，少数大于 100 毫米和小于 40 毫米，宽度多为 1、1.5、2、3 毫米等几个尺寸，这表明，不同尺寸的骨针可能具有固定的、不同的功能，类似现代钢针具有不同型号。但自新石器时代中期开始，30 毫米长度的短针和 1 毫米宽度的细针比例不断增加，短针和细针可以进行更精细、灵活的工作。此外，骨针的穿孔也变得多样，出现了刻槽钻孔、双孔和无孔的骨针。这些可能暗示骨针背后的手工业、缝纫业和纺织业不断向复杂化发展。

三、骨针的制作工艺

无论是在世界各地，还是从古到今，骨针的制作程序大体类似，都有选料、取料、成型、钻孔、抛光等步骤。

骨针的选料多因地制宜，尤其是旧石器时代获取动物资源不够稳定的情况下。有学者研究了捷克旧石器晚期佩卡纳洞穴（Pekárna Cave）出土的穿孔骨针，发现其选料广泛，有马掌骨、驯鹿胫骨、兔胫骨和股骨以及鸟类肢骨，与洞穴出土的野生动物种类相符[29]。随着家养动物的驯化，骨针原料的来源逐渐趋于稳定。据赵昊对周原云塘遗址的研究，其骨针选料主要为牛肋骨及少量猪、羊骨，猪、羊是常见的肉食资源，其骨骼较细、短，牛的长骨多用来制作骨簪，较薄的肋骨则用来制作细小的骨针[30]。可见西周时期已经有意识地选用不同动物、不同部位的骨头制作不同的骨制品，这也与当时畜牧业的发展状况相关。骨制品的选料多为新鲜的骨头，鲜骨质软容易加工，干骨头经水浸泡后，水分增加 7%，也便于加工[31]。

取料方法主要有砸裂法和切槽裂片法两种。砸裂法是直接用石器在骨料上砸出骨条。切槽裂片法，即先在骨体上切两道平行的凹槽，然后顺着凹槽砸出坯料[32]。梅兹迈斯卡洞穴的许多地层中发现有平行切割痕迹的小骨片[33]，很可能为采用切槽裂片法加工骨针的废料。受骨骼结构特征的限制，砸裂法获取坯料的宽度及长度较不可控；而切槽裂片法则容易造成骨料的浪费。因此在大规模的骨针生产中，很可能综合使用砸击和切割的方法，最大化利用骨骼资源。取料方法的精细化研究有赖于研究者对骨针生产坯料和废料的细致分析。

成型方法主要包括刮削法、磨制法、刮磨法三种。刮削即以石片垂直或倾斜于骨面，沿骨针长轴运动，磨制则是用骨针在砺石工具上打磨，也有先刮削再磨制成型的。据黄蕴平研究，在骨面留下的刮痕是纵向细沟槽和棱脊，沟槽侧壁稍倾斜，沟底较宽平；磨痕一般是由横向或斜向的平行细沟槽组成，沟槽的宽窄和深度依磨石颗粒粗细而定，但壁和底较圆滑。她通过观察小孤山遗址出土的骨针，发现部分骨针仅磨制而成，部分骨针磨痕覆于刮痕之上，应是先刮后磨成型的[34]。赵昊指出，磨痕条纹宽度在 100—300 微米，深度小于 100 微米；高度抛光产生的条纹很细，在低倍镜下几乎观察不到，条纹宽度小于 20 微米[35]。在实验中可以观察到，刮痕是由石片工具产生，边缘平直；而磨痕是由细小的砂粒造成的，在高倍镜下边缘呈波浪状，刮痕和磨痕在高倍镜下可明显区分。

钻孔方法一般分为单面钻、双面钻，从运动方式上又可分螺旋钻孔、交替钻孔和刻槽钻孔。双面钻孔比单面钻孔更常见。螺旋钻孔即钻具单向旋转、在孔内壁形成螺旋纹，交替钻孔则是钻具左右来回旋转钻孔，旋转角度一般小于 90°[36]。刻槽钻孔即先在针尾双面刻划出凹槽、再挖出针孔。Corchón Rodríguez 等对西班牙 Las Caldas 洞穴出土的 Solutrean 和 Magdalenian 层的 57 根骨针进行了研究，通过观察针孔内的微痕，发现这批骨针的钻孔方式既有螺旋钻孔，也有交替钻孔[37]。除了单孔针以外，也有少量双孔和无孔的针。采用刻槽钻孔法可能是为了更好地固定线，以最大程度减少孔边缘的磨损，延长骨针的使用寿命。双孔的骨针一般被解释为是原有孔眼损坏后再穿孔进行二次利用，而有学者认为，两个孔均完好的骨针，可能是刻意制作，用于缝制不同质地和颜色的线[38]。无孔的针很可能在针尾系线用于缝纫。国内对于出土骨针钻孔方法的分析多局限于从外形上区分单面钻和对钻，对操作者的运作方式缺乏仔细的甄别。

抛光多采用鞣制的动物毛皮，有的加水[39]或赭石浆[40]抛光。也有不经过抛光的。

骨针的研究主要集中在用微痕和模拟实验方法来分析其制造工艺和制作流程。对骨针制作痕迹的研究已较充分，研究者关注较多的是成型工艺，对取料、钻孔、抛光步骤的研究还有待细化。除了观察骨针表面的加工痕迹，也应重视与骨针同出的加工工具，关注加工工具上是否有使用痕迹。骨针制作模拟实验要注意加工步骤的先后顺序对骨表面痕迹的影响，注意控制骨料所属动物种类、部位、生熟程度等变量。骨针的整个加工链也应被重视，坯料和废料上能保存取料和截料的痕迹，半成品上可以判断骨针各个加工步骤的顺序。正如马萧林所说，应当系统采集各类骨料被废弃的时空信息，细化骨器制作流程研究[41]。

四、骨针的功能

骨针的功能容易被研究者忽视，相关的研究也多参考民族志的材料。骨针的用途应当是相当广泛的，不能仅仅将其局限于缝纫衣物。不同尺寸和形制的针可能预示着不同用途。欧文（Owen）[42]和西蒙诺夫（Semenov）[43]根据民族志研究，分析穿孔骨针的功能有：编织衣服、缝纫衣服（纺织品、毛皮）或鞋、制作其他生活用品（篮筐、食物的穿线、容器、帐篷等）或装饰品。李晓曼等据民族志研究，鄂温克、鄂伦春和早年的达斡尔族用兽骨做针，用于缝制服装和各种饰品，且"三少"民族的刺绣工艺也很发达[44]。民族志的研究提供了大量骨针从制作到使用的细节，为研究骨针提供了广泛的思路。但是，采用民族志的成果分析古代样品时应当充分考虑到背景的相似度，如环境气候特征、骨器工艺技术及社会经济文化因素的差异。

除了民族学的研究，骨器使用微痕（use-wear）与模拟实验研究方法对了解骨针用途也卓有成效。骨器使用微痕研究是由石器微痕研究借鉴而来，以判定、甄别不同使用过程（如被使用的部位、使用的运动方式和加工对象等）在骨器上留下的微观痕迹。骨器使用微痕的分析要素有条痕（stration）、光泽（polish）、点蚀（pitting）、裂纹（cracking）、体积改变（volume alteration）等[45]。研究者进行了一些用骨针缝纫和编织的实验，微痕观察发现：缝纫亚麻织物的骨针相较于编织亚麻织物的骨针磨损更加严重，骨表面出现更多点蚀和条痕，体积损失更严重，表面有明亮光泽[46]。动植物材料在骨针表面产生的磨损特征区分较明显，植物纤维产生的磨损具有平面磨损、非侵入性光泽、平行分布的浅条痕等特征；动物纤维磨损特征则为表面变形、侵入性光泽、大小不同的无序条痕和边缘圆滑，作者据此对西班牙北部的三个旧石器晚期的遗址（Entrefoces，El Perro，El Juyo）出土的骨针样品进行分析，认为旧石器晚期的骨针上存在使用植物纤维的痕迹[47]。

骨器使用微痕与模拟实验研究目前开展得很少。如果能在前人的研究基础上进一步区分不同动物纤维和植物纤维的磨损特征，并采用量化的方法来评估磨损程度，将使微痕方法更具有研究意义。但是，由于不同的制造技术和磨损过程导致的结果可能相似，模拟实验从观察到的结果反推制造和磨损过程时要格外审慎[48]。此外，骨器的使用微痕分析要素仍然存在一些争议，如条痕的方向是否与使用方式和运动方向有关、能否指示不同材料。这需要在后继的研究中控制好变量，将模拟实验步骤和记录更加精细化，固定操作者、使用部位、操作姿势和运动方式（动作频率、耗时、次数等），注意骨料所属动物种类、部位、生熟程度等因素的影响。骨针的使用磨损研究较复杂，针尖、针身、针孔三个部位受力有差异（图七），应当分别进行观察和描述。针尖一般来说是磨损最为严重的部位、受力也较复杂，针身其次，针孔的磨损一般最轻。西蒙诺夫指出针尖的穿刺并非完全是垂直的压力造成，而是伴随着针尖左右的小幅旋转，因此留下的痕迹既有平行于长轴，也有环绕长轴的条痕[49]。如果仅有针孔有轻微磨损，则该骨针很可能是装饰品，而非实用工具。同时需要结合考古出土信息，如骨针的出土位置、同出物（包括骨针的加工工具、织物、缝纫和纺织用具等）等来判断。

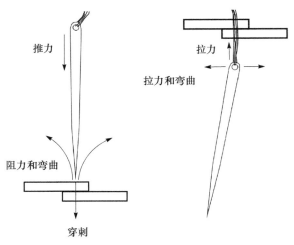

图七　骨针使用时受力示意图

此外，如何区分制造痕迹与使用痕迹，也是值得注意的问题。相比使用产生的光泽，刻意的抛光痕迹分布更均匀，手握产生的痕迹多为轻盈、分散、无规则的条痕[50]。虽然使用痕迹覆盖于制作痕迹之上，但骨针加工的对象质地柔软，使用产生的条痕等微痕要素应当与加工痕迹有较大的差别，在模拟实验中需要对比使用前和使用后的磨损情况，谨慎辨别。

五、结　语

本文对骨针的起源、发展、制造、功能等相关问题进行探讨，归纳和分析已有的研究成果，提出研究展望。骨针的起源可能受到环境、石器技术发展、服装业复杂化和植物纤维材料的使用等多重影响。中国出土的骨针在形态上变化不大，但在新石器时代早期骨针的尺寸出现分化。自新石器时代中期开始，骨针的数量开始增多，出现了特别细小的骨针，且其占比逐渐增大，可能是由于丝麻织品的出现和发展以及装饰的需求等。此外，骨针的穿孔也变得多样，从单、双面钻孔到刻槽钻孔、双孔和无孔。这些可能暗示着骨针背后的缝纫业和纺织业不断向复杂化发展。骨针的制造程序大体都有选料、取料、成型、钻孔和抛光这几个步骤，但具体的加工方法还需要结合微痕实验和对加工链的分析进一步细化。骨针的功能研究较为薄弱，本文介绍了西方学者采用的骨器使用微痕研究与模拟实验方法，这一方法论对研究骨针的使用功能非常具有价值，还有待丰富和完善。目前对骨针的研究多集中于加工技术，骨针的生产、分配、消费、使用整个环节都应得到重视。科斯汀认为，生产环节包括原料、技术、产量、劳动力、效率等；分配环节包括获取原料以及产品流向消费者的方式；消费环节包括产品功能、社会经济作用、需求量等[51]。制针手工业专业化程度、生产与管理模式，制针作坊的性质与特点等，也值得深入研究。此外，应当紧密结合考古出土信息，重视与骨针同出的工具和织物，从而探究骨针整个生产运营链的空间分布特征和历时性变化，以及骨针制造业和缝纫业、纺织业的关系，等等。

注　释

[1] Wang W, Bae C, Xu X. Chinese prehistoric eyed bone needles: A review and assessment. Journal of World Prehistory, 2020(3): 385-423.

[2] Shalagina A, Baumann M, Kolobova K, et al.Bone needles from Upper Palaeolithic complexes of the Strashnaya Cave (North-Western Altai).Theory and Practice of Archaeological Research, 2018(21): 89-98.

[3] Derevianko A P, Shunkov M V. Formation of the upper paleolithic traditions in the Altai. Archaeology, Ethnology and Anthropology of Eurasia, 2004(3): 12-40. Derevianko A P. Three scenarios of the middle to upper paleolithic transition: Scenario l: The middle to upper paleolithic transition in Northern Asia. Archaeology, Ethnology and Anthropology of Eurasia, 2010(3): 2-32.

[4] d'Errico F, Doyon L, Zhang S, et al. The origin and evolution of sewing technologies in Eurasia and North America. Journal of Human Evolution, 2018(125): 71-86.

[5] Golovanova L V, Doronichev V B, Cleghorn N E.The emergence of bone-working and ornamental art in the Caucasian Upper Palaeolithic. Antiquity, 2010(324): 299-320.

[6] Hoffecker J F, Holliday V T, Anikovich M V, et al. From the bay of Naples to the River Don: The Campanian Ignimbrite eruption and the Middle to Upper Paleolithic transition in eastern Europe. Journal of Human Evolution, 2008(5): 858-870.

[7] Soffer O, Adovasio J M, Hyland D C, et al. Perishable industries from Dolní Vestonice I: New insights into the nature and origin of the Gravettian. Archaeol, Ethnol Anthropol Eurasia, 2001(2): 48-65.

[8] Zhang J F, Huang W W, Yuan B Y, et al. Optically stimulated luminescence dating of cave deposits at the Xiaogushan prehistoric site, northeastern China. Journal of Human Evolution, 2010(5): 514-524.

[9] 黄蕴平:《小孤山骨针的制作和使用研究》,《考古》1993 年第 3 期。

[10] Li F, Gao X, Chen F, et al. The development of Upper Palaeolithic China: New results from the Shuidonggou site. Antiquity, 2013(336): 368-383.

[11] Pei W C. A preliminary report on the late-palaeolithic cave of Choukoutien. Bulletin of the Geological Society of China, 1934(1): 327-358.

[12] Song Y, Li X, Wu X, et al. Bone needle fragment in LGM from the Shizitan site(China): Archaeological evidence and experimental study.Quaternary International, 2016(400): 140-148.

[13] 郭远谓、李家和:《江西万年大源仙人洞洞穴遗址试掘》,《考古学报》1963 年第 1 期。

[14] Pei S, Gao X, Wang H, et al. The Shuidonggou site complex: New excavations and implications for the earliest Late Paleolithic in North China. Journal of Archaeological Science, 2012(12): 3610-3626.

[15] Zhang J F, Huang W W, Yuan B Y, et al. Optically stimulated luminescence dating of cave deposits at the Xiaogushan prehistoric site, northeastern China. Journal of Human Evolution, 2010(5): 514-524.

[16] Osbora A J. Eye of the Needle: Cold stress, clothing, and sewing technology during the Younger Dryas Cold Event in North America. American Antiquity, 2014(1): 45-68.

[17] d'Errico F, Doyon L, Zhang S, et al. The origin and evolution of sewing technologies in Eurasia and North America. Journal of Human Evolution, 2018(125): 71-86.

[18] Gilligan I. The prehistoric development of clothing: Archaeological implications of a thermal model. Journal of Archaeological Method and Theory, 2010(1): 15-80.

[19] Osbora A J. Eye of the Needle: Cold stress, clothing, and sewing technology during the Younger Dryas Cold Event in North America. American Antiquity, 2014(1): 45-68.

[20] Stone E A. Wear on Magdalenian bone tools: A new methodology for studying evidence of fiber industries. North

European Symposium for Archaeological Textiles X. Oakville, CT: Oxbow Books, 2009: 225-232.

［21］ Voelker A H L. Global distribution of centennial-scale records for Marine Isotope Stage (MIS)3: a database. Quaternary Science Reviews, 2002(10): 1185-1212.

［22］ 袁宝印：《中国北部晚更新世气候地貌及其古环境意义》，《北京大学学报（自然科学版）》1988 年第 2 期。

［23］ Wang W, Bae C, Xu X. Chinese Prehistoric Eyed Bone Needles: A Review and Assessment. Journal of World Prehistory, 2020(3): 385-423.

［24］ 朱新予：《中国丝绸史（通论）》，纺织工业出版社，1992 年，第 4 页。

［25］ 孙周勇、邵晶、邸楠：《石峁遗址皇城台地点 2016—2019 年度考古新发现》，《考古与文物》2020 年第 4 期。

［26］ 何毓灵、李志鹏：《洹北商城制骨作坊发掘方法的探索及收获》，《中原文物》2022 年第 2 期。

［27］ 李志鹏、何毓灵、江雨德：《殷墟晚商制骨作坊与制骨手工业的研究回顾与再探讨》，《三代考古（四）》，科学出版社，2011 年。

［28］ 付仲杨：《丰镐遗址的制骨遗存与制骨手工业》，《考古》2015 年第 9 期。

［29］ Lázničková-Galetová M. Le travail des matières d'origine dure animale dans le Magdalénien Morave: l'exemple des aiguilles à chas. L'anthropologie, 2010 (1): 68-96.

［30］ Zhao H. Mass Bone-Working Industry in the Western Zhou Period (1046-771 BC). unpublished doctoral dissertation, Stanford University, 2017.

［31］ Semenov S A Prehistoric Technology(tr. by M. Thompson). Bath, England: Adams and Dart, 1964.

［32］ Hoffman B W. Broken eyes and simple grooves: Understanding eastern Aleut needle technology through experimental manufacture and use of bone needles. Many Faces of Gender: Roles and Relationships through Time in Indigenous Northern Communities, 2002: 151-164.

［33］ Golovanova L V, Doronichev V B, Cleghorn N E. The emergence of bone-working and ornamental art in the Caucasian Upper Palaeolithic. Antiquity, 2010(324): 299-320.

［34］ 黄蕴平：《小孤山骨针的制作和使用研究》，《考古》1993 年第 3 期。

［35］ Zhao H.Mass Bone-Working Industry in the Western Zhou Period (1046-771 BC). unpublished doctoral dissertation, Stanford University, 2017.

［36］ Stordeur D. La fabrication des aiguillesà chas, observation et experimentation. Méthodologie appliquée à l'industrie de l'os préhistorique, Actes du deuxième colloque international sur l'industrie de l'os dans la Préhistoire, abbaye de Sénanque, 1976: 251-256.

［37］ Rodríguez M S C, Pimentel D G. Labores de mantenimiento y uso identificadas en las agujas de la Cueva de Las Caldas(Asturias, Espana). Zephyrus, 2007(60): 79-98.

［38］ Canque A, Charvilhat G, Goursonnet M. Un abri d'époque magdalénienne à Enval. Revue d'Auvergne, 1929(43): 65-71.

［39］ Griffitts J L. Bone tools and technological choice: Change and stability on the northern plains. Tucson: the University of Arizona, 2006: 175.

［40］ Stone E A. Through the eye of the needle: Investigations of ethnographic, experimental, and archaeological bone tool use wear from perishable technologies. Albuguergue: the University of New Mexico, 2011: 239-266.

［41］ 马萧林：《近十年中国骨器研究综述》，《中原文物》2018 年第 2 期。

［42］ Owen L R. Questioning Stereo-Typical Notions of Prehistoric Tool functions: Ethno-analogy, Experimentation and Functional analysis. Ethno-analogy and the reconstruction of prehistoric artefact use and production, 1999: 17-30.

［43］ Semenov S A. Prehistoric technology. Cory, Adams and MacKay, 1964: 100.

［44］ 李晓曼：《鄂伦春、鄂温克、达斡尔族兽皮、兽骨装饰艺术研究》，内蒙古农业大学，2013 年。

［45］ Griffitts J L. Bone tools and technological choice: Change and stability on the northern plains. Tucson: the University of Arizona, 2006: 176-180; Buc N. Experimental series and use-wear in bone tools. Journal of Archaeological Science, 2011(3): 546-557.

［46］Legrand A. Neolithic bone needles and vegetal fibres working: Experimentation and use-wear analysis. Prehistoric technology, 2008(40): 321-326.

［47］Griffitts J L. Bone tools and technological choice: Change and stability on the northern plains. Tucson: the University of Arizona, 2006: 175.

［48］Stone E A. Through the eye of the needle: Investigations of ethnographic, experimental, and archaeological bone tool use wear from perishable technologies. Albuguergue: the University of New Mexico, 2011: 239-266.

［49］Semenov S A. Prehistoric Technology(tr.by M Thompson). Bath, England: Adams and Dart, 1964.

［50］Griffitts J L. Bone tools and technological choice: Change and stability on the northern plains. Tucson: the University of Arizona, 2006: 175.

［51］凯西·科斯汀、郭璐莎、陈力子：《手工业专门化：生产组织的定义、论证及阐释》，《南方文物》2016 年第 2 期。

（原载于《文博》2023 年第 1 期）

陕西神木石峁遗址出土纺织品观察与研究

路智勇　惠　任　吕婉莹　孙周勇　邵　晶　邸　楠　刘　剑

一、引　言

石峁遗址地处黄土高原北部的黄河西岸，毛乌素沙漠南缘，坐落在黄河一级支流秃尾河北岸的梁峁上，地表沟壑纵横，海拔1100—1300米。石峁城址以皇城台为核心，外围内外两重石砌城垣。[14]C系列测年及考古学证据表明，石峁城址初建年代不晚于公元前2300年，废弃于公元前1800年前后。遗址发现后，围绕遗址相关学术问题的多学科研究不断深入，对遗址出土不同材质遗物的研究也同样引起学者们的广泛关注。

在2012年及2017年的考古发掘中，先后在石峁后阳湾、皇城台等地点出土少量纺织品残片。其中，后阳湾纺织品残片出自瓮棺葬2012W2内。2012W2的葬具由一件双錾陶鬲的两个袋足对口套接组成，其内人骨散乱，未见填土，仅在骨骼下方有少量淤土[1]，织物残片呈灰白色，散落在骨骼周围，经考古现场采用AC33加固剂喷涂加固后运回实验室保护研究。其余织物分别出土于皇城台的不同地点，织物出土时呈黑色，残破劣化严重。本文依据出土地点分别称石峁所出纺织品为"后阳湾织物W2"及"皇城台织物1—6"（图一、图二），织物出土地点及样品取样编号见表一。

0 　 2厘米

图一　皇城台织物2

0 　 1厘米

图二　皇城台织物5

表一　石峁遗址纺织品出土地点及取样编号

织物名称	出土地点	取样编号
后阳湾织物W2	后阳湾	SM-1
皇城台织物1	东护墙北段二段三阶④B	SM-2
皇城台织物2	东护墙北段六段三阶④B	—

织物名称	出土地点	取样编号
皇城台织物 3	东护墙北段六段二阶转角	—
皇城台织物 4	东护墙北段七段三阶④ B	SM-3
皇城台织物 5	东护墙北段八段三阶④ C	SM-5
皇城台织物 6	东护墙北段五段二阶④ B	SM-4

石峁纺织品是中国北方同时代遗址中的首次发现，在全国范围内时代相近的遗址中也属罕见的重要发现，对织物年代、纤维材质、组织结构、工艺水平等问题的研究均具有重要的学术价值。织物出土时已严重劣化，纤维强度韧性极差，均呈炭化黑色，这一保存状况给纺织品遗物纤维鉴别及相关研究的开展带来很大难度。本文借助纤维形貌观察及光谱分析等手段对石峁纺织品的纤维材质进行了分析鉴别，对其组织结构进行了观察鉴定，结合已知中国早期丝绸实物的考古发现，对石峁纺织品尤其是丝绸遗物的年代、工艺价值和发现意义进行初步探讨。

二、年 代 测 定

在石峁纺织品遗物中，选取出自不同地点的三个样品进行了测年分析。经美国贝塔（Beta）实验室利用加速器质谱仪和同位素比值质谱仪分析，通过利比半衰期（5568 年）计算及总分馏效应校正，得到样品的常规放射性碳年龄数据，后经采用数据库以及 2013INTCAL 校正软件相结合对石峁纺织品公历年龄进行校正。出土于后阳湾地点 2012W2 的织物在考古现场曾采用 AC33（丙烯酸乳液）加固处理，AC33 有可能对测年数据造成干扰，因而未对该样品进行年代测定。

测年结果显示，出土于东护墙北段二段三阶第 4B 层的皇城台织物 1（SM-2）的校正年代在公元前 2031—前 1888 年（距今 3980—3837 年），出土于东护墙北段七段三阶第 4B 层的皇城台织物 4（SM-3）的校正年代大致在公元前 1929—前 1753 年（距今 3878—3702 年），出土于东护墙北段五段二阶第 4B 层的皇城台织物 6（SM-4）的校正年代在公元前 1943—前 1763 年（距今 3892—3712 年），以上校正年代数据的置信度均为 95.4%（表二）。测年结果显示，石峁遗址出土纺织品的年代距今 4000—3800 年，这与考古遗存反映的遗址年代及皇城台地点纴木、植物遗存等标本的测年结果吻合，这一年代区间处于石峁文化的中晚期阶段[2]。这几件纺织品来自皇城台护墙弃置堆积的最下层，极可能是居住在皇城台这一核心区域的石峁上层人群在城址废弃前产生的生活垃圾，反映了石峁上层对纺织物使用的状况。

表二 石峁遗址出土纺织品校正 ^{14}C 年代

样品名称 / 测试编号	现代碳分数	δ^{13}C	常规放射性碳年龄（BP）	校正年龄（2δ，BP）
SM-2/Beta-485583	0.6388±0.0024	−24.9	3600±30	3980—3837
SM-3/Beta-485584	0.6452±0.0024	−22.7	3520±30	3878—3702
SM-4/Beta-485585	0.6444±0.0024	−22.4	3530±30	3892—3712

三、组 织 工 艺

通过基恩士 VHX-200 超景深显微镜对石峁纺织品的显微观察，采集织物的组织结构及纤维基础信息。后阳湾地点 2012W2 所出织物有两层，均为平纹织物，表层织物经纬线较细。其中第一层织物的经纬线无明显捻向，无织边，难以区分经纬线，纵向线 1 根，有的呈 S 捻，有的无明显捻向，密度约 25 根 / 厘米；横向线 1 根，S 捻，密度约 10 根 / 厘米（图三）。第二层织物无织边，难以区分经纬线，纵向线 1 根，S 捻，密度约 15 根 / 厘米；横向线 1 根，大部分呈 S 捻，少数为两股 S 强捻，密度约 11 根 / 厘米。织物纵向线大部分断裂残

图三　后阳湾织物 W2 第一层织物

缺，织物表面分布黑色点状物以及深棕色污染物。

东护墙北段二段三阶第 4B 层织物（皇城台织物 1），经线每隔几根出现双经紧并的现象（图四），其织物在平纹结构基础上沿纬线方向延伸组织点，形成近似纬重平组织（图五）。双经出现的顺序无明显规律，有相隔 1 根经线即出现双经的现象，也有相隔 3 根、11 根、27 根经线之后出现双经的现象。经线大部分呈 S 捻，密度约 15 根 / 厘米；纬线 1 根，S 捻，密度约 9 根 / 厘米。

图四　皇城台织物 1 局部

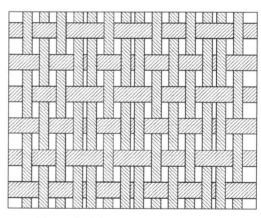

图五　皇城台织物 1 组织结构示意图

东护墙北段六段三阶第 4B 层织物（皇城台织物 2），黑色，织物形貌与皇城台织物 1 大致相同，也有近似纬重平结构的情况。据出土具体位置的不同，该织物可分四组，其中第三组织物经清洗展平，发现织物上有较多缝线、缝边、织边等残留。织物均为平纹，据密度不同可分两种。第一种为经线 1 根，S 捻，密度约 8 根 / 厘米；纬线 1 根，S 捻，密度约 6 根 / 厘米（图六）。第二种为经线 1 根，S 捻，密度约 12 根 / 厘米；纬线 1 根，S 捻，密度约 9 根 / 厘米。揭展后发现，织物共四层，内外两层分别缝合，缝线为两股 Z 捻。揭展出的织物纬线方向残留宽度约 28 厘米，因而该织物幅宽应在 28 厘米以上。

东护墙北段六段二阶转角处织物（皇城台织物3），其形貌与皇城台织物2相似，因织物尚未修复清理，织物密度未测定，据织物外观及密度不同可将此织物分为两种。东护墙北段七段三阶第4B层织物（皇城台织物4），小残片，多层叠压。经初步揭展，根据经纬线方向测得织物尺寸为6.5厘米×6.5厘米（图七）。织物共四层，有两道明显的折痕，织物边缘有较多破裂。织物右侧边缘处有明显的折痕和缝边，折叠边宽度约0.6厘米，折边内有缝线。织物为黑色平纹，经线1根，无明显捻向，密度80—85根/厘米；纬线1根，无明显捻向，密度约35根/厘米（图八）。

图六　皇城台织物2第三组织物

图七　皇城台织物4揭展后

图八　皇城台织物4组织结构

东护墙北段八段三阶第4C层织物（皇城台织物5），尺寸3.5厘米×1.5厘米，经表面污染物清除及初步揭展，发现织物两面均有缝线，其中一面的缝线出现在织物表面，另一面的缝线出现在织物边缘折叠处。此残片由两种平纹织物构成，均呈黑色。平纹织物1，经线1根，无明显捻向，密度约50根/厘米；纬线1根，无明显捻向，密度约35根/厘米。平纹织物2，经线1根，无明显捻向，密度约40根/厘米；纬线1根，无明显捻向，密度约25根/厘米。

东护墙北段五段二阶第4B层织物（皇城台织物6），黑色平纹。织物经线1根，有的无捻，有的呈S向或Z向弱捻，出现顺序无规律（图九），有的呈2股S向强捻，密度约25根/厘米。纬线1根，有的无捻，有的为2股S向强捻加单股无捻线，密度约5根/厘米。在少量加强捻的经纬线中，经线强捻的数量较多（图一〇），纬线强捻的数量较少，部分强捻纬线与一股无捻的纺线组合使用，少量强捻经纬线存在逐渐变为无捻的情况。

 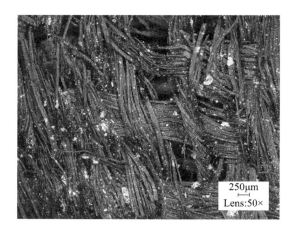

图九　皇城台织物 6 经线 S 捻　　　　　图一〇　皇城台织物 6 经线强捻

四、纤 维 材 质

测年结果显示石峁织物的年代距今4000—3800年，在目前中国考古出土纺织品中属于时代较早的实物，其织物所用纤维材质揭示着史前纺织纤维的应用分布范围及加工工艺水平等重要信息。麻织物等植物类纤维的应用历史非常悠久，而早期丝绸起源及其在国内的分布情况则属于重要的学术问题，因而对石峁织物的纤维材质类型进行科学鉴定十分必要。但因纤维老化严重，导致其材质鉴别难度远大于一般考古出土纺织品纤维的鉴别难度，对劣化严重麻纤维具体种类的区别更是现存普遍难题。本文利用生物显微镜、扫描电子显微镜对纤维剖面及纵面的形貌观察、傅里叶变换红外光谱（FTIR）对纤维化学官能团的分析，以综合判断石峁纺织品的纤维材质。

（一）生物显微镜观察

后阳湾织物 W2 呈灰白色，纤维结构形貌保存不佳，生物显微镜观察显示纤维呈近透明状（图一一）。皇城台织物 1—6 的纤维，均呈黑色。以皇城台织物 4 为例，除纤维边缘外大部分区域均不透光，难以通过纤维纵向形貌特征来推断纤维的种类（图一二）。

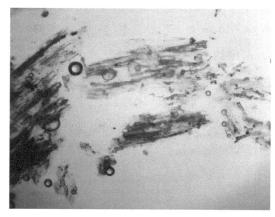 

图一一　后阳湾织物 W2 纤维纵面形貌　　　　图一二　皇城台织物 4 纤维纵面形貌

由于纤维严重劣化，使用纤维切片器难以制作理想的纤维剖面，因而无法从剖面形貌特征来鉴别石峁织物的纤维材质。为此，本文实验过程中采用了树脂包埋样品的制作方法，将纤维样品竖直置于尚未凝固的树脂胶体中，待树脂凝固后，将包埋纤维样品的树脂剖面打磨抛光，磨制出纤维剖面，通过纤维剖面形貌观察来推断纤维种类。为减少纤维在磨制过程中的破损，采用化学高分子材料对纤维样品进行了预加固，再包埋于树脂，然后磨制样品，取得了一定的效果。

　　后阳湾 2012W2 所出织物，由于严重劣化或是因为考古现场曾采用 AC33 加固处理的影响，其样品剖面已无法呈现纤维的典型形貌特征（图一三），因而不能通过形貌观察给出纤维材质结论。从皇城台织物 1 的纤维剖面（图一四）来看，纤维大多呈扁平带状，剖面多呈扁平形，也有少量呈腰圆形、长方形或三角形，总体呈现出劣化后麻纤维的剖面形貌特征。由于纤维劣化变形严重，纤维中腔已不明显，但仍有少量纤维存在可见中腔，未发现胞壁上存在裂纹。与赵向旭等人在亚麻、苎麻、大麻纤维的鉴别研究中制作的苎麻、大麻纤维的剖面样品形貌[3]对照来看，皇城台织物1—3 的纤维材质更接近于苎麻。皇城台织物 4、5 的纤维剖面呈近扁平的三角形，少量纤维剖面呈圆角三角形（图一五、图一六），这与其他天然纤维的剖面形貌有较为明显的区别，与蚕丝纤维的形貌特征基本吻合。皇城台织物 6 因纤维劣化严重，样品剖面形貌不清晰，剖面近似多边形，结合其织物经纬线存在明显捻向的信息，基本可推断其纤维不是蚕丝，为麻纤维的可能性较大。

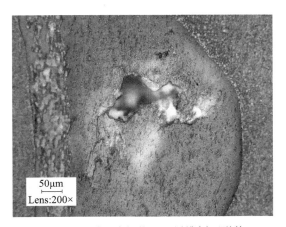

图一三　后阳湾织物 W2 纤维剖面形貌

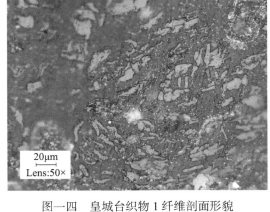

图一四　皇城台织物 1 纤维剖面形貌

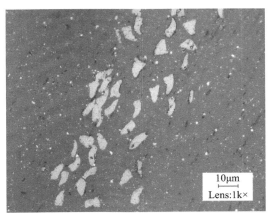

图一五　皇城台织物 4 纤维剖面形貌

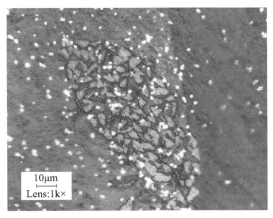

图一六　皇城台织物 5 纤维剖面形貌

（二）扫描电子显微镜观察

为在更高放大倍率影像下观察石峁织物纤维的形貌特征，利用扫描电子显微镜对纤维纵面和剖

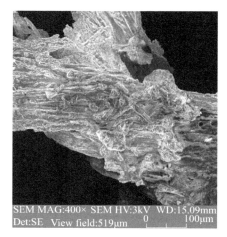

图一七　后阳湾织物 W2 纤维纵面形貌

面形貌进行了观察。后阳湾地点2012W2出土织物的纤维大多板结成块，纤维束结构不清晰，纤维形貌不典型（图一七），纤维剖面也呈现出多根纤维粘连成片的状况，因而无法鉴别其纤维种类（图一八）。皇城台织物1的纤维多呈扁平带状，纵向条纹明显，表面光泽度差（图一九），剖面呈扁平形，中腔虽已变形但仍可辨识，其整体形貌与苎麻纤维吻合（图二〇），这与生物显微镜观察推测的结论一致。皇城台织物4、5的扫描电镜图像与生物显微镜观察结果相同，纤维纵面呈圆柱状，表面光泽度差，存在较多酥粉状劣化产物，纤维剖面呈狭长三角形或圆角三角形（图二一至图二四），此形貌特征与蚕丝纤维基本吻合。皇城台织物6的纤维纵面特征不明显，纵向纤维束粘连板结，表面劣化严重（图二五）。

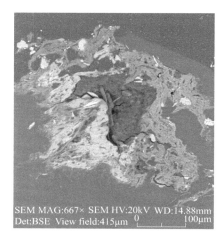

图一八　后阳湾织物 W2 纤维剖面形貌

图一九　皇城台织物 1 纤维纵面形貌

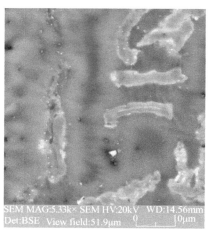

图二〇　皇城台织物 1 纤维剖面形貌

图二一　皇城台织物 4 纤维纵面形貌

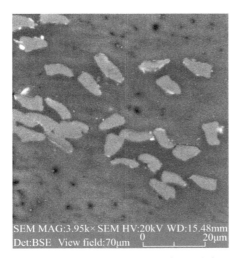

图二二　皇城台织物 4 纤维剖面形貌

图二三　皇城台织物 5 纤维纵面形貌

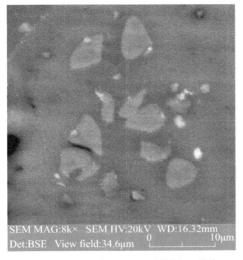

图二四　皇城台织物 5 纤维剖面形貌

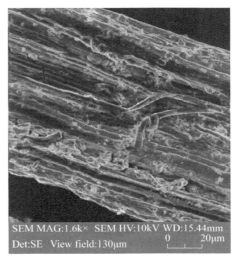

图二五　皇城台织物 6 纤维纵面形貌

（三）傅里叶变换红外光谱分析

后阳湾 2012W2 所出织物的傅里叶变换红外光谱检测结果（图二六），因受考古现场对织物喷涂 AC33 加固剂的干扰以及纤维自身存在的严重劣化等因素影响，导致其红外光谱图存在一定偏差和不确定性。经比对发现，其谱图与苎麻纤维的谱峰位置大体一致，样品所出谱峰与标准苎麻纤维的谱峰位置虽不能一一对应，但谱峰的出峰位置基本在合理范围之内。另外，该谱峰与棉、毛、丝纤维的红外光谱峰存在明显不同，基本可推断该纤维属麻纤维，推测为苎麻纤维的可能性较大。

皇城台织物 4（样品 SM-3）的红外光谱图（图二七），出现的明显吸收峰位于 1653cm^{-1} 和 1545cm^{-1}，这两个特征吸收峰可归属为酰胺Ⅰ带和酰胺Ⅱ带，另外在 1243cm^{-1} 的吸收峰属于酰胺Ⅲ带，这些特征吸收峰的存在说明该样品可能属于蚕丝。现代桑蚕丝的红外光谱图在 1660—1630cm^{-1}（C=O 的伸缩振动）、1540—1530cm^{-1}（N-H 变形振动）以及 1235—1265cm^{-1}（C-N 和 N-H 的伸缩和弯曲混合振动）均可观察到较强的吸收峰，可归属于酰胺Ⅰ、Ⅱ和Ⅲ带（图二八）。对样品 SM-3

与现代桑蚕丝的特征吸收峰相比较可以发现，样品 SM-3 的酰胺吸收带均向高波数位移，大致相差 10cm⁻¹，并且峰的形状也发生了变化，特别是酰胺 I 和 II 带的两个特征峰变得尖锐。考古出土纤维在红外光谱上吸收峰的位移变化可能与纤维发生的严重劣化和降解有关，从而引起了丝蛋白聚合度及结晶度的显著变化。皇城台织物 5（样品 SM-5）的红外光谱图（图二九）与样品 SM-3 相似，可推测其织物纤维同样为蚕丝纤维。皇城台织物 4、5 的红外光谱分析结果与生物显微镜及扫描电子显微镜对其纤维形貌的观察结论一致，可断定这两批织物的纤维为蚕丝，此外在其样品红外光谱谱图上均未发现明显的 960cm⁻¹ 吸收峰，说明石峁丝绸织物的蚕丝纤维不属于柞蚕丝，而是家养桑蚕丝。

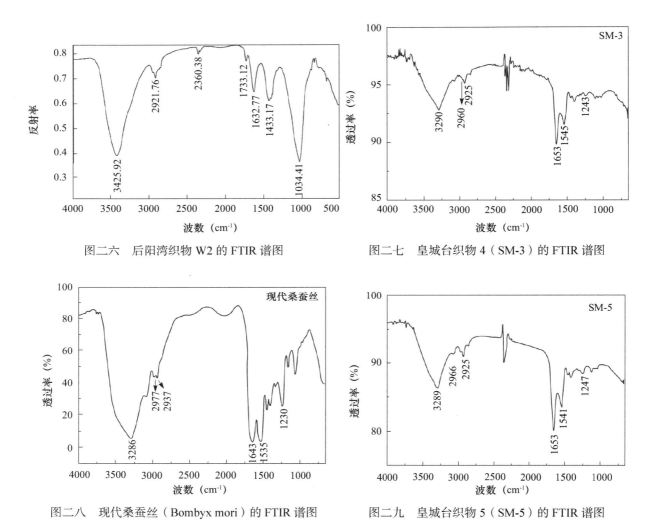

图二六　后阳湾织物 W2 的 FTIR 谱图　　　　图二七　皇城台织物 4（SM-3）的 FTIR 谱图

图二八　现代桑蚕丝（Bombyx mori）的 FTIR 谱图　　　　图二九　皇城台织物 5（SM-5）的 FTIR 谱图

五、相关问题讨论

本文通过对石峁遗址出土纺织品开展的年代测定、纤维鉴别及组织工艺分析等研究，确定石峁织物的年代在距今 4000—3800 年，其纤维包含苎麻和桑蚕丝两种类型，同时对其组织结构、经纬线密度及捻向特征等信息进行了科学观察记录，以上信息为探讨石峁织物相关问题提供了可靠科学数据，对考古出土严重劣化纺织纤维的材质鉴别方法也提供了重要借鉴。

（一）考古出土严重劣化纤维的材质鉴别问题

考古出土史前纺织品多以残留物、痕迹或严重劣化的残渣为主，纤维保存状况不佳，对其进行科学分析及深入研究的难度很大。石峁纺织品因在地下长时间埋藏而严重劣化，织物外观形貌虽得以保存，但纤维原生特征受到了严重削减，导致纤维种类鉴别的难度加大。制作纤维切片，观察纤维剖面形貌是常用的纤维材质鉴别技术，但石峁织物因严重劣化导致切片过程中纤维破碎，难以制作理想的切片来进行纤维鉴别。傅里叶变换红外光谱分析是另一种常用纤维鉴别技术，识别蚕丝纤维的效果相对较好，但区别严重劣化的考古出土麻纤维种类的效果不佳。本研究也曾尝试利用该技术区分石峁麻纤维的种类，但因为麻纤维的主要成分是纤维素，纤维素中大量羟基的热稳定性低，极易在埋藏环境中发生氧化和其他化学反应，导致不同品种麻纤维的化学官能团及其相应的红外光特征吸收发生系列改变，如吸收强度减弱、吸收峰偏移、新官能团产生等，以上因素导致难以利用红外光谱分析技术鉴别严重劣化麻纤维的具体种类。

为解决这一难题，对石峁劣化纤维样品采用高分子化学材料进行了预加固处理，以提高样品强度，减少纤维样品在剖面打磨过程中的破损。将加固后的纤维包埋于树脂，打磨抛光后得到纤维剖面，进而利用纤维形貌观察，比对区分严重劣化的不同种类的麻纤维，得到了较为理想的效果，此技术在严重劣化的石峁蚕丝纤维样品的形貌观察和种类鉴定中也同样取得了良好效果。相对于区别不同种类麻纤维而言，识别蚕丝纤维的难度较低，但磨制严重劣化出土蚕丝纤维样品的难度也很大。

近几年，蛋白质组学法及基于抗原抗体反应的免疫学检测法在古代丝绸残留物及出土织物实物的鉴别中得到探索应用，这两种方法的技术原理及操作方法比传统纤维形貌观察和傅里叶变换红外光谱分析相对复杂。据科研成果，利用上述相关技术，中国科学技术大学科技史与科技考古系科研团队在距今 8500 年的河南舞阳贾湖史前遗址两座墓葬人骨腹部土壤样品中，检测到了蚕丝蛋白的腐蚀残留物[4]，中国丝绸博物馆科研团队对河南荥阳汪沟遗址发现的距今 5500 年左右织物残片进行鉴定，确认纤维材质为蚕丝[5]。酶联免疫技术检测丝绸的原理是利用抗原抗体的特异性识别，将丝素蛋白视作抗原，选择合适的一级抗体与之结合，再通过酶标记或荧光标记的二级抗体将之识别，从而准确获知样品中的蛋白质的成分信息[6]。蛋白质组学法是利用质谱或串联质谱技术鉴定胰蛋白酶消化后样品的多肽序列，根据序列进行蛋白质数据库搜索和同源比对确定多肽的来源，从而鉴定样品中的蛋白质成分[7]。蛋白质组学技术需要配合大型分析设备使用，免疫学方法所用抗体制备难度大，周期较长。上述两种技术灵敏度较高，适用于蛋白质类纤维残留物的鉴定，但样品前处理及分析技术要求也高，推广应用难度较大，可在传统方法无法奏效时选用。相比较而言，本文使用的纤维预加固树脂包埋技术，原理简单易掌握，材料成本低，所需仪器仅为显微观察设备，对蚕丝和麻纤维的鉴别均有效，该技术具有较好的推广应用价值。理论上说，只要织物或纤维的外形还在，就可以通过对纤维样品预加固后包埋于树脂，然后磨制纤维剖面以观察其形貌特征，绝大多数情况下均可以初步辨识纤维的种类，辅以其他佐证分析手段基本能断定考古出土劣化严重纤维的种类。

（二）石峁织物的纺织工艺水平问题

石峁遗址出土纺织品数量很少，除后阳湾地点瓮棺葬内的织物确定为墓主人随葬品之外，其余织物残片的形制和功用均难以推断。其中两片织物呈现为四层织物上下叠压且由缝线缝合的结构，有的为内外两层织物分别缝合，有的有明显的折痕和缝边，以上证据可证实石峁出土织物为服饰或其他器物的残片。四层织物内外两层分别缝合的现象值得关注，揭示了石峁服饰或由衬里和表层双层织物构成的可能，但因织物残缺严重，多为小残片，目前已获信息还难以复原石峁先民的服饰形貌。

石峁织物上发现了与服饰结构有关的折边、缝边、缝线及织边等，如在皇城台织物2上发现了保存下来的单侧织边。织边是织造过程中形成的织物典型特征结构，两侧织边之间的宽度即幅宽，幅宽从侧面反映织机的宽度。皇城台织物2在纬线方向的现存宽度约28厘米，因此该织物的幅宽至少在28厘米以上。目前已知史前织物的幅宽数据相对较少，新疆小河墓地出土数件经头经尾幅边尚存的毛织斗篷，从尺寸来看，这些毛织物的幅宽0.5—1.6米[8]。史前丝麻织物的幅宽数据尚未得到出土实物的证实，随着石峁织物后续清理工作的深入，或可发现在连续织物上保存的双侧幅边或经拼对后证实为连续织物的双侧幅边，进而可推断石峁丝麻织物的幅宽及所用织机的情况。

目前所知石峁出土织物全部为平纹，经纬线的捻向绝大部分为S向或无明显捻向，经纬线捻度及加捻均匀度不高。几片麻织物的经纬线密度不同，但大致在同一区间之内。丝绸织物的经纬线密度远高于麻织物，其经线密度为80—85根/厘米，纬线密度约35根/厘米，与现代丝织品的经纬线密度相差不大。相较于麻织物经纬线绝大部分以S向加捻的典型特征，丝绸织物的经纬线均无明显捻向。有观点认为，缫丝技术在新石器时代已经出现，并指出浙江湖州钱山漾遗址出土绢片的丝纤维呈平直状，无捻，应为缫丝所得[9]。对荥阳青台遗址出土蚕丝纤维的研究认为，仰韶文化时期的先民已能利用温水溶解丝胶，进行多粒蚕茧的合并抽丝，以适应制帛时做经丝和纬丝使用[10]。缫丝指将若干根茧丝同时抽出并利用丝胶粘着在一起的操作工艺，是蚕丝织造过程中的重要技术环节。对比上述遗址蚕丝纤维的观察结果，结合石峁丝绸经纬线的捻度特征，推断石峁丝绸蚕丝也极有可能为缫丝所得。石峁遗址及青台遗址出土麻织物的经纬线均发现了明显的捻向，印证了利用纺轮对麻纤维进行加捻的技术在这两个区域的不同时期均已被广泛利用的事实，但在这两处遗址出土丝绸织物的经纬线上却未能发现明显捻向。这可能与茧丝可借助丝胶的黏着力并合成丝线，而麻纤维属于短纤维，不加捻无法制得长麻线有关[11]。加捻可让分散的纤维获得纵向摩擦力，让单条纤维紧密抱合，从而使纱线的整体强度得到明显增加，便于织造成织物。相对于麻纤维而言，蚕丝更细更长，对其加捻合股为纱线的难度较大。从这一角度看，史前时期对单股蚕丝并丝或加捻合股的技术可能尚未出现或尚不成熟。但有研究认为，"河姆渡第一期发掘中，在第四文化层还发现两件'工'字形纺轮（Ⅳ式T1④：25），其形制和藁城台西商代遗址标本T13⑧157及唐山古冶夏家店下层文化标本T6②：58，极相似，这种纺轮据已故纺织学家王若愚先生鉴定，是一种与捻丝十分有关的绢纺纺锭"[12]。这种纺轮，"也有称之为滑轮……其形状大小均与后世手摇锭盘相仿，经考古学家反复研究，基本肯定是手摇纺车的零件"[13]。依此观点，意味着在距今近7000年以前，已出现纤维加捻机械，并可能织造出强捻经纬线的织物。但在仰韶文化晚期及龙山文化时期遗址出土丝绸实物的经纬线上均未见明显捻向，这一现象难以支持用于蚕丝加捻合股的手摇纺车或简单机械早已在 7000 年前已经出现的推断。

织物组织结构方面，除了普通平纹织物外，在石峁麻织物上出现了似纬重平组织，其双根经线的出现位置无规律。河南安阳殷墟妇好墓出土青铜器印痕上的重平织物组织可能是已知最早的重平织物，印痕中发现了二上二下的纬重平、经重平和方平组织[14]，同类织物在河南信阳春秋时期黄君孟夫妇墓中也有发现[15]。石峁麻织物的时代远早于妇好墓，虽然双经出现的位置不规律，在不考虑河姆渡等遗址出土草编席上的类似重平组织的情况下，或可将石峁似纬重平织物看作是重平组织织物的雏形或前身。除不规律分布的双经之外，两股 S 向强捻线与单股无捻线一起作为经纬线使用的情况在石峁织物上偶有发现，经线为两股 S 向强捻的情况较多，也有少量强捻经纬线逐渐变为无捻的情况。因织物保存面积有限，这些特殊现象的原因有待进一步分析，不排除织物中偶然出现的两股强捻经纬线为废旧线绳二次利用的可能性。

在时代远早于石峁遗址的中原仰韶文化遗址中已多次发现丝织罗织物。罗织物的织造难度远大于平纹及重平组织织物，这或许从一个侧面说明石峁遗址出土织物的纺织技术相对落后于中原地区史前纺织技艺。另外，本研究中对石峁织物进行了染料分析测试，但未能发现纤维上残留染料成分，说明织物可能原本未经染色，或曾经染色但染料已劣化无存，或其残留染料存量过低，仪器分析难以检出。目前所知，最早的中国史前染色织物为荥阳青台遗址出土的浅绛色罗织物[16]，其时代远早于石峁遗址。虽然如此，在石峁麻织物中发现了目前已知最早的似重平组织，结合多层织物的缝合结构以及皇城台东护墙北段上部弃置堆积内发现的完整骨针制作链[17]、打纬刀等有关服饰纺织工具，也足以说明以石峁族群为代表的河套地区先民已经掌握了较高水平的纺织技术。

虽然在对石峁遗址出土木种的鉴定中未发现桑树，但不能因此排除石峁遗址周边曾有蚕桑养殖的可能性。研究表明，距今 4000 年左右石峁遗址周围以草原为主，有小树林、草原、水域和沙漠，为半农半牧区[18]，对陕西神木木柱柱梁遗址与神圪垯梁遗址动植物遗存的研究认为距今 4000 年前陕北的生业方式以农业种植为主，兼有家畜饲养[19]，石峁遗址皇城台地点出土植物遗存经鉴定不少于 30 种，植物中常见松科，结合对出土动物遗存的鉴定，揭示距今 4000 年前石峁遗址周边呈现的是"松林密布、鹿鹤双行"的自然景观[20]。这样的自然环境理论上同样适宜桑树种植，石峁族群在本地植桑养蚕的自然条件是具备的，当然并不能因此而断定石峁丝绸原材料产自遗址所在地，其通过与外部集团交换而来的可能性同样存在。

（三）中国丝绸的起源问题

可用于丝绸起源问题研究的资料包括多种，如历史传说、与蚕形象有关的早期玉石器和陶器、出土的蚕茧和纺织工具以及丝绸痕迹、残留物和丝绸织物等，其中最可靠也是最直接的资料是经过科学测年的考古出土丝绸实物。本文的研究对象，石峁遗址出土丝织物的年代为距今 4000—3800 年，纤维鉴定结果证实了丝绸的存在，且确认为家养桑蚕丝织造而成，这是将石峁丝绸置于中国早期丝绸起源研究范畴的材料可靠性前提和科学基础。

距今 7000 年的浙江余姚河姆渡遗址出土的牙雕，刻有四对虫形形象，可能为目前已知最早的蚕形雕刻[21]，山西芮城西王村仰韶文化遗址陶蚕蛹[22]、江苏梅堰新石器时代遗址蚕纹黑陶壶[23]

以及河南巩义双槐树遗址牙雕蚕[24]等与蚕有关的遗物均为距今5000年前后古人对桑蚕技艺关注或利用的真实反映。

除与桑蚕有关的考古出土器物之外，诸多的早期丝绸残留物、蚕茧及织物更直接实证了中国悠久的养蚕织丝历史。残留物方面，在距今8500年的贾湖史前遗址墓葬人骨腹部土壤中，检测出蚕丝蛋白的腐蚀残留物，根据遗址中发现的编织工具和骨针综合分析，认为贾湖居民可能已掌握了基本的编织和缝纫技艺，并有意识地使用蚕丝纤维制作丝绸[25]。蚕茧实物方面，最著名的当属发现于山西夏县西阴村仰韶文化遗址的半颗蚕茧，虽然关于蚕茧的时代真实性曾有不同的观点，但经国内外专家多次研究推测为家养蚕茧[26]或桑蟥茧[27]。丝织实物方面，20世纪80年代末荥阳青台新石器时代遗址瓮棺内出土织物的纤维剖面呈三角形，无捻，经鉴定为距今约5500年的桑蚕丝，织物组织结构包括平纹和罗织物，其中一件织物被推测可能经练染后着色，着色剂可能为赭铁矿[28]。近年，荥阳汪沟遗址出土瓮棺内罗织物残片经酶联免疫检测技术确认为蚕丝，时代亦为距今约5500年。在南方地区，湖州钱山漾遗址1958年考古发掘出土纺织品（T22）[29]的纤维鉴定结果为麻和丝纤维，丝织品有绢片、丝带、丝线等[30]，麻纤维以苎麻为主，测年结果为最早距今约4700年[31]。在钱山漾遗址的近期考古发掘中，同样出土了纺织品，但未发现蚕丝纤维，同时结合测年数据分析，推定钱山漾遗址出土标本的年代为距今4400—4200年[32]，新近考古发掘未发现蚕丝并不能直接否定钱山漾遗址1958年出土织物中可能含有丝绸的结论。

在石峁丝绸经研究证实之前，早期丝绸曾先后发现于湖州钱山漾遗址和荥阳青台及汪沟史前遗址。荥阳青台及汪沟遗址出土了经着色的罗和平纹丝绸织物，石峁及钱山漾遗址出土丝绸中只有平纹，未发现着色，罗织物的织造难度大于平纹，青台及汪沟遗址的时代远早于钱山漾及石峁遗址。以上信息或暗示了中国早期丝织工艺较早出现于中原地区，或者说史前时期中原地区丝织工艺水平领先于其他区域的可能性。

由于中原地区及北方地区史前丝绸及相关遗物发现时间相对较晚，而在长江下游地区发现较早，因此部分学者曾认为中国蚕桑丝织业最先在长江下游地区兴起[33]，由南向北逐步传播到中原地区。河南仰韶文化史前遗址出土丝绸实物，揭示中原地区也曾是丝绸纺织技术的发达区域或起源地之一，石峁丝绸的出土更是将史前丝绸的出土区域扩展到陕西北部乃至河套地区。另外，有研究结合《史记·五帝本纪》中"淳化虫蛾"的记载，从野蚕与家蚕形态和运动方式的变化证明河南巩义双槐树遗址所出牙雕蚕是家蚕的原型，进一步证明在距今5500—5000年前的黄河中游地区已完成了野蚕家化[34]。目前的实物证据揭示，中原地区史前丝织业可能早于陕北至河套地区以及长江下游地区，其出土丝绸织物的组织工艺、着色工艺及丝织工艺水平也可能同样领先于其他地区。但目前的资料还难以支撑开展中国早期丝织工艺起源及技术传播路线的研究，现阶段的综合信息揭示河南等中原地区可能是中国丝绸的起源地或至少是早期丝织技术发达区域之一。

另外，史前丝绸在墓葬或遗址中的出土位置及其所反映的问题也值得关注。荥阳青台遗址及汪沟遗址的丝绸均发现于瓮棺葬，石峁遗址也发现有瓮棺葬，但其包裹孩童尸骨的织物为麻织物。利用瓮或罐等陶器作为葬具来安置死者的葬俗起源于史前时期，用作瓮棺的陶器上常钻出小孔，小孔被认为是死者灵魂出入的通道[35]。有观点认为，用丝织物或丝绵将瓮棺内的尸骨包裹起来，等同于做成一个人为的茧子，可起到助逝者灵魂升天的作用[36]。丝绸包裹尸骨用于丧葬的作用，在古代文献中也有所反映。《礼记·礼运》载："昔者先王……未有麻丝，衣其羽皮。后圣有作……治其麻丝，以为布帛，以养生送死，以事鬼神上帝，皆从其朔。"[37]依此可知，起初古人生产麻布以供日常使用，生产丝绸以供埋葬尸骨所用。值得注意的是，青台遗址所见四座瓮棺葬中，T11W164内发现了丝绸和麻织物，另三座则仅使用麻织物[38]。上述青台及汪沟史前遗址和石峁遗址的瓮棺葬，分别使用了丝和麻两种不同等级的织物包裹尸骨，这一现象可能与墓主人的财富或社会等级差异有关，也可能从侧面揭示了史前丧葬观念的逐步转变过程，麻织物在这一时期可能已作为丝绸的替代品逐步用于包裹尸骨，以起到助逝者灵魂升天，再获重生的功能。

六、结　语

石峁遗址的发现引起了学术界关于中国文明起源与形成过程多元性的再反思，对于探索中华文明起源及早期国家形成具有重要启示意义。本文对石峁出土纺织品的研究以及对中国丝绸起源问题的分析为探讨上述问题提供了新的视角和科学数据。石峁遗址出土的部分纺织品为家养蚕丝丝绸的科学分析结论及与其他史前丝绸的对比研究揭示，史前丝绸在长江中下游、中原地区及河套地区均有分布，以石峁族群为代表的河套地区先民已掌握了较高水平的纺织技术，但其工艺水平不代表同时期中国丝织技艺的最高水平，河南等中原地区可能是中国丝绸的起源地或者至少是早期发源地之一。随着未来对更多史前丝绸实物证据的科学认知，对中国丝绸的起源、传播与分布问题的研究将会取得更多详实可靠的新认识。

注　释

［1］　陕西省考古研究院等：《陕西神木县石峁遗址后阳湾、呼家洼地点试掘简报》，《考古》2015 年第 5 期。

［2］　孙周勇等：《石峁文化的命名、范围及年代》，《考古》2020 年第 8 期。

［3］　赵向旭等：《亚麻、苎麻、大麻纤维的鉴别研究》，《中国纤检》2010 年第 15 期。

［4］［25］　Y Gong, et al. Biomolecular evidence of silk from 8500 years ago, PLOS ONE, 2016, 11 (12).

［5］　张紫赟：《从"手铲释天书"到"慧眼览古幽"——科技考古面面观》，《新华每日电讯》2022 年 8 月 16 日第 4 版。

［6］　龚钰轩等：《现代科学技术在皮革文物中的应用进展》，《中国皮革》2023 年第 1 期。

［7］　周杰等：《基于蛋白质组学的蚕丝蛋白质组分分析》，《浙江理工大学学报（自然科学）》2023 年第 3 期。

［8］　新疆文物考古研究所：《新疆罗布泊小河墓地 2003 年发掘简报》，《文物》2007 年第 10 期。

［9］［30］　徐辉等：《对钱山漾出土丝织品的验证》，《丝绸》1981 年第 2 期。

［10］［38］　郑州市文物考古研究所编著：《郑州文物考古与研究》（一），科学出版社，2003 年，第 128—135 页。

［11］　高汉玉：《从出土文物追溯蚕丝业的起源》，《蚕桑通报》1981 年第 1 期。

［12］　唐云明：《我国育蚕织绸起源时代初探》，《农业考古》1985 年第 2 期。

［13］　陈维稷：《中国纺织科学技术史（古代部分）》，科学出版社，1984 年，第 56 页。

［14］　中国社会科学院考古研究所：《殷墟妇好墓》，文物出版社，1980 年，第 18 页。

［15］　河南信阳地区文管会、光山县文管会：《春秋早期黄君孟夫妇墓发掘报告》，《考古》1984 年第 4 期。

［16］［28］　张松林、高汉玉：《荥阳青台遗址出土丝麻织品观察与研究》，《中原文物》1999 年第 3 期。

［17］　陕西省考古研究院等：《陕西神木县石峁城址皇城台地点》，《考古》2017 年第 7 期。

［18］　胡松梅等：《2012—2013 年度陕西神木石峁遗址出土动物遗存研究》，《考古与文物》2016 年第 4 期。

［19］ 郭小宁：《陕北地区龙山晚期的生业方式——以木柱柱梁、神圪垯梁遗址的植物、动物遗存为例》，《农业考古》2017 年第 3 期。

［20］ 孙周勇等：《石峁遗址：2017 年考古纪事》，《中国文物报》2018 年 6 月 1 日第 5 版。

［21］ 浙江省文物考古研究所：《河姆渡——新石器时代遗址考古发掘报告》，文物出版社，2003 年，第 283—285 页。

［22］ 中国科学院考古研究所山西工作队：《山西芮城东庄村和西王村遗址的发掘》，《考古学报》1973 年第 1 期。

［23］ 江苏省文物工作队：《江苏吴江梅堰新石器时代遗址》，《考古》1963 年第 6 期。

［24］［34］ 陈隆文：《黄帝淳化虫蛾与双槐树牙雕蚕》，《中原文化研究》2021 年第 3 期。

［26］ 蒋猷龙：《西阴村半个茧壳的剖析》，《蚕业科学》1982 年第 1 期。

［27］ 布目顺郎：《山西省西阴村出土的仰韶期茧壳について》，《日本蚕丝学杂志》1968 年第 3 期。

［29］ 浙江省文物管理委员会：《吴兴钱山漾遗址第一、二次发掘报告》，《考古学报》1960 年第 2 期。

［31］ 周匡明：《钱山漾残绢片出土的启示》，《文物》1980 年第 1 期。

［32］ 浙江省文物考古研究所、湖州市博物馆：《钱山漾：第三、四次发掘报告》，文物出版社，2014 年。

［33］ 周颖：《丝之源——湖州钱山漾》，《丝绸》2006 年第 6 期。

［35］ 许宏：《略论我国史前时期瓮棺葬》，《考古》1989 年第 4 期。

［36］ 赵丰：《丝绸起源的文化契机》，《东南文化》1996 年第 1 期。

［37］ （清）阮元校刻：《十三经注疏（清嘉庆刊本）·礼记正义》，中华书局，2009 年，第 3066 页。

（原载于《考古》2023 年第 5 期）

六、争鸣与讨论

石峁和中国早期国家的崛起

Yitzchak Jaffe　Roderick Campbell　Gideon Shelach-Lavi　著

宗天宇　译

　　石峁遗址位于陕西省东北部，是当今中国考古学界关注的热点问题。自 2012 年以来，该遗址多次被列入中国重要考古发现名单，甚至被首届上海考古论坛选为世界十大考古发现之一。由于其独特的性质和其发掘人员所做的杰出工作，石峁本可以形成一个新的研究重点，即通过系统的实地工作和严格的模型构建。然而石峁遗址的发掘被归入传统研究思路中，传统思路支持线性历史观，更加重视它与中原王朝崛起的关系。我们将在这里论证另一种研究思路，即将石峁中心视为一个区域势力的核心，该势力与中原地区的发展平行，但不一定相关。

　　石峁遗址位于陕西省东北部，是当今中国考古学界关注的热点问题。自 2012 年以来，自 2012 年以来，该遗址多次被列入中国十大（或六大）考古新发现名单，甚至被首届上海考古论坛选为世界十大考古发现之一。

　　由于遗址规模大，年代早，位置佳，石峁很快成为中国早期国家形成的学术研究的热点。地处陕西省北部的高原地带，石峁遗址的发现不仅进一步质疑了黄河流域作为中国文明摇篮的身份，以及其最早的复杂政体的所在地（Renfrew and Liu, 2018; Sun et al., 2018），而且还颠覆了此前主流的中国考古学对公元前第三个千年末中心与外围的认识（Jaang et al., 2018）。然而，尽管石峁遗址所做的工作意义重大，我们还是认为最近许多关于石峁的认识是矛盾的：主要是为了加强导致早期中国王朝在中原地区崛起的线性历史。我们进一步认为，在匆忙采用这种传统的认识，来破坏遗址本身使其与中国史前史的相关假设相一致的过程中，使得该领域正在偏离自世纪之交以来越来越多地使用的严谨、系统、科学的方法。相反，我们看到了一种投机文化历史解释方法的回归，这种方法用来加强和证明传统历史认识中所包含的"事实"。我们和其他人曾认为，当东亚史前最早阶段的历史学家和考古学家通过更知名的历史时期的投影来解释遥远的过去时，这种趋势尤其成问题（Campbell, 2014, 2018; Lee, 2002; Shelach-Lavi, 2019a, 2019b; Shelach-Lavi and Jaffe, 2014; von Falkenhausen, 1993）。对中国史前史的这种线性的、不合时宜的解读，反过来又造成了一种错误认识，认为中国社会和文化的发展是同质的，没有中断。因此，从大约 8000 年前的新石器时代开始到周代（约公元前 1050—前 221 年），在中国不同地区繁荣了数千年的社会和文化，并没有按照它们本身的条件进行分析，而是与关于一个假设的永恒的中华民族本质的固定观念相关。

尽管我们发现的更大的问题不仅限于石峁，甚至不一定只限于中国考古学，但石峁的悖论最明显地揭示了这些问题。石峁遗址由于其独特的性质、早期的年代和位置，以及其发掘人员所做的杰出工作，应该促进对地区传统的系统探索和自下而上的文化历史建设的持续研究。它可以为我们用不那么单一的术语来重新思考中国史前史提供一个基础。然而，石峁遗址的发掘被归入了支持线性历史观的传统认识中，并特别关注其与中原王朝崛起的关系（即中国文明发展的传统核心）。我们将在这里论证关于石峁遗址的另一种研究方法，即将石峁中心视为一个区域势力的核心，该势力与中原地区的发展平行，但不一定相关。

一、石峁遗址

石峁遗址位于鄂尔多斯地区东北部，黄河大弯内。地处黄河主要支流秃尾河的上游河谷。遗址周围的地貌以黄土山脊和丘陵为主，海拔1000—1300米。目前的年平均降水量约为400毫米。与黄河流域及其以南的大多数位于平坦的土地上的大型遗址不同，石峁遗址通常分布在一系列被侵蚀的山顶。

石峁遗址目前可追溯到公元前2300—前1800年，该遗址的不同部分归因于这500年占领跨度的不同阶段（Jaang et al., 2018; Sun et al., 2018）。年代测定基于对在遗址表面收集以及发掘出来的陶器和其他类型文物的分析。目前，只有三个 ^{14}C 测年日期，全部来自对遗址东门区域采集的样本进行的年代测定（Sun et al., 2018）。根据最新估算，石峁遗址占地面积约400公顷（孙等，2018），如果估算无误，石峁遗址将成为中国最大的新石器时代遗址[1]。稍早的陶寺遗址和二里头遗址的面积估算约为300公顷（He, 2013; Liu and Xu, 2007）。只有500年之后，二里冈遗址的面积才超越石峁——它的外墙占地约1500公顷（袁和曾，2004）。

石峁遗址分为两重城址（图一）：①内城位于秃尾河上方（以东）的山脊上，被一堵石墙包围，面积约210公顷。②外城与内城的东墙相连，其余的三面城墙由石墙划分，占地约190公顷。石峁遗址目前只有少数几个区域开展了发掘工作，其中最主要的是皇城台区域，通常被认为是宫殿中心。皇城台位于内城西侧附近的土丘上，土丘的斜坡被平行的石墙分割成了梯田。皇城台的顶部是一个大的平面，占地约8公顷，发掘出土了大型建筑基址遗迹，包括一个大型石制大门和大量的夯土建筑基址；通向它的小通道突出了该结构的受限性质（Sun et al., 2018）。用于建造这个平台的石头部分是凿成的，其中插入了许多带有雕刻图案的精美装饰石板。另一个精心制作的石制大门，即所谓的外城东门，出土于"外城"墙的东北部。大门包括安装了一条挡板的入口通道和巨大的角塔。这种建筑风格在中国很少见，最近的研究将该建筑群与古埃及和美索不达米亚的城门进行了比较（国等，2016）。据报道，在东门地基下及其附近区域的挖掘中，发现了有1—24个人类头骨被集中放置在坑中（Sun et al., 2018）。

在位于东墙旁边的"内城"的韩家圪旦地区发现并发掘了居址建筑。考古学家在同一区域发现了27个灰坑和41个墓葬，旁边是31个半地穴或地穴式房屋（或"窑洞"；孙等，2016）。这些房屋的面积相对较小：有些面积仅为8—10平方米，但其中几个房间可能相互连通，形成复杂的结

图一　石峁遗址布局

构。只有少数遗迹进行了发掘和报道；因此，关于社会分化问题的认识是有限的，更多的是基于出土遗物，例如一个房址中发现的鳄鱼骨板，以及其他地方丰富的墓葬中是否存在类似的骨骼（孙等，2015），一些人认为该遗址的居民之间存在一定程度的不平等（Jaang et al., 2018）。石峁墓葬同样很少进行发表，也能够揭示社会分化和丧葬习俗问题：一些墓葬是石板墓，另一些是不同深度的竖穴土坑墓（孙等，2015，2016），每个墓葬的建造都需要消耗不同程度的劳动力，这可能与墓葬中不同数量和质量的随葬品相匹配。

石峁是大规模玉石消费的中心（目前，该遗址实际生产玉石的证据很少）。据估计，在系统发掘之前，石峁收集了数千件玉器，其中许多最终落入私人收藏家或外国博物馆的手中，自 2012 年以来，还有更多的玉器被发现（Sun at al., 2018）。最典型的文物是大型玉器（玉铲，玉刀；王和孙，2011）。其中一些玉器的长度超过 20 厘米（Han, 2016）。有趣的是，虽然一些玉器是从墓葬中发现的，但大多数是在日常使用的环境中发现的。该遗址的一个独特之处是在石块之间的缝隙中将玉刀片插入石墙（孙等，2013）。其他重要发现包括小型青铜器和铜制品，例如铜刀和铜手镯（Sun et al., 2018）。

二、在中国历史和神话背景下理解石峁遗址

石峁遗址在当今学术名声和知名度不是一蹴而就的，事实上，石峁并不是一个新发现。20 世纪 20 年代出土并运往德国的玉器收藏品很可能最初来自该遗址。石峁遗址进行过几次考古调查，在 20 世纪 70 年代初期，它已被确定为一个大型新石器时代遗址（戴，1977）。然而，它的年代最初存在争议，包围它的大型石墙并没有被考古界认为属于新石器时代（孙等，2013）。石峁遗址的重要性直到最近才被认可，这很可能是由于其独特的建筑风格和位置——位于被认为是中国传统中心"外围"的区域（Jaang et al., 2018）。只有在 2011 年重新开始对遗址的广泛调

查，以及随后在2012年进行的发掘（孙等，2013），该遗址才开始在学术和公共领域获得目前的突出地位。因此，系统性研究表明，尽管石峁遗址位于中国传统"历史"叙事坚持认为不应该有任何重要意义的地方，但实际上规模非常庞大且年代非常早（Jaang et al., 2018; Sun et al., 2018）。

在2012年开始的发掘之后，具有讽刺意味的是，石峁遗址已被视为中华文明发展的核心组成部分，现在经常被提及为重建中国早期历史的重要组成部分。此类讨论可分为两大类：①石峁遗址与黄帝等传奇和半传奇人物的关联；②中华文明演变的线性观点，其中石峁遗址被描述为中国历史上的第一个国家。下面，我们分析这两个学派提出的主要论点，并分享一些基本假设和问题。

1. 石峁与中国神话英雄

石峁成名后，中国学者开始将其与远古时代的人物联系起来。在这些早期文化英雄（很像圣经中的歌利亚或诺亚）中，石峁最常与黄帝联系在一起。越来越多的论文建立了这种关联，其学术质量各不相同；有些人几乎逐字接受历史文本的叙述（沈，2016；韩，2019a），而另一些人则更加批判并更广泛地使用考古材料（Lu, 2016）。然而，基本的方法是相同的：他们分析了公元前一千年末的史料中对黄帝的描述，例如史记、尚书[2]、国语和左传，根据他们对这些文本的解释，评估他生存的假定年代和他主要的活动区域。然后，他们认为两者都非常适合石峁遗址的时间跨度和位置。这样分析的必然结论是，石峁一定是黄帝的都城。沈长云（2018）提出了一个稍微复杂一点的模型，他认为黄帝实际上是周族的文化英雄，后来不同民族联合起来成为民族英雄。形成中国人（或华夏民族）。因此，沈将石峁与周人的发源地联系在一起。另一种认识是，石峁是一个名为西夏的不知名势力或部落的中心（Xi Xia 西夏；张，2015）。这个想法是基于同样松散的史学方法论和对晦涩的晚期逸周书中几句话的解释。

这些以及其他将石峁与神话人物或势力相对应的努力当然不是纯粹的学术现象。近年来，这些人物在中国的声望一直在上升。一方面，他们重新成为杰出的宗教人物，在中国各地开设了供奉他们的寺庙（McNeal, 2015）。另一方面，许多学者和外行人在接受"中国五千年历史"的叙述时（周，2017），将这些公元前一千年晚期的文化英雄视为真实的历史人物。更重要的是，从我们的论点来看，需要将位于历史中国周边地区的史前巨型中心石峁与仅从该遗址后至少1500年的文字中记录的中国古代文化英雄联系起来，这表明我们需要将中国史前史的不同线索归结为一个单一的民族故事。

2. 石峁与中华文明的长期轨迹

研究石峁的一个更常见的方法是拒绝使用神话和传说，同时重构中国社会从史前时代到历史时代演变的长期轨迹。这种方法在国内外考古学家中广为流传，拒绝使用可疑的历史记录，并批评后来文本中讲述的关于远古的故事[3]。然而，这种方法或明或暗地接受了这些资料的基本观点将中国人民和文化的演变描述为一个单线的进步过程。

按照这种模式目前的表现，虽然中国的许多地区都对中国文化及其政治制度的形成做出了贡献，但在这一长期轨迹的任何一点上，都只有一个主要中心。因此，根据这一模式，在公元前

3000 年末和前 2000 年初，石峁成为华北最重要的政治中心，这一认识进一步导致学者们将石峁视为中国最早的国家（孙，2016a）。

部分学者描绘了一个渐进的过程，石峁首先成为区域中心，然后在公元前 2000 年左右扩张并最终控制了黄河流域中部的大部分地区——中华文明的摇篮（Jaang et al., 2018）。按照这个轨迹，公元前 1800 年左右，石峁国家政权解体，政治中心迁往二里头，二里头成为"中国"的新都。有学者提出石峁的消亡和政治中心南移至二里头（今洛阳附近）是由于石峁地区的气候变化和生态条件恶化所致（Sun et al., 2018），但更多的是需要开展工作来证明气候变化、环境影响和人类反应之间的关系（Jaffe et al., 2021）。重建往往不仅需要假设最高政治中心从一个地方到另一个地方的移动，还需要假设人们的实际移动。例如，罗森（2017）认为，基于玉饰的相似性，石峁精英很可能在公元前二千年早期中心消亡后南迁，并将新技术和风格带到了新兴的二里头中心。事实上，正如石峁的消亡与二里头的崛起有关，人们认为二里头是由迁移人口所建立的后来的遗址（张等，2019），最新的研究表明陶寺也有类似的发展。因此，一些学者认为，石峁的权力上升可能是陶寺衰落以及陶寺在内乱中垮台后精英移民的（部分）原因（孙，2018）。

三、对传统模式的批判

正如我们在其他地方所争论的那样，中国史前史发展的单线观点是非常有问题的（Campbell, 2009; Shelach-Lavi and Jaffe, 2014）。我们反对它有几个事实依据：首先，与单线观点的主要组成部分相反，在新石器时代晚期和青铜时代早期，华北不同地区存在同时代的大型遗址和复杂的政体。公元前三千年后半叶，黄河中下游地区共存有 20 多处城址，有些规模非常大。山西的陶寺是这些遗址中最令人印象深刻的，其围墙面积约 280 公顷，其中发现了大型公共建筑群和家庭建筑的遗迹（He, 2013），而其他地区的同时代中心，如湖北的石家河遗址或山东的尧王城遗址也同样广阔（Campbell, 2014）。社会复杂化出现的证据包括大型防御工事的建设，这在长江上游、中下游和下游流域等许多地区都有发现（Flad and Chen, 2013; Shelach-Lavi, 2015）。与普遍持有的观点相反，在公元前 3000 年末和公元前 2000 年初，几个大型区域中心与较早的石峁和较晚的二里头遗址并存（Campbell, 2014; Shelach-Lavi and Jaffe, 2014）。

其次，对石峁军事扩张的重建（Jaang et al., 2018）和关于二里头军事扩张的类似论点（Liu, 2004）是基于在不同地区发现的陶器的一些非常基本的相似性。相似陶器风格的分布被用来表示特定环境中的政治同质性和统一性。然而，我们认为目前还并没有充足的证据来证明这些地点中的任何一个都控制了一个从其中心延伸势力范围超过 500 千米的区域，更不用说它们拥有管理如此大的领土所需要的复杂政治机构。

这些观察并没有削弱石峁的重要性。我们同意许多将其视为其周边地区政权核心的观点。关注遗址的这一方面引发了关于其影响性质和领土控制范围的重要问题。例如，孙周勇等人主张石峁权力的依据主要是由于他们认为需要提取大量劳动力和资源来建造上述巨大的石制防御工事（Sun et al., 2018）。在东门附近发现的头骨坑被视为使用暴力的支持性证据。对在同时期的朱开沟遗址中发现的头骨和肢骨的形态相似性进行的相关研究，使一些人认为这是朱开沟文化和人民有力融入石峁政体的良好证据（Jaang et al.，2018）。几个相邻地点的衰落和最终废弃向一些研究人员表明，石峁从属于其附近较小的中心的过程（卫等，2018）。

王炜林、郭小宁（2016）主张石峁领导阶层具有双重宗教和经济角色［孙等（2017）也提出了类似的论点］。他们注意到与大量玉器（一些放置在石墙的石头中）相比，在该遗址发现的武器数量较少。此外，他们认为皇城台的祭台与大型墓葬的结合，还有殉人和头骨坑，反映了石峁统治者的宗教权力基础。最后，商品生产和分配的重要性也被那些从经济轴上看待石峁区域功能的学者所重视。在邻近的同时期遗址发现类似的玉器，尽管数量较少且质量较差，这表明石峁还充当了再分配中心，与邻近遗址进行商品交易以获得青睐甚至建立宗教霸权（王和郭，2016）。以数千件成品、预制件、扣件和半成品的形式发现了骨针生产车间的证据，以及可能用于制造它们的各种石器（孙等，2017）。由于青铜器（主要是刀和小饰物）年代较早，而且位于黄河以北，甚至有人提出石峁是青铜器技术进入中华文明的传统中心的切入点（Jaang，2015；孙等，2017）。

虽然关于宗教、经济和暴力的融合的政治权力和霸权模式对我们理解区域社会政治轨迹具有重要意义，但这些讨论的大部分仍然与"国家"层面有关，即崛起青铜时代中原的中国国家与身份认同。在其他地方，我们（Shelach-Lavi and Jaffe，2014）认为，使用新进化论标准来识别国家（例如，遗址规模、先进工艺生产、纪念性建筑等）的中国考古学家实际上需要关注陶寺，而不是将二里头作为中国最早的国家，因为这些标准首先出现在陶寺（根据当时对它的了解）。因此，我们得出结论，即使对于那些想将二里头遗址的认识与夏朝（历史文献中提到的第一个中国王朝）分开的人来说，历史叙述仍然很强大，并且这种对公元前3000年政治和社会复杂性发展的不充分认识继续支配着对于中国早期国家形成的许多重建。

将石峁与中原地区后来更著名的"中国"中心联系起来，不仅是在更抽象的层面上赋予其"中国第一个国家"的称号，而且是在更具体的层面上确定共同的文化特征。例如，自20世纪20年代末殷墟发掘以来，人们就知道商代有祭祀人的习俗，因此，在石峁发现的人头骨被认为加强了这两个传统之间的联系。事实上，孙等人（2018）明确指出"石峁头骨坑比商代人类祭祀活动早了约1000年"。在石峁发现的弧形石板也是从类似的角度来看待的，石峁遗址刻石上的一些表现风格至少显示出与商代青铜艺术的著名图案的极高相似性。然而，我们在提出这种印象式的关联时需要非常谨慎，这不仅是因为石峁的文化习惯和艺术与商代相隔500多年，而且还因为在规模、生产和展示的媒介、这种符号和文化特征的背景等方面存在明显差异。甲骨文是另一个最好的例子，它被用来将石峁与后来在黄河流域实行的传统联系起来。使用动物肩胛骨进行甲骨占卜通常与黄河流域中部的"中国"文化有关，特别是与晚商时期的政体有关，在晚商时期这种骨头也带有刻文。石峁遗址韩家圪旦地点发现了一件带有明显占卜用途标记的肩胛骨（孙等，2016），最近，在皇城台也发现了几十件标本（孙和邵，2017）。

有了这些关于石峁权力和信仰的物质关联的推论，学者们隐晦地将石峁政治体系和社会经济体系的建立与商代已知的体系联系起来。然而，我们认为不要将石峁的这些发展视为1000年后安阳发展的先兆。石峁也不应该被视为这种后来成为中国政治权力标志的政治框架最初发展起来的起点（事实上，关于商朝讨论这个问题同样存在问题，但这是另一篇论文的讨论）。举例来说，在整个华北地区，例如鄂尔多斯和赤峰地区，已知有与石峁同一时期甚至更早的甲骨文（Flad, 2008; Shelach-Lavi, 2015; 徐，1964）。祭祀人类也是其他遗址中已知的（黄，2004），并不是中原地区青铜时代政体一贯的主要做法（Campbell, 2018）。即使发现了较早出现的后期特征，也不应将它们视为在中国历史后期持续不间断的明确起源。石雕刻并非后人明显的传统，在讨论"影响"之前，需要将其与后来的青铜器装饰在设计上的较高相似性与时间和空间上的鸿沟相协调，然后再讨论视觉文化和表现方式。这并不是否认主题和形式可以在长距离和时间跨度上传播的可能性，而是意味着我们在分析这种转变的动因时必须更加谨慎，包括古代形式被重新发现和利用的可能性，以及这些动因对文化间联系的启示（Shelach-Lavi, 2019b）。同样，由于石峁的骨器加工及组合既没有全面公布，也没有展开系统分析，与其他遗址的骨器加工进行比较还为时过早，而对其经济影响的讨论仍然是推测性的。

总而言之，即使在石峁出色的考古工作有力地质疑和打破了传统的黄河流域最早崛起和中心的模式，许多人仍然支持中国过去每个时间点存在单一的中心，即石峁是整体的中心而不是一个小的区域中心。例如，在张莉等人的研究中可以看到这一点（2018），迄今为止，石峁发表的最著名的论文中指出："这项研究表明，到公元前2000年，黄土高原是一个代表中国政治和经济中心地带的复杂社会的所在地。"事实上，有许多论文继续指出石峁对后来中国文明发展的贡献，并坚持单线进化和几千年来不间断的连续中国身份的模式。因此，许多讨论石峁在中国文明发展中的作用的论文都支持思想和技术创新的发展和传播的扩散模式。这就是说，中国在任何特定时期都有一个单一的中心，这种观念的部分原因是创新和文化发展自成一体，之后它们被传播并纳入中国文明成就的累积中。例如，邵安定等人（2015）在讨论石峁的彩绘壁画制作技术时得出结论，它们在石峁的出现表明，中国壁画的起源就在这个地区。类似的观点与甲骨文占卜的发展和上面讨论的其他特征以及我们在下面讨论的石墙防御工事的建造有关。

四、讨论：地区（而非国家）背景下的石峁

我们认为，与其强行将石峁纳入一个必然导致黄河流域中部中国文明发展的单一轨迹，不如在其更直接的区域背景下分析其发展，这样更有成效。我们不否认远距离互动和影响的可能性，但认为目前的证据表明，石峁的政治互动和文化接触在鄂尔多斯地区及其以东的内蒙古东南部地区（主要在赤峰地区）的遗址中最为密集。最近关于该地区新石器时代晚期的工作提供了大量的新材料（见孙等，2018中论述）。我们注意到，虽然这些研究中的许多人继续鼓吹石峁的国家重要性及其相对于周边环境的核心作用，但这几乎完全是以该遗址的巨大规模为前提的。未来的工作应该以评估这些主张为目标，石峁的大型砌石建筑就是一个最好的例子。

可以理解的是，石峁的发掘人员将注意力集中在遗址中发现的大量石质结构上。同时，他们也过分强调了该遗址相对于周边考古文化的独特之处。例如，孙和邵（2016a）将同时期城墙的复杂程度降至最低，并认为石砌围墙的发展是石峁建筑的一个重要创新（也见国等，2016; Guo and Sun, 2018）。一些人认为石峁的石雕围墙是对中国文明的重要贡献，并认为它们后来演变为汉、宋甚至明清时期的御用围墙传统（孙和邵，2016a）。

然而，仔细观察石峁的城墙就会发现，其建筑技术与鄂尔多斯地区的老虎山文化以及与之同时期的赤峰地区夏家店下层文化（公元前2200—前1200年）等文化中的建筑技术相似。我们可以列出的相似特征包括：石墙、用挖掘的方式改变地貌、用石墙分隔阶地，以及建造突出的"瞭望塔"。其他的特征是土坑墓，其壁上有壁龛，这在韩家圪旦的M2墓中可以看到（孙等，2016）。这样的墓葬是夏家店下层文化中大甸子墓地最常见的类型（刘，1975；中国社会科学院，1996）。因此，不探讨假定的从单一产地扩散的特征，而是更广泛地思考区域和区域间的互动过程，并寻求这种互动方式的具体证据是有意义的。

石峁城墙以及夏家店下层遗址的布局往往是利用其上的自然坡度来建造的。因此，看似独立的城墙通常是在面对山体的一侧开凿的阶地，只在外部用石头包裹覆盖。虽然建造这样的墙所需要的努力是不可忽视的（Shelach-Lavi et al.，2011），但它们可能并不像一些人所认为的那样是劳动力的集中。发掘者认为石峁石墙上巨大的突出翼楼（马面）非常特别（孙和邵，2016b）。这种塔楼表明了石峁城墙的防御功能，塔楼相隔几十米，是困住冲锋军队的理想选择。保存最好的例子是1号马面，它从城墙向东突出，约长12米，宽7米，高3.5米。虽然这些马面令人印象深刻，但它们的建筑风格又让人联想到在三座店夏家店下层遗址发现的马面（Shelach-Lavi et al.，2011），其内部核心是由一定层数的夯土，并加在上面的石质外墙与周围的石墙重叠（孙和邵，2016a）。

石峁石围墙的建造工作量是一个重要的问题，它不仅涉及其结构的技术层面和墙体的建造技术，还涉及石峁精英阶层的权力，以及他们在地方和区域招募劳动力和资源的能力等基本问题。研究者对劳动力成本的初步计算表明，完成这些城墙的建造需要大约每日10万人（Sun et al.，2018）。换句话说，200人可以在不到两年的时间内完成这个工作（大约500天）。这样看来，虽然其前景宏大，但是与该遗址的许多研究者的断言相反的是，这些城墙可以依靠当地现有的劳动力来建造，而不需要从石峁所谓主导的整个地区汲取资源。这个结论类似于我们对建造三座店石城遗址所投入的工作的计算，它表明尽管三座店的城墙非常令人印象深刻，但它们的建造可以由遗址本身的当地居民完成，也许还有附近社区的少量投入。因此，他们并不能证明在区域内区域大规模拉动劳动力和其他资源（Shelach-Lavi et al.，2011）。

与寻找这一现象的"唯一"起源点的意图相反，在黄河以北和以西的地区，用石墙砌成的遗址似乎很普遍，而且有很长的历史。事实上，最近在内蒙古中部地区和陕西北部地区发现了大量令人印象深刻的石城址（孙等，2018）。这种发现始于公元前三千年早期（庙底沟二期和阿善三期文化，公元前3000—前2500年），到新石器时代晚期，这种发现明显增加。迄今为止，在黄河两岸已经发现了几十处遗址（有的已经发掘），它们的建造模式相似：都位于河谷附近的高丘台地上，城墙依自然地形而建，在关键的入口处，用深沟作为天然屏障，甚至作为第二道防线。这些围墙的平均面积大约为50公顷，有些达到150公顷。

寨峁梁遗址是一个较为突出的例子，在2014—2015年短短两年的发掘中，出土了100多座房址、29个灰坑和30米长的建筑石墙（孙等，2018）。墙体的建造方法与该地区其他同时代遗址的建造方法相似：它们顺应自然地形，并具备基础特征（红土和小砾石的混合物），以防止包裹的石头塌陷或倒塌。事实上，不仅是围墙，石民居的建造在许多邻近地区也很流行，包括甘肃北部，以及宁夏和内蒙古的部分地区。追溯该地区住所建筑的发展，可以重点了解石砌体的发展。王和张

（2016）最近提出的一个有趣的解释是，它们是从新石器时代早期更普遍和广泛分布的房址发展而来的，这些房址的结构实际上是在黄土中挖掘出来的。在石峁和寨峁梁，掏挖生土的土坑式房址一直延续到新石器时代晚期，但存在改进的地方（孙和邵，2018）。了解居址结构和墙体建筑在当地环境中的演变关系，对于追踪石质建筑技术的起源和发展具有很大的潜力，在石峁和其他地方，它们的根源很可能与一些地区和传统特征有关，而不是从一个中心独立发展并随后以扩散的方式传播出去。

五、结论和对未来研究的建议

石峁无疑是中国考古近年来最重要的发现之一。我们认为，最好不要将石峁与中国在中原地区崛起的假设联系起来，而是要全面分析公元前 3000 年末至公元前 2000 年初黄河以西和以北地区的社会政治发展轨迹。

应该指出的是，将石峁作为中国历史上最早的城市或最早的国家的做法并不是一个孤立的案例，而是代表了中国和其他地方对过去的一种常见的思考方式。例如，在最近的一篇论文中，Renfrew 和 Liu（2018）指出，位于长江下游流域的良渚遗址（公元前 3300—前 2200 年）是中国最早的国家的中心。虽然他们不同意那些认为石峁是最早的国家的观点，但 Renfrew 和 Liu 复制了同一套关于单线轨迹的假设，即在任何一个时间节点都可能只有一个国家中心，这些中心以单线方式相互取代。在一个类似于中国皇室王朝兴衰的框架中，史前时期被视为通过政治权力的单中心发展，它们的进展和变化仅通过时间上的衔接而相互联系。

讽刺的是，急于将石峁、良渚、陶寺、二里头等遗址纳入现有关于的国家的形成、中华文明的起源或民族文化英雄复兴的神话景观中，目的是掩盖首先研究这些遗址的主要目标。继承的描述不但将复杂多样的文化背景线性化，剥夺了过去的丰富性，而且从大遗址跳到"城市"和"国家"，有效地阻止了对政体形式的调查，甚至中央集权国家的神话过度决定了政治经济学的故事，将这些关键遗址归入社会进化发展的"黑匣子"中。正如中国传统的考古学叙事阻碍了对石峁真实性质的认识，直到系统化的工作使我们无法忽视一样，我们也需要系统地研究东亚早期城市化的性质和特定政治经济的机制（Campbell et al., 2011; Flad, 2018; Underhill, 2018）。

对这些发掘的有效方法是调查每件文物所包含的生产、分配和消费网络，利用材料科学方法和和对生产技术的严格研究，从多条证据中建立相应的模型。对当地文物进行的研究以及对社会实践和机构的重建（Jaffe et al., 2018）同样也是重建古代社会的一个更好的方式，而不是远距离的类比和连续性的假设。同时，对交换进行建模并测试有关不同模型的物质文化相关性的假设将使我们能够了解细微差别，而不仅仅是假设集中的"国家"控制或含糊地引用"贸易"概念（Campbell, 2021）。

由于石峁位于东亚季风的西北边界，了解一个复杂的政治体制是如何监督一个庞大的、人口稠密的定居点，并能够在一个潜在的危险环境中繁荣发展是另一个重要的研究方向。目前仍缺乏对古气候条件的区域性重建，但在附近的毛乌素沙漠的研究表明，干燥和冷却的趋势始于距今 4600 年，但距今 4100—3700 年之间相对温暖和潮湿（Liu et al., 2014）。一些人试图将石峁的衰落与距今

3700 年时恢复干燥、凉爽的条件联系起来（Sun et al., 2018），但在对当地特定的环境条件进行研究之前，它们所产生的实际影响仍不清楚。事实上，如果对石峁的社会政治现实没有一个清晰的认识，那么精英或平民阶层对气候变化的不同反应类型和效果的模型同样难以重建。

根据我们的建议，确定石峁更直接的区域意义，启动系统的全面考古调查（例如，Chifeng International Collaborative Archaeological Research Project，2011）是一个很好的起点。最近对秃尾河的调查发现了几十个以前不为人知的遗址，开始提供关于定居点规模和分布的信息（Xu, 2016），但还需要系统的数据来解决人口趋势、经济和社会政治现实的问题（Drennan et al., 2014）。

为了进一步推进对石峁和中国早期其他遗址的研究，亟须一个更好的判断年代的方法，它不仅基于类型学，而且基于系统地收集的大量放射性碳素测年的样本。如上所述，目前只发表了三个来自石峁的 ^{14}C 日期，对于这样一个庞大而复杂的遗址来说，数量明显太少。更精确的年代判断将使我们不仅能够更好地评估石峁遗址的发展，而且能够评估当地和其他邻近地区的定居模式的轨迹[4]。

石峁和良渚、石家河、陶寺等新近得到认可的大型中心才刚刚开始进行广泛的调查。同时，它们的发达程度是出人意料的，且往往地处中国后期王朝发展的中心地带以外的地区，这意味着这是中国考古学的一个非常激动人心的时期。如果我们匆忙写下新的宏大叙事，只会是新瓶装旧酒，而不是认识到这些遗址代表着从根本上深化和丰富我们对古代东亚理解的惊人机会，那将是不幸的。

评 论

Francis Allard

Department of Anthropology, Indiana University of Pennsylvania, McElhaney Hall G-1, Indiana, Pennsylvania 15705, USA (allard@iup.edu). 14 Ⅵ 21

这篇富有洞察力的文章再次提醒人们，根深蒂固的偏见如何指导考古工作和解释。作者讨论了中国早期地区差异的证据如何继续支持对公元前二千年中原文明出现的传统看法，随着新的研究材料出现，这项任务变得越来越具有挑战性。值得注意的是，考古学家早期关于中国区域多样性的声明强调多文化因素融合成一个包罗万象的"中华文明"，而不是沿着通往中原的单线路径放置个别遗址。

在现在经典的模式中，张光直（1986）将从公元前 7000—前 4000 年运作的由互动的区域文化组成的"中国互动领域"明确地称为"早期中国"，他提出每一个互动领域都遵循着"一个类似的文化和社会变革过程，在公元前第三个千年末向一个足够复杂和等级分明的社会发展，以保证文明的标签"。张所描绘的国界，是以中原为中心的中华文明不可阻挡地融为一体的相互联系的区域系统之一。

除了严格遵守最终的、包罗万象的文明概念外，中原以外的分层社会的发现使构建单线叙事的任务更加复杂，考古学家被迫将有限的、不确定的，甚至不符合要求的材料挤进无一例外地通往公元前 2000 年初期的中原的轨迹中。对于良渚等与中原最早的朝代相差 1000 多年和 1000 千米的早期政体而言，其研究方法一直是识别文化和物质因素，例如琮管和面具的表现形式，通过某种过程实现了从良渚到商代的飞跃，正式承认了良渚对中华文明的贡献。对于其他前王朝的文化和政体，穿针引线的方式已被证明存在更大的问题，正如作者在石峁讨论中所说明的那样，石峁与其他大致同时期的遗址共享文化标志、行为特征和复杂化的证据。简而言之，相关证据表明诸如肩胛骨、冶金、殉人、使用玉石和夯土建筑等与中原王朝早期中国相关的特征在中国早期的遗址中均有存在，因此人们不能再争论一条单线轨迹串联中国不同地区。

作者还明智地告诫不要高估石峁所需的劳动力、空间范围和权力，从而进一步挑战起源于石峁的单线轨迹的想法。位于中原西部边缘的陶寺遗址被解释为一个较小的中心，最终被更强大的石峁政权所取代（Jaang et al.，2018）。虽然它被石峁势力打败的可能性不容小觑，但事实上，陶寺遗址在时间（公元前 2300—前 1900 年与公元前 2300—前 1800 年）、空间（280 公顷与 400 公顷）等方面或多或少都与石峁相匹配。相对于等级和功能的复杂性而言，表明了以陶寺的兴衰为中心的平行区域轨迹，而不是其作为中原早期文明生活的垫脚石的作用。

偶尔对"核心—外围"模型的批评暴露了将后期空间外围转换到早期地图上的错误做法。因为本文所讨论的文化和遗址当然都不是尚未出现的中原"核心"的外围地区。正如作者所认识到的那样，明确提及"外围"本身会影响实地工作和解释，这可能过于倾向于理解场地与（未来）核心的关系。相反，我们被提醒需要研究在各自的背景下的早期区域遗址，而不是过度涉及中原地区的后期发展。为了反映他们在人类学考古学方面的成果，他们选择了一系列方法，包括系统收集有关聚居地间和聚居地内模式的数据，以及"深入探讨每件文物的生产、分配和消费网络"。

尽管作者明智地呼吁在其"区域（而不是国家）背景下"调查外围遗址，但也不能忽视广泛的区域间互动对公元前二千年中原地区发生的显著发展的作用。因此，最早的朝代吸收了来自他们周围地区广泛的文化、艺术和行为因素。无论其中任何一个所起的具体作用如何，将非地方特征选择性地转化和纳入新兴国家结构的行为都是一个值得研究的话题，并且需要进一步关注超越区域层面的发展。

奇怪的是，作者并没有考虑区域轨迹的比较本身如何有助于理解中原地区的发展。由于新石器时代晚期中国大多数复杂的社会最终都经历了等级"下放"的过程，我们可能会问，为什么中国最早的王朝中心出现在黄河中游？这个地区以早期的分层社会而闻名。虽然已经提出了一系列社会和环境因素来解释分层社会的"崩溃"，但我注意到，与良渚政体的情况一样，石峁的发展看到了一个精英阶层的出现，他们的财富、积累声望的商品、墓葬、房址均表现出与社会其他部分意识形态和物质的明显分离。我之前曾提出，这种与"集成"相反的"错位"在系统本质上来看是不稳定的（Allard, 1997）。也许黄河中游地区的发展更加循序渐进和全面。评估这种方法或任何其他方法是否有助于解释中原地区内外分层系统的命运，需要继续展开在"国家"层面的比较研究，尽管我们认识到试图在公元前 1800 年绘制一条通往二里头的单一路径是徒劳的。

Gary M. Feinman

Negaunee Integrative Research Center, Field Museum of Natural History, 1400 South Lake Shore, Chicago, Illinois 60605, USA (gfeinman@fieldmuseum.org). 19 V 21

正如本文作者所认识到的那样，我们现在正处于一个令人兴奋的时代，无论是积累数据还是对中国过去的历史进行分析调查（Flad, 2021）。这些来自中国（以及其他地区）的新考古视角，支持了对长期以来对人类千年生涯的维多利亚时代（错误）概念的更广泛的重新考虑。石峁遗址的发现既说明了在中国，也说明了在世界大部分地区，还有多少基础信息需要通过考古实地考察和分析来发现，也说明了广泛、系统、有思想的考古工作通常会提出和有助于解决同样多（或更多）的新问题。对于中国和全球的考古学家来说，在过去的30—60年里（取决于地区），我们享受着数据总量在质量和数量上取得的重大进步，但我们面临着一个日益严峻的挑战：我们的概念框架能跟上更可靠的材料记录吗？

作者有意将人们的注意力吸引到石峁遗址上，深思熟虑地提出了该遗址是如何被概念化的问题。最重要的是，围绕这一关键解决方案将引发对于各种研究问题和新调查展开的辩论。我们很容易赞同他们的调查方法，提倡更多地进行放射性碳测年，推动在石峁周边地区实施系统的考古调查，并要求详细研究和公布遗址的生产、交流和社会组织的相关资料。虽然我并非没有偏见（Feinman, et al., 2019），但对石峁周围进行系统的考古调查将增加一个关键的经验维度，因为它将提供一个更全面的背景，来解释位于中国青铜时代世界边缘、拥有如此丰富的玉石、但毗邻沙漠地区的如此大的定居点，石峁的人们是如何养活自己的（Owlett et al., 2018）？

与此同时，本文认为围绕石峁遗址的解释问题在很大程度上是单一的。也就是说当前的叙述强调该遗址如何适应国家或宏观的变化序列，而不是在更局部和更直接的背景下看待该遗址。显然，我同意从当前的地区背景来看待石峁是必要的一步，但这不是解释的核心问题。正如本文作者自己所指出的，石峁遗址是更大的区域和宏观互动网络的一部分，这些关系也需要更深入的关注和对当地背景的分析。在我看来，关于石峁的解释性问题源于考古学的概念化，而不是中国考古学独有的。自考古学学科诞生以来，它一直与两大思想紧密结合在一起：一是文化历史，往往依赖于直接的历史方法；二是文化演变的线性观点。作者批判性地参考了现存的两种对"石峁"的解释框架，反映了这两大思想；与神话历史比喻的联系遵循了对中国文明的线性追踪，这依赖于后来的文献，而进化的视角则随着时间的推移线性追踪了中国文明的假定特征。这两种框架已经被证明对全球许多地区的考古有局限性（Feinman and Neitzel, 2020）。例如，不加批判地将文化特征跨越时间发展成漫长、连续的民族伟大传统，这当然不是中国所独有的（Kohl, 1998）。

我也同意对适用于所有中国政治的政治经济和治理专制模式的批评，对假定的中央控制经济的下意识依赖，以及中国早期政治和聚集的假定的组织一致性。但是，如果作者们承认（并与之联系在一起）更大的考古文献中，19世纪理论框架和随后积累的数据之间的解释性斗争已经开始（Blanton and Fargher, 2008; Feinman, 2013, 2017）。现在是时候重新审视前现代世界复杂的非线性历史，以及这些历史中汇集的经济和政治网络，不仅是中国的，也是全球的。

对于石峁遗址，关键的组织问题与大型皇城台平台的功能有关，该平台已被证明位于聚落的顶点（Jaang et al., 2018），但有明显的准入限制（Guo et al., 2020）。这个土墩平台被一些人推测曾被用作宫殿住宅（Jaang et al., 2018），但有什么证据表明这种宫殿的主人是具有高地位的社会角色？这座建筑可能具有公民或礼仪功能（而不是居住）吗？在其他方面，石峁居民点规划的梯田结构（房址单元共用挡土墙）并不一定意味着自上而下的独裁统治，而是反映了某种程度的自下而上的集体行动和合作，因为住户必须共同维护这些特征（Kowalewski et al., 2006）。尽管紧凑的山顶阶地地点远非统一，但这种模式与全球其他地区的大型、密集的阶地占领是一致的，这些地区的治理往往不那么专制，经济不平等不像通常认为的前现代背景下令人印象深刻的构建景观那样明显（Feinman et al., 2018; Feinman and Nicholas, 2004; Kowalewski, 2007）。在石峁遗址（Jaang et al., 2018）看似不起眼的挖掘式民居中，人们可以接触到具有异国价值的商品（Jaang et al., 2018），这符合一种假设，即石峁的经济不平等可能比假设的更温和。

总而言之，无论是现有研究团队对石峁遗址的发现和调查所做出的奉献，还是作者们为使该遗址的概念更加清晰和拓宽所做的明确努力，都有很多值得欣赏的地方。我们还必须承认，对于考古学来说，这里的解释挑战实际上是全球性的，也是历史性的。现在是超越诸如"母文化"、文化原初主义（Eller and Coughlin, 1993; Pargeter et al., 2016）、遗址类型、发展和单线变化路径等相当神秘的结构和概念的时候了，这些研究缩小了考古知识的传播范围，限制了我们领域超越学科竖井的跨区域发现的影响。历史学家逐渐意识到"历史的发展并不取决于……"（Wickham, 2016）。这意味着，我们已经知道并可以通过考古学习的东西，对社会科学家和历史学家来说，都是更加密切相关和重要的。过去对未来有多大的启示和指导作用，更多的取决于我们自己。

Rowan Flad

Department of Anthropology, Harvard University, Peabody Museum 567, 11 Divinity Avenue, Cambridge, Massachusetts 02143, USA (rflad@fas.harvard.edu). 21 V 21

必须声明的是，我完全支持这项研究具有重要贡献。在公元前 3 千年末和 2 千年初期，东亚的政治、社会和文化集中化的格局是多样化的，有多个活动的核心区和新兴的中心地区。石峁无疑是一个重要的例子，为了探讨和彻底厘清它的意义，在该遗址所做的严格的实地工作不需要被硬塞进叙事中，重现以中原为中心的或中国文明崛起的单一路线版本。

这篇论文与我与 Pochan Chen（Flad and Chen, 2013）提出的关于长江流域中上游的文化、经济、仪式和政治地貌的论点相一致。它也呼应了最近其他的区域结合，强调了目前包括中国在内的区域不同地区的区域发展轨迹（郭，2005；韩，2008; Jiao, 2007; Shelach-Lavi, 1999; Underhill, 2013; Yao, 2015）。自苏秉琦（1965；苏和殷，1981）和 Chang（1986）的开创性著作以来，强调"中国文明"的多方面、多中心的起源一直是东亚早期综合思考的一种进步。这两位学者和他们的追随者对以前主导中国起源综合研究的直接的、单线性的"历史学取向"（von Falkenhausen, 1993）进行了持续的讨论。

Jaffe、Campbell 和 Shelach-Lavi 指出，这个项目还远远没有完成。特别是他们对李旻（2018）所描述的"多区域范式学者的核心问题"，即"多区域互动的社会政治转变为三代传统在历史上中原地区的崛起"[32，表示该论点在原参考文献中的页码，下同]提出异议。相应地，在李旻书中对石峁的广泛讨论中（138—149），以及在他与张莉和石峁的发掘者孙周勇、邵晶共同撰写的文章中（Jaang et al., 2018）都明确无误地把与中原故事的联系放在首位。"与中原地区政体的比较清楚地表明，在公元前 2000 年左右，黄土高原的'外围'实际上是'中心'"（Jaang et al., 2018）。定冠词"the"在这里相当重要。这种框架确实似乎假定了中国走向国家和文明的轨迹或多或少是线性的、单一的过程，尽管它与多区域范式所批评的从中原核心区出现的文明的离心扩散主义模式不同。

这种假设是否像 Jaffe、Campbell 和 Shelach-Lavi（甚至李）所断言的那样无处不在？在此，我稍微推敲一下：一个被引用的例子是 Renfrew 和 Liu（2018）最近发表的关于良渚的论文，这篇论文不仅不是关于良渚的决定性陈述，而是主要为了将该遗址放在比较的角度，并且它似乎也没有提出强有力的单线轨迹论证。对于第一点，还有许多关于良渚的详尽出版物强调 Jaffe、Campbell 和 Shelach-Lavi 所主张的"社会政治发展的地方轨迹"（Huang, 1992; Liu and Qin, 2018; Liu et al., 2017; Qin, 2013，仅举几个突出的英文例子）。对于第二点，Renfrew 和 Liu（2018）自己认为良渚是"一个"国家社会（975，并在 987 上再次提出），是商代之前在中国不同地区出现的商前城市社会"之一"（976），并且"可能是东亚的第一个国家社会"（988）。最后一点可能被认为是针对那些研究石峁（或其他地方）的人提出的类似的早期国家主张的一种"亲近国家主义"的独断专行，但表面上似乎并不是对单线轨迹的明确主张，也许最重要的是由于使用了不确定的冠词"a"。

就石峁而言，相关论文发表在 2016 年《考古与文物》杂志的一系列出版物上。其中，孙（2016a）的区域研究根据国家遗产调查的数据，论证了四级聚落等级，还将石峁确定为"北方地区的地缘政治中心"[5]。然而，仅就该文而言，"北方"与中原地区是并列的，是有区别的（71），因此，这种定性可以被解读为在讨论所涉及的地区的局部轨迹范围内，关于地缘政治优先权的声明。此外，对多个地方发展轨迹的关注仍然必须承认区域间互动的证据。虽然 Jaffe、Campbell 和 Shelach-Lavi 可能觉得在所引用的文章、李旻的书和其他最近的出版物（如 Childs-Johnson, 2020）中，石峁和中原传统之间的物质文化的无数联系可能被过分强调，但这不应该鼓励我们忽视或减少这种联系。

最后，我希望这篇文章能进一步探讨对"神话潮流"的关注，这在引用 Fowles 的开篇序言中没有解释，应该进一步参考和反思现有的关于考古学和历史学之间的神话主题表现的讨论（Allan, 1995）。当作者提出石峁是"中国传统的'历史'叙事坚持没有什么重要的地方"时，我想知道这种历史学中的沉默是否是"坚持"。正如 Michel-Rolph Trouillot（1995）所解释的那样，沉默和抹杀是历史生产的手段，通过这些手段，权力被宣扬出来。认识到这一点，"社会历史进程的物质痕迹的启示力可以破坏、推翻或改变记忆和历史叙事"（Swenson, 2018）。石峁是一个可以打破叙事的地方例子。它进一步揭示了东亚早期发展的多个节点。Jaffe、Campbell 和 Shelach-Lavi 的坚持是正确的，我们应该寻求照亮这些节点的复杂历史和相互作用，而不是坚持认为它们属于单一的线性发展轨迹。

Anke Hein

Institute of Archaeology, University of Oxford, 36 Beaumont Street, Oxford OX1 2PG, United Kingdom (anke.hein@arch.ox.ac.uk). 27 Ⅶ 21

这篇文章聚焦于最近对石峁遗址的重新评估和广泛的考古工作，为中国及其他地区的考古学的广泛趋势提供了很多思考的空间。文章提出的主要观点是，关于石峁的研究以及大部分中国考古学仍然继续有助于以中原为中心的理论展开讨论，几乎完全以与中原的联系来框定新发现，而不是试图从本地化的框架来理解这些材料。这个问题并不新鲜，也不仅限于石峁的情况。尽管自 20 世纪

80 年代末以来，考古学研究的组织形式越来越区域化，并强调当地的发展轨迹（Von Falkenhausen，1995），但发掘报告和进一步的研究都继续将新发现与历史或神话历史的描述联系起来。中国文明的单一起源的概念可能早就被"中国交往圈"的想法所取代，即几个区域文化之间的交流网络最终形成一个统一的王朝中国，同时保持某些地方的特质［Chang (1986) 和苏秉琦（1983）独立提出］。然而，重点仍然是创造或增加一个线性叙事，不可阻挡地走向一个统一的中原王朝的出现。这个互动范围之外的地区要么被忽略，要么根据它们与这个新兴的"中央"政权和它所产生的书面资料的关系而被界定。

在 20 世纪 90 年代和 21 世纪初，人们希望中原以外地区的新发现和考古工作的自主性增加可能导致对过去的"更'多元'，甚至更'民主'"的看法（Von Falkenhausen，1995），但这并没有成为现实。原因很复杂，包括机构和研究人员个人都需要获得（主要是政府的）资金、普遍认可和职业发展，以及对了解中国文明如何形成的真正关注。此外，特别是当他们想在高级别的英文刊物上发表文章时，在英美人类学理论的框架下进行考古学解释是有一定压力的，其中文化进化论的线性叙述在中国的背景下似乎特别容易被接受。

尽管期望和观点略有不同，但这些都适用于在中国国内以及国外的相关学者。例如，在对三星堆发现的报道中（包括 20 世纪 80 年代和 2021 年），外国媒体倾向于谈论"失落的文明"，强调黄金和神秘以及中原地区发展的独立性（Holland and Wang, 2021; Van Turenhout, 2021）。中国的新闻来源注重与历史文本中提到的蜀国的联系，并将这一发现加入到中国文明从众多来源中出现的故事中（多元一体），从而进一步实现促进对文化统一的中国的看法的政治目标（柴和管，2021; Yang et al., 2021）。

事实上，考古学家在三星堆交流与讨论新发现的论坛被命名为"走进三星堆，读懂中华文明"（从三星堆看中国文明；郭，2021）。当然，无论是中文还是其他语言的学术文献，都有更细微的差别。然而当涉及有关中国考古学的学术出版物时，英文期刊有一种倾向，即容易接受耸人听闻的内容（包括中国文明的起源），而将不太宏大的发现或被视为边缘领域的研究归入不太有声望的"区域期刊"。因此，要想在高级期刊上发表文章，就必须认同这些宽泛的叙述，尤其是许多期刊不会为更细微、更复杂的理解提供足够的空间，这也是一种感觉（而且往往太真实）。这可能是关于石峁的这篇文章所感叹的缺乏"严格的模型建设"的部分原因。

然而，还有一个潜在的问题不仅适用于中国，也适用于英语世界的考古学，那就是对社会复杂性的关注和对社会进化论框架中所采用的术语的不充分使用。虽然对社会组织和社会变化的研究天然地成为考古学的核心主题，但对具有重大理论意义的术语，如"复杂性"或"国家"，更不用说"文明"，使用得不够周全，是很有问题的。同时，在美洲工作的学者尤其倾向于避免使用"文明"一词，因为它有殖民主义的基础。在关于中国考古学的讨论中，似乎很少有人意识到这些问题。这适用于大多数似乎无穷无尽地讨论"中国文明起源"的中文论文和书籍，无论是从考古学还是历史的角度[6]。Yuan 和 Campbell（2009）最近对"中国文明起源项目"的考古结果进行了英文总结，最初提出了文明的含义，以及是否有一个或几个中国文明。然后，这些问题出人意料地被抛开了，论文集中于总结和赞扬这些确实令人印象深刻的多学科和多方法的工作，遗憾的是，这些工作没有涉及术语和基本理论的问题。

总的来说，有大量的文献讨论了社会文化进化论的基本问题，特别是其早期的单线发展及其民族中心主义、殖民主义，甚至种族主义的暗流（Daems，2021；Emberling，2015；Lyman and O'Brien，2008；Morris，2012）。因此，正如 Morris（2012）所指出的，"许多（也许是大多数）考古学家只是把（文化复杂性）的概念视为理所当然"，而其他人则完全无视它的帝国主义、民族中心主义和整体问题（Joyce，2010；Shanks and Tilley，1987），这是相当令人惊讶的。然而，有些人试图找到一个折中的办法，在中国的背景下，Campbell（2009）建议关注网络和权力关系，而不是讨论某些政治结构是否有资格成为国家。Shelach-Lavi 和 Jaffe（2014）虽然对单线进化模型持批评态度，但认为一些新进化主义的类别，如国家"强调了社会学安排中的重要因素"（332），如果以细微的方式使用是有价值的。他们指出如果要用新进化论的标准来确定国家的身份，陶寺而不是二里头遗址将会是中国最早的国家。现在有人对石峁提出了同样的论点，称其为最早的国家，而其他人在讨论"中国文明"的起源时也会指出良渚（韩，2010）。在这些争论中，"文明"一词在很大程度上被使用，没有适当的定义或对基本理论概念的讨论，即使是在这篇关于石峁的文章中，措辞也非常谨慎。

Feuchtwang 和 Rowlands（2019）从对这一术语的反思开始，在他们最近出版的名为《文明重塑》的书中，旨在抵制关于文明的辩论中出现的欧洲中心主义偏见和殖民包袱。虽然他们通过关注非洲和中国，而不是希腊罗马世界，成功地做到了这一点，但他们的方法有一个道德焦点，很容易支持民族中心主义的国家建设叙述。实际上他们将文明定义为提供"人们赖以生存和向往的道德理想""通过克制和参照对世界的全面认识而自我塑造，这种认识也定义了什么是人类和人类的行为，什么是人类活生生的感官所能感知的，什么不是，区分了内部和外部"（182）。

对于中国的例子来说，这样的文明方式，再加上单线的、以中原为中心的、以文献为主导的目的论述方法的呈现，使那些被认为处于边缘的、不属于相关文明的、因而在道德上低下的人的声音变得沉默。另一本将中国与文明概念联系起来讨论的书是 Scarre 和 Fagan（2016）的教科书《古代文明》，该书自 1997 年以来一直存在，到现在已经是第四个修订版。作者决定在考古学中对文明进行更广泛的定义，"作为城市化、国家级社会的简称"（7），对清单式的方法持批评态度，强调可变性，但仍在有限的地点对强者进行单线叙述。

因此，围绕石峁的辩论中"中国文明的起源"的潜在问题比在中国的考古学辩论中持续存在的"中原的中心地位"要深得多。相反，其中涉及的概念问题涉及了世界范围内的考古工作，以及持续关注宏大、耸人听闻、令人印象深刻和强盛的趋势，重申过去和现在的当权者的叙述，并给予他们更多的曝光度和影响力。在一个试图为边缘化群体的声音和机构留出空间的当今世界，需要解决诸如"文明""国家""复杂性"或"起源"等词语的随意使用的权力，以及它们对"谁拥有过去"，从而也是"谁塑造未来"的问题的答案所产生的常常是无意的但却非常真实的影响。鉴于其规模和令人印象深刻的特点，讨论石峁显然不是给被边缘化的人发声，但它确实有助于使关于现在属于现代中国地区的史前发展的辩论多样化，增加叙述的多样性，并反对以中原为中心的叙述，正如这篇高度发人深省的文章所做的。

顺便提一下，最近有一些与本主题相关的出版物，在作者提交论文供审阅时可能还没有发表。为了方便读者，这里将它们列出来。韩（2019b），马（2019），孙等（2020a，2020b），邵（2020），沈（2019），苏（2019），孙，孙等（2020c，2020d），Womack，Li，and Nan（2021），许（2019）and 张等（2019）。

Christian E. Peterson

Department of Anthropology, University of Hawai'i at Mānoa, 2424 Maile Way, 346 Saunders Hall, Honolulu, Hawaii 96822, USA (cepeter@hawaii.edu). 18 Ⅵ 21

几十年的持续考古研究表明，现代中国曾经是众多史前晚期和史前早期复杂社会的家园，每个社会都有所不同，并且每个社会都是独立（但经常是共生）的社会文化发展轨迹的产物（Liu, 2004; Shelach-Lavi, 2015; chaps. in Underhill, 2013）。当代政治叙事强调这些区域轨迹逐渐凝聚成一个完整的泛中华民族，而中原地区被认为是文化交流和身份形成的历史纽带（Fan, 2008; Lee, 2002; 苏，1994; von Falkenhausen, 1995; 王，2008；许，2009）。国家对"边缘"历史的占有及其出于爱国目的的政治部署，通过将这些地区（及其目前的居民）纳入一个同质化的、单线的民族起源故事，加强了对中原（和汉族）统治的权宜之计（Liu and Chen, 2001, 2012: 15-19; Shelach-Lavi, 2019a; Tong, 1995）。正如 Jaffe、Campbell 和 Shelach-Lavi 所表明的，在"中华文明"的标题下创造一种复合文化和民族认同，与通过长期和不同的社会、政治和经济变化的区域轨迹来调查社会动态，最终所产生前现代国家和帝国的社会动态并不是同一个主题。民族主义叙事的积极构建往往掩盖了从这些外围地区的社会动态中了解到的重要性，而这反过来又阻碍了对复杂社会发展轨迹之间模式化差异的比较探索，不仅是在中国内部，也是在这些地区与世界其他地区之间。

尽管有这些挑战，中国的考古学实践可能在其他方面显得非常健康。除了漫长而多样的人类社会发展记录外，中国还拥有任何国家中规模最大、资金最充足、专业化程度最高的考古学基础设施之一。中国经济发展的步伐不可阻挡，几乎每天都有惊人的考古发现。科学的数据复原和分析方法的应用，即使曾经很初级，但现在已经成为常规手段（吕，2002; papers in Ucko, Ling, and Hubert 2007）。考古研究中的国际合作，即使还不普遍，但也不再罕见，公众对该领域劳动成果的兴趣也表现得更为高涨，至少在国内是如此（cf. Flad, 2021）。然而，如果认为这种新数据、新技术和新关注的涌入已经产生了对古代社会动态的更多理解，那将是一个错误。由于很少有社会科学的交叉影响（Liu and Chen, 2001; Olsen, 1987; Smith, 2008; von Falkenhausen, 1993），中国的后更新世考古学已经发展到了一个不同的角色，即文化遗产的保护和推广（Li, Fang, and Underhill, 2016; Murowchick, 2013; Shen and Chen, 2010; Silverman and Blumenfield, 2013）。社会科学和文化遗产研究并不是相互排斥的追求，尽管它们各自的目的、目标和解释方法的不同有时会使它们处于对立面。文化遗产的大力宣扬和指导经常试图培养出对一个地方过去的自豪感和依恋感，如果不加以控制，很容易就会变成盲目的爱国主义。如果没有社会科学的批判态度作为压舱石，中国的考古学就会严重地偏向一边，有时还暗中为国家服务。

然而，这种情况不能完全归咎于中国国内的考古学界，因为目前大多数关于中国古代的国际学术研究对纠正这种情况没有什么帮助。当然也存在例外，但在大多数情况下，国际学者或合作团队的研究并没有比 Jaffe、Campbell 和 Shelach-Lavi 所抨击的传统文化框架和意识形态驱动的单线解释社会变化的方法，以及对古代社会动态产生更有意义的理解。大多数研究中国新石器时代和青铜时代的外国考古学家，和我们在中国受教育的同行一样，接受的社会科学培训少得可怜。在中国境外，很少有学术项目可以获得中国考古学领域的高级学位。在人类学系开设的课程更是少之又少。这些项目大多强调中国研究：中国及邻近地区的语言、文化、历史、艺术史和考古学，这几乎排除了所有其他学科。接触比较社会科学的理论、模型和方法、考古学论证的形式、考古学研究设计，以及来自世界其他地区的考古学学术等方面通常会被忽视。这种以中国为中心的考古学教育方法，反倒成了提高对中国早期复杂社会发展理解的最大障碍之一。他们培养的学者对所有中国事物的细枝末节都有深刻的了解，但却没有准备好制定和实施实地和实验室研究计划，从而对古代社会动态进行令人信服的、基于经验的重建，从而对社会变革的各种解释进行评估。

这种窘境与 Samuel Beckett 的战后荒诞主义悲喜剧《等待戈多》（Waiting for Godot）不无相似之处，剧中的两个主角无限期地在舞台上闲逛，不知道目的，在无关紧要的对答和文字游戏中打发时间，无法打破惰性的瘫痪，继续从事更有成效的追求。戏剧评论家 Vivian Mercier（1956）曾将 Beckett 的戏剧描述为"没有任何事情发生，但却让观众紧紧抓住他们的座位"（6）。几十年来，我们国际社会中的许多人也同样被中国可能出现的考古学实践危机所困扰，为失去的机会而扼腕叹息，却又无视我们自己没有能力做得更好。

Jaffe、Campbell 和 Shelach-Lavi 没有对他们的主题进行抽象的评论，这是值得赞扬的。相反，他们采用并重新评估了最近在石峁的研究结果，有效地展示了在地方、区域和比较背景下研究单个社会的一些方式，通过应用适当的人类学方法，为研究古代社会动态的变化提供必要的原材料。如果我们有更多的人效仿他们的做法，无论我们属于哪个考古学界，以中国漫长而多样的过去为例来研究社会变化的动态，会有更好的效果。

Lothar von Falkenhausen

Department of Art History, University of California, 405 Hilgard Avenue, Los Angeles, California 90095, USA (lothar@humnet.ucla.edu). 13 Ⅵ 21

作者们采用了"高地"和"低地"之间的宏观地理区分，这已被证明有助于定义史前和原始历史时期东亚大陆的社会政治和文化发展区域。据我所知，这一区别源于李旻（2018）的著作，李在一本关于新石器时代向青铜时代过渡的重要书籍中恰当地运用了这一区别，而这一重要书籍在本文的参考书目中无缘无故地消失了。李运用文化记忆形成的历史—人类学理论，提出了一种介于作者正确批评的传统主义史学方法和完全忽略后来书面记录的存在这一同样令人质疑的做法之间的中间道路。顺便说一句，我怀疑这些作者所呈现的传统主义观点是否能代表当今中国更广泛的关于石峁的学术论述。为了争论的目的，将这些异类具体化为"中国观点"，至少看起来是不真诚的。

令人困惑的是，尽管作者不可能不知道，但这篇文章并没有提到中国史前晚期考古中非常显而易见的，但是却一直被忽略的问题：龙山时期末期低地人口的灾难性崩溃。在大约公元前 2000 年或此后的一小段时间内，低地失去了 75% 或更多的人口，总估算规模至少下降 85%。只有二里头所在的洛阳盆地在一定程度上没有受到影响。我们把这一以前不为人知的现象的发现归功于聚落考古在中国的兴起。张莉（2012）和 Pauline Sebillaud（2014）在他们尚未发表的论文中，首先从不同角度全面讨论了龙山晚期崩塌，尤其是张莉将它与中原的物质记录中同时出现的"北方"文化元素联系起来，她恰当地强调了青铜时代早期二里头及其附近地区居民的文化多样性起源（Jaang, forthcoming）。坍塌的原因仍有争议，就局部地区而言，根据最近世界范围内的经验，张弛（2017）指出，它是由欧亚大陆西部新引入的驯化动物物种引入的大流行引起的，但也存在其他可能性。

无论如何，早期的研究显然夸大了从新石器时代到青铜时代社会文化实践的连续性。二里头虽然与以前的传统存在一些有限的联系，但本质上是一个新的开端，在一些重要方面标志着对更广阔的欧亚世界的新开放。中国青铜器时代的崛起受到了来自北方或西北的外部冲击，这一长期以来的禁忌问题再次有力地被提出。石峁的崛起与 Li（2018）所称的"北亚互动圈"有着明显的联系，探讨石峁的崛起在带来这样的影响中扮演了什么样的角色是非常重要的。在这一方面，考古证据可以有益地与后来的文本叙述并列，他们分别用与物质文化相关的最复杂的方法和文字学研究进行单独的分析，可能有望使人们对记忆形成、意识形态操纵和神话发明的各种沉积物有更清晰的认识。

张莉，孙周勇

中国河南郑州科学大道 100 号郑州大学历史学院（lijaangchina@gmail.com）/ 中国西安市雁塔区乐游路 31 号陕西省考古研究院（1499176266@qq.com）。24 Ⅵ 21

石峁遗址的考古工作揭示了青铜时代东亚和内亚的新面貌。这意味着我们需要对世界上高原和平原地区的复杂社会进行重新思考（Jaang et al., 2018; Li, 2018）。由于迄今为止与石峁相关的大部分田野调查和研究（约 150 项）只有中文版本（孙等，2020d），所以关于石峁的非中文文章非常受欢迎。然而，Jaffe、Campbell 和 Shelach-Lavi 对以往的学术研究进行了有选择的、歪曲事实的叙述，更加具有讽刺意味的是，他们声称的"新"方法与石峁团队过去以及目前正在使用的考古发掘和多学科交叉的研究方法并无不同。这篇简评涉及了 Jaffe、Campbell 和 Shelach-Lavi 论文中的主要误解，以及它所忽略的重要工作。

Jaffe、Campbell 和 Shelach-Lavi 将中国考古学描述为陷入了"中国在任何特定时期都有一个中心"的观念。然而，这种批评甚至经不起简单的推敲，作者的观点是建立在歪曲事实和断章取义的基础之上。例如，我们和其他研究者都已明确指出，在石峁扩张之前，陶寺和石峁作为黄河流域中部的两个强大的势力中心共存了几个世纪（Jaang et al., 2018; Li, 2018; 邵，2020; Sun et al., 2018; 张，2018）。此外，在对二里头时期的政治格局进行介绍时，作者参考的相关材料存在问题。尽管中原地区的社会已经崩溃（Jaang, forthcoming），但石峁中心（公元前 2300—前 1800 年）仍一直持续到二里头时期（公元前 1900—前 1500 年；Sun et al., 2020a; Sun et al., 2018），这一点从石峁宫殿区域中心顶部的夯土建筑（公元前 1900—前 1800 年）中可以看出（Sun and Shao, 2020）。与此同时，新砦遗址达到了全盛时期，在一个世纪以来，新砦遗址可能一直作为二里头政权在中原地区政权中心的竞争者（Jaang, forthcoming; 张，2012）。陶器研究（张，2012）和最新的放射性测年（Liu et al., 2019）已经揭示了新砦遗址和二里头遗址在二里头初期的年代存在一定的重叠。作者关于中国"不同地区存在同时期大型遗址和复杂政体"的说法重复了一个被广泛承认的事实，特别是从公元前 4000—前 2000 年左右的中原地区崩溃时期（Drennan and Dai, 2010; 方等，2012; Feinman et al., 2019; Jaang, forthcoming; Li, 2018; 张，2018）。

我们已经提出了充分的证据来证明石峁的扩张。这种扩张伴随着冲突和暴力的发生，这一点在陶寺的防御工事、宫殿区和高等级贵族墓葬中都有记录。陶寺的丧葬习俗、陶器组合和肉食消费特点，随着石峁的扩张已逐渐从当地传统模式向石峁传统模式的转变（Jaang 等人，2018；Li，2018）。这些根本性的变化恰好与大量的移民抵达陶寺的时间相吻合，他们在陶寺的人口中占据了很大的比例，这一点已被同位素和古 DNA 的证据所证实（邵，2020）。在更远的南方地区，洛阳盆地以北的花地嘴遗址出现了石峁的精英阶层。花地嘴遗址的饮宴器皿、饮食偏好、宗教习俗、祭祀玉器和石器等器物中均发现了一系列黄土高原特征（张，2012）。石峁的精英阶层可能在花地嘴的等级宴会仪式中充当了主要的主持人（Jaang et al., 2018；张，2012）。Jaffe、Campbell 和 Shelach-Lavi 声称石峁的扩张仅见于陶器的"基本相似性"，这忽略了文献中指出的大量证据。

作者还将他们从未发表或建议的各种观点归于石峁的发掘者，例如将石峁的经济政治制度与商代的经济政治制度"暗中联系起来"。这里展示关于石峁石雕的报告摘要。与宫殿中心核心基址南侧有关的 70 件石刻已经公布于众（图二；孙等，2020b；孙和邵，2020a）。石峁的发掘者强调了这些雕刻的起源，尤其是圆形石刻（图三），反映了与东部草原上从兴隆洼文化到红山文化（公元前6000—前3000 年；孙和邵，2020）的石刻的关联。此外，石峁石刻的主题非常多样，与长江中游石家河文化后的玉器图案有相似之处，而石峁发现的蛇的形象可能是二里头绿松石镶嵌的蛇的模型（孙和邵，2020）。石峁石刻也可能与北亚地区的交流互动有关（Li, 2018）。

图二　石峁遗址宫殿中心区域核心基址南立面（部分）

A　　　　　　　　　　　　B

图三　石峁遗址圆形石雕两例

此外，指导石峁团队工作的原则是在其区域范围内调查石峁。这包括榆林和邻近地区（例如，孙，2016；孙等，2020d; Sun et al., 2018; for a synthesis, 赵，2021）。在讨论石峁和黄土高原时，我们反对使用以中原为中心的术语"北部地区"和"长城地区"（Jaang et al., 2018）。而 Li（2018）则在东亚、中亚和北亚互动圈日益融合的背景下分析了石峁的出现。我们感到困惑的是，作者提议将

"石峁中心视为与中原地区发展平行的区域轨迹的核心"，似乎这样的观点从未存在过。事实上，我们已经采用了这种方法。与作者的说法相反，石峁的发掘者将石峁的石墙与榆林的阿善和龙山早期的石墙以及鄂尔多斯地区的石墙进行了讨论（孙，2016; Sun et al., 2018）。应该注意的是，夏家店文化不早于公元前1800年（Song, 2021），出现的时间晚于石峁工事体系的修建（邵，2016），而不是像Jaffe、Campbell和Shelach-Lavi所说的处于"同时代"。

最后，作者对石峁未来考古研究的建议也是石峁团队正在进行的项目。这项研究的初步结果包括200多个绝对日期，已在2019年的国际会议上发布。相关的主要研究还包括但不限于：在欧亚背景下对石峁口簧的系统调查（图四；孙，2020）、经济与贸易交流网络（胡等，2016; Jaang, 2015; Li, 2018; Owlett et al., 2018）、环境研究（Cui et al., 2019; 胡等，2010）和榆林地区长时段家户与聚落考古的研究（赵，2021）。我们希望《当代人类学》的读者能接触到石峁团队的出版物，并得出自己的结论。

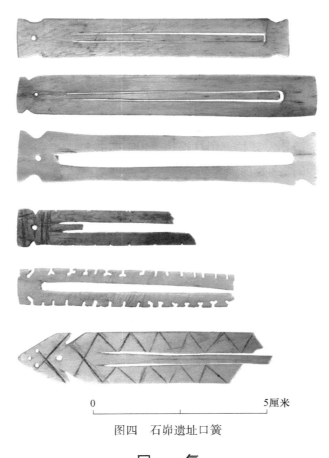

图四　石峁遗址口簧

回　　复

我们感谢我们的同事花时间为我们提供这组回复。我们相信，他们富有洞察力的评论，既有支持的，也有批评的，将为读者提供关于中国考古，特别是石峁考古的不同观点。

首先，我们要明确表示，我们不是在批评石峁遗址的发掘者和他们的实地工作。在论文中我们指出，撰写这篇文章的部分原因是石峁所做的杰出工作，关于石峁遗址的优秀而迅速的田野调查和出版物，与它们适用于所有人的有问题的解释方法和方法论形成了鲜明的对比。因此，我们的论点不是针对具体的事实（尽管我们确实有一些这样的事实），而是针对隐含的目的论和未经检验的文化—历史和政治—经济假设。尤其存在问题的是线性化叙事，即在给定的时间内寻找最重要的地点，创造出一种新兴中国文明火炬正在传递的感觉，有意识或无意识地再现传统的王朝历史结构。我们同意 Peterson 的观点，即我们论文所强调的基本问题并非中国考古学家所独有，许多在中国工作或撰写有关中国的文章的外国考古学家，以及在世界其他地方工作的考古学家，都有同样的问题。

Flad 正确地指出，伴随着这种元叙述，石峁的大量工作实际上涉及区域发展轨迹和当地特定的问题（张和孙在评论中提供了一些）。不能否认的是，尽管石峁地处"边缘"的发现令人惊讶，但它的设施经常被轻易地纳入中国古代发展的目的论模型（一些评论者提供了我们在原始论文中没有包括的其他例子）。我们对物质文化变化的文化历史方法的批判，包括扩散主义和寻找起源，具体地与这些元理论相联系。虽然我们不否认，石峁的精英物质文化与其他时空遥远的地方之间存在着许多联系，但这些事实应该引发越来越多、越来越复杂的问题，而不是适合于现成宏大叙事的思辨答案。

张和孙表示，他们已经为石峁的扩张提供了充分的证据，这些证据超越了文物类型和风格之间的简单相似性。然而，他们所提供的证据大多是源自石峁的精英用具和风格，包括酒器和宴会器皿、随葬陶器组合、仪式玉器和石器，这当然是基于风格相似性的比较。作者引用邵（2020）为人口替代提供了同位素和古 DNA 证据，但这篇论文没有这样做。相反，它是对陶寺的某些器物类型与石峁发现的器物有何相似之处的深入研究。张和孙进一步认为，陶寺从猪到绵羊和山羊的转变表明了一种与石峁相似的饮食偏好［先不考虑 Owlett 等人（2018）发现猪在石峁比绵羊和山羊更常见的事实］。陶寺饮食转变反映了石峁饮食偏好的观点，并没有作者希望我们相信的那样得到广泛支持。陶寺的动物考古工作有限，Brunson et al，（2016）认为，绵羊和山羊放牧的增加是在其他当代遗址，例如周家庄所看到的广泛区域变化（对屠宰模式的初步研究表明羊毛和肉类的不同开发策略）。Brunson et al，（2016）进一步指出，鉴于陶寺（一个大型而复杂的地点）的抽样有限，目前的证据无法显示猪肉消费量的后期下降。张和孙（以及 Von Falkenhausen）在他们的评论中表现出一种倾向，即把各种各样的东西当作事实，而这些东西充其量只是有争议的解释，有时源自我们在这里批评的仓促的文化历史叙事结构。因此，更准确的说法是，二里头文化和夏家店下层文化的年代确定仍存在争议，中国考古学普遍需要更多公布的绝对年代。作者提到的石峁的数百个 ^{14}C 日期的确是朝着正确方向迈出的一大步，但它是在一次国际会议上发布的，仍有待同行评议发表。

新石器时代社会的崩溃等问题

一些评论者提到了 4200/4000BP 事件和"新石器时代社会的崩溃"，von Falkenhausen 甚至把它视为"房间里的大象"。事实上，我们在以前的出版物中专门讨论了这个复杂的问题（Campbell, 2014; Jaffe et al., 2021; Shelach-Lavi, 2015; Shelach-Lavi and Jaffe, 2014; Yuan et al., 2020）。无论人们如何看待公元前 3000 年晚期的气候事件和人类的反应，这个问题与我们对石峁遗址的讨论没有直接关系，所以我们在这里不赘述，但它确实与我们论文中讨论的理论和方法问题密切相关。中国北部和中部（黄河和长江流域及其他相关地区）的所有新石器时代社会都在公元前 2000 年左右崩溃，这一观点从一开始就与中国最早国家的崛起密切相关（Liu and Chen, 2006）。新石器时代所有的中心都崩溃了，只有二里头一处遗址演变成中国第一个国家的首都，这种观点与传统的将国家一级社会的起点定位在黄河流域中部地区的观点密切相关。根据这个模型，一旦新石器时代的众多中心崩溃，就只剩一个中心，然后从二里头（对许多人来说代表夏朝）连续迁移到商朝和西周的中心。正如我们在论文中所描述的那样，多年以来这种对权力从一个中心向另一个中心过渡的线性描述被推回到了新石器时代晚期，甚至在张和孙最近的评论中也反映了这一点。它们本质上描述了一个轨迹，即陶寺中心的显赫地位与石峁共存一段时间后被石峁推翻，而当石峁衰落，二里头占据了显赫地位时，又重复了同样的过程。这正是我们在论文中所反对的模型。

新石器时代社会在中国北部和中部的广泛"崩溃"被解释为自然灾害的结果，如在 4200BP 或大约 4200BP 的快速气候变化事件引发的洪水或干旱（见 Shelach-Lavi, 2015 的结论和大量的参考文献）。一个极端的例子可以解释这一现象，将自然灾难事件与中国神话联系起来，比如大洪水（Wu et al., 2016），就像将石峁与黄帝等神话英雄联系起来一样。但即使是对传统历史记载采取更怀疑态度的论文也认为，由于新石器时代竞争中心的崩溃，二里头是在相对的政治真空中发展起来的（Cheung et al., 2019; Zhang et al., 2019）。后者甚至不准确地引用了我们自己的工作来支持这种说法！正如 von Falkenhausen 评论中提到的，最近将崩溃归因于大流行病，这是将具有广泛地理和人口层面的社会崩溃归因于投机的外部原因的又一尝试。这反过来又把我们带到了一个方法论问题上：Von Falkenhausen 认为，中国北部和中部的人口减少了至少 75%，这是如何在考古记录中确定的"灾难性人口崩溃"？这种重建是基于《中国文物地图集》中汇编的考古数据。利用这些数据进行人口统计估算，人口轨迹的重建正迅速成为中国考古学中最流行的趋势之一（见 Jaffe et al., 2021）。然而，正如我们已经证明的那样，这种估计所基于的数据是以一种不系统的方式收集的，它们的准确性不适合这种重建。这种估算的结果不仅不可靠，而且有时与通过系统的全覆盖区域调查获得的重建和轨迹完全不一致（Jaffe et al., 2021）。

鉴于这些问题，以及考古发现与古气候事件之间的关联问题（这些问题本身往往缺乏理解，年代也不准确），我们再次倡导将研究重点放在更小的地理尺度上，以更高的数据获取和分析分辨率。根据目前可获得的数据，在公元前 3000 年和公元前 2000 年早期，中国中部和北部的人口轨迹远非相同。虽然在一些地区，如长江下游和山东沿海地区，人口急剧下降可能发生在公元前 2000 年之前，但其他地区保持稳定，甚至经历了人口增长（Jing et al., 2020; ShelachLavi, 2015; Shelach-Lavi and Jaffe, 2014）。我们对这一时期政治格局的理解或多或少与 Allard 对"内在不稳定"政治的定义一致，根据目前的证据显示，在这种政治中政治集权的上升和下降过程不能与特定的生态（或流行病）事件或外部政治和军事压力联系在一起（Campbell et al., 2021）。

在这个问题上，石峁的研究成果没有那么明确。一些人认为石峁受到了所谓的 4200BP 气候事件的极大影响（as in Sun et al., 2018），而在其他地方则突出了石峁在公元前 1800 年间的持久性和连续性，如张和孙在这里的评论。张和孙引用了 Drennan 和 Dai（2010）的研究来支持公元前 2000 年后大规模衰落的说法，并表明之前的工作已经注意到在整个古代中国存在多个大规模的中心。但是，在将北方的赤峰与黄河流域运城盆地进行比较的论文中，Drennan 和 Dai 注意到，人口数量在公元前 2000 年的夏家店下层时期有所增加。事实上，他们发现"其中的一个影响是，单线性先入为主可能导致我们过于关注在黄河流域国家出现的点上，并过多地把中心问题放在那里发生了什么，而在更远的北部和东部没有发生什么"。在此再次重申这一点，我们从来没有说过我们是第一个提出这些观点的人，更加令人惊讶的是，尽管过去有许多论文提出了这些论点，但单线性进化模型仍然存在。

许多评论者（Allard, Feinman, and Flad）指出，在公元前 3000 年到前 2000 年期间，长期互动作为社会变化的一个积极因素的重要性。我们当然同意这一点，并且已在过去于相关主题上进行了广泛的工作（Shelach-Lavi, 1999, 2015）。然而，我们认为这种相互作用的证据，包括陶器器物或其他类型的人工制品形状的相似性，特定技术的传播，如青铜生产，甚至是对古人类 DNA 的分析，经常被误用来"证明"诸如人口流动和人口更替的快速过程或一个单一政体对遥远地区的征服等模型。这种从"卯"到"人"的解释的飞跃，在大约 50 年前的世界范围内的考古研究中是很常见的，但在今天就不常见了。研究人员现在强调区域间接触的渐进机制和对其影响的微妙理解（Damm, 2012; Finkelstein, 1997; Hudson, 2006）。

我们同意那些敦促我们不要为了看到自下而上的叙事形成而忽视区域间联系的评论，我们中的两个人在最近的一篇论文中研究了石峁及其邻国之间的长期互动和交流（Campbell et al., 2021）。我们也希望推进解决大规模比较工作的方法（Feinman and Peterson），但我们认为只有当从现有的过度肯定的元方法中脱离出来，才能实现这一点。在重建机构、互动、地区意义和大规模叙事方面需要更加严格。借鉴更近的过去（例如，使用后来记录更完善的政府例子来重建文本上缺失的古代政治）会让我们面临将数据与现有的模型相吻合的危险。

最后，我们想同意同事们的观点，我们目前正处于中国考古学一个非常激动人心的时刻，一个快速进步和新发现的时代，但也有争论。石峁是这些趋势的象征，我们期待石峁团队的更多优秀工作，并继续展开我们对遗址的理解。

注　释

[1] 在本文中，我们遵循标准的中文术语，将所有早于公元前 2000 年的遗址称为"新石器时代"。读者不应将此定义视为常见定义之外的其他意义。

[2] 虽然《尚书》的核心章节被认为是公元前 1000 年上半叶，但提到黄帝的章节都被认为是后来的赝品（Shaughnessy 1993）。

[3] 需要指出的是，尽管在大多数学术和专业圈子中可能是这种情况，但石峁与上述传奇英雄及其权力地位的联系已经主导了公众话语权（see, e. g., Shimao's entry in Baidu: https://baike.baidu.com/item/%E7%9F%B3%E5%81%E9%81%97%E5%9D%80）。

[4] 我们获悉，已经采集了近 200 个样本并正在处理中。它们尚未发布（http://www.xinhuanet.com/2019-09/24/c_1125032822.htm）。

[5] 中文的说法是"当仁不让地成为北方地区地缘政治的中心"。

[6] 关于近期的简短总结，请参考 Dai（2020）。关于"中华文明起源工程"（中华文明起源与早期发展综合研究），2001—2015 年由政府发起和资助的项目成果总结，参考张等（2019）。

参 考 文 献

柴雅欣，管筱璞．2021．三星堆再醒惊天下，为中华文明多元一体提供实证．中国新闻网，3．21．

戴应新．1977．陕西神木县石峁龙山文化遗址调查．考古，3：154-157，172．

范毓周．2008．中国文明起源与形成问题研究的回顾与前瞻．史学月刊，10：111-121．

方辉，文德安，栾丰实，等．2012．鲁东南沿海地区系统考古调查报告．文物出版社．

郭立新．2005．《长江中游地区初期社会复杂化研究（4300—2000BC）》摘要．长江文化论丛，2006．

郭梦媛．2021．走进三星堆读懂中华文明活动举办．中国新闻网，2021．5．30．

国庆华，孙周勇，邵晶．2016．石峁外城东门址和早期城建技术．考古与文物，2016（4）：88-101．

韩建武．2016．石峁遗址出土玉器补遗．收藏家，2：41-44．

韩建业．2008．中国西北地区先秦时期的自然环境与文化发展．文物出版社．

韩建业．2010．良渚、陶寺与二里头——早期中国文明的演进之路．考古 11：71-78．

韩建业．2019a．石峁人群族属探索．文物春秋，4：13-17．

韩建业．2019b．石峁：文化坐标与文明维度．中华文化论坛，6：5-9．

胡珂，莫多闻，毛龙江．2010．榆林地区全新世聚落时空变化与人地关系．第四纪研究，30（2）：344-355．

胡松梅，杨苗苗，孙周勇，等．2016．2012—2013年度陕西神木石峁遗址出土动物遗存研究．考古与文物，4：109-121．

黄展岳．2004．古代人牲人殉通论．文物出版社．

刘晋祥．1975．敖汉旗大甸子遗址1974年试掘简报．考古，2：99-108．

吕卓民．2016．石峁古城：人类早期文明发展与环境选择．中国历史地理论丛，31（3）：63-68．

马明志．2019．石峁遗址文化环境初步分析——河套地区龙山时代至青铜时代的文化格局．中华文化论坛，2019（06）：31-44．

马明志，邵晶，杨利平，等．2018．2008—2017陕西史前考古综述．考古与文物，5：10-40．

邵安定，付倩丽，孙周勇，等．2015．陕西神木县石峁遗址出土壁画制作材料及工艺研究．考古，6：109-120．

邵晶．2016．试论石峁城址的年代及修建过程．考古与文物，4：106-108．

邵晶．2020．石峁遗址与陶寺遗址的比较研究．考古，5：65-77．

沈长云．2016．石峁是华夏族祖先黄帝的居邑．华夏文化，2：15-20．

沈长云．2019．石峁遗址与华夏民族的发祥．中华文化论坛，6：10-15．

宋殷．2021．夏家店下层文化的年代学研究．北京大学．

苏秉琦．1965．关于仰韶文化的若干问题．考古学报，1：51-82．

苏秉琦．1983．苏秉琦考古学论述选集．文物出版社．

苏秉琦．1994．华人·龙的传人·中国人——考古寻根记．辽宁大学出版社．

苏秉琦，殷玮璋．1981．关于考古学文化的区系类型问题．文物，5：10-17．

苏荣誉．2019．关于中原早期铜器生产的几个问题：从石峁发现谈起．中原文物，1：26-37．

孙周勇．2016a．公元前第三千纪北方地区社会复杂化过程考察——以榆林地区考古资料为中心．考古与文物，4：70-79．

孙周勇，邵晶．2016a．马面溯源——以石峁遗址外城东门址为中心．考古，6：82-89．

孙周勇，邵晶．2016b．瓮城溯源——以石峁遗址外城东门址为中心．文物，2：50-56．

孙周勇，邵晶．2018．论寨峁梁房址的建造、使用和废弃．考古与文物，1：70-78．

孙周勇，邵晶．2020．石峁遗址皇城台大台基出土石雕研究．考古与文物，4：40-48．

孙周勇，邵晶，邵安定，等．2013．陕西神木县石峁遗址．考古，7：15-24．

孙周勇，邵晶，邵安定，等．2015．陕西神木县石峁遗址后阳湾、呼家洼地点试掘简报．考古，5：60-71．

孙周勇，邵晶，邵安定，等. 2016. 陕西神木县石峁遗址韩家圪旦地点发掘简报. 考古与文物，4：14-25.

孙周勇，邵晶，邵安定，等. 2017. 陕西神木县石峁城址皇城台地点. 考古，7：46-56.

孙周勇，邵晶，赵向辉，等. 2018. 陕西榆林寨峁梁遗址 2014 年度发掘简报. 考古与文物，1：3-16.

孙周勇，邵晶，邸楠，等. 2020a. 陕西神木市石峁遗址皇城台大台基遗迹. 考古，7：34-46.

孙周勇，邵晶，邸楠. 2020b. 石峁遗址皇城台地点 2016—2019 年度考古新发现. 考古与文物，4：3-11.

孙周勇，邵晶，邸楠. 2020c. 石峁文化的命名、范围及年代. 考古，8：101-108.

孙周勇，邵晶，邸楠. 2020d. 石峁遗址的考古发现与研究综述. 中原文物，1：39-62.

王巍. 2008. 中华文明起源研究的新动向与新进展. 黄河文明与可持续发展，1（1）：1-14.

王炜林，孙周勇. 2011. 石峁玉器的年代及相关问题. 考古与文物，4：40-49.

王炜林，郭小宁. 2016. 陕北地区龙山至夏时期的聚落与社会初论. 考古与文物，4：52-59.

王晓毅，张光辉. 2016. 兴县碧村龙山时代遗存初探. 考古与文物，4：80-87.

卫雪，孙周勇，邵晶. 2018. 试论寨峁梁遗址的分期及年代. 考古与文物，1：63-71.

徐光冀. 1964. 内蒙古巴林左旗富河沟门遗址发掘简报. 考古，1：1-5.

徐峰. 2016. 公元前三千纪至前两千纪之初秃尾河流域聚落形态的初步考察. 西北大学.

许宏. 2009. 最早的中国. 科学出版社.

许宏. 2019. 关于石峁遗存年代等问题的学术史观察. 中原文物，1：19-25.

袁广阔，曾晓敏. 2004. 论郑州商城内城和外郭城的关系. 考古，3：59-67.

赵阳. 2021. 榆林地区新石器至西周时期聚落的时空演变与家户研究. 郑州大学.

张驰，陈星灿，邓振华. 2019. 区域、社会与中国文明起源：国家科技支撑计划课题"中华文明起源过程中区域聚落与居民研究"成果集. 科学出版社.

张怀通. 2015. 石峁古城系上古西夏都邑. 中国社会科学报，3：18.

张莉. 2012. 从龙山到二里头——以嵩山南北为中心. 北京大学.

张莉. 2018. 文献之外的夏代历史：考古学的视角. 中国文化研究，3：38-50.

张弛. 2017. 龙山—二里头——中国史前文化格局的改变与青铜时代全球化的形成. 文物，6：50-59.

中国社会科学院考古研究所. 1996. 大甸子——夏家店下层文化遗址与墓地发掘报告. 科学出版社.

周国林. 2017. 中华文明胜利跨越五千年之象征性年份初探. 华中师范大学学报（人文社会科学报），56（05）：137-145.

Allan Sarah. 1995. The shape of the turtle: Myth, art and cosmos in early China. Albany: SUNY Press.

Allard Francis. 1997. Growth and stability among complex societies in prehistoric Lingnan, Southeast China. Papers from the Institute of Archaeology 8: 37-58.

Blanton Richard, Lane Fargher. 2008. Collective action in the formation of pre-modern states. New York: Springer.

Brunson K, N He X Dai. 2016. Sheep, cattle, and specialization: New zooarchaeological perspectives on the Taosi Longshan. International Journal of Osteoarchaeology 26(3): 460-475.

Campbell. 2014. Archaeology of the Chinese Bronze Age: From Erlitou to Anyang. Los Angeles: Cotsen Institute of Archaeology.

Campbell. 2018. Violence, kinship and the early Chinese state: The Shang and their world. Cambridge: Cambridge University Press.

Campbell. 2021. Taxing questions: Financing the Chinese Bronze Age. In Ancient taxation: The mechanics of extraction in comparative perspective. Jonathan Valk and Irene Soto Marín, eds. Institute for the Study of the Ancient World Series. pp. 39-70. New York: New York University Press.

Campbell Roderick. 2009. Toward a networks and boundaries approach to early complex polities: The Late Shang case. Current Anthropology 50(6): 821-848.

Campbell Roderick, Yitzchak Jaffe, Christopher Kim, et al. 2021. Chinese Bronze Age political economies: A complex polity provisioning approach. Journal of Archaeological Research 30: 69-116. doi.org/10.1007/s10814-021-09158-0.

Campbell Roderick, Zhipeng Li, et al. 2011. Consumption, exchange and production at the Great Settlement Shang: Boneworking at Tiesanlu, Anyang. Antiquity 85(330): 1279-1297.

Chang, Kwang-chih. 1986. The archaeology of ancient China. 4th edition. New Haven, CT: Yale University Press.

Cheung, Christina, Hua Zhang, Joseph C. Hepburn, et al. 2019. Stable isotope and dental caries data reveal abrupt changes in subsistence economy in ancient China in response to global climate change. PLoS ONE 14(7): e0218943.

Chifeng International Collaborative Archaeological Research Project. 2011. Settlement patterns in the Chifeng region. Pittsburgh, PA: University of Pittsburgh Center for Comparative Archaeology.

Childs-Johnson Elizabeth. 2020. Who is that human at Shimao? China's ancient belief in metamorphic power. Orientations 51(4): 2-13.

Cui Jianxin, Zhouyong Sun, George S Burr, et al. 2019. The great cultural divergence and environmental background of northern Shaanxi and its adjacent regions during the late Neolithic. Archaeological Research in Asia 20: 1-10.

Daems Dries. 2021. Social complexity and complex systems in archaeology. London: Routledge.

Dai Xiangming. 2020. Wenming, guojia yu zaoqi Zhongguo. Nanfang Wenwu, 3: 14-21.

Damm Charlotte B. 2012. From entities to interaction: Replacing pots and people with networks of transmission. In A linguistic map of prehistoric northern Europe. Riho Grünthal and Petri Kallio, eds. pp. 41-62. Helsinki: Société Finno-Ougrienne.

Drennan Robert, Christian Peterson, Li Xueming, et al. 2014. Settlement and social dynamics in the Upper Daling and Chifeng regions of northeastern China. Asian Archaeology 2: 50-76.

Drennan Robert, Xiangming Dai. 2010. Chiefdoms and states in the Yuncheng Basin and the Chifeng region: A comparative analysis of settlement systems in North China. Journal of Anthropological Archaeology 29: 455-468.

Eller David, Reed M. Coughlin. 1993. The poverty of primordialism: The demystification of ethnic attachments. Ethnic Racial Studies 16(2): 183-202.

Emberling Geoff, ed. 2015. Social theory in archaeology and ancient history: The present and future of counternarratives. Cambridge: Cambridge University Press.

Feinman Gary M. 2013. The emergence of social complexity: Why more than population size matters. In Cooperation and collective action: Archaeological perspectives. David M. Carballo, ed. pp. 35, 56. Boulder: University Press of Colorado.

Feinman Gary M. 2017. Reframing ancient economies: New models, new questions. In Eurasia at the dawn of history: Urbanization and social change. Manuel Fernández-Götz and Dirk Krausse, eds. pp. 139-149. New York: Cambridge University Press.

Feinman Gary M, Hui Fang, Linda M Nicholas. 2019. Coastal Shandong, China: The longue durée. Journal of Anthropological Archaeology 55: 101076.

Feinman Gary M, Jill E. Neitzel. 2020. Excising culture history from contemporary archaeology. Journal of Anthropological Archaeology 60: 101230.

Feinman Gary M, Ronald K Faulseit, Linda M Nicholas. 2018. Assessing wealth inequality in the pre-Hispanic Valley of Oaxaca. In Ten thousand years of inequality: The archaeology of wealth differences. Timothy A. Kohler, Michael E. Smith, eds. pp. 262-288. Tucson: University of Arizona Press.

Feinman Gary M, Linda M Nicholas. 2004. Hilltop terrace sites of Oaxaca, Mexico: Intensive surface survey at Guirún, El Palmillo, and the Mitla Fortress. Fieldiana, Anthropology 37. Chicago: Field Museum of Natural History.

Feuchtwang Stephan, Michael J Rowlands. 2019. Civilisation recast: Theoretical and historical perspectives. Cambridge: Cambridge University Press.

Finkelstein Israel. 1997. Pots and people revisited: Ethnic boundaries in the Iron Age I. In The archaeology of Israel: Constructing the past, interpreting the present. Neil Asher Silberman, David B. Small, eds. pp. 216-237. Journal of the Study of the Old Testament Supplement Series 237. Sheffield, UK: Sheffield Academic.

Flad Rowan. 2008. Divination and power: A multiregional view of the development of oracle bone divination in early China. Current Anthropology 49(3): 403-437.

Flad Rowan. 2018. Urbanism as technology in early China. Archaeological Research in Asia 14: 121-134.

Flad Rowan. 2021. It's a golden age for Chinese archaeology—and the West is ignoring it. Washington Post, May 11.

Flad Rowan, Pochan Chen. 2013. Ancient Central China: Centers and peripheries along the Yangzi River. Cambridge: Cambridge University Press.

Fowles, Severin M. 2013. An archaeology of doings: Secularism and the study of Pueblo religion. Santa Fe, NM: School of Advanced Research Press.

Guo Qinghua, Zhouyong Sun. 2018. The east gate of Shimao: An architectural interpretation. Archaeological Research in Asia 14: 61-70.

Guo Qinghua, Zhouyong Sun, Jing Shao, et al. 2020. Reconstruction of the Shimao citadel gate: Planning and construction of Huangchengtai Gate during the 2nd millennium BCE, China. Archaeological Research in Asia 22: 100178.

He Nu. 2013. The Longshan period site of Taosi in southern Shanxi Province. In A companion to Chinese archaeology. Anne P. Underhill, ed. pp. 255-277. Malden, MA: Wiley-Blackwell.

Holland Oscar, Serenitie Wang. 2021. Archaeologists uncover 3,000-year-old gold mask in southwest China.

Huang Tsui-mei. 1992. Liangzhu—A late Neolithic jade-yielding culture in southeastern coastal China. Antiquity 66: 75-83.

Hudson Mark J. 2006. Pots not people: Ethnicity, culture and identity in postwar Japanese archaeology. Critique of Anthropology 26(4): 411-434.

Jaang Li. 2015. The landscape of China's participation in the Bronze Age Eurasian network. Journal of World Prehistory 28: 179-213

Jaang Li, Zhouyong Sun, Jing Shao, et al. 2018. When peripheries were centres: A preliminary study of the Shimao-centred polity in the loess highland, China. Antiquity 92(364): 1008-1022.

Jaang Li. Forthcoming. Erlitou: The making of a secondary state and a new sociopolitical order in early Bronze Age China. Journal of Archaeological Research.

Jaffe Yitzchak, Lorenzo Castellano, Gideon Shelach-Lavi, et al. 2021. Mismatches of scale in the application of paleoclimatic research to Chinese archaeology. Quaternary Research 99: 14-33.

Jaffe Yitzchak, Qiaowei Wei, Yichao Zhao. 2018. Foodways and the archaeology of colonial contact: rethinking the Western Zhou expansion in Shandong. American Anthropologist 120: 55-71.

Jiao Tianlong. 2007. The Neolithic of Southeast China: Cultural transformation and regional interaction on the coast. Youngstown, NY: Cambria.

Jing Yuan, Roderick Campbell, Lorenzo Castellano, et al. 2020. Subsistence and persistence: agriculture in the Central Plains of China through the Neolithic to Bronze Age transition. Antiquity 94(376): 900-915.

Joyce, Arthur A. 2010. Mixtecs, Zapotecs, and Chatinos: Ancient peoples of southern Mexico. The Peoples of America. Malden, MA: Wiley-Blackwell.

Keightley, David N. 1990. Early civilization in China: Reflections on how it became Chinese. In Heritage of China: Contemporary perspectives on Chinese civilization. Paul S. Ropp, ed. pp. 15-54. Berkeley: University of California Press.

Kohl Philip L. 1998. Nationalism and archaeology: On the constructions of nations and the reconstructions of the remote past. Annual Review of Anthropology 27: 223-246.

Kowalewski Stephen A, Gary M Feinman, et al. 2006. Hilltowns and valley fields: Great transformations, labor, and long-term history in ancient Oaxaca. In Labor in cross-cultural perspective. E. Paul Durrenberger, Judith E. Martí, eds. pp. 197-216. Lanham, MD: Altamira.

Kowalewski Stephen A. 2007. Concluding observations: Perspectives from the hill towns of Oaxaca. In Trincheras sites in time, space, and society. Suzanne K. Fish, Paul R. Fish, M. Elisa Villalpando, eds. pp. 247-267. Tucson: University of Arizona Press.

Lee Yun Kuen. 2002. Building the chronology of early Chinese history. Asian Perspectives 41(1): 15-42.

Li Jian, Hui Fang, Anne P Underhill. 2016. The history of perception and protection of cultural heritage in China. In Finding solutions for protecting and sharing archaeological heritage resources. Anne P. Underhill and Lucy C. Salazar, eds. pp. 1-16. New York: Springer.

Li Min. 2018. Social memory and state formation in early China. Cambridge: Cambridge University Press.

Li Xinwei. 2017. Top six new archaeological discoveries in China 2016 announced in "New Archaeological Discoveries in China" Archaeology Forum in Beijing.

Liu Bin, Ling Qin. 2018. Liangzhu culture: Society, belief, and art in Neolithic China. London: Routledge.

Liu Bin, Ningyuan Wang, Minghui Chen, et al. 2017. Earliest hydraulic enterprise in China, 5,100 years ago. Proceedings of the National Academy of Sciences of the USA 114(52): 13637-13642.

Liu Li. 2004. The Chinese Neolithic: Trajectories to early states. Cambridge: Cambridge University Press.

Liu Li, Hong Xu. 2007. Rethinking Erlitou: Legend, history and Chinese archaeology. Antiquity 81(314): 886-901.

Liu Li, Xingcan Chen. 2001. China. In Encyclopedia of archaeology: History and discoveries, vol.1. Tim Murray, ed. pp. 315-333. Santa Barbara, CA: ABC-CLIO.

Liu Li, Xingcan Chen. 2006. Sociopolitical change from Neolithic to Bronze Age China. In Archaeology of Asia. Miriam T. Stark, ed. pp. 149-176. Hoboken, NJ: Wiley-Blackwell

Liu Li, Xingcan Chen, Henry T. Wright, et al. 2019. Rise and fall of complex societies in the Yiluo region, North China: The spatial and temporal changes. Quaternary International 321: 4-15.

Liu Zhengyu, Xinyu Wen, E. C. Brady, et al. 2014. Chinese cave record and the East Asia summer monsoon. Quaternary Science Reviews 83: 115-128.

Liu, Li, and Xingcan Chen. 2012. The archaeology of China: From the late Paleolithic to the early Bronze Age. Cambridge: Cambridge University Press.

Liu, Xiangrui. 2013. China announces top ten archaeological discoveries of 2012. China Daily, April 10.

Lu Tracey Lie-Dan. 2002. The transformation of academic culture in mainland Chinese archaeology. Asian Anthropology 1(1): 117-152.

Lyman R Lee, Michael J O'Brien. 2008. The concept of evolution in early twentieth-century Americanist archaeology. Archaeological Papers of the American Anthropological Association 7(1): 21-48.

McNeal Robin. 2015. Moral transformation and local identity: Reviving the culture of Shun at temples and monuments across China. Modern China 41(4): 436-464.

Mercier Vivian. 1956. The uneventful event. Irish Times, February 18.

Morris Ian. 2012. Cultural complexity. In The Oxford handbook of archaeology. Gosden, Barry W. Cunliffe, Rosemary A. Joyce, eds. pp. 520-554. Oxford: Oxford University Press.

Murowchick Robert E. 2013. "Despoiled of the garments of her civilization": Problems and progress in archaeological heritage management in China. In Companion to Chinese archaeology. Anne P. Underhill, ed. pp. 13-34. Boston: Wiley-Blackwell.

Olsen John W. 1987. The practice of archaeology in China today. Antiquity 61(232): 282-290.

Owlett Tricia, Songmei Hu, Zhouyong Sun, et al. 2018. Food between the country and the city: The politics of food production at Shimao and Zhaimaoliang in the Ordos region, northern China. Archaeological Research in Asia 14: 46-60.

Pargeter Justin, Alex MacKay, Peter Mitchell, et al . 2016. Primordialism and the "Pleistocene San" of southern Africa. Antiquity 90: 1072-1079.

Qin Ling. 2013. The Liangzhu culture. In A companion to Chinese archaeology. Anne P. Underhill, ed. pp. 574-596. Chichester, UK: Blackwell.

Rawson Jessica. 2017. Shimao and Erlitou: New perspectives on the origins of the bronze industry in central China. Antiquity 91(355): e5.

Renfrew Colin, Bin Liu. 2018. The emergence of complex society in China: The case of Liangzhu. Antiquity 92(364): 975-990.

Scarre Christopher, Brian M. Fagan. 2016. Ancient civilizations. 4th edition. London: Routledge.

Sebillaud Pauline. 2014. La distribution spatiale de l'habitat en Chine dans la plaine Centrale à la transition entre le Néolithique et l'âge du Bronze (env. 2500-1050 av. n. è.). PhD dissertation, École Pratique des Hautes Études, Paris.

Shanghai Daily. 2013. 2 China archaeological sites in world top 10. Shanghai Daily. 2013. 2 China archaeological sites in world top 10. http://www.kaogu.cn/en/News/Academic_activities/2013/1026/42211.html.

Shanks Michael, Christopher Y. Tilley. 1987. Social theory and archaeology. Cambridge, MA: Blackwell.

Shelach-Lavi, Gideon. 1999. Leadership strategies, economic activity, and interregional interaction: Social complexity in Northeast China. New York: Kluwer Academic.

Shelach-Lavi Gideon. 2015. The archaeology of early China: From prehistory to the Han dynasty. Cambridge: Cambridge University Press.

Shelach-Lavi Gideon. 2019a. Archaeology and politics in China: Historical paradigm and identity construction in museum exhibitions. China Information 33(1): 23-45.

Shelach-Lavi Gideon. 2019b. Memory, amnesia and the formation of identity symbols in China. In Memory and agency in ancient China: Shaping the life history of objects. Francis Allard, F. Sun Yan, and Katheryn Linduff, eds. pp. 28-49. Cambridge: Cambridge University Press.

Shelach-Lavi Gideon, Kate Raphael, Yitzchak Y Jaffe. 2011. Sanzuodian: The structure, function and social significance of the earliest stone fortified sites in China. Antiquity 85: 11-25.

Shelach-Lavi Gideon, Yitzchak Y Jaffe. 2014. The earliest states in China: A long-term trajectory approach. Journal of Archaeological Research 22(4): 327-364.

Shen Chen, Hong Chen. 2010. Cultural heritage management in China: Current practices and problems. In Cultural heritage management: A global perspective. Phyllis Mauch Messenger, George S. Smith, eds. pp. 70-81. Gainesville: University Press of Florida.

Shen, Changyun. 2018. Huaxia Zu, Zhouzu Qiyuan yu Shimao Yizhi de Faxian he Tanjiu. Lishi Yanjiu 2: 4-17.

Silverman Helaine, Tami Blumenfield. 2013. Cultural heritage politics in China: An introduction. In Cultural heritage politics in China. Tami Blumenfield and Helaine Silverman, eds. pp. 3-22. New York: Springer.

Smith Hilary A. 2008. Using the past to serve the peasant: Chinese archaeology and the making of a historical science. In A new history of anthropology. Henrika Kuklick, ed. pp. 207-221. Malden, MA: Blackwell.

Swenson Edward. 2018. Trace, revelation, and interpretant in archaeological research: The graffiti of Huaca Colorada, Peru. Signs and Society 6(2): 349-378.

Sun Zhouyong, Jing Shao, Li Liu, et al. 2018. The first Neolithic urban center on China's north loess plateau: the rise and fall of Shimao. Archaeological Research in Asia 14: 33-45.

Sun Zhouyong, and Jing Shao. 2017. Shimaocheng: Tuwei hepan shenmi gucheng Fenhe Taosi yidiyiyou. Zhongguo Guojia Dili 2017(10): 142-151. [In Chinese.]

Tong Enzheng. 1995. Thirty years of Chinese archaeology (1949-1979). In Nationalism, politics, and the practice of archaeology. Philip L. Kohl, Clare Fawcett, eds. pp. 177-197. Cambridge: Cambridge University Press.

Trouillot, Michel-Rolph. 1995. Silencing the past: Power and the production of history. Boston: Beacon.

Ucko Peter J, Qin Ling, Jane Hubert, eds. 2007. From concepts of the past to practical strategies: The teaching of archaeological field techniques. London: Saffron.

Underhill Anne P. 2013. A companion to Chinese archaeology. Chichester, UK: Blackwell.

Underhill Anne P. 2018. Urbanization and new social contexts for consumption of food and drink in northern China. Archaeological Research in Asia 14: 7-19.

Van Turenhout Dirk. 2021. China's lost civilization: the mystery of Sanxingdui. Exhibition organized by the Bowers Museum, Santa Ana, the Houston Museum of Natural Science, and the Cultural Relics Bureau of Sichuan Province, People's Republic of China.

Von Falkenhausen Lothar. 1993. On the historiographical orientation of Chinese archaeology. Antiquity 67(257): 839-849.

Von Falkenhausen Lothar. 1995. The regionalist paradigm in Chinese archaeology. In Nationalism, politics, and the practice of archaeology. Philip L Kohl, Clare Fawcett, eds. pp. 198-217. Cambridge: Cambridge University Press.

Wickham Chris. 2016. Medieval Europe. New Haven, CT: Yale University Press.

Womack Andrew, Liu Li, Di Nan. 2021. Initial insights into ceramic production and exchange at the early Bronze Age citadel at Shimao, Shaanxi, China. Archaeological Research in Asia 28: 100319.

Wu Qinglong, Zhijun Zhao, Li Liu, et al. 2016. Outburst flood at 1920 BCE supports historicity of China's Great Flood and the Xia dynasty. Science 353(6299): 579-582.

Yang Hua, Tong Fang, Yin Heng, et al. 2021. New discoveries at Sanxingdui ruins shed light on Chinese civilization.

Yao Alice. 2015. The ancient highlands of Southwest China: From the Bronze Age to the Han Empire. Oxford: Oxford University Press.

Yuan, Jing, Roderick Campbell. 2009. Recent archaeometric research on "the origins of Chinese civilisation." Antiquity 83(319): 96-109.

Yuan, Jing, Roderick Campbell, Lorenzo Castellano, et al. 2020. Subsistence and persistence: Agriculture in the Central Plains of China through the Neolithic-Bronze Age transition. Antiquity 94(376): 900-915.

Zhang, Chi, A. Mark Pollard, Jessica Rawson, et al. 2019. China's major late Neolithic centers and the rise of Erlitou. Antiquity 93: 588-603.

（原载于 Current Anthropology, volume 63, number 1, 2022）

对石峁遗址研究和中国考古研究的误解

——对哈克（Yitzchak Jaffe）、江雨德（Roderick Campbell）和吉迪（Gideon Shelach-Lavi）2022 年文章的评论

刘　莉　陈星灿 著

刘　莉 译

在哈克，江雨德和吉迪发表在 2022 年《当代人类学》上的文章中（以下简称哈文），作者声称，中国考古界对石峁遗址的解释都是旨在于强化一种试图将中国古代史解释成为中原王朝崛起的线性历史。这篇文章充满了事实错误、误导性解释和对他人论点的曲解。作为曾经发表过 1 篇有关石峁遗址研究论文的通讯作者（刘莉）（Sun 等，2018）以及 6 篇在哈文及其有关评论文中被多次引用文章的合著者（刘莉，陈星灿），我们并未被邀请对哈文发表评论。因此，我们认为有义务在这篇有字数限制的评论文中做出回应。

哈文作者根据其具有倾向性地选择以往的出版物，将中国考古界研究石峁遗址的文章分为两类。第一类是将石峁与黄帝等传奇人物联系起来。实际上，这种观点并不来自中国主流考古学家，而哈文中引用的大多数参考文献也并非考古学家所著。如，沈长云（其姓名居然被作者以三种不同的拼写方式写出：Chen Changgyun、Shen Changyun 和 Shen Chengyun）关于黄帝与石峁之间联系的推测早在八年前就受到了石峁发掘者反驳（孙周勇和邵晶，2015）。第二类他们认为有错误的研究，是所谓利用石峁宣扬中国文明的单线进化论。哈文对在这一指责的文字中进行了自由发挥，却没有提供这个概念在中国的使用中的具体定义。实际上，自 20 世纪 80 年代以来，大多数中国考古学家支持多线进化论模式，并在许多有影响力的出版物中讨论，其中不乏涉及石峁遗址性质的讨论（戴向明，2020；高江涛，2013）。而哈文作者选择对这些文章的完全忽视。

哈文指责，刘莉 2004 年出版的书中（232—234 页）"关于二里头的军事扩张的论点是建立在不同地区发现的类型非常基本相似的陶器"（哈文 99 页）。实际上，在其引用该书的三页中，并没有出现"陶器相似性"这个词。相反，该书引用了一篇论文（刘莉，2006），其中讨论了在二里头遗址发现的箭头数量显著增加与二里头向周边地区扩张的相关性，认为这种扩张是以建立前哨定居点的形式出现，这是由于这些地点具有二里头精英所渴望获得的关键资源，用以维持他们的权力和地位，并表明"二里头的扩张可能是强制性的"（Liu，2004）。这篇论文并未提出哈文作者所指控的，所谓这些前哨"拥有管理如此大领土所需的复杂官僚体系"的观点（哈文 99 页）。另外，我们还在其他出版物中讨论了陶器类型与人的关系（例如，Liu and Chen，2003）。哈文作者选择忽视我们书和文章中所陈述的广泛社会背景，然后歪曲和错误地评价最初的论点。

在引用我们的论文（Liu and Chen，2006）时，哈文作者声称我们持有一种单中心的"模式"，根据这个模式，"一旦新石器时代的众多中心崩溃，就只剩下一个中心，然后依次从二里头……到商和西周王朝的中心"（哈文 113 页）。实际上，我们的论文只讨论了从龙山文化到二里头的过渡，根本没有提到商或周。然而，在另一本书中（Liu and Chen，2012），我们的确讨论了商的政治景观的变化，从早期到中期分别是从集权化到分权化，之后在晚商时期，多个非商的中心发展为独立的地区性势力，如三星堆和吴城。哈文作者捏造了一个我们从未提出或相信的"模式"。

他们指责我们将石峁的衰落与公元前 1800—前 1700 年左右的一次寒冷、干燥事件联系起来，声称我们没有提及"当地特定的环境条件"（哈文 103 页）。但我们的石峁研究文章（Sun 等，2018，见图 1）中讨论的气候数据正是来自当地数据，取自石峁附近的毛乌素沙漠。作者们显然选择性地忽视了关于该地区气候条件变化的另一项详细研究（Cui 等，2019）。他们说我们将石峁与所谓的 4200BP 气候事件联系在一起，而我们实际上并没有这样做。

哈文中存在的不当偏见，背离了适当的学术礼貌规范。其贬义语气缺乏维持学术讨论的健康氛围所需的尊重，并且苛刻地指责众多中国主流考古学家及其研究。通过在《当代人类学》杂志上发表，这篇文章不仅助长了一种对在考古遗址上辛勤工作的许多中国考古学家充满敌意的环境，而且在非专业读者中传播了对中国考古学实践和成果的错误解读。

参 考 文 献

戴向明．2020．中国史前社会的阶段性变化及早期国家的形成．考古学报，3：309-336.

高江涛．2013．新世纪以来中国文明起源与形成研究的回顾和反思．中原文化研究，1：28-35.

孙周勇，邵晶．2015．石峁是座什么城．光明日报，10.12（16）.

Cui, Jianxin, Zhouyong Sun, George S. Burr, et al. 2019. The great cultural divergence and environmental background of northern Shaanxi and its adjacent regions during the late Neolithic. Archaeological Research in Asia 20: 100164.

Jaffe, Yitzchak, Roderick Campbell, et al. 2022. Shimao and the rise of states in China: Archaeology, historiography, and myth. Current Anthropology 63(1): 95-117.

Liu Li. 2004. The Chinese Neolithic: Trajectories to early states. Cambridge: Cambridge University Press.

Liu Li. 2006. Urbanization in China: Erlitou and its hinterland. In Urbanism in the preindustrial world: Cross-cultural approaches. Glenn Storey, ed. pp. 161-189. Tuscaloosa: University of Alabama Press.

Liu Li, Xingcan Chen. 2003. State formation in early China. London: Duckworth.

Liu Li, Xingcan Chen. 2006. Sociopolitical change from Neolithic to Bronze Age China. In Archaeology of Asia. Miriam T. Stark, ed. pp. 149-176. Hoboken, NJ: Wiley-Blackwell.

Liu Li, Xingcan Chen. 2012. The archaeology of China: From the late Paleolithic to the early Bronze Age. Cambridge: Cambridge University Press.

Sun Zhouyong, Jing Shao, Li Liu, et al. 2018. The first Neolithic urban center on China's north loess plateau: The rise and fall of Shimao. Ar-chaeological Research in Asia 14: 33-45.

（原载于 Current Anthropology, volume 64, number 4, 2023）

石峁与高地龙山社会考古
——评论哈克（Jaffe）、江雨德（Campbell）
和吉迪（Shelach-Lavi）（2022）

李　旻　著，译

学术辩论的基本底线是诚信。贾夫、坎贝尔和谢尔赫-拉维（2022）的论文歪曲其他学者的研究成果并误导读者，玷污了《当代人类学》作为重要学术刊物的声誉。

首先，三位作者夸大非专业知识对中国考古学研究的影响。本文引用沈长云以石峁为黄帝居邑为主要证据，认为中国考古学界针对石峁的研究因为不加批判地引用神话和传世文献而使得石峁考古的学术严肃性大打折扣。作为一位历史学家，沈先生并不具备任何史前考古学资历，并且坦诚承认很少有中国考古学家接受他关于石峁为黄帝居邑的主张。

任何熟悉中国考古学的审稿人会明确指出，沈先生的主张对中国考古学影响甚微。作者选择宣扬这种虚假叙述，破坏了中国和国际考古界数十年来合作建立的信任。从文化层面上来看，传说叙事是传统历史知识的一部分，可以丰富人类学研究并赋予文化传承者群体自主的声音。在春秋贵族和战国诸子的言论中经常传颂来自传说时代的政治遗产，将距今 4000 年多前视为三代王权初兴的时代。在科学和文化史方法之间进行严格的对立既不可取，也没有必要。

其次，哈克、江雨德和吉迪忽视和歪曲了石峁考古学的现有学术成果。他们认为，目前中国考古学针对石峁的学术研究为中原中心论主导的单线社会进化历程所扭曲。付罗文（Rowan Flad）在回应文章中进一步指出，三位作者是针对我 2018 年在剑桥大学出版社出版的《问鼎：早期中国的国家起源与社会记忆》一书中对石峁的大量讨论提出质疑。然而，文章作者根本不能诚实地承认这本书的存在。

石峁遗址所在的鄂尔多斯地区传统上被视为中国历史上的边缘地区。石峁的发现给中原和周边地区青铜时代早期国家的崛起带来新的问题。《问鼎》一书并没有以中原中心为前提，而是探索中原中心政治传统形成的过程——在经历数千年来数度政治格局变化之后，二里头早期国家如何崛起于洛阳盆地，创造嵩洛为天下之中的政治秩序。为了从概念上脱离中原中心视角，此书采用自然地形中的高地、低地作为地理分析单位，并探究洛阳盆地如何从一个高地、低地之间的过渡地带转变为政治网络横跨高原盆地（关中与晋南）和低地平原的中心枢纽。

我在《问鼎》一书中指出石峁兴起于张光直"史前中国互动圈"、格雷戈里·波塞尔的"亚洲中部互动圈"以及我在书中概述的"北亚互动圈"三个互动网络日渐交汇的地带（Li 2018：87）。公元前三千纪末的龙山时代，石峁和陶寺成为欧亚大陆技术、仪式知识和商品流动的枢纽，也是融合创新之处——新的制度与文化传统从不断扩大的互动和政治实验过程中诞生。在石峁和陶寺等高地龙山社会政治中心衰落之后，史称中原的嵩洛地区伴随着洛阳盆地二里头政权（公元前 1900—前 1600 年）的崛起占据主导地位。即使日后郑州和安阳相继崛起巩固中原国家的政治地位之后，邻邦政权在周边地区（例如四川盆地的三星堆和金沙）仍然蓬勃发展，石峁的历史遗产也为当地玉器传统所继承。

《问鼎》一书中将"何以中原"作为中心主题来探究，因为以洛阳盆地中心的地缘政治传统在历史时期被不同政权一再重建，以继承其天下之中的历史遗产和战略地位，因此形成中国历史上占据主导地位的政治空间传统。相比之下，鄂尔多斯逐渐演变成农耕社会与游牧民族之间争夺的前线，秦王朝在这里修筑长城以对抗匈奴。在这项长时段考古学观察中，我尝试平衡区域性考古研究和导致中原及其他地区青铜时代国家崛起的跨区域政治过程。

最后，哈克、江雨德和吉迪缺乏公正性的批评提醒我们反思学术界存在的结构性不平等。三位作者不但没有去过石峁或在该地区从事过任何考古工作，他们对那些从事石峁考古的学者缺乏基本的尊重。从刘莉到张莉，本文批评的主要目标是在男性主导的西方学术领域中取得成功的中国女性学者。刘莉教授和她的研究生对石峁进行了深入的田野研究，但她没有被邀请对这篇文章做出回应。作为一名有独立观点的学者，张莉与孙周勇、邵晶以及我本人合作撰写的文章并不是《问鼎》的替代品，她也不是任何人的传声筒。

参 考 文 献

Li, Min. 2018. Social memory and state formation in early China. Cambridge: Cambridge University Press.

Jaffe, Yitzchak, Roderick Campbell, and Gideon Shelach-Lavi. 2022. Shimao and the rise of states in China: Archaeology, historiography, and myth. Current Anthropology, 63(1): 95-117.

（原载于 Current Anthropology, volume 64, number 4, 2023）

中国考古学：单线还是多线进化论？

戴向明　著，译

从讨论石峁遗址的发现和相关研究出发，《石峁与中国国家的兴起：考古学、史学与神话》这篇文章（作者 Jaffe, Campbell, and Shelach-Lavi, 2022）[1]，以带有嘲讽的语气集中批评了作者所认为的中国考古学中存在的两个主要问题。然而，在我们看来，作者的批评充满了偏见、曲解、歪曲，还有有意的选择和忽视。

该文批评的问题之一，是有人将石峁与传说中的黄帝相关联。实际上这只是个别历史学家的观点，几乎没有考古学家赞同。此外，关于一些重要考古发现与中国古史传说人物之间的关系，是一个非常复杂的问题，由于字数限制这里不能展开讨论。

该文着重批评的另一个问题，是认为中国考古学中普遍存在着单线进化论，按此观点，在中国长时段的社会发展过程中，每个节点上只存在一个主要中心或国家中心，这些中心都被纳入到了单一的社会发展轨迹上。这是对中国考古学的严重曲解和歪曲。其一，自 20 世纪 80 年代一些著名学者如苏秉琦（1981）[2]、张光直（1986）[3]、严文明（1987）[4]等，将史前中国分为多个文化区之后，多数中国考古学家都赞同多线进化观。近些年许多学者，如刘莉和陈星灿（2012）[5]、张弛（2017）[6]、李新伟（2020）[7]、赵辉（2020）[8]等，以及我本人（2020）[9]，也都对中国史前与历史早期文化与社会的多元发展轨迹与过程进行了进一步探讨。无论是孙周勇（2016）[10]还是伦福儒和刘斌（2018）[11]，没有人像三位作者指责的那样，把石峁或良渚都纳入一个单一直线发展的国家或王朝系统中。其二，一些人比较包括良渚、石峁等所在区域与中原文化在某些方面的相似性，是想说明这些地区与中原可能存在的各种不同的联系。这些比较大多是有考古学依据的分析，但并不意味这些学者将各区域文化及其中心都视为中原文明的一部分。其三，我们认为，在青铜时代，中国文明确实经历了从多元趋向一体化的发展过程，即从多元性的区域文化与社会政治格局，到越来越强大的中原王朝与若干相对较弱的政体共存。在此发展过程中，虽然仍旧存在着多样的区域文化传统，但中原王朝作为最具影响力的文化与政治中心，在整合早期中国成为一个规模越来越大的政治共同体和文化共同体的过程中，发挥了无可置疑的主导作用。最后，作者在回顾与批评中国考古学时，显然有意选择了某些证据而忽视了很多事实。例如，该文引用了发表在《考古与文物》2016 年第 4 期上孙周勇[12]和王炜林、郭小宁[13]的两篇文章，但对发表在同期刊物上我本人的文章[14]却只字未提。我在这篇文章中，明确讨论了中原和石峁所在北方地区各自所代表的两种不同的社会发展轨迹与模式。后来，我又对中国不同地区史前多样化的社会演变路径与早期国家形成模式进行了系统的分析和论证（2018、2020）[15]。上述文章无疑都提出了史前中国存在过的多线进化模式，恰与三位作者所指责的相反。他们对于与之看法不同的观点，似乎选择性地"失明"了。多线进化观是当今中国考古学的主流认识，许多有影响的学者，包括前引那些学者，都秉持此种认识。但该文的三位作者对这些与之观点取向不同的认识，却没有任何提及和评论。

简言之，该文显示三位作者对中国考古学的现状和主流认识缺乏充分的了解，因而怀有某些偏见，这导致他们看不到中国考古学的重要变化与进步。

注　释

［1］ Yitzchak Jaffe, Roderick Campbell, and Gideon Shelach-Lavi. Shimao and the rise of states in China: Archaeology, historiography, and myth. Current Anthropology, 2022, 63 (1): 95-117.

［2］ 苏秉琦、殷玮璋：《关于考古学文化的区系类型问题》，《文物》1981 年第 5 期。

［3］ Kwang-chih Chang. The archaeology of ancient China. 4th edition. New Haven, CT: Yale University Press, 1986.

［4］ 严文明：《中国史前文化的统一性与多样性》，《文物》1987 年第 3 期。

［5］ Liu Li, and Chen Xingcan. The archaeology of China: From the late Paleolithic to the early Bronze Age. Cambridge University Press, 2012.

［6］ 张弛：《龙山—二里头——中国史前文化格局的改变与青铜时代全球化的形成》，《文物》2017 年第 6 期。

［7］ 李新伟：《第一个"怪圈"：苏秉琦"大一统"思想束缚论述的新思考》，《南方文物》2020 年第 3 期。

［8］ 赵辉：《古国时代》，《华夏考古》2020 年第 6 期。

［9］ 戴向明：《中国史前社会的阶段性变化及早期国家的形成》，《考古学报》2020 年第 3 期。

［10］ 孙周勇：《公元前第三千纪北方地区社会复杂化过程考察——以榆林地区考古资料为中心》，《考古与文物》2016 年第 4 期。

［11］ Colin Renfrew, Bin Liu. The emergence of complex society in China: The case of Liangzhu. Antiquity, 2018, 92(364): 975-990.

［12］ 孙周勇：《公元前第三千纪北方地区社会复杂化过程考察——以榆林地区考古资料为中心》，《考古与文物》2016 年第 4 期。

［13］ 王炜林、郭小宁：《陕北地区龙山至夏时期的聚落与社会初论》，《考古与文物》2016 年第 4 期。

［14］ 戴向明：《北方地区龙山时代的聚落与社会》，《考古与文物》2016 年第 4 期。

［15］ 戴向明：《简论中国早期国家形成的动力机制》，《新果集（二）——庆祝林沄先生八十华诞论文集》，科学出版社，2018 年；戴向明：《中国史前社会的阶段性变化及早期国家的形成》，《考古学报》2020 年第 3 期。

（原载于 Current Anthropology, volume 64, number 4, 2023）

对 Jaffe、Campbell
和 Shelach-Lavi（2022）的评论

Elizabeth Childs-Johnson 著

宗天宇 译

　　贾夫（Jaffe）、坎贝尔（Campbell）和谢尔赫 - 拉维（Shelach-Lavi，2022）对陕西石峁新石器时代晚期至历史时期早期遗址进行了分析，如果他们利用多年来在众多出版物（包括我的著作）中发现的学术成果，本可以使这一分析更加丰富。杰夫（Jaffe）和同事们试图讨论石峁遗址和国家的兴起，这是对他们方法的尊重，也是对其他人的责罚。我同意地域文化受到集中文化影响的总体前提，反之亦然。三年前，我在中国参加一次会议时，曾询问石峁的两位主要发掘者孙周勇和邵晶是否可以发表他们的一些材料，他们犹豫了一下，说他们需要完成建筑基址的发掘，这样才能复原石峁城址的原貌。随后，他们慷慨地向我提供了几张图片，并允许我使用它们，我也确实这样做了（Childs-Johnson，2020）。付罗文（Rowan Flad）提到的这个引用错误地被插入到了评论杰夫（Jaffe）、坎贝尔（Campbell）和沙拉奇 - 拉维（Shelach-Lavi）的地方，被误认为是我在 2020 年编辑的《早期中国牛津手册》一书中的一部分。

　　作为一名考古美术史学家和古文字学家，在过去的 30 多年里，我一直从整体、全面的角度撰写和记录中国的古代文化。我的研究方法不仅包括视觉资料，还包括文字、考古材料和人类学资料。例如，在与已故的考古学家、良渚文化研究专家牟永抗共事的一年中，我分析了为什么要将涵盖新石器时代晚期的玉器时代概念具体化——为什么这个概念应该涵盖三个重要的玉器文化和一个额外的玉器文化：红山、良渚、龙山和二里头（Childs-Johnson，2009）。在查尔兹 - 约翰逊（Childs-Johnson，1995）中，我概述了为什么二里头玉器代表了夏王室的传统，并对商代甲骨文字和视觉资料反映对变形王权的信仰进行了广泛分析。（例如，Childs-Johnson，1998，2008，2013，2016，2018，2019，2023）。

　　只有付罗文（Rowan Flad）引用了我（2020）关于石峁图像的文章，将其视为对该领域的最新贡献。非常遗憾，我完全同意张莉和孙周勇的观点，即贾夫（Jaffe）、坎贝尔（Campbell）和谢尔赫 - 拉维（Shelach-Lavi）"对以前的学术研究进行了有选择性的歪曲叙述"（110，表示页码，下同）。他们忽视了积极的学术研究，而只顾发表歪曲事实的观点，例如，杰西卡 - 罗森（Jessica Rawson）在 2017 年指出"根据玉饰的相似性，认为石峁精英很有可能在公元前二千年早期其中心消亡之后南迁，并将新的技术和风格带到了新兴的二里头中心"。事实却并非如此，此时的玉器加工在中国南北各地由来已久（图一）。

　　杰夫（Jaffe）、坎贝尔（Campbell）和沙拉奇 - 拉维（Shelach-Lavi）写道："在石峁看到的这些石雕上的一些表现风格，与商代青铜器艺术中的典型图案至少在表面上存在相似之处。然而在提出

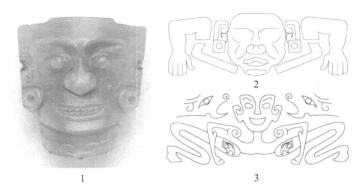

1   3

图一　类似形象的人形形象从玉器时代向商代早期的转变

1. 玉器饰品，公元前 2600—前 2000 年，龙山时代。美国国家亚洲艺术博物馆，史密森学会，弗里尔（Freer）收藏，查尔斯·朗·弗里尔（Charles Lang Freer）基金会，F1953.9。饰品（shi 飾）与面具。新石器时代晚期，公元前 3000—前 1700 年。中国。玉（软玉）。高：4.6 厘米 × 4.1 厘米 × 1.6 厘米（1 13/16in × 1 5/8in × 5/8in）　2. 根据陕西石峁遗址龙山—二里头时期大型石雕绘制　3. 商代早期郑州遗址陶瓷碎片的绘制与重建　2 和 3 是基于查尔兹－约翰逊（Childs-Johnson）和梅杰（Major）（2023）中的图 4.13 A-B

这种印象式的关联时，我们需要非常谨慎。"（100）"表面上"和"印象式的"都是错误的词汇，而说这些是"与商代青铜艺术的典型图案相似"也是不正确的。某些相似之处与龙山时代（山东龙山、石家河等）的纹饰直接相关。如果作者的研究方法能够更广泛地吸收他人的研究成果，尤其是在涉及石峁的时候，这一点就会很清楚。但他们在目前的研究中没有这样做，而且他们在过去十年中也没有涉及其他许多学术贡献。我鼓励更严谨的学术研究。

参 考 文 献

Childs-Johnson, Elizabeth. 1995. Symbolic jades of the Erlitou period: A Xia royal tradition. Archives of Asian Art, 48: 64-90.

Childs-Johnson, Elizabeth. 1998. The metamorphic image: A predominant theme in Shang ritual art. Bulletin of the Museum of Far Eastern Antiquities, 70: 5-171.

Childs-Johnson, Elizabeth. 2008. The meaning of the graph Yi 異 and its implications for Shang belief and art. East Asia Journal Monograph. Saffron.

Childs-Johnson, Elizabeth. 2009. The art of working jade and the rise of civilization in China. In The Jade Age and early Chinese jades in American museums. Science, pp. 291-393.

Childs-Johnson, Elizabeth. 2013. The big Ding and "China" power (divine authority and legitimacy: the monumental royal tetrapod Ding of the Shang period). Asian Perspectives, 52(1): 164-220.

Childs-Johnson, Elizabeth. 2018. Urban daemons of the early Shang: Urbanism in ancient China. Archaeological Research in Asia 14: 135-150.

Childs-Johnson, Elizabeth. 2019. Metamorphism and the Shang State: Yi 異 and the Yi 異 [fang 方] 鼎. In Explorations in the practice and theory of shamanism: A collaborative project between China and the West. Special issue, Religions, 10(2): 95.

Childs-Johnson, Elizabeth. 2020. Who is that human at Shimao? China's ancient belief in metamorphic power. Orientations, 51(4): 2-13.

Elizabeth Childs-Johnson, and John Major. 2023. Metamorphic imagery in ancient Chinese art and religion. Routledge.

Yitzchak Jaffe, Roderick Campbell, and Gideon Shelach-Lavi. 2022. Shimao and the rise of states in China: Archaeology, historiography, and myth. Current Anthropology, 63(1): 95-117.

（原载于 Current Anthropology, Volume 64, number 4, 2023）

来自 Jaffe、Campbell 和 Shelach-Lavi 的答复

Yitzchak Jaffe　Rod Campbell　Gideon Shelach-Lavi 著
宗天宇 译

分歧和争议是学术争论的本质，也是研究进步的动力。我们很高兴我们的论文受到关注，也欢迎大家对我们的论文发表评论，哪怕是完全否定我们观点和想法的评论。但是，我们认为，学术争论有其专业行为准则，人身攻击不属于这些准则的范畴。对个人动机的猜测和对性别毫无根据的指责（李旻）或其他更加模糊的偏见（刘莉和陈星灿；戴向明）都是人们在社交媒体上才会看到的东西，而不是在一本受人尊敬的学术期刊上。此外虽然这四篇论文都指责我们"抹黑"中国考古学，但这种试图在我们和我们的领域之间划清界限的令人反感的做法毫无意义。我们何尝不是中国考古学的一部分？我们的田野工作和合作几乎都是在中国进行的，合作方包括各种中国机构和学者，我们的出版物和职业生涯也都献给了中国考古学。虽然我们对近期文献中的一些倾向提出了质疑，但我们的动机是促进本领域的讨论，其中既包括中国学者，也包括非中国学者。

事实上，我们对作者在评论中使用的语气有异议。如果你不同意，请撰文说明。李旻最近的一篇论文（2022），对我们之前的一些工作（即 Campbell，2009；Shelach 和 Jaffe，2014）进行了分析、批评，并提供了一个新的模型来理解二里头遗址和文化。虽然我们可能（当然也确实）不同意该论文中的某些论点（并注意到在这篇论文中，人们可以找到一个关于古代中国发展的单线模型的最新例子），但这是同行之间进行学术交流和辩论的一个很好的例子。然而，在我们回应的评论中，我们看到的不是实质性的讨论，而是危险地陷入了个人恩怨之中。

最明显的是，李旻在没有任何证据（除了误导性的猜测）的情况下指责我们学术不端，并联手企图破坏年轻（张莉）和更加资深（刘莉）的女学者的事业。李旻显然不知道我们中的两位最近与张莉共同发表的论文（Campbell 等，2022；它被引用在我们的原始论文中），或者她和坎贝尔（Campbell）是正在进行的研究项目的朋友和合作者。那么，李旻是如何设想我们阻碍张莉研究的总体计划的呢？通过与她合作并在顶级学术刊物上发表文章？至于在斯坦福大学担任讲座教授的刘莉，她是中国考古学领域最有影响力的人之一，无论如何，她（与她的合作者、中国社会科学院考古研究所所长陈星灿）一直是中国考古学英文学术研究的主导者——她几乎不需要受到学术批判的保护。

除了尖刻的文风和毫无根据的指控之外，这些文章显然没有抓住我们争论的重点。这里还是以最简单的形式来说明：石峁是一个了不起的遗址，在那里工作的考古学家们正在做着出色的工作，它为我们提供了一个重新思考如何理解过去的机会，让我们不要把这个机会浪费在试图把石峁纳入中原地区崛起的叙述中。无论评论家们喜欢与否，我们的综述（即使不是详尽无遗，也相当广泛）充分表明，这种目的论的视角一直是不同场合探讨石峁的主要倾向。

事实上，如果我们能够跳出这些评论的政治化写作风格，就会发现他们都同意我们的主要前提：单线发展轨迹过于简单化，无法对中国复杂的史前史进行令人信服的叙述。戴向明指责我们否认中国早期考古文献中存在多线性发展轨迹。我们哪里否认了？我们说：石峁——而不是中国的所有考古——被许多学者解释为中华文明同时代的中心，或者是后来众多发展的起源点，而这些发展对其他地区文化甚至整个中华文明都是有意义的。在我们最初的答复中，我们引用了 Drennan 和 Dai（2010）的研究为例，说明在有关史前中国文化和政治实体发展的学术研究中，确实存在着多线性的发展叙事，因此我们一直感到困惑的是，为什么他们没有更充分地参与到石峁的研究中来。然而，如果否认线性历史叙事的优势，即以中华文明的发展和中央国家的崛起为主要发展步骤即使存在一些不同的观点，也是毫无根据的。

我们还被指责过分强调关于黄帝的传说。在本文和我们最初的答复中，我们重申了中国考古学家总体上并不赞同传说相关的说法。那为什么说我们赞同呢？我们概述了这一趋势，举例说明公众是如何看待这一遗址以及媒体是如何报道的。换句话说，正如世界上其他许多地方的情况一样，考古学家并不是唯一的，甚至不是占据主导的、发言的力量，他们也不能幸免于更广泛的散漫观点的影响。

刘莉和陈星灿指责我们错误地介绍了他们的研究成果，从而构建了一个错误的叙事，我们把史前中国文明的发展归咎于他们。我们坚持我们对刘莉和陈星灿的某些研究的解读，认为他们的研究提出了一种单线的传统进化论（Liu and Chen，2006，第 169 页），我们很高兴他们目前的观点与我们不同。

刘和陈对我们所写内容的另一个批评是我们对环境变化与石峁消亡之间联系的观点。一方面，他们认为当地确实存在证据，而且其他研究也指出了这种影响。另一方面，他们又说他们从未将石峁与 4.2BP 事件联系起来。Sun 等人（2018）第 35 页顶部的段落介绍了重建公元前 4000 年至公元前 2000 年环境条件和整体趋势的研究。他们在论文中指出："这些条件随着约公元前 1800—前 1700 年的寒冷、干旱而结束。"我们写道："有些人试图将石峁的衰落与公元前 3700 年恢复干燥、凉爽的环境联系起来（例如，Sun 等，2018）。"（Jaffe，Campbell，和 Shelach-Lavi，2022，第 102、103 页）这有什么问题吗？（刘莉和陈星灿真的不知道有模型发现所谓的 4 或 4.2BP 事件是这些发展的推动者吗？）此外，由于毛乌素沙漠的位置距离石峁遗址还有一段距离，人们可以争论什么才是复原当地气候条件的特定指标（见 Jafe 等，2021）。

这两点分歧是否足以成为认定其暗中策划反对中国考古学的理由？正如刘和陈所写，发表一些"带有不应有的偏见，偏离了应有的学术礼仪规范。其贬损语气缺乏在学术讨论中保持健康辩论所需的尊重，并陷入了对在中国工作的考古学家及其研究的不应有的严厉批评"的文章？

当这篇论文发表时，我们预料到会有一些评论和反驳，但这就是学术讨论的现状吗？任何人都可以简单地指责他们不喜欢的论文的作者存在偏见或厌恶女性？尽管这些额外的评论让我们个人很不愉快，但我们非常尊重《当代人类学》发表这些评论的选择（应该指出的是，是期刊决定谁来写评论和审阅论文，而不是投稿论文的作者）。我们只是希望这类评论不会成为未来出版的趋势。

参 考 文 献

Campbell, R. B. 2009. Toward a networks and boundaries approach to early complex polities: The Late Shang case. Current

Anthropology 50(6): 821-848.

Campbell, R., Y. Jaffe, C. Kim, C. Sturm, and L. Jaang. 2022. Chinese Bronze Age political economies: A complex polity provisioning approach. Journal of Archaeological Research 30(1): 69-116.

Drennan, Robert, and Xiangming Dai. 2010. Chiefdoms and states in the Yuncheng Basin and the Chifeng region: A comparative analysis of settlement systems in North China. Journal of Anthropological Archaeology 29: 455-468.

Jaffe, Yitzchak, Roderick Campbell, and Gideon Shelach-Lavi. 2022. Shimao and the rise of states in China: Archaeology, historiography, and myth. Current Anthropology 63(1): 95-117.

Jaffe, Y. Y., L. Castellano, G. Shelach-Lavi, and R. B. Campbell. 2021. Mismatches of scale in the application of paleoclimatic research to Chinese archaeology. Quaternary Research 99: 14-33.

Li, J. 2022. Erlitou: The making of a secondary state and a new sociopolitical order in early Bronze Age China. Journal of Archaeological Research 31: 209-262. https://doi.org/10.1007/s10814-022-09173-9.

Liu, L., and X. Chen. 2006. Sociopolitical change from Neolithic to Bronze Age China. In Archaeology of Asia. Miriam T. Stark, ed. pp. 149-176. Hoboken, NJ: Wiley-Blackwell.

Shelach, G., and Y. Jaffe. 2014. The earliest states in China: A long-term trajectory approach. Journal of Archaeological Research 22(4): 327-364.

Sun, Z., J. Shao, L. Liu, J. Cui, M. F. Bonomo, Q. Guo., X. Wu, and J. Wang. 2018. The first Neolithic urban center on China's north Loess plateau: The rise and fall of Shimao. Archaeological Research in Asia 14: 33-45.

（原载于 Current Anthropology, volume 64, number 4, 2023）

附　　录

陕北发现汉匈奴古物——女王塚墓为寇堡寨

　　北京通信。陕北地处边陲，与内蒙古接壤，古昔夷夏战场，多在此间。长城环曲绵延，焚台远近林立，为历史上的边疆重镇，迤西有无定河曲折南流，古人云"可怜无定河边骨，犹是春闺梦里人"，盖指此也。近有新由该处来京者云，陕北神木县高家堡东十里许有崔家峁山头，四边隐有朽腐石墙，中有乱石陶片、牛马朽败骨片，该处农人往往拨搜得铁片、铁箭头、玉片、铜带钮、铁马镫等物。山头土呈黑红色。据本地学者云，此系昔时匈奴南犯之酋王垒寨。距此山头迤南三里，有古冢四五处，墓峰高若丘陵。有农人康某窃发掘一处，墓穴深阔若洞，发现刀、枪头、弓、箭头等铁兵器多种，殉葬牛羊马骨，雕刻玉石牛马、骆驼、羊及佩物甚多，并有金绣衫一袭，系金丝织制。据该处一般人云，此曾为匈奴女王葬处，惟康某恐官厅惩罚，畏罪潜逃。北大考古学会得此消息后，业已转嘱神木学生韩益生旋里调查，候得确实报告后，将派人前往考察，以为考究古代匈奴生活、习惯、心理之材料也。（十五日）

石峁遗址调查线索，《大公报》1927 年 7 月 16 日

遗址调查记录（1958 年第 1 次第 14 号）

代号　石峁山遗址

隶属　神木县高家堡区高家堡乡

位置　高家堡村东方 130 米

遗址时代和文化性质　新石器时代龙山文化

种类　古城

遗址范围和附近地形

范围　该遗址包括三套城，东至牛家沙塌、西至土王山、北至公路旁的断崖、南至雷家塌庙，东西约 4 华里，南北约 6 华里，但头套城遗址较为显明，东至张家坟、西至杭家石峁、北至公路旁的断崖、南至石峁支渠，南北约 200 米，东西约 600 米。

地形　遗址中间有一条大渠，又支出三条小渠，周围均系山地，高低不平（遗址内还有杭家石峁等 6 个村子）。

遗址遗迹描述　土层主要暴露在第一套城的遗址内，为普遍。但因修梯田将土层打乱，据打乱的一坎（长 420 厘米，宽 230 厘米）观察，发现焦土，而土层厚 35 厘米，长 80 厘米，并有陶鬲一个，底下有灰坑，约长 40 厘米，宽 30 厘米，且遗址范围内均有乱石头堆和城墙的遗迹，还有石牌坊的破柱一条（无文字记载）。

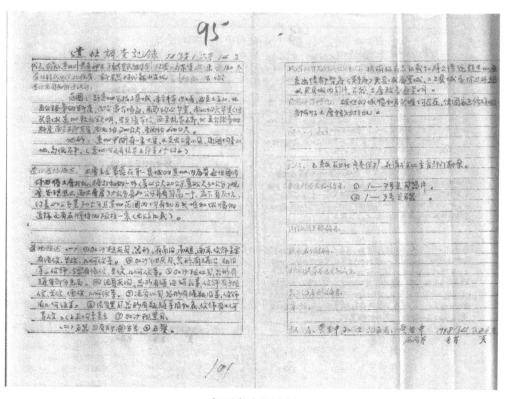

1958 年石峁遗址调查记录

遗物描述

（1）陶器

①夹砂粗灰陶。器形有鬲沿、鬲腿、鬲耳，纹饰主要有绳纹、篮纹、几何纹等。

②夹砂细灰陶。器形有罐沿、甑沿等，纹饰主要有绳纹、篮纹、几何纹等。

③夹砂粗红陶。器形有罐身部分光面。

④泥质灰陶。器形有罐沿、罐底等，纹饰有方格纹、篮纹、绳纹、几何纹等。

⑤泥质红陶。器形有罐、瓶沿等，纹饰有几何纹等。

⑥泥质黑陶。器形有瓶、罐等沿和底，纹饰有几何纹等（上述均系素面）。

⑦夹砂粗黑陶。

（2）石器

①石刀；②石斧；③石凿。

与遗址有关的其他情况　据榆林府志记载和群众传说，该遗址原系幽陵都督府（英宁府），头套城为皇城，二、三套城为防边外。现以头套城内陶片、石器、土层较普遍显明。

目前保存情况　破烂的城墙和石头堆均存在，但因最近修梯田部分将土层移动打乱。

建议　已责成农业社负责保护，并请求文化主管部门勘察。

采集标本名称编号

① 1—7 号是陶器片。

② 1—3 号是石器。

调查者　黄发中、孙江

记录者　黄发中

1958 年 4 月 26 日

后　记

随着大规模科学发掘工作的不断推进，有关石峁遗址的调查、发掘资料和研究论文日益丰富，诸多学术认知异彩纷呈，然多散见于国内外数十种期刊和专辑之内，查阅检索、钩陈索引略微不易。作为石峁遗址的发掘者和研究者，汇编一部有关考古发掘与研究成果的资料，使人能够通宏洞微、速览概况，这样的念头一直萦绕于心。

《石峁遗址研究资料汇编（1977～2023）》收录了1977至2023年发表的石峁遗址考古调查、发掘资料和主要研究成果186篇，以期尽可能全面地反映学界对于石峁遗址认识和研究的总体情况。尽管编排过程思虑甚多、几经周折，但仍不免挂一漏万、收录有缺，敬祈见谅。

石峁遗址的考古发掘和研究，离不开国内外众多学者和团队的共同努力，借此机会向所有为石峁遗址调查、发掘和研究做出贡献的同仁们表示由衷地感谢！

本书由孙周勇统筹策划。邵晶、宗天宇承担前期的资料收集和整理归类任务；裴学松、韩倩、宗天宇、陈禹来、贺黎民、邵晶承担了校对工作；陈禹来、陈玥寒、郑千瑶扫描了配图；邵晶对所有配图进行了整理并由陕西十月文物保护有限公司的侯蓓蓓、文倩倩进行处理；刘莉、戴向明、李旻、张莉、郭梦、生膨菲、薛家旸、宗天宇、贺黎民、陈禹来等师友承担了16篇英文文章的中文翻译工作，其中刘莉、戴向明、李旻、张莉、郭梦、生膨菲、薛家旸、贺黎民翻译了自身大作；宗天宇承担了《中国黄土高原北部最早的新石器时代城市中心：石峁的兴衰》《石峁的人是谁？中国古代对变形能力的信仰》和《石峁和中国早期国家的崛起》以及两篇评论和答复共计5篇英文文献的翻译工作；陈禹来翻译了《石峁与二里头：中国中原地区青铜铸造起源的新视角》《"城"与"村"间的食物：中国北方鄂尔多斯地区石峁与寨峁梁的食物生产策略》；郭梦翻译了《对中国陕西石峁城址青铜时代早期陶器生产和交换的初步认识》。

本书出版得到陕西省文物局、陕西省考古研究院、神木市政府的鼎力支持。神木市石峁遗址管理处刘亚功、张志明先生承担了本书出版过程中的诸多事务性工作。科学出版社孙莉、王蕾女士辛劳甚巨，在此一并致谢！

我们期望，本书的出版能够为深入挖掘石峁遗址突出普遍价值，推进石峁遗址申遗工作提供更多的学术支持。

编　者

2024年立秋日于长安